■高等学校“十三五”规划教材
武汉理工大学本科教材建设专项基金项目

防火防爆技术

主　编：陈先锋　高　伟
副主编：张小良　王青松
代华明　牛　奕
参　编：（按姓氏笔画排序）
刘新蕾　李开源
何　松　张　英
张爱然　袁必和
蒋复量

武汉理工大学出版社
·武　汉·

图书在版编目(CIP)数据

防火防爆技术/陈先锋,高伟主编. —武汉:武汉理工大学出版社,2020.12(2024.2 重印)
ISBN 978-7-5629-6207-6

Ⅰ.①防… Ⅱ.①陈… ②高… Ⅲ.①防火 ②防爆 Ⅳ.①X932

中国版本图书馆 CIP 数据核字(2019)第 280798 号

项目负责人:彭佳佳
责 任 编 辑:彭佳佳
责 任 校 对:夏冬琴
版 面 设 计:蔡 倩
出 版 发 行:武汉理工大学出版社有限责任公司
地　　　址:武汉市洪山区珞狮路 122 号
邮　　　编:430070
网　　　址:http://www.wutp.com.cn
经　　　销:各地新华书店
印　　　刷:武汉邮科印务有限公司
开　　　本:787×1092 1/16
印　　　张:17
字　　　数:430 千字
版　　　次:2020 年 12 月第 1 版
印　　　次:2024 年 2 月第 3 次印刷
定　　　价:38.00 元

凡购本书,如有缺页、倒页、脱页等印装质量问题,请向出版社发行部调换。
本社购书热线:027—87785758 87664138 87165708(传真)

前　言

火灾和爆炸事故是工业生产与日常生活中常见的事故类型，其发生频率高、涉及范围广，不仅造成直接的人员伤亡和经济损失，而且还会带来资源浪费、环境污染等次生影响。同时，各种工业场所是火灾和爆炸事故发生的重点区域，尤其在化工、矿业、冶炼和建筑等行业，使得火灾和爆炸事故变得复杂多样，具有明显的行业特征。因此，基于防火防爆基础理论，指导工业安全生产和灾害预防具有重要现实意义。

本书首先以火灾爆炸事故的危害性为切入点，引出防火防爆课程学习的重要意义。其次，从燃烧涉及的基本概念、要素与条件出发，阐述气液固火灾的发生及蔓延规律，并详细说明防火的基本理论与技术措施。同时，基于爆炸概念、种类等知识，介绍工业现场重点关注的气体和粉尘爆炸发生条件、爆炸极限理论、爆炸破坏力计算等内容，并详细阐述爆炸的惰化、抑制、阻隔、泄放等核心的防爆技术措施。由于不同工业场景的特殊性，本书选取了工业建筑、危化品、火工品、煤矿等火灾爆炸发生频率高的重点行业背景进行了详细介绍。为了降低火灾爆炸事故造成的影响，本书还结合应急救援和事故调查等相关知识，针对火灾爆炸事故进行案例分析。全书内容涵盖范围广、实用性强，可作为安全工程、消防工程及相关工程类专业本科生、研究生的教学自学用书，也可作为从事安全生产和应急管理的专业人员的参考用书，以及注册消防工程师、注册安全工程师等考试辅导用书。

全书共分 7 章，由长期从事防火防爆领域教学和科研工作的高校教师开展本教材的编写工作。其中，第 1、7 章由武汉理工大学陈先锋、代华明编写，第 2 章由中国科学技术大学王青松和武汉理工大学陈先锋共同编写；第 3 章由大同大学张爱然和武汉理工大学代华明共同编写，第 4 章由大连理工大学高伟和南华大学蒋复量共同编写，第 5 章由大连理工大学高伟和上海应用技术大学张小良共同编写，第 6 章由南华大学蒋复量和黑龙江科技大学刘新蕾共同编写。同时，李开源、张英、牛奕、何松、袁必和等参与了教材大量的编撰校稿工作。

本书编写时参考了大量防火防爆相关领域的国内外著作、期刊论文等文献资料，得到了同行专家学者的大力支持，在此表示最诚挚的感谢！对参加本书编辑、校对等工作的赵齐、孙玮康、朱惠薇、张冰倩、杨攀、董智桥、梁广钱等学生表示衷心感谢！由于编者水平有限，本书存在的疏漏和不足之处，欢迎各位读者提出宝贵建议！

编者
2020 年 7 月

目　　录

第1章 绪　论

在现代社会发展过程中，无论是原材料、加工中间产品的工业企业，还是涵盖衣食住行的日常生活中，都可能会有危险存在，如果不加以控制和防范就会造成严重的人员伤亡和巨大的财产损失，给社会带来灾难。从统计数字看，在安全事故中，燃烧、爆炸事故占50%以上。因此，要保证生产、生活安全，必须做好防火防爆工作。

一般火灾爆炸事故后往往是设备毁坏，建筑物倒塌，不仅会造成操作者伤亡，而且还会危及在场的其他生产人员，甚至使周围的居民遭受灾难，造成巨大的社会影响。做好防火防爆工作，对保护生产力、促进生产发展的意义是显而易见的。因此，认真研究燃烧爆炸的基本知识，掌握这类事故的一般规律，采取有效的防火防爆措施，对发展国民经济和确保生命安全具有非常重要的意义。

1.1 火灾与爆炸

火的使用是人类文明发展的重要标志，从本质上说，火是一种燃烧现象。燃烧是一种可燃物与氧化物或氧化剂之间发生的氧化还原反应，通常伴有发光、放热等现象。如果燃烧在时间和空间上失去控制，便会对人类和自然造成灾害，形成火灾。火灾是在时间和空间上失去控制的灾害性燃烧现象。所谓爆炸，就是物质由一种状态迅速转变为另一种状态，在瞬间放出大量能量同时产生巨大声响的现象。从消防观点来说：凡是发生瞬间燃烧，同时生成大量的热和气体，并以很大的压力向四周扩散的现象，称为爆炸。

火灾和爆炸这两种常见灾害之间存在着紧密联系，它们经常是相伴发生的。大多数火灾和爆炸具有相同的本质，它们都是可燃物与氧化剂发生氧化反应。两者的主要区别在于：火灾中的这种氧化反应进行得相对缓慢，能量释放速率比较低；而爆炸中的氧化反应相对很快，几乎是瞬时完成的，并在瞬间释放大量能量。同一种物质在一种条件下可以燃烧，在另一种条件下却可以爆炸。例如，在通常的环境条件下，煤块只能缓慢地燃烧，但如果将其磨成煤粉，再与空气混合后就可能发生爆炸。

在存放易燃易爆物品较多的场合和某些生产过程中，还可发生火灾爆炸的连锁反应。例如在一些化工生产中，由于某个事故可导致油罐、反应釜或乙炔发生器等爆炸，随着容器的破坏和可燃物的泄漏，接下来往往会发生大火。在另外一些情况下，则可能先发生火灾而后发生爆炸，例如当抽空的油罐在着火时，可燃蒸气将不断消耗，因而其浓度不断下降，当蒸气浓度下降到爆炸极限之内时，就可能发生爆炸。在生产、生活中，特别是一些工业企业中，火灾与爆炸的预防控制措施通常是结合在一起考虑的。

1.2 火灾和爆炸特点

火灾和爆炸在本质上是相同的，它们常常相互联系，相互影响。主要有以下特点：

(1) 严重性。火灾和爆炸事故造成的后果通常是比较严重的，容易造成重大的人员伤亡和巨大的经济损失，严重影响生产的顺利进行，甚至迫使工矿企业停产，通常需较长时间才能恢复。例如，2015 年 8 月 12 日，位于天津市滨海新区天津港的瑞海国际物流有限公司危险品仓库发生火灾爆炸事故，造成 165 人遇难、8 人失踪、798 人受伤，直接经济损失68.66 亿元。

(2) 复杂性。发生火灾和爆炸事故的原因往往比较复杂。例如，发生火灾和爆炸事故的条件之一是点火源，就包含明火、化学反应热、物质的分解自燃、热辐射、高温表面、撞击或摩擦、绝热压缩、电气火花、静电放电、雷电和日光照射等多种形式；另一个条件是可燃物，包括可燃气体、可燃液体和可燃固体，种类繁多，特别是化工企业的原材料、化学反应的中间产物和化工产品，大多属于可燃物质。此外，建筑结构的复杂性和多种可燃物的混杂，也给灭火和火灾事故调查分析带来很多困难。

(3) 突发性。火灾和爆炸事故往往是在人们意想不到的时候突然发生，虽然有事故的征兆，但一方面是由于目前对火灾和爆炸事故的监测、报警等手段的可靠性、实用性和应用的广泛性尚不理想，另一方面是因为至今为止还有相当多的人员对火灾和爆炸事故的规律及其征兆了解甚微，容易耽误救援，这对减轻事故损失，保护民众的生命及财产安全造成了很大的困难。

(4) 连锁性。火灾和爆炸本身就是两种密切相关的灾害，爆炸产生的高温为火灾的发生提供了引火源，火灾中因不完全燃烧产生的可燃气体或造成的可燃气体泄漏可以为爆炸提供可燃物，两者可以互为助长，形成连锁灾害。并且火灾或爆炸造成电气设备或线路的绝缘破坏可以造成人员触电，火灾或爆炸造成的建筑物支撑强度下降可以引起坍塌事故。其他事故造成的短路也有可能为火灾或爆炸提供引火源。例如，2013 年 6 月 3 日×××公司主厂房一车间女更衣室的西面和毗连的二车间配电室的上部电气线路短路，引燃了周围可燃物。当火势蔓延到氨设备和氨管道区域，燃烧产生的高温导致氨设备和氨管道发生物理爆炸，大量氨气泄漏，进而燃烧，共造成 121 人死亡、76 人受伤，17234 m^2 主厂房及主厂房内生产设备被损毁，直接经济损失 1.82 亿元。

(5) 人为性。火灾和爆炸事故除少数是由自然灾害如雷击和火山喷发等引起外，大部分事故的发生是由于人类在生产生活中的失误或疏忽大意造成的。例如，我国 2000—2008 年发生的重特大火灾事故中，生活用火不慎、玩火、放火和吸烟四项直接人为原因就占到了总数的 36%；另外其他原因也大部分都是由于人为因素造成的。因此讨论火灾爆炸的预防控制时，除了重视物的因素外，还必须重视分析人的作用，需要研究人为引发事故的规律、人在灾害过程中的行为特点、人在控制灾害过程中的作用等。需要进行必要的教育培训，提高相关人员的安全意识和技能，并运用一定的安全管理规定和措施来规范人的行为。

1.3 火灾和爆炸危害

火灾事故对人类和自然构成巨大威胁，可能会造成人员伤亡、财产损失、资源浪费、环境破坏、社会波动等后果。火灾中，物质燃烧会释放出大量失去控制的能量和有毒有害物质，对人员安全构成威胁，严重时会造成人员伤亡。此外还会燃烧掉大量的物质，并对周围物质造成烘烤、烟熏等损害，造成大量财产损失。在火灾扑救过程中，由于灭火射水、破拆等行为，也会造成一定的财产损失。火灾也是加速资源破坏和削减的主要原因之一，容易造成资源浪费和环境破坏。火灾一旦造成大量人员伤亡或财产损失，会引起社会上不同程度的不稳定，使社会出现波动，影响人类正常的生存与发展。特别是在信息技术高度发达的今天，事故造成的社会波动效应会随着信息的快速传播而成倍放大。

火灾的破坏作用主要是火焰、高温和烟气。火灾产生的火焰和高温可以使得火灾不断蔓延扩大，对人员和财产造成更大的危害。人对高温环境的忍耐性是有限的，有关资料表明在 65 ℃时，人体可短时忍受；在 120 ℃时，短时间内可在人体中产生不可恢复的损伤；温度越高，忍耐时间越短。

火灾中产生大量烟气。其造成的后果有以下两方面：

(1) 当人体吸入过多烟气时，呼吸系统正常的防御功能容易丧失，对人员安全构成重大威胁。具体表现在：

① 在火灾中人员可能因缺氧而窒息，一方面是因为可燃物燃烧时消耗了空气中的氧气，另一方面是因为大量燃烧产物的生成导致现场空气中氧气浓度的下降。

② 火灾中会产生大量有毒(害)烟气，如 CO_2、CO、HCN、SO_2、NO_2 等，这些气体均对人体有不同程度的危害。统计资料表明，火灾中死亡人数约 80%是由于吸入毒(害)性气体而导致的。如 CO_2 是主要的燃烧产物之一，在有些火场中浓度可达 15%，其最主要的生理作用是刺激人的呼吸中枢，导致呼吸急促、烟气吸入量增加，并且还会引起头痛、神志不清等症状。而 CO 是火灾中致死的主要燃烧产物之一，其毒性在于对血液中血红蛋白的高亲和性，其对血红蛋白的亲和力较氧气高出 250 倍。因此，它能够阻碍人体血液中氧气的输运，引起头痛、虚脱、神志不清和肌肉调节障碍等症状。

(2) 大量烟气会影响能见度，对人员安全疏散造成很大影响。

爆炸事故发生时，其危害是非常严重的，因为爆炸的威力是巨大的，在爆炸波及的整个区域内，有一种令物体震荡，使之松散的力量，爆炸发生时，爆炸力的冲击波最初使气压上升，随后气压下降使空气振动产生局部真空，呈现出所谓的“吸收作用”。由于爆炸的冲击波呈升降交替的波状气压向周围扩散，从而造成附近建筑物的震荡、破坏。化工装置、机械设备、容器等爆炸后，变成碎片飞散出去会在相当大的范围内造成危害。爆炸碎片的飞散距离一般可达 100～500 m。化工生产中由于爆炸碎片造成的伤亡占很大比例，爆炸气体扩散通常在爆炸的瞬间完成，对一般可燃物质不至于造成火灾，爆炸冲击波有时还能起灭火作用。但是爆炸的余热或余火，会点燃从破损设备中不断流出的可燃液体蒸气而造成火灾。

爆炸的破坏形式通常有直接的爆炸作用、冲击波的破坏作用和火灾三种，后果往往都比较严重。

(1) 直接的爆炸作用。这是爆炸对周围设备、建筑和人的直接作用,它直接造成机械设备、装置、容器和建筑的毁坏和人员伤亡。机械设备和建筑物的碎片飞出,会在相当范围内造成危险,如碎片击中人体造成伤亡。

(2) 冲击波的破坏作用,也称爆破作用。爆炸时产生的高温高压气体产物以极高的速度膨胀,像活塞一样挤压周围空气,把爆炸反应释放出的部分能量传给压缩空气层,空气受这些能量影响而发生扰动,这种扰动在空气中传播就成为冲击波。它可以在周围环境中的固体、液体、气体介质(如金属、岩石、建筑材料、水、空气等)中传播。在传播过程中,可以对这些介质产生破坏作用,造成周围环境中的机械设备、建筑物的毁坏和人员伤亡。冲击波还可以在它的作用区域产生震荡作用,使物体因震荡而松散,甚至破坏。

(3) 造成火灾。可燃气体(或可燃粉尘)与空气的混合物爆炸一般都会燃烧起火形成火灾。盛装易燃物的容器、管道发生爆炸时,爆炸抛出的易燃物有可能引起大面积火灾。这种情况在油罐、液化气爆炸后最容易发生,正在运行的燃烧设备或高温的化工设备被炸坏,其炽热的碎片飞出,有可能点燃附近贮存的燃料或其他可燃物,引起火灾。

此外,在实际生产生活中,许多物质不仅是可燃的,而且是有毒的,发生爆炸事故时,会使得大量有害物质外泄,造成人员中毒和环境污染。

1.4 火灾和爆炸原因

发生火灾和爆炸的原因是复杂的,但工业生产中发生火灾和爆炸事故则主要是由于操作失误、设备缺陷、环境和物料的不安全状态、管理不善等引起的。因此,火灾和爆炸事故的主要原因基本上可以从人、设备、物料、环境和管理等方面进行分析。

(1) 人的因素。对大量火灾和爆炸事故的调查和分析表明,有不少事故是由于操作者缺乏有关学科知识,在火灾和爆炸隐患面前思想麻痹,存在侥幸心理,不负责任,违章作业等引起的。

(2) 设备的原因。例如,设计错误且不符合防火与防爆的要求,选材不当或设备上缺乏必要的安全防护装置,密闭不良,制造工艺存在缺陷等。

(3) 物料的原因。例如,可燃物质的自燃、各种危险物品的相互作用,在运输装卸时受剧烈震动、摩擦、撞击等。

(4) 环境的原因。例如,潮湿、高温、通风不良、雷击等。

(5) 管理的原因。例如,规章制度不健全,没有科学的安全操作规程,没有设备计划检修制度,生产用窑、炉、干燥器以及通风、采暖、照明设备等失修,生产管理人员不重视安全、宣传教育和安全培训等。

以上所述即人们通常所说的事故的四个要素,即 4M 要素:人(Men)指人的不安全行为,机(物)(Material Machine)指物的不安全状态,环(Media)指环境的不良影响和管(Manage)指管理欠佳。

分析火灾和爆炸形成的因素可以发现,火灾爆炸多是人的不安全行为、物的不安全状态、技术的不完全性保障及环境(自然和社会)的不良影响等因素相互作用造成的。一般认为,火灾爆炸从初始状态发展成为事故灾害,通常有五个原因层次。

(1) 基础原因。基础原因是造成事故并可能导致成灾的最原始、最基本的原因，主要包括管理的原因、基础教育的原因、法规制度建设的原因和历史的原因等。基础原因是由国家、社会和上级主管部门所负有的责任构成。

(2) 间接原因。间接原因是火灾爆炸事故的第二个原因层次，它是火灾爆炸事故的先导原因，主要包括技术的原因、管理的原因、教育的原因和员工的身体及精神状态的原因。间接原因主要由企业单位和个人所负有的责任构成。

(3) 直接原因。直接原因是在间接原因的基础上发展起来的，它直接导致事故的发生，主要包括人的原因(行为失误、行为错误和错误指令)、物的原因(物料和设备)和天灾及第三者行为(人为破坏和战争)。直接原因应由肇事者承担法律责任。

(4) 事故扩大原因。事故扩大引起火灾爆炸的原因主要包括事故发现不及时、应急处置不得力、防火防爆措施不完善和消防设施不完备等方面。

(5) 成灾原因。事故扩大原因得不到有效的控制，就会最终导致火灾爆炸灾害的发生。

发生火灾爆炸灾害便是存在事故的证据，事故的背后必然存在不安全的物的状态和人的行为。即事故表现上是由直接原因造成的，直接原因又是间接原因所导致的必然结果，而间接原因的构成又与基础原因密切相关，这就是火灾爆炸事故的连锁关系。显然，控制火灾爆炸以外的任何一个原因层次都可以防止火灾爆炸的发生。

在目前的火灾统计中，将火灾原因分为11大类：电气、生产作业、生活用火不慎、吸烟、玩火、自燃、雷击、静电、放火、不明原因、其他原因。近年来，电气故障在火灾起因中居首位。《中国火灾统计年鉴》数据显示，我国电气火灾呈上升趋势。近10年来，我国电气火灾持续高发，据统计，电气火灾占火灾总数的1/3左右，特别是重特大电气火灾直接经济损失占重特大火灾的1/2左右。

1.5　防火防爆基本原则

防火防爆的基本目的是把人员伤亡和财产损失降至最低限度。针对其基本目的，总结出防火防爆的基本原则："预防为主、限制扩大、灭火熄爆"，即"预防为主，防消结合"。

"预防为主"，就是要把预防火灾放在第一位。为此，各部门消防监督组织应在各级负责人的指导下，依靠广大职工群众，通过法律、行政和技术措施，切实抓好火灾预防工作，从根本上减少或避免火灾危害。在检查落实各种消防制度的同时，充分做好消防宣传工作，增强广大职工群众的消防意识，大力普及防火知识，克服麻痹思想和侥幸心理，做到人人防火，处处防火。

"防消结合"，指对于同火灾斗争的2个基本手段(预防和扑救)，必须结合起来。也就是在做好火灾预防工作的同时，必须积极主动地在思想上、组织上和物质上做好充分准备。有条件的，可组织义务消防队，远离公安消防队并且火灾危险性大的企业，还应设专职消防队。

根据基本原则，可采取的具体措施如下：

(1) 对所用易燃、易爆物料及有火灾爆炸危险的过程及设备必须严格管理，采取有效的安全措施，防止发生火灾、爆炸事故。

(2) 贯彻"以防为主，以消为辅"的方针，积极采用先进的防灭火技术，建立健全义务消防组织，开展安全防火教育，加强防火检查和灭火器材的管理。

(3) 从全局出发，统筹兼顾，采取综合性的预防、限制、灭火和疏散的对策，做好以下几个方面的工作：

① 严格控制和管理各种危险物质及发火源，消除危险因素；

② 将火灾和爆炸危险性局限在最小范围内；

③ 迅速扑灭火灾，防止蔓延和发生次生火灾；

④ 作业人员能迅速撤离危险区，安全疏散。

1.6 防火防爆技术发展现状

20 世纪 90 年代以来，我国开展了火灾探测报警与灭火技术、建筑耐火性能和防火技术、火灾模拟化技术及性能化消防安全设计、城市消防规划与灭火救援、消防标准化、火灾动力学演化与防治基础等方面的研究，并重点进行了高层建筑火灾预防与扑救技术、地下与大空间建筑火灾预防与控制技术、城市火灾与重大化学火灾事故防范与控制技术等项目研究，在高层建筑、地下与大空间建筑、城市火灾的特性、预防与控制新技术以及消防工程新技术的综合应用上取得了积极的成果。

(1) 火灾探测报警与灭火技术

火灾探测报警方面主要研究了吸气型高灵敏早期火灾探测，高可靠性能的复合式感温感烟探测，拉曼散射和光时域反射的光纤感温探测以及线性可燃气体探测等多种火灾探测报警技术。我国学者通过分析不同条件下应用背景信息和火灾参数的变化规律，提出并实现了火灾探测算法评估的三种考核方式、系列试验方法和综合评估数学模型；开发了油罐火灾沸溢喷溅的前兆噪声监测预防方法。灭火技术方面开展了自动灭火抑爆系统动力学性能、设计计算方法、灭火效能与机理、使用环境的影响、系统的集成优化以及工作可靠性等方面的研究。运用激光全息和电子测重技术成功解决了大水粒三维空间分布与测重的关键技术难题，明确了细水雾流场特性与灭火效能之间的关系。以实体灭火实验为依据分析并确定了成雾原理、灭火机理、灭火效能及雾束耐电压性能，提出了系统典型应用场所、保护对象及工程应用参数和设计方法。开发了强力灭火液和高层建筑火灾智能型探测报警系统、快速反应自动喷水灭火系统、循环启闭自动喷水灭火系统、远控消防泡沫(水)炮灭火系统、中低压消防系统、消防员火场防护基本技术参数与热防护试验装置、消防机器人、卫星通信消防指挥系统等消防系统和器材设备。

(2) 建筑耐火性能与防火技术

建筑耐火性能与防火技术方面的研究主要包括建筑构(配)件耐火性能和建筑结构抗火失效过程的理论计算与实验分析、建筑火灾烟气毒性和火场防排烟技术以及防火阻燃技术等方面。在材料产烟毒性试验方法方面，我国开发了在材料充分产烟且无火焰情况下进行小鼠 30 min 染毒并观察 3 d 的简化评价方法，以及按等比级数划分材料产烟毒性危险级别的方法，建立了“材料产烟毒性分级”和“评价火灾烟气毒性危险的动物试验方法”等标准。在防火阻燃技术领域，开发了超薄膨胀型钢结构防火涂料、室外钢结构防火涂料、有机防火涂料和无机防火涂料等产品。在火灾原因调查技术上，运用火灾动力学理论和火灾现场微量痕迹的形成规律自主开发了线性法、迎火面法和锥形法等火灾原因判定技术。

(3) 火灾模拟化技术及性能化消防安全设计

20世纪80年代中期以来,性能化消防设计作为一种新型的工程设计方法得到了迅速发展。我国从20世纪90年代逐步开展了材料与构件的火灾特性、测试方法和阻燃机理方面的研究,并对普通建筑、中庭建筑、大空间建筑和地下建筑的火灾蔓延规律、烟气流动特性及其计算机模拟技术、人员疏散安全评估技术等进行了一些探索性研究,初步建立了大型复杂建筑火灾蔓延模型、烟气流动模型和人员流动模型。这些研究成果为进一步开展复杂建筑物消防安全性能化设计的研究工作奠定了必备的基础。在大空间建筑火灾及性能化消防安全设计方面,香港理工大学与内地的消防科研院所开展了卓有成效的合作研究。在火灾烟气流动研究中,我国学者提出并发展了场-区-网模拟理论,重点研究和解决了三种模拟方式界面的处理问题,并建立了体现浮力影响、炭黑的生成与输送、湍流及热辐射相互作用的综合理论模型。目前我国已普遍实施对超大型项目采用性能化的方法来进行消防安全设计。

(4) 城市消防规划与灭火救援技术

我国已开展了城市公共安全规划与应急预案编制及其关键技术方面的研究。"城市区域火灾风险评估与消防规划技术"的研究结果提出了我国城市消防规划的内容、技术指标要求和编制规划的流程与方法,得出了扑救城市居住区、商业区、商业与居住混合区一次火灾的消防用水流量;提出了城市消防给水系统应具备的供水能力和优化的配置与布局方法;运用城市区域火灾风险评估技术和消防资源的优化配置方法完成了《城市消防规划技术指南》的编制。在城市灭火救援力量优化布局方法与技术研究方面,国内学者采用离散定位-分配模型(discrete location-allocation model),利用集合覆盖(set covering)法、最大覆盖(maximal covering)法以及P中值(P-median)法,提出了基于城市区域火灾风险等级的城市消防站优化布局方法和区域灭火救援装备及人员优化配置方法。通过引入最不利火灾规划场景(Worst Case Planning Scenarios,WCPS)的概念,提出了区域灭火救援设备及人员需求模型,并开发了城市灭火救援力量出动方案编制技术的研究,对城市火灾和其他火灾事故进行了分类分级,提出了灭火救援力量等级出动概念。

(5) 消防标准化技术

自1988年全国消防标准化技术委员会成立以来,中国的消防标准化工作有了长足的进展,大量的研究成果已经成为标准和规范制定的科学依据。目前,已制定各类消防标准和行业标准300余项,主要包括消防行业基础技术标准、工程建设消防专业通用标准、消防产品专业通用标准和消防管理专业通用标准等。

(6) 火灾动力学演化与防治基础研究

为了对火灾现象有更深入的理解并促进消防安全设计、管理和灭火技术的改进与发展。2002年,中国科学技术大学、公安部四川消防研究所、沈阳消防研究所、上海消防研究所、清华大学、浙江大学、香港理工大学和中国林业科学研究院共同承担了国家重点基础发展规划项目"火灾动力学演化与防治基础"的研究工作。该项目重点解决可燃物表面火灾及空间火灾的发生与蔓延、火灾烟气及其毒害物质的生成与释放、基于火灾动力学与统计理论耦合的火灾风险评估方法学、综合性能优化的清洁高效阻燃新技术原理、火灾早期的多信号感知与智能识别和物理化学复合作用下的清洁高效灭火原理等六个方面的关键科学技术问题。

我国非常重视防火与防爆工作，防火防爆事业走上了快速发展的道路，防火防爆技术有了显著的进步，形成了国家综合性消防救援队伍、企业专职消防队和群众义务消防队等多种形式的消防力量体系，消防站遍及全国各大中小城市和许多县城，消防装备和器材也逐步实现现代化。早在1952年，我国就建立了第一个煤矿安全研究所，开展以防治煤矿爆炸和火灾为中心的研究工作。随后，北京、沈阳和天津等许多城市也建立了消防研究所，北京劳动保护科学研究院还专门设置了防爆研究室，不少高等院校设置了消防系、消防专业，开设防火防爆课程，1991年北京理工大学建立了爆炸科学与技术国家重点实验室，1992年中国科学技术大学建立了从事火灾科学研究的火灾科学国家重点实验室。我国的防火与防爆科学技术水平和技术管理干部的专业水平得到了迅速的提高。党和政府非常重视防火与防爆工程的法制建设，1957年公布实施《消防监督条例》，1998年4月29日公布实施《中华人民共和国消防法》，形成了完整的消防法规体系。2018年3月，根据第十三届全国人民代表大会第一次会议批准的国务院机构改革方案，中华人民共和国应急管理部设立，统筹建设全国的应急救援力量。2018年10月26日下午，十三届全国人民代表大会常务委员会第六次会议表决通过《中华人民共和国消防救援衔条例》，该条例于2018年10月27日起施行。在防火与防爆工作中，实行了专门机构与广大人民群众相结合，认真贯彻“预防为主，防消结合”的消防工作方针，多年来成功地预防了大量火灾和爆炸事故的发生，并且有效地扑救了许多火灾，使我国的火灾和爆炸事故发生率保持在较低水平，这些都说明新中国成立以来，防火防爆工作取得了骄人成就。

1.7　防火防爆课程内容和要求

火灾和爆炸事故具有很大的破坏作用，工业企业、生产生活等各个场所发生火灾和爆炸事故，会造成严重的后果。学习火灾和爆炸的基本知识，掌握火灾和爆炸事故发生的一般规律，采取有效的防火与防爆措施，对发展国民经济具有重要的意义。为此，本课程的主要内容和要求如下：

第1章，绪论：主要阐述了火灾和爆炸事故的特点、危害、原因，防火防爆基本原则、发展现状，防火防爆课程内容和要求等内容。通过本章，了解防火防爆的概况和课程学习的内容与要求。

第2章，燃烧理论基础：主要阐述燃烧概念，燃烧要素与条件，燃烧形式与过程，燃烧类型和特性，着火基本理论，火灾发生机理与发展过程，气体、液体、固体火灾发生与蔓延等内容。通过本章，掌握燃烧基本原理，理解主要的着火理论，具备分析气液固火灾发生与蔓延的机理和原因的能力。

第3章，防火基本原理和技术措施：主要阐述防火基本原理，防火技术措施，防火技术原则和应用等内容。通过本章，了解常见的防火技术措施，结合防火基本原则，熟悉防火技术的应用背景和优缺点。

第4章，爆炸理论基础：主要阐述爆炸概念，爆炸种类，爆炸发生条件，爆炸极限理论与应用，爆炸破坏力计算，气体和粉尘爆炸机理等内容。通过本章，掌握爆炸的发生条件和爆炸极限相关理论，熟悉爆炸温度、压力等爆炸破坏力计算，理解区分气体和粉尘爆炸的原理和影响因素。

第5章，防爆基本原理和技术措施：主要阐述可燃物质浓度控制，氧化剂浓度控制，惰化技术，点火源控制，爆炸抑制技术，爆炸阻隔技术和爆炸泄放技术等内容。通过本章，掌握防爆基本原理，熟悉常见的爆炸抑制、阻隔、泄放技术，具备结合工业场景开展爆炸危险源分析的能力。

第6章，典型工业防火防爆技术：主要阐述工业建筑防火防爆，危险化学品企业防火防爆，火工品工厂防火防爆，煤矿防火防爆，运输过程防火防爆等内容。通过本章，熟悉不同行业背景的火灾和爆炸危险源，了解和区分不同行业背景的防火防爆技术措施，具备分析、辨识典型行业火灾和爆炸危险源的能力。

第7章，火灾爆炸应急救援与事故调查：主要阐述应急救援基本知识，应急救援危险源辨识与风险分析，应急救援评估，火灾爆炸应急救援预案编制，事故调查基本知识，事故调查实施过程，事故调查报告，火灾爆炸事故调查案例分析等内容。通过本章，理解应急救援和事故调查基本知识，结合火灾爆炸事故特点，熟悉火灾爆炸事故应急救援预案编制和事故调查报告撰写，了解火灾爆炸事故应急救援和事故调查的流程与实施过程等。

复习思考题

1. 简述发生火灾和爆炸事故的一般原因。
2. 火灾和爆炸之间有何关系？火灾和爆炸事故的特点有哪些？
3. 火灾和爆炸事故的破坏形式有哪些？

第 2 章　燃烧理论基础

2.1　燃烧基本原理

2.1.1　燃烧概念

根据《消防词汇 第 1 部分:通用术语》(GB/T 5907.1—2014),燃烧的定义为:可燃物与氧化剂作用发生的放热反应,通常伴有火焰、发光和(或)发烟的现象。

2.1.2　燃烧要素与条件

1. 燃烧的要素

要发生燃烧现象,反应中必须存在可燃物、氧化剂(助燃物)、点火源三项,通常称为燃烧三要素。

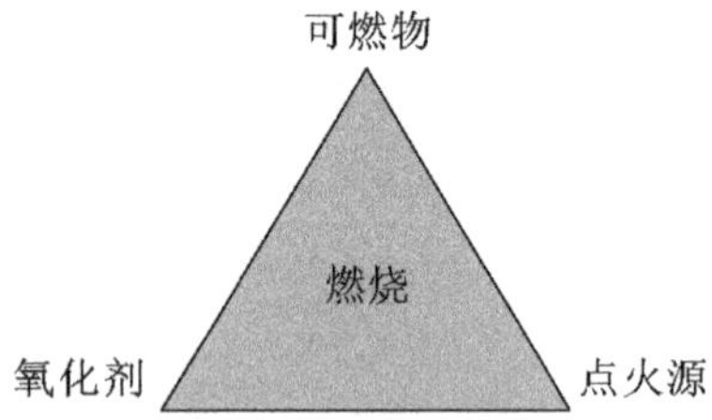

图 2-1　燃烧三要素

(1) 可燃物:凡是能够与氧化剂起燃烧反应的物质都称为可燃物。根据其相态可分为气体、液体和固体可燃物。可燃物大都为含碳氢化合物,少数金属(镁、铝等)在一定条件下也能燃烧。

(2) 氧化剂(助燃物):与可燃物相结合能导致燃烧的物质。

(3) 点火源:当可燃物与助燃物都存在的条件下,还需要满足一定的能量条件才能使其发生燃烧反应,这种能量即为点火源,通常以热能的形式存在。

2. 燃烧的条件

要想发生燃烧,除了燃烧三要素必须同时存在之外,还必须达到一定的条件:

(1) 可燃物的浓度:要发生燃烧,可燃物浓度必须达到一定范围。通常把 1 atm 情况下可燃气体与空气混合物中能发生燃烧的可燃气体的最低体积浓度称为燃烧下限,最高体积浓度称为燃烧上限。

(2) 氧化剂的比例:要使可燃物发生燃烧,助燃物必须达到一定比例。在可燃物发生燃烧时,其含氧量一般都需要达到一定浓度才能使燃烧继续下去(最低含氧量又称极限氧浓度)。表 2-1 所示为一些可燃物的最低含氧量。

表 2-1　部分可燃气体的最低含氧量

物质名称(气体或蒸气)	N_2(或蒸气)	CO_2(或蒸气)	物质名称(气体或蒸气)	N_2(或蒸气)	CO_2(或蒸气)
甲烷	12.0	14.5	苯	11.4	14.0
乙烷	11.0	13.5	甲苯	9.5	—
丙烷	11.5	14.5	天然气	12.0	14.5
正丁烷	12.0	14.5	丙酮	11.5	14.0
异丁烷	12.0	15.0	乙醇	10.5	13.0
乙烯	10.0	11.5	乙醚	10.5	13.0
丙烯	11.5	14.0	氢气	5.0	5.2

(3) 最小点火能量：在标准实验装置及测试条件下，点燃可燃气体和空气混合物并使火焰自行传播所需的最小放电火花能量，称为最小点火能量。当点火源所具备的能量低于该可燃物的最小点火能量时，无法发生燃烧反应。最小点火能量通常可用点火温度来进行直观的表示，可燃物的种类不同，燃烧所需要的点火能量也不同，表 2-2 所示为几种可燃物燃烧所需的温度(即燃点)：

表 2-2　物质的燃点

物质名称	燃点(℃)	物质名称	燃点(℃)
氢气	580～600	木炭	320～400
甲烷	650～750	铁粉	315～320
乙烷	520～630	镁粉	520～600
乙烯	542～547	环氧树脂	530～540
乙炔	406～440	尼龙	500
一氧化碳	641～658	橡胶	350

只有当上述的几种条件同时满足并且相互作用相互结合时，燃烧反应才会发生并且能够持续下去，缺少其中任何一种条件，燃烧都不会发生或持续。

2.1.3　燃烧形式与过程

物质的燃烧一般都是在气相中进行的，根据可燃物的形态的不同，燃烧的形式也不相同，气态物质最容易发生燃烧，因为其燃烧所需要的热量只需要用于自身的氧化分解，并使其达到着火点，因此其反应更加迅速彻底，能够快速燃烧完全。与气相燃烧相比，液态燃料燃烧首先发生蒸发作用，形成蒸气后再氧化分解进行燃烧。与气相和液相燃烧相比，固体可燃物质的燃烧较为复杂，对于磷等简单物质来说受热后首先熔化，之后蒸发燃烧，对于其他一些较为复杂的混合物，受热首先发生分解生成气态和液态产物，之后再发生蒸发最终燃烧。各种物质的燃烧过程如图 2-2 所示：

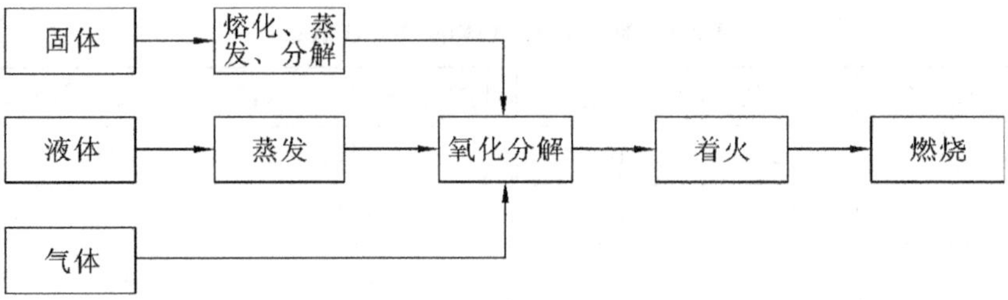

图 2-2 燃烧的过程

燃烧的形式通常有预混燃烧、扩散燃烧、分解燃烧、蒸发燃烧和表面燃烧。

(1) 预混燃烧:可燃气体与空气等氧化剂预先混合成均匀的一定浓度的可燃混合气,混合气在点火源作用下进行的燃烧。

(2) 扩散燃烧:可燃气体与空气等氧化剂在扩散作用下相互混合达到一定的浓度范围,即在燃烧过程中,靠与空气的扩散作用为燃烧提供氧化剂,在外界火源的作用下,使燃烧可以持续下去。

(3) 分解燃烧:一些可燃物(木材、煤等)在燃烧或者受热时热分解产生一些可燃气体,这些分解而来的可燃气体与空气混合后,在遇到点火源时发生的燃烧现象即为分解燃烧。

(4) 蒸发燃烧:液体可燃物蒸发产生的蒸气和氧气混合后进行的燃烧即为蒸发燃烧,蒸发燃烧形成的火焰可以进一步促进可燃物表面蒸气的形成,使得反应可以不断地进行下去。如酒精和汽油的燃烧。

(5) 表面燃烧:有的固体物质燃烧时,其表面可以附着氧分子为其燃烧供氧,当其外表面在加热作用下发生燃烧,其产生的高温气体将能量传递给下层表面,使得燃烧可以在固体表面进行下去。

在五种燃烧形式中,预混、扩散、分解以及蒸发燃烧可燃物形态可能不同,但在蒸发、分解或者升华等过程下,最终都是以气体的形态发生燃烧,都可以归类为气体可燃物的燃烧形态。可燃物的燃烧过程中主要包含有吸放热以及通过热量的传递使得燃烧在一定的条件下可以传递下去。其中固液态的燃烧过程主要是吸热过程,最终以气态的形式燃烧放热。在整个反应中当反应释放的热量大于吸收热时,燃烧反应便能持续进行,反之则熄灭。

2.1.4 燃烧类型

根据燃烧的形成条件和瞬间发生的特点,一般可以将其分为闪燃、点燃、自燃和爆炸四种类型。

1. 闪燃和闪点

闪燃是液体可燃物的特征之一。易燃液体挥发出的蒸气与空气混合,达到一定浓度后遇到点火源时出现的一闪即灭的现象即为闪燃,出现闪燃现象的主要原因是可燃液体的蒸发速度太慢,蒸气浓度不足以满足持续燃烧的条件。闪燃是短暂的闪火,不是持续的燃烧,这是因为液体在该温度下蒸发速度不快,液体表面上聚积的蒸气瞬间燃尽,而新的蒸气还未来得及补充,故闪燃一下就熄灭了。尽管如此闪燃仍是引起火灾事故的危险因素之一。

发生闪燃所需要的最低温度称之为闪点,闪点是衡量可燃液体危险性的重要参数,闪点越低,其危险性越大。如乙醚的闪点为 −45 ℃,煤油为 28～45 ℃,不仅说明乙醚比煤油的火灾危险性大,而且还表明乙醚具有低温火灾危险性。

应当指出,可燃液体之所以会发生一闪即灭的闪燃现象,是因为它在闪点温度下蒸发速度相比燃烧速度较慢,所蒸发出来的蒸气仅能维持短时间的燃烧,而来不及提供足够的蒸气补充维持稳定的燃烧。也就是说,在闪点的温度时,燃烧的仅仅是可燃液体所蒸发的那些蒸气,而不是液体自身能燃烧,即还没有达到使液体能燃烧的温度,所以燃烧表现为一闪即灭的现象。

由于试样的纯度以及加热速率等因素的影响,物质闪点的测量会存在一定的误差。有研究表明物质的闪点和沸点存在着很大的关联,可以用公式(2-1)计算:

$$T_f = a + \frac{b\,(c/T_b)^2 e^{-c/T_b}}{(1-e^{-c/T_b})^2} \tag{2-1}$$

T_f 为闪点,K;T_b 为沸点,K;a,b,c 为常数。

2. 点燃和燃点

可燃物与火源接触,达到某一温度后,产生有火焰的燃烧并且在火源移去后能持续燃烧 5 min以上的现象称为点燃。点燃的最低温度称为燃点。可燃液体的闪点与燃点的区别是可燃液体在燃点时燃烧的不只是蒸气,还有液体。另外,在闪点时移去火源后闪燃立即熄灭,而在燃点时液体则能继续燃烧。可燃液体的燃点都高于闪点,而且闪点越低的可燃液体,其燃点与闪点的差数越小。例如汽油、二硫化碳等的燃点与闪点仅相差 1 ℃。因此,燃点对评价可燃固体和闪点较高的可燃液体(闪点在 100 ℃以上)的火灾危险性具有实际意义,根据物质燃点的高低,通过控制可燃物所处环境的温度使之在可燃物的燃点以下,以及在遇到火灾时可以通过不同物质燃点的差异决定抢救的先后,这对消防救援具有实际上的指导意义。

3. 自燃和自燃点

在无外界火源时,物质自发发生燃烧的现象称为自燃。自燃所要达到的最低温度称为自燃点。自燃的分类主要有如下两种情况:

1) 根据促使可燃物质升温的热量来源不同,自燃可分为受热自燃和自热自燃两种。

(1) 受热自燃。可燃物质由于外界加热,温度升高至自燃点而发生自行燃烧的现象称为受热自燃。受热自燃是引起火灾事故的重要原因之一,在火灾案例中,有不少事故是因受热自燃引起的。

生产过程中发生受热自燃的原因主要有以下几点:

① 可燃物质靠近或接触热量大和温度高的物体时,通过热传导、对流和辐射作用,有可能将可燃物质加热升温到自燃点而引起自燃。例如可燃物质靠近或接触加热炉、暖气片电热器或烟囱等灼热物体。

② 在熬炼(如熬油、熬沥青等)或热处理过程中,温度过高达到可燃物质的自燃点而引起着火。

③ 由于机器的轴承或加工可燃物质机器设备的相对运动部件缺乏润滑或缠绕纤维物质增大摩擦力,产生大量热量,造成局部过热,引起可燃物质受热自燃。在纺织工业、棉花加工厂等由此原因引起的火灾较多。

④ 放热的化学反应会释放出大量的热量,有可能引起周围的可燃物质受热自燃,例如

在建筑工地上由于生石灰遇水放热，引起可燃材料的着火事故等。

⑤ 气体在很高压力下突然压缩时，释放出的热量来不及导出，温度会骤然增高，能使可燃物质受热自燃。可燃气体与空气的混合气受绝热压缩时，高温会引起混合气的自燃和爆炸。

此外，高温的可燃物质(温度已超过自燃点)与空气接触也能引起着火。

(2) 自热自燃。可燃物质由于本身的化学反应、物理或生物作用等产生热量，从而促使这种反应继续加快进行，并放出更多的热量，当这种热量来不及散发时，温度就会升高至其自燃点而发生自行燃烧，这种现象称为自热自燃。自热自燃与受热自燃的区别在于热的来源不同：受热自燃的热来自外部加热；而自热自燃的热来自可燃物质本身化学、物理或生物的热效应，所以称自热自燃。在一般情况下，自热自燃的起火特点是从可燃物质的内部向外燃烧，而受热自燃往往从外部向内燃烧。通常为了防止物质自燃，应主要防止物质的分解放热以及对相互接触会发生化学反应的物质要分开放置等。

2) 按照发生的机理分类

(1) 氧化发热自燃。一些自燃点低的物质，如黄磷、烷基铝、磷化氢、还原铁等，在常温下与空气中的氧能快速反应，发生燃烧。另外，分子内含有双键的不饱和有机化合物，如褐煤等，具有能吸收空气中的氧而发生部分氧化的特性，由于蓄热升温，达到自燃点而发生自燃。

(2) 吸附放热自燃。活性炭，还原镍，还原铁、镁、铝、锆、锌、锰、锡及其合金粉末等，表面活性大，暴露在空气中，吸附空气中的氧，产生吸附热，发生氧化反应放热，如果蓄热条件好，吸附热和氧化热共同作用，使物质的温度升高至自燃点而发生自燃。

(3) 分解放热自燃。常温下能分解放热的物质，如硝化棉、赛璐珞等物质，由于分子结构中含有氧，所以在分解放热过程中不需外界氧参加反应，在良好的蓄热条件下，温度逐渐上升，最后发生自燃。

4. 爆炸

关于爆炸，通常将其定义为一种物质经过物理或者化学变化突然间变成另一种物质或状态，同时释放出巨大的能量，产生光、热和机械功的现象。爆炸是某一物质系统在发生迅速的物理变化或化学反应时，系统本身的能量借助于气体的急剧膨胀而转化为对周围介质做机械功，通常同时伴随有强烈放热、发光和声响的效应。按照爆炸前后物质发生的变化分类，可以将爆炸简单分为物理爆炸和化学爆炸：

(1) 物理爆炸：物理爆炸即爆炸过程中不发生化学变化，是物质因为状态或者压力的突然变化而导致的。如蒸汽锅炉中因为内部物质相态的迅速转变而导致内部压力急剧增加而发生爆炸。

(2) 化学爆炸：化学爆炸是指物质以极快的反应速度进行化学反应，产生高温高压的爆炸反应，与物理爆炸最大区别就是化学爆炸前后，物质的组分和种类发生巨大的变化。

2.1.5 燃烧特性

从本质上说燃烧是一种氧化还原反应。现在普遍认为燃烧是一种自由基的链式反应，链式反应理论认为很多化学反应并不是一步就能实现从反应物到生成物的转化，而是经过一系列的中间反应，在整个反应过程中除了反应物、生成物之外，存在着中间产物作为其转化的媒介。在燃烧反应中，可燃物分子吸收外界能量发生活化，成为带有不成对电子的活泼的自由基，在自由基产生的同时引发其他的气体分子发生分解生成大量的其他自由基，使燃烧反应能够迅速持续地进行下去。整个链式反应过程包括链引发、链传播和链终止三个历程。物质的燃烧性能是指可燃物在着火后所发生的一切物理和化学变化。通常可以用可燃物的着火难易程度和火焰的传播性能、发热发烟、炭化以及产生的生成物等特性来进行衡量。在建筑材料中，根据物质的燃烧性能一般可将可燃物划分为易燃、可燃和难燃几个等级。不同的物质因为物理状态和自身材料性质的不同，发生燃烧时的特性也有很大的不同，一般可以根据可燃物的相态以及自身的物理化学特性进行研究。

2.2　着火理论

燃烧过程是发光放热的化学反应过程，当燃料从未燃状态过渡到燃烧状态的时候，存在两个基本阶段；着火阶段、着火后燃烧阶段。从燃烧的化学动力学理论可知，任何一个燃烧反应，都存在一个从反应的引发到开始剧烈反应的加速过程，这个过程是燃烧的孕育期。这个孕育期就是着火阶段，它是一种过渡过程。孕育期结束以后，就进入了燃烧阶段，这个阶段一般可以认为是一种稳定过程。

2.2.1　着火过程

燃料和氧化剂混合后，由无化学反应、缓慢的化学反应向稳定的强放热状态的过渡过程，最终在某个瞬间、空间中某个部分出现火焰的现象称为着火。着火过程是化学反应速率出现跃变的临界过程，即化学反应从低谷状态在短时间内加速到极高速的状态。根据这个定义，爆炸也是一种着火过程。当然，爆炸的概念不限于燃烧过程，是一个更广泛的概念。相对常规的着火过程，爆炸除了反应速率从低速瞬间加速到高速以外，整个反应都在极短的时间内完成。而对于常规的着火过程，在着火孕育期完成之后，则转向持续、稳定的燃烧过程。

影响着火的因素很多，如燃料的性质、燃料与氧化剂的混合比例、环境的压力与温度、气流的速度、燃烧室的尺寸和保温情况等。但是，归纳起来只有两类实质性的因素：化学动力学因素和传热学因素。

2.2.2　着火方式与机理

从微观机理来划分，着火可以分为热着火和链式着火两类。

（1）热着火：可燃混合物由于本身氧化反应放热大于散热，或由于外部热源加热，温度不断升高导致化学反应不断自动加速，积累更多能量最终导致着火的现象称为热着火。大多数燃料着火特征符合热着火的特征。可以看出，根据热着火中热量的来源，又可以把热着火分为热自燃和强迫点燃两类。其中，热自燃的着火热量完全来自于系统自身的热量积累而强迫点燃的热量来源于系统之外供给的热量。柴油机燃烧室中燃料喷雾着火、烟煤因长期地通风不好而着火，都是热自燃的实例。

(2) 链式着火：由于某种原因，可燃混合物中存在活化中心，活化中心产生速率大于销毁速率时，在分支链式反应的作用下，导致化学反应不断加速，最终实现着火的现象称为链式着火。金属钠在空气中的着火属于链式着火。某些低压下着火实验（如 H_2+O_2，$CO+O_2$ 的着火）和低温下的“冷焰”现象符合链式着火的特征。

2.2.3 谢苗诺夫热着火理论

设可燃气体混合物不产生任何运动，在反应过程中的气体浓度、外界温度、压力和散热条件不变。混合气体化学反应产生的热量为：

$$Q_1=QuV=QVZ\varphi_A^n e^{-\frac{E}{RT}} \tag{2-2}$$

式中，Q 为可燃气体反应热；u 为反应速度；V 为可燃气体体积；Z 为活化分子发生反应的燃率或指前因子；φ_A 为可燃气体体积分数；n 为化学反应级数；T 为可燃气体的绝对温度；E 为可燃气体反应活化能。

可燃气体向四周散失的热：

$$Q_2=hA(T-T_0) \tag{2-3}$$

式中，h 为可燃气体与四周介质的传热系数；A 为传热总的表面积；T_0 为周围介质的绝对温度。

可燃气体本身升温所需要的热量：

$$Q_3=\rho c_v V\frac{dT}{dt} \tag{2-4}$$

式中，ρ 为可燃气体的密度；c_v 为质量定容热容；t 为时间。

根据反应系统热量守恒定律可得：

$$\rho c_v V\frac{dT}{dt}=QVZ\varphi_A^n e^{-\frac{E}{RT}}-hA(T-T_0) \tag{2-5}$$

从式(2-2)～式(2-5)中，可以看出系统反应热 Q_1 与 T 的关系为不断加速的指数关系，散失的热 Q_2 与 T 的关系为直线关系，要使式(2-5)成立，式(2-2)所表示的曲线与式(2-3)所表示的曲线必须相交或相切，如图 2-3 所示。若初始温度较低，即 $T_0=T_{01}$，Q_1-T 与 Q_2-T 两条曲线相交于 a、b 两点，它们都有 $Q_1=Q_2$，$dT/dt=0$，其中 a 为真稳态点，b 为亚稳态点，当可燃气体温度 $T<T_a$ 时，$Q_1>Q_2$，$d(Q_1-Q_2)/dt>0$，即生成热大于散失热，但反应生成热速率比散失热速率小，系统升温到 T_a；当 $T_a<T<T_b$ 时，$Q_1<Q_2$，$d(Q_1-Q_2)/dt<0$，即散失热大于生成热，系统不断降温到 T_a。所以 a 点发生的是一个以一定极限速度进行化学反应的稳定过程，若有扰动都能自动调节。

当可燃气体温度 $T>T_b$ 时，$Q_1>Q_2$，$d(Q_1-Q_2)/dt>0$，即生成热大于散失热，反应生成热速率大于散失热速率，系统不断升温，反应加快，迅速过渡到着火阶段。

若初始温度较高，即 $T_0=T_{03}$，任何温度下整个系统的反应热都大于散失热，系统温度和反应速率都会迅速增长而导致着火。

若初始温度为中等，使介质温度逐渐高于 T_{01}，则 a、b 两点彼此接近，在 $T_0=T_{02}$ 时 a、b 重合于 c 点，Q_1-T 与 Q_2-T 相切。显然，$Q_{1c}=Q_{2c}$，$\frac{dQ_1}{dt}=\frac{dQ_2}{dt}$。$c$ 点也是一个亚稳定点，在

$T<T_c$时可燃气体最终以定速进行反应而不着火，但只要稍加扰动使 $T>T_c$，系统温度和反应速率就会迅速增长而导致着火。

综上可见，介质温度 T_{02} 是一个分界温度，超过这个温度，可燃气体混合物就有可能着火，否则就不能着火，而 T_c 就称为该条件下的可燃气体自动着火温度。实际上因为 T_c 无法测定，T_c 与 T_{02} 相差也不大，所以一般称 T_{02} 为自动着火温度，它是保证可燃气体能自动加热升温时周围介质的最小温度。

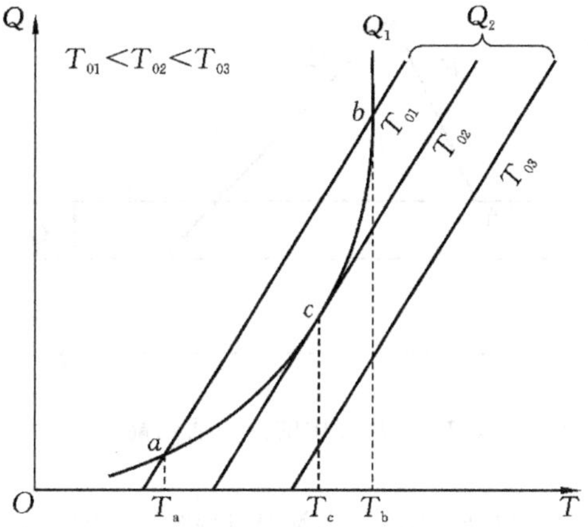

图 2-3　不同初始温度时 Q_1、Q_2 及它们与系统温度的关系

无论是 T_c 或 T_{02} 都不是给定可燃混合物的物理化学常数，它们与当时的实际燃烧条件有关。热着火理论分析中都假设反应过程中的压力和热交换系数恒定，由此导出临界介质温度。如果使反应压力和介质温度不变，还可以求出临界热交换系数；使介质温度和热交换系数不变，还可求出临界压力。

2.2.4　燃烧分子碰撞着火理论

燃烧的分子碰撞着火理论认为，燃烧的氧化反应是由可燃物和助燃物两种气体分子的相互碰撞而引起的。众所周知，气体的分子都是处于急速运动的状态中，并且不断地彼此相互碰撞，当两个分子发生碰撞时则有可能发生化学反应。但是，用这种理论解释燃烧的氧化反应时，存在一定的局限性。例如，氢和氧的混合物在常温下避光储存于容器中，它们的分子彼此碰撞达 10 亿次之多，但察觉不到有任何反应。可是，若把这种混合物置于日光照射下，虽不改变其温度和压力，氢和氧两者却可以极快的速度进行反应，生成水，并呈现出光和热的燃烧现象，甚至能引起爆炸。由此可见，气态下物质的反应速度，并不能仅以分子碰撞次数多少来加以解释。这是因为在相互碰撞的分子间会产生一定的排斥力，只有在它们的动能极高时，才能在分子的各组成部分间产生显著的振动，引起键能减弱，有可能使分子的各部位重排即有可能产生化学反应。这种动能，按其大小而言，接近于键的破坏能，因而至少是 2.1～41.8 kJ/mol。这意味着一切反应必须在极高的温度下才能发生，因为 41.8 kJ/mol 的活化能相当于 1200～1400 ℃的反应温度。假如同意这种观点，那么燃烧与氧化反应应该是特别困难的，因为 O ═O 双键的破坏能是 49.0 kJ/mol，而 C—H 键的破坏能为 33.5～41.8 kJ/mol。但是，实验证明最简单的碳氢化合物的燃烧、氧化反应在 300 ℃左右就可以进行了。上面的推证排斥了这样一种见解，即可燃物质的燃烧是它们的分子与氧分子直接作用而生成最终的氧化产物的过程。

2.2.5　燃烧活化能理论

根据分子运动理论可知，在标准状态下，单位时间、单位体积内气体分子之间相互碰撞次数约为 10^{28} 次，但是，不是所有碰撞的分子都能发生化学反应，而是只有具有一定能量的分子碰撞才能发生化学反应。这种分子称为活化分子，它具有的最低能量称为活化能(E)。

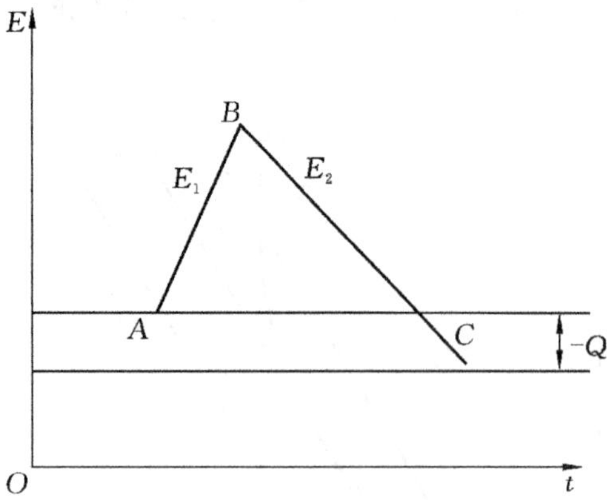

图 2-4　反应中的分子活化能

图 2-4 中纵坐标表示系统的分子能量，横坐标表示反应过程，A 点表示系统开始时的动力状态。当这个系统接受转入活化状态 B 所需能量 E_1后，将引起反应，并且这个系统将在减弱能量 E_2的情况下进入结束状态 C。能量差 $E_1-E_2=-Q$(E_2大于 E_1)为反应的热效应。

活化能理论指出了可燃物和助燃物两种气体分子发生氧化反应的可能性及其条件。从阿累尼乌斯反应速率公式可看出，活化能的大小对反应速率影响很大。活化能大，反应速率慢，反应需要在较高的温度下才能进行；反之，活化能小，分子间有效碰撞多，反应速率快，反应可在较低的温度下进行。当活化能趋于零时，反应速率就变得与反应物浓度有关，而与活化能无关，所以很多可燃物质在空气中，由于外界的任何点火源或自身氧化热积累，而温度升高，使活化分子碰撞加剧，发生反应的概率增大。

2.2.6　链式反应着火理论

连锁自动着火的基本观点是：可燃气体在外界热源缓慢而均匀地加热到某个温度时发生了连锁反应。若连锁分支数大于断裂数，则反应速度不断加速而着火。

假定：可燃气体处于一个无限大容器内(忽略器壁的影响)，可燃气体浓度和温度恒定。单位时间单位体积内热运动产生的活化分子为常数 C'_0(由热运动产生的活化分子生成后立即转入连锁反应，并产生新的活化分子，在可燃气体温度和浓度一定时，它为常数)。

由于连锁分支反应为：　$C'+M_1 \rightarrow C_1+C'_2$

则反应速度为：　$k_1C'M_1=fC'$

式中，$f=k_1M_1$；k_1 为速度常数；M_1 为反应浓度；C' 为活化中心浓度。

连锁断裂反应为：　$C'+M_2 \rightarrow$ 销毁

其反应速度为：　$k_2C'M_2=gC'$

式中，$g=k_2M_2$；k_2 为速度常数；M_2 为反应浓度。

则总的活化中心生成速率：

$$\frac{\mathrm{d}C'}{\mathrm{d}t}=C'_0+fC'-gC' \tag{2-6}$$

式中，f、g 分别为可燃气体连锁反应的分支和断裂系数。

令

$$\varphi=f-g \tag{2-7}$$

则

$$\frac{\mathrm{d}C'}{\mathrm{d}t}=C'_0+\varphi C' \tag{2-8}$$

对其积分得：

$$\int_0^{C'}\frac{\mathrm{d}C'}{C'_0+\varphi C'}=\int_0^t\mathrm{d}t=t \tag{2-9}$$

$$\int_0^{C'} \frac{1}{\varphi} \cdot \frac{\mathrm{d}(C' + \varphi C')}{C' + \varphi C'} = t \tag{2-10}$$

$$C' = \frac{C'_0}{\varphi}(\mathrm{e}^{\varphi t} - 1) \tag{2-11}$$

若 $\varphi < 0$，设 $\varphi = -B(B > 0)$，则：

$$C' = \frac{C'_0}{B}(1 - \mathrm{e}^{Bt}) \tag{2-12}$$

由此可见，C' 随时间 t 的发展而增加，但并不能无限制增大，而是趋向于极限 C'_0/B。

因为反应速率为：

$$w = aC'$$

式中，a 为连锁反应的动力系数。

则：

$$w = \frac{aC'_0}{B}(1 - \mathrm{e}^{Bt}) \tag{2-13}$$

反应一旦达到此极值就稳定不变，最终不会着火。

当 $\varphi > 0$ 时，直接有：

$$w = \frac{aC'_0}{\varphi}(\mathrm{e}^{\varphi t} - 1) \tag{2-14}$$

随 t 增加，w 将无限制增加至着火。

当 $\varphi = 0$ 时，不能直接积分得到上式，但因有：

$$\frac{\mathrm{d}C'}{\mathrm{d}t} = C'_0 \tag{2-15}$$

积分得：

$$C' = C'_0 t$$

则

$$w = aC' = aC'_0 t$$

所以反应速度随时间直线增长直至着火。

由上可知：可燃气体是否着火完全取决于 φ，$\varphi = 0$ 是可以着火的一个极限情况。但是研究表明，φ 主要取决于温度和压力：

$$\varphi = Kp^n \mathrm{e}^{-\frac{E}{RT}} + C \tag{2-16}$$

式中，p 为压力；K 为常数。

定压下温度越高，φ 值越大，不同的 φ 均有其相应的温度：

$$\varphi = 0 \sim T = T_{\varphi=0}$$

$$\varphi > 0 \sim T = T_{\varphi>0}$$

$$\varphi < 0 \sim T = T_{\varphi<0}$$

其中 $T_{\varphi=0}$ 是划分连锁反应稳定与不稳定的界限，是连锁反应导致着火的最低温度，称为“链式反应着火点”。

从连锁反应开始至着火为止所经历的时间为“连锁反应延滞期”。显然 $T_{\varphi=0}$ 时延滞期为无限长，$T_{\varphi>0}$ 时 w-T 为指数曲线，可以求得一个转折点 c，c 点前反应速度缓慢，c 点后反应速度迅速增加。一般把 c 点前所经历的时间作为延滞期，而且温度越高延滞期越短。以上没有考虑浓度的变化。实际上因为有浓度的下降，反应速度将在出现一个极大值后下降，最终不一定能着火。

2.3 火灾发生与蔓延

2.3.1 火灾及其分类

在《消防词汇 第1部分:通用术语》(GB/T 5907.1—2014)中火灾的定义为:在时间或空间上失去控制的燃烧所造成的灾害。

根据《火灾分类》(GB/T 4968—2008),从可燃物的类型和燃烧特性将火灾定义为六个类别:

A类火灾:固体物质火灾。这种物质往往具有有机物质性质,一般在燃烧时产生灼热的余烬。如木材、煤、棉、毛、麻、纸张等火灾。

B类火灾:液体火灾和可熔化的固体物质火灾。如汽油、煤油、柴油、原油,甲醇、乙醇、沥青、石蜡等火灾。

C类火灾:气体火灾。如煤气、天然气、甲烷、乙烷、丙烷、氢气等火灾。

D类火灾:金属火灾。如钾、钠、镁、铝镁合金等火灾。

E类火灾:带电物体燃烧的火灾。

F类火灾:烹饪器具内的烹饪物(动植物油脂)火灾。

2.3.2 火灾发生机理与发展过程

1. 火灾产生的机理

火灾是一种失去人为控制的燃烧过程。火灾的基本要素是可燃物、助燃物和点火源。液体和固体是凝聚态物质,难与空气均匀混合,它们燃烧的基本过程是当外部提供一定的能量时,液体或固体先蒸发成蒸气或分解析出可燃气体(如CO、H_2等),较大的分子团、灰烬和未燃烧的物质颗粒悬浮在空气中,粒子直径一般在0.01 μm左右,这些悬浮物统称为气溶胶。几乎在产生气溶胶的同时,产生粒子直径为0.01~10 μm的液体或固体微粒,称为烟雾。气相形式的可燃物与空气混合,在较强火源作用下产生预混燃烧。着火后,燃烧火焰产生的热量使液体或固体的表面继续释放出可燃气体,并形成扩散燃烧。同时,发出含有红外线或紫外线的火焰,散发出大量的热量。气溶胶、烟雾、火焰和热量都称为火灾参量,通过对这些参量的测定便可确定是否存在火灾。大量热量通过可燃物的直接燃烧、热传导、热辐射和热对流,使火从起火部位向周围蔓延,这就是常说的火蔓延,火蔓延导致了火势的扩大,形成火灾。

2. 火灾的发展过程

为了说明火灾的发展过程,在此仅介绍耐火建筑中具有代表性的室内火灾的发展过程。在某防火分区或建筑物空间,可燃物在刚刚着火,火源范围很小时,由于建筑物空间相对于火源而言,一般都比较大,空气供应充足,所以,燃烧状况与开敞的空间基本相同。随着火源范围的扩大,火焰在最初着火的可燃物上燃烧或引起附近的可燃物燃烧,当防火分区(室内)的墙壁、屋顶开始影响燃烧的继续发展时,一般就完成了一个发展阶段,即火灾的初期。火灾的发展一般经历三个时间区间，如图 2-5 所示。

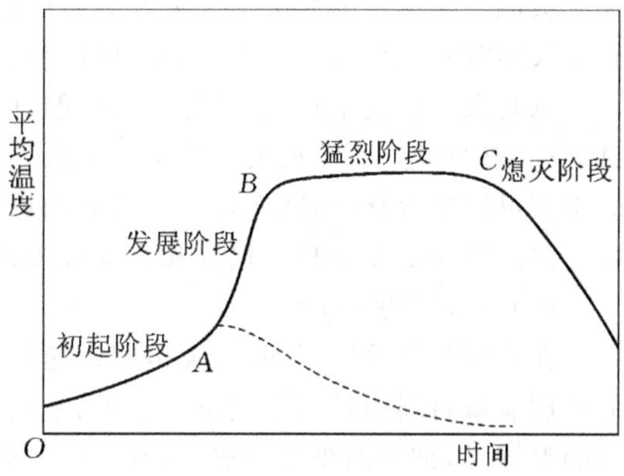

图 2-5　火灾发展温度时间曲线

根据室内火灾温度随时间变化的特点，可以将火灾发展过程分为四个阶段，即火灾初起阶段（图中 *OA* 段）、火灾发展阶段（*AB* 段）、火灾猛烈阶段（*BC* 段）、火灾熄灭阶段（*C* 点以后）。

（1）火灾初起阶段

室内发生火灾后，最初只是起火部位及其周围可燃物着火燃烧。这时的火灾如同在敞开的空间里进行一样。在火灾局部燃烧形成后，可能会出现下列三种情况之一。

① 最初着火的可燃物质燃烧完而未延及其他可燃物质。尤其是初始着火的可燃物质处在隔离的情况下。

② 如果通风不足，则火灾可能自行熄灭，或受到通风供氧条件的支配，以很慢的燃烧速度继续燃烧。

③ 如果存在足够的可燃物质，而且具有良好的通风条件，则火灾迅速发展到整个房间，使房间中的可燃物（家具、衣物、可燃装修材料等）卷入燃烧之中，从而使室内火灾进入全面发展的猛烈燃烧阶段。

火灾初起阶段的特点是：起火点处的局部温度较高，室内各点的温度不平衡。由于可燃物燃烧性能、分布、通风、散热等条件的影响，燃烧的发展大多比较缓慢，有可能中途自行熄灭，燃烧的发展是不稳定的，火灾初起阶段的燃烧面积不大且持续时间长短不定。

火灾初起时，燃烧释放的热量通过热交换，提高房间内各种物体的温度，使可燃物受热分解放出可燃气体和热，进入无焰燃烧的过程。在短时间内分解出的可燃气体与空气混合形成爆炸性的气体。明火点燃，是由于分解出的可燃气体流向起火点，遇火点燃；或者是起火点的热烟带来的火星飞到堆积可燃物的部位，把已进入无焰燃烧的可燃物点燃。火灾初起，在氧气不足的条件下，燃烧呈阴燃状态，室内可燃物均处于无焰燃烧阶段，房间内积聚了温度较高、浓度较大、数量较多的可燃气体与空气的混合物。一旦开门或者窗玻璃破裂，由室外向起火房间输入大量的新鲜空气，室内的气体混合物便会迅速自燃，在整个起火房间内出现熊熊的火焰，这个火焰便可在室内全面点燃存在的一切可燃物，使初起火灾迅速发展成火灾发展的第二阶段。

初起火灾的持续时间，即火灾轰燃之前的时间，对建筑物内的人员疏散、重要物资的抢救都具有重要的意义。若建筑物火灾经诱发成长，一旦达到轰燃，则该分区内未逃离火场的人员生命将受到威胁，国内外研究人员提出如下公式：

$$t_p + t_a + t_{rs} \leqslant t_u \tag{2-17}$$

式中，t_p 为从着火到发现火灾经历的时间；t_a 为从发现火灾到开始疏散之间所耽误的时间；t_{rs} 为人员或财产转移到安全地点所需要的时间；t_u 为火灾现场出现人不能忍受条件的时间。

现在利用火灾自动报警器可以减少 t_p 的时间，而且大多数情况下效果比较明显。但在场人员能否安全疏散取决于火灾发展速度的大小，即取决于 t_u。这段时间延长得越长就会有更长的时间发现和扑灭火灾，并可以使人员安全疏散。

从防火的角度来看，建筑物耐火性能好，可燃物少，则火灾初期燃烧缓慢甚至会出现窒息灭火，有"火警"而无火灾的结果。从灭火的角度来看，火灾初期燃烧面积小，只要用少量的水就可以把火扑灭，因而是扑救火灾的最好时机，为了早发现并及时扑灭初期火灾，对重要的建筑物最好安装自动报警和自动灭火设备。

（2）火灾发展阶段

在火灾初起阶段后期，火灾范围迅速扩大，除室内的家具、衣物等卷入燃烧之外，建筑物的可燃装修材料由局部燃烧迅速扩大，室内温度上升很快，当达到室内固体可燃物全表面燃烧的温度时，被高温烘烤分解、挥发出的可燃气体便会使整个房间都充满火焰。

（3）火灾猛烈阶段

室内火灾经历轰燃后，整个房间立即被火焰包围，室内可燃物的外露表面全部燃烧起来。由于轰燃之际门、窗、玻璃已经破坏，为火灾提供了比较稳定的、充分的通风条件，所以在此阶段燃烧发展到最大规模，并且可产生高达 1100～1200 ℃的高温。在此高温下，房间的顶棚及墙壁的表面抹灰层发生脱落，混凝土预制楼板、梁、柱等结构也会发生爆裂剥落的破坏现象，在高温作用下，甚至发生断裂破坏。在此阶段，铝制品的窗框被熔化，钢窗整体向内弯曲，无水幕保护的防火卷帘也向加热侧发生弯曲。火灾猛烈燃烧阶段，随着可燃物的消耗，其分解物逐渐减少，火势逐渐衰退，室内靠近顶棚处能见度渐渐提高，只有地板上堆积的残留可燃物如大截面的木材、堆放的书籍、棉织品等将持续燃烧。

为了减少火灾损失，针对火灾猛烈阶段的特点，在建筑防火设计中采取的主要措施有：在建筑物内设置防火分隔物，把火灾控制在局部区域内，防止火灾向其他区域扩散蔓延；选用耐火极限较高建筑构件作为建筑物的承重体系，确保建筑物发生火灾时不坍塌，为火灾时人员的安全疏散、火灾扑救及火灾后建筑物的修复使用创造条件。

（4）火灾熄灭阶段

火灾熄灭阶段，室内可供燃烧的物质减少，温度开始下降。但从火灾整个过程来看，火灾中期的后半段和末期的前半段的温度最高，火势发展最猛烈，热辐射也最强，使建筑物遭受破坏的可能性也会更大，这是火灾向周围建筑物蔓延的最危险时刻。

（1）火灾熄灭阶段之初，在灭火时仍要注意堵塞包围，防止火势蔓延，切不可疏忽大意。

（2）注意建筑结构因经受高温作用和灭火射水冷却作用而出现裂缝、下沉、倾斜或倒塌破坏的可能，注意保障灭火中的人身安全。

上述四个火灾发展阶段，是根据火灾温度曲线的拐点，即室内火灾温度变化的转折点为客观规律划分的。火灾发展的某一阶段的出现，取决于室内燃烧的面积、火灾的温度和燃烧速度的综合作用，它并不是某一单独参数的指标。

2.3.3 火灾典型燃烧形式

各类火灾在其发生、发展和蔓延过程中，会出现一些关键性的特殊燃烧形式，它对火灾进程具有重要作用。例如：建筑火灾中的阴燃、轰燃和回燃；油池火灾的沸溢和喷溅；森林火灾中的树冠火、火旋风、对流柱等。本节仅介绍建筑火灾中的几种典型特殊燃烧形式。

1. 阴燃

阴燃是多种固体物质中发生的持续、有烟、无气相火焰的缓慢燃烧现象，并伴随有局部温度升高，阴燃在一定条件下，可以转变为有焰燃烧。阴燃在建筑火灾和森林火灾初起阶段的前期常有发生。

阴燃是固体材料特有的燃烧形式，材料能否形成阴燃，取决于自身的物理化学性质和所处外部环境。固体材料能够发生阴燃的自身条件是材料受热分解后能够产生刚性结构的多孔炭，这种炭具备多孔蓄热并使燃烧持续下去的能力。很多固体材料如纸张、锯末、纤维织物、纤维板、乳胶、橡胶和多孔热固性塑料等都能发生阴燃，而有些物质的粉末分散于能阴燃的固体上时，可抑制阴燃发生，如 S、$CaCl_2$、$ZnCl_2$ 等。

当固体物质处于空气不流通的环境中，且具有供热强度适宜的热源时，就可能发生阴燃，如固体堆垛内部的阴燃、处于密封性较好的室内固体阴燃，若供热强度过小，固体无法着火；若供热强度过大，固体则发生有焰燃烧。

常见引起阴燃的热源：①自燃热源，如固体堆垛内的阴燃大多是自燃结果，待阴燃缓慢向外传至堆垛表面时，就转为有焰燃烧；②一种阴燃引起另一种阴燃，如香烟阴燃引起地毯、被褥、木屑、植被等阴燃，并进一步引发火灾；③有焰燃烧熄灭后的阴燃，如固体堆垛有焰燃烧的外部火焰被水扑灭后内部仍处于炽热状态，而可能发生阴燃，经过一段时间，外部水分蒸发，阴燃向外发展至堆垛表面时，就会发生死灰复燃现象。

阴燃传播：以柱状纤维素棒沿水平方向的阴燃为例（图 2-6）说明阴燃的传播。

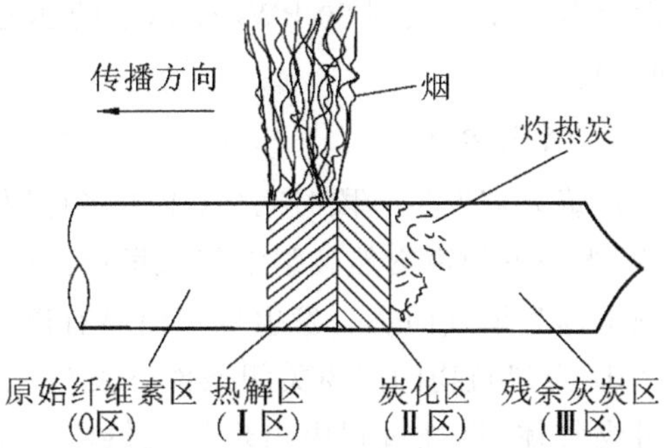

图 2-6 纤维素棒水平方向阴燃示意图

当给纤维素棒的右端适当加热时，就开始发生阴燃，烟灼热炭并向左端传播。阴燃结构共分为四个区：①原始纤维素区（0 区），通过热传导少量加热但未发生受热分解。②热解区（Ⅰ区），区内温度急剧升高并从原始材料中挥发出烟，纤维素变色，并开始炭化，此时温度约为 250～300 ℃。应该说明的是：使用的固体材料相同，在阴燃中产生的烟与在有焰燃烧中产生的烟大不相同；由于阴燃一般不发生明显氧化，其烟中含有可燃气体，以及冷凝成悬浮粒子的高沸点液体和焦油等，是可以燃烧的；在密闭空间内，阴燃烟的聚集能够形成可燃或可爆性混合气体；曾发生过乳胶垫阴燃而导致烟雾爆炸的事故。③炭化区（Ⅱ区），该区含大量由热解产物（烟）挥发后剩下的炭，在其表面发生氧化并放热，纤维素材料的温度升高至最大值（可达 600～750 ℃）。④残余灰炭区（Ⅲ区），在该区中，灼热燃烧不再进行，温度开始降低。实际上，阴燃传播各区间并无明显界限，是连续的。

阴燃向有焰燃烧转变，有以下几种条件：①阴燃从堆垛内部传播到外部时，由于不再缺氧，可转变为有焰燃烧。②密闭空间内，因供氧不足，固体材料发生阴燃，产生大量不完全燃烧产物并充满空间，当突然打开空间某些部位时，新鲜空气进入，在空间内形成可燃混合气体，进而可能发生有焰燃烧或导致爆炸。这种由阴燃向爆燃的突发性转变十分危险。

2. 轰燃

轰燃是室内火灾由局部燃烧瞬间向全面燃烧的转变,转变完成后,室内所有可燃物表面都开始燃烧。轰燃是火灾由初起阶段向猛烈阶段转变的最显著特征之一。在火灾初起阶段后期,如果通风条件良好,可燃物数量适当,火灾范围会迅速扩大,并引起室内相当数量的可燃物的热解和气化,一旦可燃气体达到燃烧极限下限,室内温度达到可燃气体燃点,经过较短时间(几分钟)就会出现一种全室性气相火焰现象,并迅速点燃室内绝大多数可燃物表面,燃烧十分猛烈,温度升高很快,它标志着火灾由初起阶段后期进入猛烈阶段。

轰燃现象的出现是火灾燃烧释放出的大量热量积累的结果。试验研究表明,引起室内轰燃的热源主要是热辐射。建筑物室内地板接收到的热通量的辐射热源主要有以下三个方面:①顶棚下方的热烟气层。②室内上部的顶棚与侧壁所有热表面的辐射。③火焰,包括垂直上升的火羽流与沿顶棚扩散的火焰。这些热辐射对轰燃出现的控制作用和影响取决于火灾发展过程中可燃物质的性质以及通风状况。在实际火灾中,一般都会产生大量烟气。因此,轰燃的出现主要由热烟气层的厚度和温度达到某一临界点所决定,因此,烟气层的热辐射对确定火灾的发展十分重要。

为了从定量的角度说明出现轰燃的临界条件,沃特曼(Waterman)在长宽高为 3.64 m×3.64 m×2.43 m 的房间内进行了试验,并测试出要使室内发生轰燃的基本定量条件是:地板平面处至少要接收到 20 kW/m^{2}以上的热通量,可燃物燃烧速度必须大于 40 g/s,并维持一段时间。

3. 烟气回燃

建筑火灾发生一段时间后,由于多种原因可能造成室内缺氧,烟气中逐渐积累大量可燃气体,当房屋门窗突然破裂空气大量进入时,在烟气层下表面附近发生的非均匀预混气体燃烧现象称为烟气回燃。发生烟气回燃有以下两种情况。

① 当建筑物的门窗关闭条件下发生火灾时,或者是门窗虽未关闭严密,但室内存在大量可燃气体,燃烧过程中出现氧气供应严重不足,从而形成烟气层中含有大量可燃气体组分,此时,一旦突然形成通风缺口,如门窗破裂、救灾人员闯入,使大量新鲜空气突然进入,将使可燃烟气获得充分氧气,燃烧强度显著增大,突发猛烈燃烧,室内温度迅速提高。这种燃烧还有可能使火灾转变为轰燃或爆炸。

② 室内发生火灾后,人们总会尽力扑救,大多数情况下火灾尚未发展到轰燃就被人为扑灭,这种情况下室内可燃材料中的挥发组分并未完全析出,可燃物周围的温度在短时间内仍比环境温度高,它容易造成可燃挥发气再度析出,一旦充分供氧条件形成,被扑灭的火场又会重新发生可燃烟气的明火燃烧,即烟气回燃。

帕格内等人使用一个模型[2.4 m(长)×1.2 m(宽)×1.2 m(高)]进行回燃传播试验,该试验以甲烷燃烧器为火源,先将模型开口全部关闭,可使燃烧器的火焰逐渐缩小,最终因缺氧而窒息,然后打开模型一端的开口,经过一段时间的延时,启动电火花点火器,形成的火焰由点火源开始大体沿室内上半部的热烟气和冷空气交界区所形成的非均匀可燃混合气处迅速蔓延开来,甚至从开口窜出。试验表明,烟气中甲烷可燃气组分浓度达到 10%才开始发生回燃,当浓度大于 15%时,形成猛烈火团,这是由于烟气回燃时,由甲烷与空气组成的混合可燃气体属于非均匀相混合燃烧，其化学当量浓度有增高趋势所造成。

霍然等人的多室试验表明，当建筑物的起火房间有开口，并与其他房间或走廊相连接时，还会逐次出现烟气回燃，如图 2-7 所示。该图表示一个房间至走廊相连的模型内发生的回燃温度曲线。其中，第一次回燃发生在房间内，过了约 15 min 后，在走廊内发生第二次回燃。两次回燃和第二次回燃滞后的出现反映出房间分隔对回燃性质的影响，这种延迟性回燃对于进入室内灭火的人员有严重的威胁。

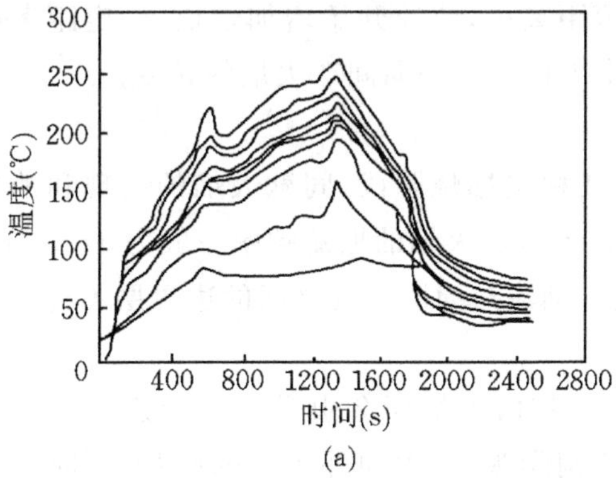

图 2-7　房间至走廊模型内两次回燃的温度变化

(a)第一次回燃；(b)第二次回燃

为了防止回燃的发生，控制新鲜空气的后期流入和在火灾中禁止启动无防爆措施的电气设备有重要作用。当发现起火建筑物内生成大量黑红色浓烟时，不要轻易打开门窗以避免生成可燃性混合气。必须做好灭火准备，在房间顶棚或墙壁上部打开排烟口将可燃烟气直接排到室外，或在打开通风口时，沿开口向房间内喷入水雾，可以有效降低烟气浓度，减少烟气被点燃的可能，有利于室内明火的扑救。

4. 火羽流与顶棚射流

在火灾物质燃烧中，火源上方的火焰及燃烧生成烟气的流动通常称为火羽流，火焰区上方为燃烧产物(烟气)的流动区，其流动完全由浮力效应控制，可称为浮力羽流或烟气羽流。当烟气羽流碰到房顶后便形成沿顶棚下表面蔓延的顶棚射流。本部分内容将分别讨论火羽流与顶棚射流的燃烧和流动特点及其与火灾的关系。

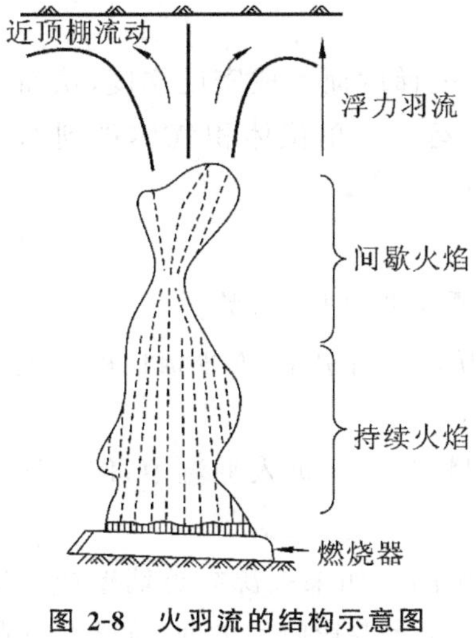

图 2-8　火羽流的结构示意图

(1) 火羽流

火羽流的结构如图 2-8 所示。由于固体火灾燃烧时，可燃气体的逸出是其受热逐渐分解后形成的，因此，其火羽流的火焰基本上是自然扩散火焰，气体的流动是由浮力控制的。由图 2-8 观察可知，自然扩散火焰可以分为两个区，即在燃烧表面上方不远的区域内存在连续火焰面；再往上的一定区域内火焰则是间断出现的。前一区域称为持续火焰区，后一区域称为间歇火焰区。

① 火羽流的温度与流速

试验以甲烷为可燃气，在边长为 0.3 m 的多孔燃烧器上首先测量了火焰沿中心线随高度变化的平均温度。在燃烧器上方不远的持续火焰区内，火焰温度由 500 ℃左右迅速增大到约 800 ℃，然后保持稳定，火羽流再往上，火焰温度逐渐降低，在间歇火焰的边缘，温度约降低至 320 ℃，在浮力羽流区继续下降直至接近常温。一般认为，自然扩散火焰的平均温度为 50～600 ℃。火羽流各区的温度高低亦反映了该区的燃烧强度。火羽流流速随高度的变化亦存在确定的关系，在刚离开燃烧器表面较短距离内，流速开始增加较快，一定距离后开始变缓到达某一最大值随后缓慢降低，这反映出由持续火焰向间歇火焰的转变。

② 火羽流振荡

在自然扩散火焰中，大部分是间歇火焰区，在稳定燃烧阶段，间歇火焰的出现和消失呈现相当规律的振荡。当燃烧表面积小于 1 m^2时，大多数火焰的振荡频率一般为 3～8 Hz，随着燃烧表面积减小振荡频率降低。这种振荡是火羽流与周围空气之间的边界层不稳定所引起的。

由图 2-8 可以看出，在接近持续火焰区的上端时，火焰面会由燃烧床的边缘向中间靠拢。在高温作用下，火焰面内的可燃气体将会急剧膨胀，产生向外扩展的趋势，同时周围受卷吸的空气也大幅度向中间流动。在火焰气体上升过程中，上述影响造成的边界层不稳定使火焰面的扰动增大容易诱发自内向外的旋转，其中最大的扰动可呈现大体轴对称的旋涡结构。试验中可观察到的自然扩散火焰的振荡现象便是这种旋涡随羽流上升并发生燃烧的结果。旋涡上部的外露表面将形成火焰尖，当一个旋涡通过后，后面的旋涡又以同样的形式形成新的火焰尖，这是自然扩散火焰的典型特征。火焰的闪烁特性可用以区别红外辐射是来自火焰或是其他背景，这为探测早期火灾提供了一种依据。

火灾中自然扩散火焰的平均高度是一个重要的应用参数，根据火焰高度可以计算出燃烧床上的火焰体积，并由此可确定火焰与其周围物体的相互作用，如火焰能否到达室内顶棚，能否提供足够强度的辐射热去点燃周围物体等。

③ 火羽流浮力

火焰燃烧时，其上的烟气与周围空气之间，由于存在温度梯度而形成密度梯度，从而产生浮力效应。在浮力作用下密度较小的气体(烟气)向上运动。单位体积气体受到的浮力为：

$$F=g(\rho_0-\rho) \tag{2-18}$$

式中：ρ_0为空气密度(密度大)；ρ 为烟气密度(密度小)；g 为重力加速度，常数。

在火灾燃烧中，烟气羽流的结构是由烟气与空气的相互作用所决定，而羽流内的温度取决于火源强度(释热速率)和离开热源的高度。

在一般火灾条件下，由于烟气上浮流动的卷吸，其周围较冷空气进入羽流中，使烟气受到冷却，同时，羽流的质量增大，而使羽流的向上流速降低。

当火源位于室内中央时，羽流的垂直向上运动是轴对称的。如果火源靠近墙壁或两墙交界的墙角，则坚固外壁边界对空气卷吸的限制将对火灾产生重要影响。此时，火焰将向限制壁面偏斜,这是由于空气只能从火羽流的另一侧进入的结果。这种影响将加强火焰在垂直壁面上的扩展和蔓延,在这种条件下,由于火羽流与环境空气的混合速率比不受限情况下要弱,温度下降亦将变慢,如果所处墙壁壁面材料可燃,则可加强竖壁燃烧火势,促进火灾蔓延。

(2) 顶棚射流

当垂直向上扩展的火羽流受到顶棚阻挡时热烟气将沿顶棚水平流动,并沿厚度方向积累。图 2-9 为火羽流演变成顶棚射流的发展过程。烟气羽流在顶棚上的接触区大体为圆形,并向四周扩散,烟气羽流与顶棚底面接触处存在黏性阻力。因此,与顶棚接触的烟气薄层流速较低,烟气层随着垂直向下离开顶棚距离的增加,其速度逐渐增大,当超过一定距离后,烟气流速逐渐降低为零。这种速度分布使得烟气射流前峰逐渐转向下流动,另外,由于热烟气层有一定浮力还会上浮,因此烟气的顶棚射流中便形成一连串旋涡,并将烟气层下方的空气卷吸进来,使烟气顶棚射流层不断加厚,速度逐渐降低。在顶棚射流热烟气作用下,顶棚的初始温度缓慢升高,顶棚射流内的烟气温度随着垂直向下离开顶棚距离的增加,射流层中温度逐渐升高,达到某一值后又逐渐降低到下层空气的温度。

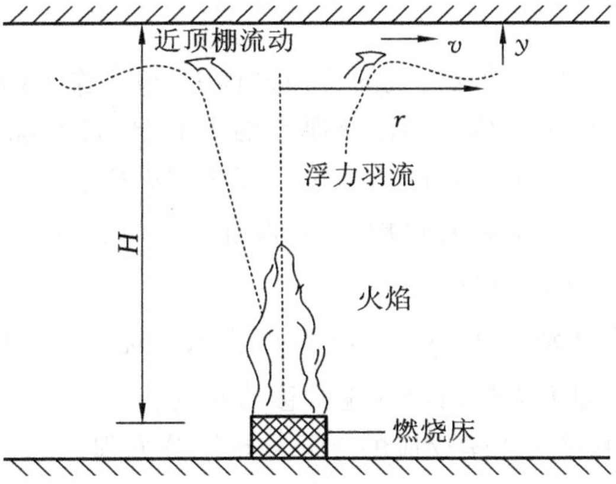

图 2-9 火羽流演变成顶棚射流的发展过程

燃烧火焰水平传播:当室内火源强度足够大或房间顶棚高度较低时,自然扩散火焰可以直接撞击到顶棚,并水平扩展相当长的距离。这是由于顶棚射流中温度较高的火焰及烟气,在较冷空气层之上流动,两者的结构形式稳定,密度差将会反抗混合的进行,造成顶棚射流对其下方空气的卷吸速率降低,使可燃气体需要经过较长时间才能烧完。实践表明,夹带火焰的顶棚射流是建筑火灾由室内向走廊蔓延的一种重要形式。有人用槽状容器倒置后模拟走廊,如图 2-10(a)所示,在槽内靠一端处放置一个多孔气体燃烧器,火灾烟气可沿槽道流动较长的距离。试验发现,火焰的特征与燃烧器表面到顶棚之间的距离 H 和气体流率 Q 有密切关系。若火羽流部分卷吸空气较多,燃烧比较完全,则水平火焰长度较小;若可燃气体流量很大,至顶棚前火羽流中燃烧不完全,进入顶棚射流后仍可形成燃烧的烟气层,火焰面出现在富燃料烟气层的下边界处。此外,由图 2-10(b)看出,射流中燃烧的存在诱发了由中部上升然后向两侧翻卷的旋涡,这显示走廊的竖直壁面对火焰结构有重要影响。

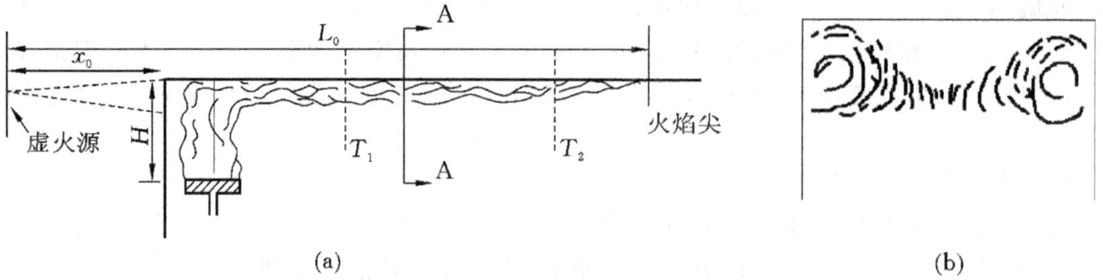

图 2-10　模拟走廊顶棚下方的火焰传播

2.3.4　可燃气体火灾发生与蔓延

当可燃气体泄漏到空气中，与空气混合形成了预混可燃气，在环境中达到着火条件后起火燃烧发生火灾。

在建筑火灾场景中，往往会产生大量的高温烟气流，因为温度以及浓度梯度的存在，热烟气流与环境气体产生自然对流，在热烟气流的流动路径上存在的可燃物受热着火，造成火灾的蔓延。

气体燃料的火焰传播：在可燃混合气的传播过程中，火焰作为(是)一层燃料燃烧的狭窄区域。通常可以将火焰近似地看成一层没有厚度的表面层，将燃烧产物和未燃的燃料相隔开，通常将其称为火焰前沿，研究火焰的传播过程即研究火焰前沿的传播规律。

层流火焰的传播机理分析通常有热理论、扩散理论和综合理论。

1. 用于简化近似分析的热理论

可燃气体温度和密度分别为 T_0、ρ_0，以速度 v_0 进入燃烧室并且保持层流工况，恰好使火焰前沿保持静止，此时 v_0 即为火焰前沿的正常移动速度。

方程(2-19)为系统中存在化学反应的一元导热微分方程：

$$\frac{\mathrm{d}}{\mathrm{d}x}(\lambda\frac{\mathrm{d}T}{\mathrm{d}x}) - c_{\mathrm{p}}\rho_x v_x \frac{\mathrm{d}T}{\mathrm{d}x} + Qw = 0 \tag{2-19}$$

式中　λ—— 导热系数，W/mK；

w—— 可燃气体的化学反应速度，1/s；

Q—— 可燃气体的化学反应热效应，J/m³。

假定燃烧室的流通截面不变，则有连续方程：

$$\rho_0 v_0 = \rho_x v_x \tag{2-20}$$

当未发生化学反应时，$Q_w = 0$。

联立可得：

$$\int_0^{\lambda}\left(\frac{\mathrm{d}T}{\mathrm{d}x}\right)_{x=0}\mathrm{d}\left(\frac{\mathrm{d}T}{\mathrm{d}x}\right) = c_{\mathrm{p}}\rho_0 v_0 \int_{T_0}^{T}\mathrm{d}T \tag{2-21}$$

解得

$$T = T_0 + (T_{\mathrm{B}} - T_0)\mathrm{e}^{\frac{\rho_0 v_0 c_{\mathrm{p}}}{\lambda}}$$

根据图 2-11，当可燃气体着火时，整个燃烧区可以看成是一个薄层，燃烧区内部化学反应速度并非全部相同。化学反应速度受到温度和可燃气体浓度两方面因素影响。在着火处附近温度低、可燃物浓度大，随着温度的升高，反应速度显著增加，在燃烧区末端虽然温度很高但可燃物浓度视为 0，因此化学反应速度不再升高。反应速度在 $x=0$ 附近时达到最大，称为反应区。

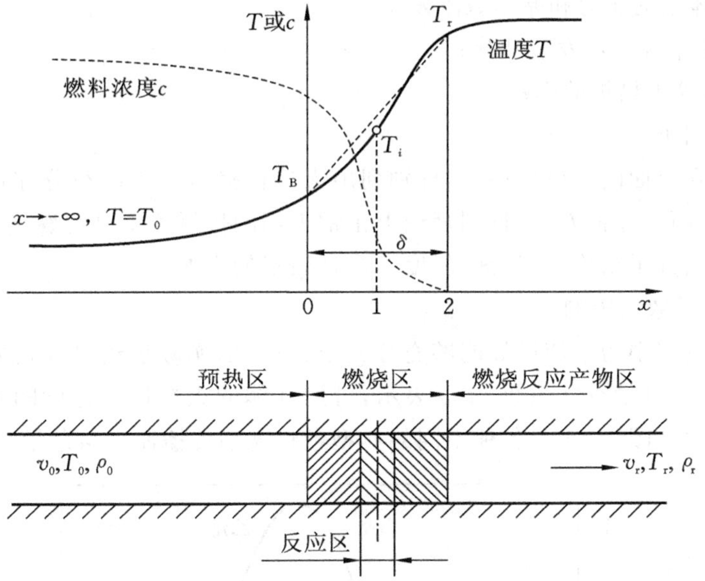

图 2-11　可燃气体一维层流燃烧各区温度分布

关于燃烧区，为了简化分析，假设燃烧区温度呈线性增长，燃烧区温度梯度为：

$$\left(\frac{\mathrm{d}T}{\mathrm{d}x}\right)_{x=0}=\frac{T_{\mathrm{r}}-T_{\mathrm{B}}}{\delta} \tag{2-22}$$

δ 为燃烧区宽度。

将式(2-22) 代入式(2-21) 中可得

$$v_0=\frac{\lambda}{c_{\mathrm{p}}\rho_0}\frac{1}{\delta}\frac{T_{\mathrm{r}}-T_{\mathrm{B}}}{T_{\mathrm{B}}-T_0} \tag{2-23}$$

假定在单位时间内流入燃烧区的气体全部燃烧，则有

$$\overline{w}\delta=v_0C_0 \tag{2-24}$$

将式(2-24) 代入式(2-23) 中得

$$v_0=\sqrt{\frac{\lambda}{c_{\mathrm{p}}\rho_0C_0}\cdot\left(\frac{T_{\mathrm{r}}-T_{\mathrm{B}}}{T_{\mathrm{B}}-T_0}\right)\overline{w}}$$

所以可以近似地得到以下几点结论：

① 火焰前沿的正常传播速度与气体介质的平均导热系数平方根呈正比关系，与压力比热容平方根呈反比关系，由此可见可燃气体的火焰正常传播与其自身物理参数相关；

② 传播速度随着温差的减小而增大，所以为了提高气体可燃物的火焰燃烧速度，可以先将可燃气体进行预热再送入燃烧室；

③ 随着可燃气体的化学反应热效应以及反应速度的减小，火焰传播速度也明显的

减小；

④ 过量空气系数对火焰传播速度也有着较为重要的影响。

2. 捷尔道维奇等的近似分析解将火焰分为预热区和反应区两个区域，对火焰传播做了一定的假设：

① 燃烧时，体系的压力和摩尔数不发生变化；

② 物性参数 c_p 和 λ 不发生变化；

③ 扩散系数等于热扩散率；

④ 火焰是一维的。

捷尔道维奇在上面的假设条件下，分别列出火焰传播过程中的组分守恒方程与能量守恒方程，并且联立两个守恒方程，得到理论上正常火焰的传播速度是可燃气体的一个物化参数，它受自身特性、分子结构、添加剂、温度等多种因素的影响。

① 过量空气系数的影响

在实际燃烧过程中为了使燃烧能够充分完全，空气的实际供给量往往要超过理论空气量，二者的比值即为过量空气系数，用 α 表示，可燃气体的火焰传播速度随着过量空气系数的改变而发生变化。图 2-12 为各种不同的典型燃料火焰传播速度与过量空气系数的关系：

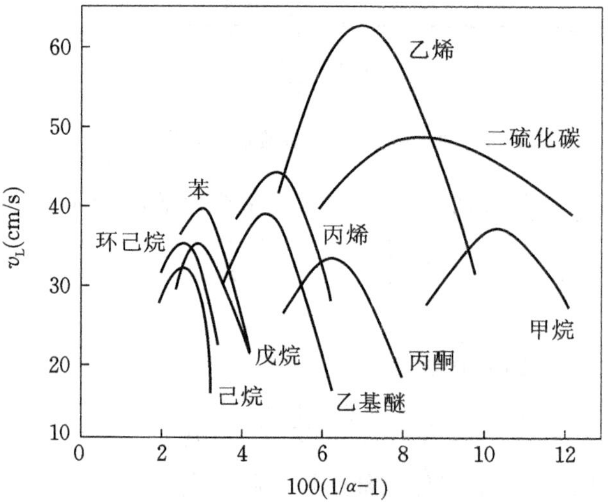

图 2-12 典型燃料的层流火焰传播速度与过量空气系数的关系

实验表明，一些烃类可燃物最大燃烧速度是在 α 略小于 1 时取得，对此现象一般的解释为最高燃烧温度偏向于富燃区，在燃料较为富裕的情况下，火焰中 H、OH 等自由基浓度较大，链式反应中的链断裂较少，因而反应速度较快。

② 燃料化学结构的影响

燃料种类的不同，火焰的传播速度有着很大的区别，不饱和度较大的烃类最大火焰传播速度更快，随着碳原子数的增加，火焰能够正常传播的速度范围变窄，值得注意的是这并非是因为火焰温度的不同而引起的，而是由于燃料的热扩散性质引起的，与燃料的分子质量相关。

③ 初始温度的影响

可燃物的初始温度越高,则气体燃料的分子动能越大,传热的效果更好,显著提高其化学反应速率,其火焰扩散速度也就越快。Dugger 等人分别对甲烷-空气、乙烯-空气、丙烷-空气等三种混合物进行一系列的实验,得到的结果显示,随着初始温度的增加,火焰传播速度也随之出现明显的增加。在工程上据此将助燃空气进行预热可大大提高可燃气体的燃烧速率。

④ 火焰温度的影响

在火焰的传播中,火焰温度对其传播速度的影响十分明显。根据阿伦尼乌兹定律,反应速率与温度呈指数关系。在燃烧过程中,随着火焰温度的升高,传播速度明显提高。当火焰温度到达一定范围时,对传播速度的影响进一步增大,原因是气体介质在该温度时离解反应容易进行,自由基浓度大大提高,既促进了燃烧反应的进行也加强了火焰的传播。

⑤ 压力的影响

化学反应动力学中,压力的变化会改变化学反应速率,进而也会改变燃烧的速度。

Lewis B. 假设火焰传播速度与压力关系如下:

$$v \propto p^m$$

式中,m 为刘易斯压力指数,$m=n/2-1$,n 为化学反应级数。

实验表明一般碳氢化合物燃料的反应级数 $n<2$,因此火焰的传播速度随着压力的增加可能会略有下降,但是,压力增大虽然可能会使燃料的燃烧速度略有下降,但同时也会增加气体可燃物的密度,增加流过火焰面的混合气的质量流量,在同样大小的火焰面上,单位时间燃烧的燃料质量有所增加,增加其最大火焰传播速度。

⑥ 惰性组分的影响

气体可燃物中混入惰性组分,降低了燃料的浓度进而降低其火焰传播速度,也会改变气体可燃物的物理性质。不同的惰性物质对气体可燃物的火焰传播速度的影响也不相同。主要是改变导热系数和比热的比值 λ/c_p,若比值增大则传播速度加快,反之变慢。实验表明,惰性组分除了可以降低火焰传播速度之外,还可以缩小可燃界限,造成最大的火焰传播速度值向燃料浓度减小的方向移动。

2.3.5　可燃液体火灾发生与蔓延

油池火:在油池火中,通常用油面的下降速度来表示油池火的燃烧速度。

如图 2-13 所示,在油池直径较小时,液体燃料的表面下降速度随着油池直径的增大而减小,此时形成的是层流扩散火焰。当油池直径增加到一定范围时(该范围与燃料燃烧特性有关),火焰开始从层流扩散火焰向湍流扩散火焰过渡。在过渡区中,燃烧速度受油池直径变化的影响较小,此时火焰中有大量的黑烟产生。随着油池直径的进一步增大,火焰逐渐转变为湍流扩散火焰,液面下降速度随着直径增加而增加,最终趋于一个定值。

油池火中液面下降速度应当等于火焰向液体传入的热量引起的液体蒸发而导致液面下降的速度,火焰向液体传入的热量包括:

① 从容器的器壁向液体的传热;

油池器壁与火焰根部距离较近,所以器壁温度可以取为液体的温度 T_l,器壁与附近气体的温差为 T_F-T_l(T_F 为火焰温度)。从器壁向液体的传热量为:

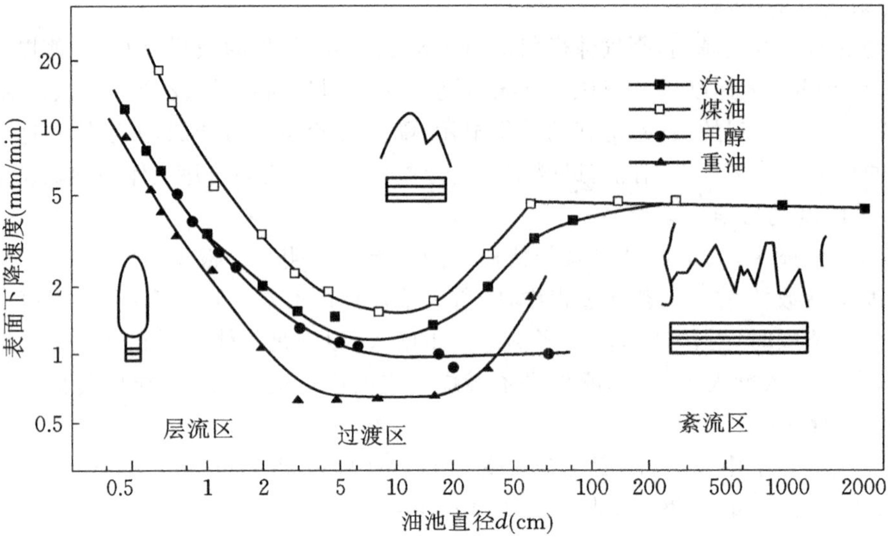

图 2-13　油池表面下降速度与油池直径的关系

$$q_{cd}=\pi dk(T_F-T_l) \tag{2-25}$$

式中,d 为油池直径;k 为导热系数。

② 液面上方高温气体向液体的对流传热;

液面上方的高温气体向液体传入的热量可表示为:

$$q_{cv}=h\frac{\pi d^2}{4}(T_F-T_l) \tag{2-26}$$

式中,h 为对流换热系数。

③ 火焰及高温气体向液体的辐射传热。

火焰及高温气体向液体的辐射传热量为:

$$q_{ra}=\frac{\pi d^2}{4}\sigma(\varepsilon_F\varphi_F T_F^4-\varepsilon_l T_l^4) \tag{2-27}$$

式中,σ 为斯蒂芬-玻尔兹曼常数;ε_F 为火焰及高温气体的辐射率;φ_F 为火焰及高温气体的形态系数;ε_l 为液体的辐射率。

传入液体的热量一方面用于液体的升温,另一方面用于液体的蒸发。所以蒸发的热量等于传入的总热量减去用于升温消耗的热量:

$$q_{cd}+q_{cv}+q_{ra}=\frac{\pi d^2}{4}v_l\rho_l L_V+c_{pl}\left(M_l-\frac{\pi d^2}{4}v_l\rho_l\right)(T_l-T_0) \tag{2-28}$$

式中,L_V 为液体的蒸发潜热;c_{pl} 为液体的比热容;M_l 为液体的总质量;T_0 为液体的初始温度。代入公式可得液面下降速度为:

$$v_l=\frac{1}{\rho_l[L_V-c_{pl}(T_l-T_0)]}\left[\frac{4}{d}k(T_F-T_l)+h(T_F-T_l)+\sigma(\varepsilon_F\varphi_F T_F^4-\varepsilon_l T_l^4)-c_{pl}M_l(T_l-T_0)\right] \tag{2-29}$$

根据公式可得,当油池直径很小时,右端第一项相对较大,忽略其他项后可得液面下降速度与油池直径成反比;当油池直径很大时,第一项可以忽略,燃烧速度与直径关系不大。

验证了关于油池直径对油池火燃烧速度影响结论的正确性。

油面火:油面火是指在大面积的水面上,有一层较薄的浮油,这种浮油燃烧引起的火灾称为油面火。与油池火相比,油面火燃烧时在液面的范围内不断扩大至整个液面发生燃烧。因为蔓延的规律不同,因此油面火的蔓延影响因素也与油池火不同。其中在静止环境下,液体的初始温度对火焰蔓延的影响非常重要,以甲醇的燃烧为例(图 2-14):

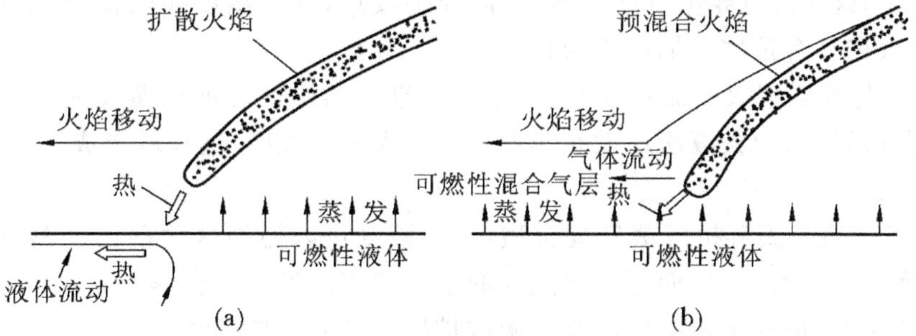

图 2-14 初始温度对甲醇燃烧的影响

(a)可燃性液体温度低于闪点;(b)可燃性液体温度高于闪点

当油的初温低于闪点温度时,液面上形成的是以扩散火焰为主的燃烧形式。要维持燃烧,就要保证液体具有一定的蒸发速度,也就是说火焰必须向火焰面前方的液体传送足够的热量,使该部分液体升温。这样,在火焰面前方的液体与火焰面正下方的液体之间就产生了温度差,由温度差而引起了表面张力差,继而形成表面流,使得温度较高的液体不断流向火焰面的前方以保证液体的蒸发速度与火焰蔓延速度的平衡。

在具有相对风速时,如图 2-15 所示,在逆风条件下,初温对火焰速度影响较大;顺风时火焰速度受风速影响较大,温度对其影响甚微。这主要与甲醇的蒸发速率有关。同时,从图中还可以看出当逆风向的风速足够大时火焰会熄灭。所以,当发生油面火灾时需要逆风向吹灭火灾,这对火灾的扑救具有重要的指导作用。

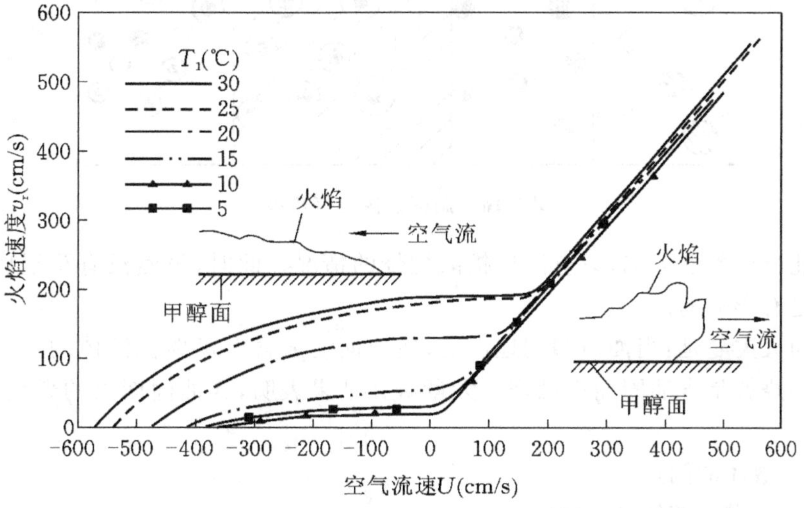

图 2-15 空气流速对油面火的影响

油雾火：在钻井井喷火灾和液体燃料容器破裂后的火灾中，经常出现油雾的火灾蔓延现象，液雾火焰大致分为预蒸发型气体燃烧、滴群扩散燃烧、预蒸发与滴群扩散燃烧复合型、预蒸发燃烧与滴群扩散蒸发复合型四种：

① 预蒸发型气体燃烧：当雾化质量好，距离喷嘴较远，环境温度又比较高时，多形成这种火焰，所以这种火焰具有预混气体燃烧的特点；

② 滴群扩散燃烧：当雾化质量不好，距离喷嘴较近，环境温度比较低时，多形成这种火焰，所以这种火焰具有扩散火焰燃烧的特点；

③ 预蒸发与滴群扩散燃烧复合型：当小液滴进入燃烧区之前已蒸发完，形成了具有一定浓度的预混可燃气，而大液滴还没有蒸发完便进入了燃烧区，这样就形成了预蒸发与滴群扩散燃烧的复合型火焰；

④ 预蒸发燃烧与滴群扩散蒸发复合型：当小液滴进入燃烧区之前已经蒸发完，形成了具有一定浓度的预混可燃气；而进入燃烧区的较大液滴尚没有完全蒸发完，且半径过小无法燃烧只能继续蒸发，形成了预蒸发燃烧与滴群扩散蒸发复合型燃烧。

为了说明滴群扩散燃烧的基本特点，可将滴群扩散燃烧简化成图 2-16 所示的模型，即一个初始滴径均匀，液滴与气流之间没有相对运动的一维液雾火焰。尽管初始气流温度不高，但只要比液滴温度高，就要考虑对液雾的预热作用。高温燃气对液雾也有预热作用，这样就形成了滴群的预蒸发区。显然液体本身的蒸发特性、环境温度等因素对预蒸发区有很大影响。如果温度高于某个值，可能出现已蒸发的蒸气与空气混合气的着火，形成预混火焰；然后液滴又着火，形成扩散火焰。条件不同，燃烧形式不同，燃烧机理也就不同。

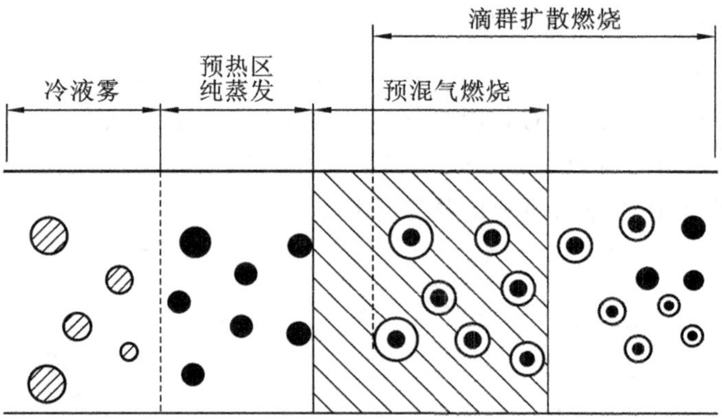

图 2-16　滴群扩散燃烧模型

如果不能形成预混火焰，只有滴群扩散燃烧的情况。此时，虽然没有预混燃烧，但蒸发对气相流动是有影响的。

含油固面火灾蔓延：当油泄漏到地面上，使地面变成含有可燃性液体的固面，这种情况下油的着火燃烧就是含油固面火燃烧。大量研究结果表明，含油固面火的燃烧特性与下列因素有关：

① 可燃性液体的闪点；

② 地面及可燃性液体的温度；

③ 地面的形状和倾斜角度；

④ 地面土质的粉径分布；

⑤ 火焰引起的对流情况；

⑥ 相对速度的大小及方向；

⑦ 地面土质材料的热物理性能；

⑧火焰的蔓延方向等。

2.3.6　可燃固体火灾发生与蔓延

为了更加清晰地了解固体火灾的发生，可以将固体燃料的着火分为三步考虑：固体受热时，温度升高产生包括可燃气体在内的热解产物；生成的可燃气体穿过流体边界层向外扩散，在边界层与周围的空气混合；可燃混合物接触到点火源，发生燃烧。因此，着火时间可表示为以上三步所需时间之和：

$$t_{ig}=t_{py}+t_{mix}+t_{chem} \tag{2-30}$$

式中，t_{py}为固体升温到产生蒸气所需的热传导加热时间；t_{mix}为扩散或者输运时间；t_{chem}为可燃物在点火源处燃烧所需时间。

图 2-17 表示了固体可燃物的燃烧过程：

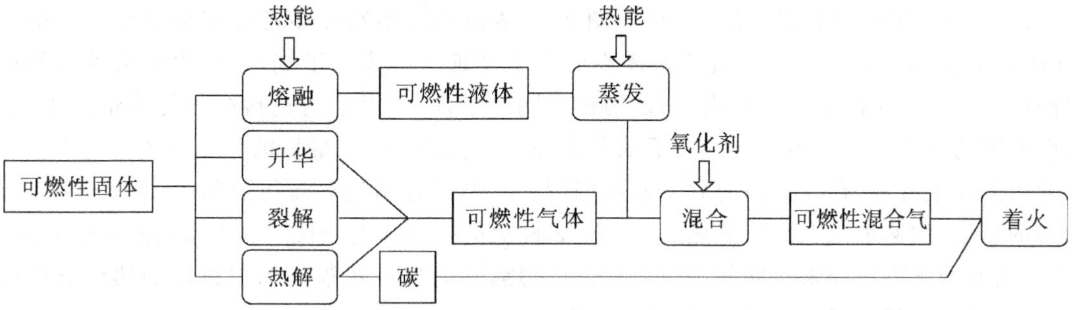

图 2-17　可燃固体燃烧过程

当固体燃料发生火灾后，火焰沿着固体材料传播，依靠热传导、热辐射、热对流等形式对火焰前沿附近的材料进行加热，使材料表面分解并与空气混合，浓度达到着火界限后被点燃，使得火焰不断蔓延下去。在可燃固体的火灾蔓延过程中，火焰沿固体材料传播特征有：

① 火焰的蔓延速度等于材料表面分解蒸发产生可燃气体的速率；

② 火焰前沿燃烧方式为预混燃烧。

关于火焰蔓延速度的影响因素主要有：

① 材料特性(熔点、材料尺寸、厚度、含水量等)；

② 环境条件(风速、风向、环境温度等)。

根据图 2-18 可知，在有机玻璃板厚度较小时，随着可燃物厚度的增加，燃烧速度迅速降低。当到一定值时，板的厚度对燃烧速度的影响逐渐减小甚至消失，燃烧速度趋向于一个定值，这是由传热方式的不同引起的：在板厚较小时火焰向预热区传热的方式主要为气相传热，在板厚较大时，预热区传热主要是通过固体内部的传热。

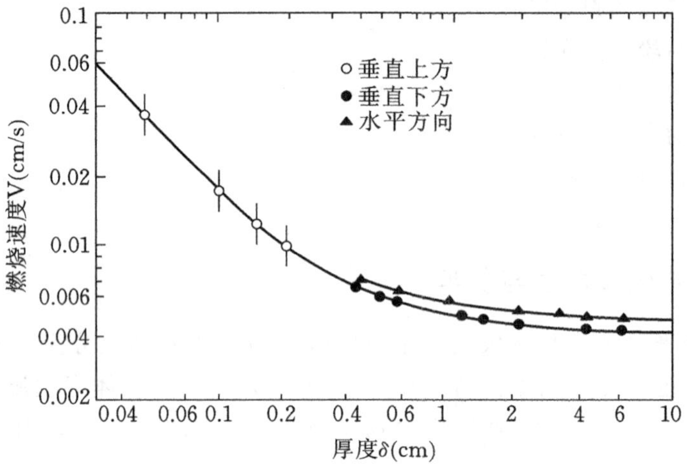

图 2-18 有机玻璃板的厚度对燃烧速度的影响

除了可燃物厚度对火焰蔓延速度的影响之外，材料自身的特性也对蔓延速度有较大影响。

(1) 塑料等人工合成材料火灾的蔓延

以塑料棒为例分析火灾蔓延过程。图 2-19 表示火沿塑料棒蔓延过程示意图。其中图 2-19(a)表示上端着火，火焰沿着塑料棒表面向下蔓延；(b)表示下端着火，火焰沿着塑料棒表面向上蔓延。从图中可以看出，在这两种不同的条件下，火焰向塑料棒的传热情况不同，因而火灾的蔓延速度也不相同。当下端着火，向上蔓延时，因燃烧后的高温气流沿着未燃部分的表面向上升腾，存在强烈的对流换热作用。未燃部分通过对流传热从高温气体中得到较多的热量，加速了未燃部分的热解、气化，因此火的蔓延速度较快。当上端着火，火向下蔓延时，高温烟气不流经未燃部分，不存在对流换热，只能通过热辐射和塑料棒的热传导传递热量，加热未燃部分，所以火的蔓延速度较慢。

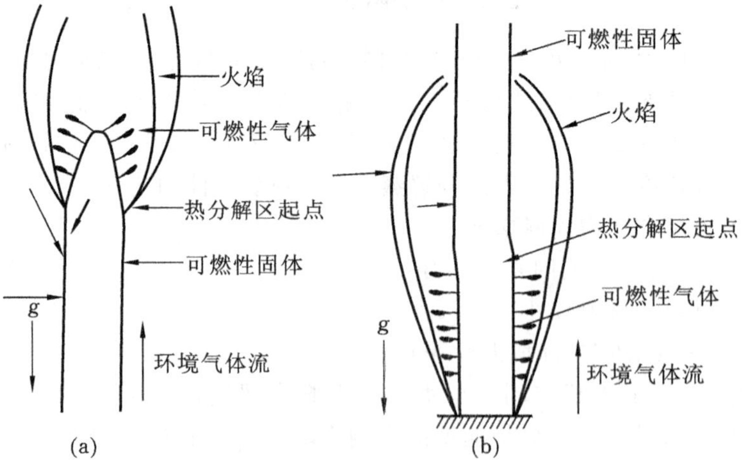

图 2-19 火沿塑料棒蔓延过程示意图

(a)向下蔓延；(b)向上蔓延

（2）薄片状固体可燃物火灾的蔓延

纸张、窗帘、幕布等薄片状固体一旦着火燃烧，其火灾的蔓延规律与一般固体相比有显著的特点。这是因为这种固体可燃物厚度小、面积大、热容量小，受热后升温很快。这种火的蔓延速度较快，对整个火灾过程的发展影响大，应当作为早期火灾扑救的重点关注对象。特别是窗帘、幕布等可燃物，平时垂直放置，由于火灾过程的热浮力作用，火灾蔓延速度更快。

复习思考题

1. 简述燃烧三要素以及燃烧的分类。
2. 简述闪燃、点燃和自燃的定义及其之间的区别。
3. 试说明火灾的典型燃烧形式以及特点。
4. 简述可燃气体火灾发生与蔓延的规律。
5. 气体、液体和固体可燃物燃烧过程各具备什么特点。

第3章　防火基本原理和技术措施

3.1　防火基本原理

一个体系若发生燃烧必须同时具备可燃物、氧化剂和点火源，即燃烧三要素。这三个要素中缺少任何一个，燃烧都不能发生或持续。一切防火措施的基本原理，均是依据物质燃烧的条件，限制燃烧三要素，使其不能互相结合，互相作用，这样就可以限制燃烧的基础或缩小可能燃烧的范围，限制燃烧的助燃条件，消除或控制燃烧的着火源，不使新的燃烧条件形成、防止或限制火灾扩大，并最终将火势扑灭。对于一个未燃体系来说，防火的基本原理是研究如何防止燃烧条件的产生及相互作用。对于一个已燃体系来说，防火的基本原理是研究如何削弱燃烧条件的发展，亦即怎样阻止火势蔓延。在火灾防治中，阻断三要素的任何一个要素就可以限制或扑灭火灾。

3.2　防火技术措施

3.2.1　控制可燃物

1. 控制气态可燃物

利用爆炸浓度极限和相对密度等特性控制气态可燃物，使其不能形成可燃性混合气体。常见的措施有：

存在可燃气体或蒸气的车间、仓库或密闭空间，应加强通风换气，防止形成可燃性混合气体，其通风排气口应根据气体比重小或大而设在密闭空间的上部或下部。

泄漏大量可燃气体或蒸气的场所，要在泄漏点周围设立禁火警戒区，同时用机械排风或喷雾水枪驱散可燃气体或蒸气。若需撤销禁火警戒区须用可燃气体测爆仪检测该场所可燃气体浓度是否处于爆炸浓度极限之外。在使用明火作业之前必须采用便携式可燃气体测爆仪测定可燃气体和空气的混合物是否达到爆炸浓度下限，从而确定被测场所是否有爆炸危险。

盛装可燃性液体的容器在需要焊接动火检修时，一般须排空液体、清洗容器；用可燃气体测爆仪测量容器中蒸气浓度是否达到爆炸浓度下限，在确定无爆炸危险时才能进行动火检修。

2. 控制液态可燃物

利用闪点、燃点、爆炸浓度极限等特性控制液态可燃物。常见措施如下：

根据生产和生活的需要，用不燃液体或燃点较高的液体代替燃点较低的液体。例如用四氯化碳代替汽油作溶剂，可消除火灾危险性。

通过降低可燃液体的温度，降低可燃液体液面上可燃蒸气的浓度，使蒸气浓度低于爆炸浓度下限，亦即使液体的温度低于该液体的爆炸温度下限或闪点。

利用不燃液体稀释可燃性液体，会使混合液体的闪点、燃点和爆炸温度下限上升，因而会降低火灾爆炸危险性。例如用水稀释乙醇等便会起到这一作用。

对于在正常条件下有聚合放热引发自燃危险的液体，在贮存过程中应加入阻聚剂，防止该物质积聚而发生火灾或爆炸事故。

3. 控制固态可燃物

燃点和自燃点是衡量固态可燃物质火灾危险性的指标，反映了固态物质起火的难易程度。燃点和自燃点越低，可燃物质越容易起火，火灾危险性就越大。利用燃点、自燃点等数据控制一般的固态可燃物，常见措施如下：

选用砖石、水泥等不燃材料代替木材等可燃材料作为建筑材料，可以提高建筑物的耐火等级。

选用燃点或自燃点较高的可燃或难燃材料代替易燃材料，从而减少火灾危险性。例如某船厂采用防火布、阻燃布隔离电火花和切割火花起到阻燃防火作用。

用防火涂料涂刷木材、纸张、纤维板金属构件、混凝土构件等可燃材料或不燃材料，可以提高这些材料的燃点、自燃点或耐火极限。

4. 特殊处理某些物料

利用负压操作可以降低液体物料沸点和烘干温度，缩小可燃物料爆炸极限的特性，对易燃物料进行真空安全干燥、蒸馏、过滤或输送。例如：对在高温条件下易分解、聚合、结晶的硝基化合物、苯乙烯等物料进行真空干燥和蒸馏，可减少火灾爆炸危险性；减压蒸馏原油，分离汽油、煤油、柴油等，可防止高温引起燃油自燃；对于干燥、松散、流动性好的粉状可燃物料，采用负压输送比较安全。

5. 控制易燃易爆品

对易燃易爆物品，如爆炸物品、可燃的压缩气体和液化气体、易燃液体、易燃固体、自燃物品和遇湿易燃物品，应按《化学危险品安全管理条例》的规定，进行生产、储存、经营、运输和使用。

3.2.2 消除和控制着火源

工业生产过程中，存在着多种引起火灾和爆炸的着火源，例如化工企业中常见的着火源有明火、摩擦和撞击、电气设备及线路的过热和火花、静电放电、化学反应热、日光照射和雷击等。消除着火源是防火和防爆最基本的措施，控制着火源对防止火灾和爆炸事故的发生具有极其重要的意义。总的原则是消除一切不必要的火源，严格控制必须使用的火源。

1. 明火

明火是指敞开的火焰、火星和火花等，如生产过程中的加热用火、维修焊接用火及其他火源是导致火灾爆炸最常见的原因。

(1) 加热用火的控制。加热易燃物料时，要尽量避免采用明火设备，而宜采用热水或其他介质进行间接加热，如蒸汽或密闭电气加热等加热设备，不得采用电炉、火炉、煤炉等直接加热。明火加热设备的布置，应远离可能泄漏易燃气体或蒸气的工艺设备和储罐区，并应布置在其上风向或侧风向。对于有飞溅火花的加热装置，应布置在上述设备的侧风向。如果存在一个以上的明火加热设备，应将其集中布置于装置的边缘。如必须采用明火，设备应密闭且附近不得存放可燃物质。熬炼物料时，不得装盛过满，应留出一定的空间。工作结束后，应及时清理，不得留下火种。喷灯是一种轻便的加热工具，维修时常有使用，在有火灾、爆炸危险场所，使用时应按动火制度进行。

(2) 维修焊割用火的控制。焊接切割时，飞散的火花及金属熔融碎粒的温度高达 1500～2000 ℃，高空作业时飞散距离可达 20 m 远。此类用火除用于正常停工、检修外，还往往被用于生产过程中临时堵漏，需在生产现场增加必要的设施，这类作业多为临时性的，容易成为起火原因。因此，在焊接切割时必须注意以下几点：

① 在输送、盛装易燃物料的设备、管道上，或在可燃可爆区域内动火时，应将系统和环境进行彻底的清洗或清理。如该系统与其他设备连通时，应将相连的管道拆下断开或加堵金属盲板隔绝，再进行清洗。然后用惰性气体进行吹扫置换，气体分析合格后方可动焊。同时可燃气体浓度应符合以下标准：爆炸下限大于 4%(体积百分数)的可燃气体或蒸气，浓度应小于 0.5%；爆炸下限小于 4%的可燃气体或蒸气，浓度应小于 0.2%。

② 动火现场应配备必要的消防器材，并将可燃物品清理干净。在可能积存可燃气体的管沟、电缆沟、深坑、下水道内及其附近，应用惰性气体吹扫干净，再用非燃体(如石棉板)进行遮盖。

③ 气焊作业时，应将乙炔发生器放置在安全地点，以防回火爆炸伤人或将易燃物引燃。

④ 电杆线破残应及时更换或修理，不得利用与易燃易爆生产设备有联系的金属构件作为电焊地线，以防止在电路接触不良的地方产生高温或电火花。

(3) 其他明火。存在火灾和爆炸危险的场所，如厂房、仓库、油库等地方，不得使用蜡烛、火柴或普通灯具照明；汽车、拖拉机一般不允许进入，如确需进入，其排气管上应安装火花熄灭器。在有爆炸危险的车间和仓库内，禁止吸烟和携带火柴、打火机等火种，应在醒目的地方张贴警示标志以引起注意。明火与有火灾爆炸危险的厂房和仓库相邻时，应保证足够的安全距离，例如化工厂内的火炬与甲、乙、丙类物质的生产装置、油罐和隔油池应保持 100 m 的防火间距。

2. 摩擦和撞击

摩擦和撞击往往是引起可燃气体、蒸气和粉尘、爆炸物品等着火爆炸的根源之一。例如机器轴承的摩擦发热、铁器和机件的撞击、钢铁工具的相互撞击、砂轮的摩擦等都能引起火灾；甚至铁桶容器裂开时，亦能产生火花，引起逸出的可燃气体或蒸气着火。

在易燃易爆场合应特别注意以下现象：如工人应禁止穿钉鞋，不得使用铁器制品；搬运盛放可燃物体或易燃液体的金属容器时，应当用专门的运输工具，禁止在地面上滚动、拖拉或抛掷，并防止容器的互相撞击，以免产生火花，引起燃烧或容器爆裂造成事故。吊装可燃易爆物料用的起重设备和工具，应经常检查，防止吊绳等断裂下坠发生危险。如果机器设备不能用不发生火花的各种金属制造，应当使其在真空中或惰性气体中操作。

在有爆炸危险的生产中，机件的运转部分应该用两种材料制作，其中之一是不发生火花的有色金属材料(如铜、铝)。机器的轴承等转动部分，应该有良好的润滑，并经常清除附着的可燃物污垢。敲打工具应用铍铜合金或包铜的钢制作。地面应铺沥青、菱苦土等较软的材料。输送可燃气体或易燃液体的管道应做耐压试验和气密性检查，以防止管道破裂、接口松脱而跑漏物料，引起着火。

3. 电气设备

电气设备或线路出现危险温度、电火花和电弧时，就变成了引起可燃气体、蒸气和粉尘着火、爆炸的主要着火源。电气设备出现危险温度是由于在运行过程中设备和线路的短路、接触电阻过大、超负荷或通风散热不良等造成的。在火灾和爆炸事故中，电气火灾、爆炸事故占有很大的比例。从我国一些大城市的火灾事故统计数据可知，就引起火灾的原因而言，电气原因已居首位。

(1) 电气引燃源

作为火灾和爆炸的电气引燃源，电气设备及装置在运行中产生的危险温度、电火花和电弧是电气火灾爆炸的主要原因。

① 危险温度

形成危险温度的典型情况如下：

a. 短路。指不同电位的导电部分之间包括导电部分对地之间的低阻性短接。发生短路时，线路中电流增大为正常时的数倍乃至数十倍，由于载流导体来不及散热，温度急剧上升，除对电气线路和电气设备产生危害外，还形成危险温度。短路的暂态过程会产生很大的冲击电流，在流过设备的瞬间产生很大的电动力，造成电气设备损坏。

引起短路的情况主要有：电气设备安装和检修中的接线和操作错误，可能引起短路；运行中的电气设备或线路发生绝缘老化、变质，或受到过度高温、潮湿、腐蚀作用，或受到机械损伤等而失去绝缘能力，可能导致短路；由于外壳防护等级不够，导电性粉尘或纤维进入电气设备内部，也可能导致短路；防范措施不到位，小动物、霉菌及其他植物也可能导致短路；由于雷击等过电压、操作过电压的作用，电气设备的绝缘可能遭到击穿而短路。

b. 过载。电气线路或设备长时间过载也会导致温度异常上升，形成引燃源。过载的原因主要有如下几种情况：

电气线路或设备设计选型不合理，或没有考虑足够的余量，以致在正常使用情况下出现过热；电气设备或线路使用不合理，负载超过额定值或连续使用时间过长，超过线路或设备的设计能力，由此造成过热；设备故障运行造成设备和线路过负载，如三相电动机单相运行或三相变压器不对称运行均可能造成过负载；电气回路谐波能使线路电流增大而过载。如三相四线制电路三次及其奇数倍谐波电流会引起中性线过载危险。由于各相三次谐波电流在中性线上相位相同而互相叠加，如果三相负载不平衡，中性线再叠加上不平衡电流后发热将更为严重。在非线性负载日益增多，能产生大量三次谐波的气体放电灯等非线性负载大量使用的情况下，中性线的严重过载将带来火灾隐患。产生三次谐波的设备主要有：节能灯、荧光灯、计算机、变频空调、微波炉、镇流器、焊接设备、UPS 电源等。如节能荧光灯因灯管内电弧的负阻特性产生的谐波电流主要为三次谐波电流。

c. 漏电。电气设备或线路发生漏电时，因其电流一般较小，不能促使线路上的熔断器的熔丝动作。一般当漏电电流沿线路比较均匀地分布，发热量分散时，火灾危险性不大。而当漏电电流集中在某一点时，可能引起比较严重的局部发热，引燃成灾。

d. 接触不良。电气线路或电气装置中的电路连接部位是系统中的薄弱环节，是产生危险温度的主要部位之一。

电气接头连接不牢、焊接不良或接头处夹有杂物，都会增加接触电阻而导致接头过热。刀开关、断路器、接触器的触点、插销的触头等，如果没有足够的接触压力或表面粗糙不平等，均可能增大接触电阻，产生危险温度。对于铜、铝接头，由于铜和铝的理化性能不同，接触状态会逐渐恶化，导致接头过热。

e. 铁心过热。对于电动机、变压器、接触器等带有铁心的电气设备，如果铁心短路（片间绝缘破坏）或线圈电压过高，由于涡流损耗和磁滞损耗增加，使铁损增大，将造成铁心过热并产生危险温度。

f. 散热不良。电气设备在运行时必须确保具有一定的散热或通风措施。如果这些措施失效，如通风道堵塞、风扇损坏、散热油管堵塞、安装位置不当、环境温度过高或距离外界热源太近等，均可能导致电气设备和线路过热。

g. 机械故障。由交流异步电动机带动的设备，如果转动部分被卡死或轴承损坏，造成堵转或负载转矩过大，都会因电流显著增大而导致电动机过热。交流电磁铁在通电后，如果衔铁被卡死，不能吸合，则线圈中的大电流持续不降低，也会造成过热。由电气设备相关的机械摩擦也会导致大量发热。

h. 电压异常。相对于额定值，电压过高和过低均属电压异常。电压过高时，除使铁心发热增加外，对于恒阻抗设备，还会使其电流增大而发热。电压过低时，除可能造成电动机堵转、电磁铁衔铁吸合不上，使线圈电流大大增加而发热外，对于恒功率设备，还会使电流增大而发热。

i. 电热器具和照明器具。其正常情况下的工作温度就可能形成危险温度，如：电炉电阻丝工作温度为 800 ℃，电熨斗为 500～600 ℃，白炽灯灯丝为 2000～3000 ℃，100 W 白炽灯泡表面温度为 170～220 ℃。

j. 电磁辐射能量。在连续发射或脉冲发射的射频（9 kHz～60 GHz）源的作用下，可燃物吸收辐射能量可能形成危险温度。

② 电火花和电弧

电火花是电极间的击穿放电，电弧是大量电火花汇集而成的。在切断感性电路时，断路器触点分开瞬间，在触点之间的高电压形成的电场作用及触点上的高温引起热电子发射，使断开的触点之间形成密度很大的电子流和离子流，形成电弧和电火花。电弧形成后的弧柱温度可高达 6000～7000 ℃，甚至 10000 ℃以上，不仅能引起可燃物燃烧，还能使金属熔化、飞溅，构成危险的火源。在有爆炸危险的场所，电火花和电弧是十分危险的因素。

电火花和电弧分为工作电火花及电弧、事故电火花及电弧。

a. 工作电火花及电弧。指电气设备正常工作或正常操作过程中所产生的电火花。例如，刀开关、断路器、接触器、控制器接通和断开线路时会产生电火花；插销拔出或插入时的火花；直流电动机的电刷与换向器的滑动接触处、绕线式异步电动机的电刷与滑环的滑动接触处也会产生电火花等。切断感性电路时，断口处火花能量较大，危险性也较大。当该火花的能量超过周围爆炸性混合物的最小引燃能量时，即可能引起爆炸。

b. 事故电火花及电弧。指线路或设备发生故障时出现的火花，如绝缘损坏、导线断线或连接松动导致短路或接地时产生的火花；电路发生故障，熔丝熔断时产生的火花；沿绝缘表面发生的闪络等。

电力线路和电气设备在投切过程中由于受感性和容性负荷的影响，可能会产生铁磁谐振和高次谐波，并引起过电压，这个过电压也会破坏电气设备绝缘造成击穿，并产生电弧。

事故电火花还包括由外部原因产生的火花，如雷电直接放电及二次放电火花、静电火花、电磁感应火花等。

除上述例子外，电动机转子与定子发生摩擦（扫膛），或风扇与其他部件相碰也都会产生火花，这是由碰撞引起的机械性质的火花。

（2）电气装置及电气线路发生燃爆

① 油浸式变压器火灾爆炸。变压器油箱内充有大量的用于散热、绝缘、防止内部元件和材料老化以及内部发生故障时熄灭电弧作用的绝缘油。变压器油的闪点在 130～140 ℃之间。变压器发生故障时，在高温或电弧的作用下，变压器内部故障点附近的绝缘油和固态有机物发生分解，产生易燃气体。如故障持续时间过长，易燃气体愈来愈多，使变压器内部压力急剧上升，若安全保护装置（气体继电器、防爆管等）未能有效动作，则会导致油箱炸裂，发生喷油燃烧。燃烧会随着油的蔓延而扩展，形成更大范围的火灾危害，造成停电、影响生产等，导致重大经济损失，甚至人员的伤亡等事故的发生。

除油浸变压器外，多油断路器等充油设备也可能发生爆炸。充油设备的绝缘油在高温电弧作用下发生气化和分解，喷出大量油雾和可燃气体，还可能引起空间爆炸。

② 电动机着火。异步电动机的火灾危险性是由于其内部和外部的诸如制造工艺和操作运行等种种原因造成的。其原因主要有：电源电压波动、频率过低；电机运行中发生过载、堵转、扫膛（转子与定子相碰）；电机绝缘破坏，发生相间、匝间短路；绕组断线或接触不良；以及电机选型和启动方式不当等。

三相异步电动机如果发生某相断线，则形成了缺相运行。此时，电动机绕组中的电流会明显上升，但又达不到保护电动机的熔断器的熔断电流值。因此，大电流长时间作用引起定子绕组过热，导致电动机烧毁。

异步电动机形成引燃的主要部位是绕组、铁心和轴承以及引线。其原因既有电气方面的因素也有机械方面的因素。而它们往往不是孤立的，电气因素可能引起机械方面的故障或事故，反之亦然，有时呈互为因果的恶性循环。

③ 电缆火灾爆炸。当导线电缆发生短路、过载、局部过热、电火花或电弧等故障时，所产生的热量将远远超过正常状态。火灾案例表明，有的绝缘材料是直接被电火花或电弧引燃；有的绝缘材料是在高温作用下，发生自燃；有的绝缘材料是在高温作用下，加速了热老化进程，导致热击穿短路，产生的电弧将其引燃。

电缆火灾的常见起因如下：

a. 电缆绝缘损坏。运输过程或敷设过程中造成了电缆绝缘的机械损伤、运行中的过载、接触不良、短路故障等都会使绝缘损坏，导致绝缘击穿而发生电弧。

b. 电缆头故障使绝缘物自燃。施工不规范，质量差，电缆头不清洁等降低了线间绝缘。

c. 电缆接头存在隐患。电缆接头的中间接头因压接不紧、焊接不良和接头材料选择不当，导致运行中接头氧化、发热、流胶；绝缘剂质量不合格，灌注时盒内存在空气，电缆盒密封不好，进入了水或潮气等，都会引起绝缘击穿，形成短路，甚至发生爆炸。

d. 堆积在电缆上的粉尘起火。积粉不清扫，可燃性粉尘在外界高温或电缆过负荷时，在电缆表面的高温作用下，发生自燃起火。

e. 可燃气体从电缆沟窜入变、配电室。电缆沟与变、配电室的连通处未采取严密封堵措施，可燃气体通过电缆沟窜入变、配电室，引起火灾爆炸事故。

f. 电缆起火形成蔓延。电缆受外界引火源作用一旦起火，火焰沿电缆延燃，使危害扩大。电缆在着火的同时，会产生有毒气体，对在场人员造成威胁。

保证电气设备的正常运行，防止出现危险温度和事故火花，对防火防爆有着重要意义。要保证电气设备的正常运行，则需保持电气设备的电压、电流、温升等参数不超过允许值，保持电气设备和线路绝缘能力以及良好的连接等。电气设备和电线的绝缘，不得受到生产过程中产生的蒸气及气体的腐蚀，因此电线应采用铁管线，电线的绝缘材料要具有防腐蚀的性能。在运行中，应保持设备及线路各导电部分连接的可靠，活动触头的表面要光滑，并要保证足够的触头压力，以保证接触良好。固定接头时，特别是铜、铝接头要接触紧密，保持良好的导电性能。在具有火灾爆炸危险的场所，可拆卸的连接应有防松措施。铝导线间的连接应采用压接、熔焊或钎焊，不得简单地采用缠绕接线。电气设备应保持清洁，因为灰尘堆积和其他脏污既降低电气设备的绝缘，又妨碍通风和冷却，还可能由此引起着火。因此，应定期清扫电气设备，以保持清洁。

4. 静电放电

生产工艺过程中产生的静电有时会带来严重的危害，有些甚至造成巨大的灾害。防止和消除静电危险十分重要。生产过程中产生的静电电压可达到几万伏以上，静电除可能引起多种爆炸性混合物发生爆炸外还可能造成电击。

为防止静电放电火花引起燃烧或爆炸，可根据生产过程中的具体情况采取相应手段防止静电，可采取以下几种措施：

(1) 从工艺上控制静电产生，合理选用原材料和设计管道。在有火灾、爆炸危险的场所，设计设备管道尽可能光滑平整无棱角，管径无骤变。要严格控制物料杂质，尽量用能导电的三角皮带传动，运转速度要慢，防止过载打滑、脱落。尽量防止皮带与皮带罩接触或物体的相互摩擦，输送高电阻率液体应从底部注入，或沿器壁缓缓流入。尽量减少过滤器，并安装在管路的起端。

(2) 控制流速。流体在管道中的流速必须加以控制，例如易燃液体在管道中的流速不宜超过 4～5 m/s，可燃气体在管道中的流速不宜超过 6～8 m/s。灌注液体时，应防止产生液体飞溅和剧烈的搅拌现象。向储罐输送液体的导管应放在液面之下或将液体沿容器的内壁缓慢流下，以免产生静电。易燃液体灌装结束时，不能立即进行取样等操作，因为在液面上积聚的静电荷不会很快消失，易燃液体蒸气也比较多，因此应经过一段时间，待静电荷松弛后，再进行操作，以防静电放电火花引起着火爆炸。

(3) 保持良好接地。接地是消除静电危害最为常用的方法之一。下列生产设备应有可靠的接地装置：输送可燃气体和易燃液体的管道以及各种阀门、灌油设备和油槽车（包括灌油桥台、铁轨、油桶、加油用鹤管和漏斗等）；通风管道上的金属网过滤器；生产或加工易燃液体和可燃气体的设备和储罐；输送可燃粉尘的管道和生产粉尘的设备以及其他能够产生静电的生产设备。为消除各部件的电位差,可采用等电位措施。例如在管道法兰之间加装跨接导线,既可以消除两者之间的电位差,又可以营造良好的电气通路,以防止静电放电火花。

(4) 采用静电消散技术。工艺过程中产生的静电总是伴随着产生和消散两个区域,静电电荷在这里依照电荷守恒定律进行着交换。在静电产生区域是把静电分离成相等的正、负电荷;在静电消散区域,带电物体上的电荷经过泄漏而消散。显然,通过增强消散过程可以使静电危害得以减轻和消除。

流体在管道输送过程中,一般来说管道部分是产生静电的区域,管道末端的容器(对液体输送而言)或料斗、料仓(对粉体输送而言)等接收容器则是静电消散区域。我们已经在管道上采取了一些静电接地措施,消散了部分静电电荷,为进一步提高安全系数,在有条件的情况下,如果在管道的末端再加装一个直径较大的"松弛容器",还可大大地消除流体在管内流动时所积累的静电。当液体输送管线上装有过滤器时,甲、乙类液体输送自过滤器至装料之间应有 30 s 的缓冲时间。如满足不了缓冲时间,可配置缓和器或采取其他防静电措施。

(5) 人体静电防护。在静电场中,人体是一个活动的静电导体,很容易由静电感应而导致火花放电,因此要特别注意防止其他人员过分接近正在操作有爆炸危险品的工作人员,以避免不必要的静电放电现象发生。生产和工作人员应尽量避免穿尼龙或"的确良"等易产生静电的工作服,而且为了导除人身上积累的静电,最好穿布底鞋或导电橡胶底胶鞋。工作地点宜采用水泥地面。

事故案例:2015 年 12 月 6 日,一名穿着长袖毛衣的长发女子在加油站自助加油,她将油枪插入车辆油箱口后,回到了车内,出来后整理了几下衣服下摆。随后,女子从驾驶室旁的位置向油箱口靠近,当她的手触碰到正在加油的加油枪时,让人惊讶的一幕发生了:加油枪瞬间变成"火焰喷射器",枪口冒出大火苗,着实把女子吓得够呛。随后,她战战兢兢地把加油枪从油箱口拔出,幸好火焰慢慢变小,她立即寻求帮助。当时并没有任何明火,加油枪为什么会无缘无故起火呢?根据后期调查分析,原来这一切的"幕后真凶"就是静电。无独有偶,徐州贾汪耿集镇也发生了一起事故,一名 28 岁小伙在自己的摩托车修理铺前被严重烧伤。小伙子自己经营一个修车行,当天他修完一辆摩托车后,到屋内取出一个装有汽油的塑料桶,准备往摩托车油缸里加油,以便测试车辆是否能正常运转。当他第二次拿起油桶准备把油箱加满时,惨剧发生了,他的衣服出现了火苗,并立刻引燃了手中的塑料油桶和摩托车,他摔掉油桶逃离时身上的衣服已经全部烧着了,他赶紧就地翻滚,可是火势越来越大,可怜的小伙子满地打滚哀号。幸亏隔壁一家饭店的厨师提着灭火器冲过来才将小伙身上的火扑灭,大家随后赶紧把伤者送往医院抢救。可惜,小伙子被送到医院时,脖子以上找不到一块完好的皮肤,头发、眉毛全部被烧掉,甚至五官都已经分不清。经诊断,他全身 70%的面积为三度烧伤,30%的面积为深三度烧伤,面部则为深二度烧伤,有生命危险。经过询问调查认定,这场惨剧的罪魁祸首,也是静电!

(6) 其他技术。在具有爆炸危险的厂房内,一般不允许采用平皮带传动,可以采用三角皮带传动。但最好的方法是安设单独的防爆式电动机,即电动机和设备之间用轴直接传动或经过减速器传动。采用皮带传动时,为防止传动皮带在运转中产生静电发生危险,可每隔 3～5 天在皮带上涂抹一次防静电的涂料。此外,还应防止皮带下垂,皮带与金属接地物的距离不得小于 20～30 cm，以减小对接地金属物放电的可能性。

增加厂房或设备内空气的湿度，也是防止静电的基本措施之一。当空气的相对湿度在 65％～70％以上时，能防止静电的积累。对于不会因空气湿度而影响产品质量的生产，可以采用喷水或喷水蒸气的方法增加空气湿度。

5. 化学能和太阳能

有些物质在常温下能与空气发生氧化反应放出热量而引起自燃，因此，应保存在水中（液封），避免与空气接触；有些物质与水作用能够分解放出可燃气体，如电石与水作用可分解放出乙炔气体，金属钠与水作用分解放出氢气，五硫化磷与水作用分解放出硫化氢等，这类物质应特别注意采用防潮措施；有的物质受热升温能分解放出具有催化作用的气体，如硝化棉、赛璐珞等受热能放出氧化氮和热量，氧化氮对其进一步分解有催化作用，以至于发生燃烧和爆炸。对上述各类物质要特别注意防热、通风。设备检修和擦洗过程中使用过的油抹布、油棉纱等，若不及时清理，可能导致棉布热量积聚，达到燃点后即可自燃。所以，浸有油料的棉布、纱布等，必须及时回收，妥善处理。直射的太阳光通过凸透镜、圆形玻璃瓶、有气泡的玻璃等会聚焦形成高温焦点，能够点燃易燃易爆物质。有爆炸危险的厂房和库房必须采取遮阳措施，窗户采用磨砂玻璃，以避免形成点火源。

6. 雷击

雷击危害有直接雷击、感应雷击、雷电波侵入等多种形式。雷击可能会破坏高压输电系统，毁坏发电机、电力变压器等电气设备的绝缘，绝缘损坏可能引起短路，导致火灾或爆炸事故；二次放电的电火花也可能引起火灾或爆炸。

3.2.3　隔绝氧化剂

隔绝氧化剂，就是使可燃性气体、液体、固体不与空气、氧气或其他氧化剂等助燃物接触，或将它们隔离开来，即使有着火源作用，也因为没有助燃物参与而不致发生燃烧爆炸。常通过以下途径达到这一目的。

1. 密闭设备系统

把可燃性气体、液体或粉尘放在密闭设备中贮存或操作，可以防止它们与空气接触而形成燃烧体系。为了保证设备系统的密闭性，要求做到下列几点：

对有危险物料的设备和管道，尽量采用焊接接头，减少法兰连接。

所采用的密封垫圈，必须符合工艺温度、压力和介质的要求。

输送危险性大的气体、液体管道，最好用无缝钢管。

接触粉状氧化剂的生产传动装置更要严格密封，经常清洗、定期更换润滑油，以防粉尘漏进变速箱中与润滑油混触而引起火灾。

对加压和减压设备，在投入生产前和作定期检修时，应做气密性检验和耐压强度试验。对可燃气输气管进行定期检测，以防泄漏；输气过程中也可采用皂液、洗衣粉液对可能漏气的点进行检查（气密性检查）。

2. 用惰性气体保护

在有高温、高压、易燃、易爆的生产中，常采用惰性气体加以保护。所谓惰性气体是指那些化学活泼性差、没有燃爆危险的气体。如氮气、二氧化碳、水蒸气、烟道气等，其中使用较多的是氮气。它的作用是隔绝空气，冲淡氧量，缩小以致消除可燃物与助燃物形成燃爆浓度。惰性气体保护主要应用于以下几个方面：

覆盖保护易燃固体的粉碎、研磨、筛分、混合及粉状物料的输送；

氮封可燃性气体发生系统的料口和排气系统的尾部；

充氮保护非防爆型电器、仪表；

压送易燃液体及高温物料；

充装保护有燃爆危险的设备和储罐；

保护可燃气体混合物的处理过程；

在停车检修或开工生产前，吹扫或置换设备系统内的易燃物料或空气；

稀释跑冒滴漏的易燃物料，防止形成爆炸性混合物。

3. 隔绝空气储存

对于遇空气受潮、受热极易自燃的物质应隔绝空气储存。如金属钠储于煤油中，黄磷存于水中，二硫化碳用水封存等。

4. 隔离储运

对于与酸、碱、氧化剂等助燃物混合接触能够燃爆的可燃物和还原剂，应隔离储运。

3.2.4 防止回燃

当通风条件非常差或燃料过剩时，在室内发生的火灾，燃烧一段时间后可能会因空气不足而熄灭。这时，虽然没有燃烧过程，但是灰烬的温度仍然非常高。开始时的燃烧过程以及燃烧结束后的高温环境，使室内可燃物仍然进行着热解反应，室内会逐渐积聚大量的可燃气体，此时一旦通风条件改善，空气会以重力流的形式补充进来与室内的可燃气体混合。当混合气体被灰烬点燃后，又形成了新的燃烧条件，火焰快速传播，在室内燃烧的同时，在通风口外形成巨大的火球，从而同时对室内和室外造成危害，这种“死灰复燃”的现象称为回燃。回燃具有隐蔽性和突发性，因此对生命和财产安全危害极大。

3.2.5 火灾探测设备

物质在燃烧过程中，通常会产生烟雾，同时释放出称之为气溶胶的燃烧气体，它们与空气中的氧发生化学反应，形成含有大量红外线和紫外线的火焰，导致周围环境温度逐渐升高。这些烟雾、温度、火焰和燃烧气体称为火灾参量。

火灾探测器的基本功能就是对烟雾、温度、火焰和燃烧气体等火灾参量作出有效反应，通过敏感元件，将表征火灾参量的物理量转化为电信号，送到火灾报警控制器。根据火灾参量的类型和响应方法，将火灾探测器分为若干种不同的种类。主要包括感烟式火灾探测器、感温式火灾探测器、感光式（火焰）火灾探测器、可燃气体火灾探测器和复合式火灾探测器等。各种火灾探测器的原理及性能见表3-1。

表 3-1　各种火灾探测器的原理及性能

种类	类型	工作原理	性能
感烟式探测器	离子感烟式探测器	用装有一片放射性物质 AM241 构成的 2 个电离板和场效应晶体管等电子器件组成电子电路，把火灾发生时的烟雾信号转换成直流电压信号而报警	采用空气电离化实现感烟探测，对火灾初期和引燃阶段烟雾气溶胶检测非常灵敏有效，可探测到微小烟雾颗粒
	光电感烟式探测器	有遮光式和散光式 2 种，遮光式是在检测室内装入发光元件和受光元件，当烟雾进入检测室后，受光元件的光线被烟雾遮挡而使光亮减少，探测器发出报警信号；散光式是由于烟粒子的作用，发光元件发射的光发生漫发射，受光元件受光照射而使阻抗发生变化，产生光电流而报警	根据烟雾粒子对光的吸收和散射作用实现感烟探测，适用于特定场合
感温式探测器	定温式探测器	易熔合金定温式火灾探测器是利用低熔点合金在火灾时融化，使保险片由于本身的弹力将电接点闭合而报警	在规定时间内，火灾引起的温度上升超过某个温度定值时启动报警，有点型和线型
	差温式探测器	膜盒式差温火灾探测器：在发生火灾时利用密封的金属膜盒气室内的气体膨胀，把气室底部的波纹板推动接通电接点而报警； 热敏电阻式差温火灾探测器：在火灾发生时，由于温度的变化使热敏电阻的阻值发生变化，产生电信号而报警	在规定时间内，火灾引起的温度上升速率超过某个规定值时启动报警，有点型和线型
	差定温式探测器	由定温和差温 2 部分组成的复合式火灾探测器	兼有定温式和差温式两者的功能，可靠性较高
感光式探测器	红外火焰探测器	利用红外线探测元件，接受火焰自身发出的红外线辐射，产生电信号而报警	根据物质燃烧时火焰的闪烁现象探测火灾，而对一般光源不起作用，多用于电缆地沟、地下铁道及隧道等处
	紫外火焰探测器	利用紫外线探测元件，接受火焰自身发出的紫外线辐射而报警	监测物质燃烧过程中产生的火焰，多用于油品和电力装置火灾监测
可燃气体探测器	可燃气体探测器	根据使用的气敏元件和传感器的不同分为热催化原理、热导原理、气敏原理和三端电化学原理	探测空气中可燃气体浓度、气体成分，用于宾馆厨房、炼油厂、加油站等存在可燃气体的场所

1. 感烟式火灾探测器

感烟式火灾探测器是一种感知燃烧和热解产生的固体或液体微粒的火灾探测器。用于探测火灾初期的烟雾，并发出火灾报警讯号的火灾探测器。它具有能早期发现火灾、灵敏度高、响应速度快、使用面较广等特点。

感烟火灾探测器分为点型感烟火灾探测器和线型感烟火灾探测器。

(1) 点型感烟火灾探测器。点型感烟火灾探测器是对警戒范围中某一点周围的烟参数响应的火灾探测器。根据原理不同,分为离子感烟火灾探测器和光电感烟火灾探测器两种。

离子感烟火灾探测器是核电子学与探测技术的结晶,应用烟雾粒子改变探测器中电离室原有电离电流。离子感烟火灾探测器最显著的优点是它对黑烟的灵敏度非常高,特别是对早期火警反应特别快。但因为其内必须装设放射性元素,在制造、运输以及弃置等方面会污染环境,威胁人的生命安全。因此,这种产品在欧洲现已开始禁止使用,在我国也终将成为淘汰产品。

光电感烟火灾探测器是利用烟雾粒子对光线产生散射、吸收原理的感烟火灾探测器。光电感烟火灾探测器有一个很大的缺点就是对黑烟灵敏度很低,对白烟灵敏度较高,因此,这种探测器适用于火情中所发出的烟为白烟的情况,而大部分的火情早期所发出的烟都为黑烟,所以大大地限制了这种探测器的使用范围。

(2) 线型感烟火灾探测器。目前生产和使用的线型感烟火灾探测器都是红外光束型的感烟火灾探测器,它是利用烟雾粒子吸收或散射红外线光束的原理对火灾进行监测。

2. 感温式火灾探测器

感温火灾探测器是对警戒范围中的温度进行监测的一种探测器,物质在燃烧过程中释放出大量热量,使环境温度升高,探测器中的热敏元件发生物理变化,将物理变化转变成的电信号传输给火灾报警控制器,经判别发出火灾报警信号。感温火灾探测器种类繁多,根据其感热效果和结构型式,可分为定温式、差温式和差定温组合式三类。

(1) 定温火灾探测器。定温火灾探测器是在火灾现场的环境温度达到预定值及其以上时,即能响应动作,发出火警信号的火灾探测器。这种探测器有较好的可靠性和稳定性,保养维修也方便,只是响应过程较长,灵敏度较低。根据工作原理的不同,定温火灾探测器又可分为双金属片定温探测器、热敏电阻定温探测器、低熔点合金探测器等。

(2) 差温火灾探测器。差温火灾探测器是一种环境升温速率超过预定值,即能响应的感温探测器。根据工作原理不同,可分为电子差温探测器、膜盒感温探测器等。

(3) 差定温火灾探测器。差定温火灾探测器是一种既能响应预定温度报警,又能响应预定温升速率报警的火灾探测器。

3. 感光式火灾探测器

感光探测器适用于监视有易燃物质区域的火灾,如仓库、燃料库、变电所、计算机机房等场所,特别适用于没有阴燃阶段的燃料火灾(如醇类、汽油、煤气等易燃液、气体火灾)的早期检测报警。按检测火灾光源的性质分类,有红外火焰火灾探测器和紫外火焰火灾探测器两种。

红外线波长较长,烟粒对其吸收和衰减能力较弱,致使有大量烟雾存在的火场,在距火焰一定距离内,仍可使红外线敏感元件(Pbs 红外光敏管)感应,发出报警信号。因此这种探测器误报少,响应时间快,抗干扰能力强,工作可靠。

紫外火焰探测器适用于有机化合物燃烧的场合,例如油井、输油站、飞机库、可燃气罐、液化气罐、易燃易爆品仓库等,特别适用于火灾初期不产生烟雾的场所(如生产储存酒精、石油等场所)。有机化合物燃烧时,辐射出波长约为 250 nm 的紫外光。火焰温度越高,火焰强度越大,紫外光辐射强度也越高。

4. 可燃气体火灾探测器

可燃性气体包括天然气、煤气、烷、醇、醛、炔等,当其在某场所的浓度超过一定值时,偶遇明火便会发生燃烧或爆炸(轰燃),是非常危险的。可燃物质燃烧时除有大量烟雾、热量和火光之外,还有许多可燃性气体产生,如一氧化碳、氢气、甲烷、乙醇、乙炔等。利用可燃气体探测器监视这些可燃气体浓度值,及时发出火灾报警信号,采取灭火措施,是非常必要的。

可燃性气体探测器主要应用在有可燃气体存在或可能发生泄漏的易燃易爆场所,或应用于居民住宅(有煤气或天然气存在或易发生泄漏的地方)。

安装使用可燃气体探测器应注意以下几点:

(1) 应按所监测的可燃气体的密度选择安装位置。监测密度大于空气的可燃气体(如液化石油气、汽油、丙烷、丁烷等)时,探测器应安装在泄漏可燃气体处的下部,距地面不应超过 0.5 m。监测密度小于空气的可燃气体(如煤气、天然气、一氧化碳、氨气、甲烷、乙烷、乙烯、丙烯、苯等)时,探测器应安装在可能泄漏处的上部或屋内顶棚上。总之,探测器应安装在经常容易泄漏可燃气体处的附近,或安装在泄漏出来的气体容易流过、滞留的场所。

(2) 对于经常有风速 0.5 m/s 以上气流存在、可燃气体无法滞留的场所,或经常有热气、水滴、油烟的场所,或环境温度经常超过 40 ℃的场所,不适宜安装可燃气体探测器。有铅离子存在的场所,或有硫化氢气体存在的场所,不能使用可燃气体探测器,否则会出现气敏元件中毒而失效。在有酸、碱等腐蚀性气体存在的场所,也不宜使用可燃气体探测器。

(3) 应至少每季检查一次可燃气体探测器是否工作正常。例如可用棉球蘸酒精去靠近探测器检测。

5. 复合式火灾探测器

复合式火灾探测器包括复合式感温感烟火灾探测器、复合式感温感光火灾探测器、复合式感温感烟感光火灾探测器、分离式红外光束感温感光火灾探测器。

3.2.6 防止火势蔓延

根据国家有关法律法规,建筑从设计开始就必须采取防止火灾爆炸事故蔓延扩散的措施,一旦发生事故,能够将事故的危害控制在一定的范围内。

1. 厂址选择

从安全方面考虑,厂址选择应注意以下原则:

(1) 服从城乡规划,尤其注意居民区、商业区、风景区、重点文物保护区等敏感场所。

(2) 要有良好的工程地质条件。

(3) 要有较好的气象条件。

(4) 交通比较方便。

(5) 有比较合适的给排水条件。

(6) 有足够的场地进行厂区布置。

2. 总平面布置

总平面布置也称厂区布置,就是依据有关法律法规和设计标准、规范,对工厂进行合理布局，正确处理生产与安全(环保)、局部与整体、近期与远期的关系。

3. 防火间距

这是指工厂的建筑物之间，危化品储罐之间，以及建筑物与危化品储罐区之间，有防火间距的要求。其目的是，万一发生火灾能够起一定的隔离作用，并便于人员疏散和开展灭火。

我国建筑的防火间距设计主要执行《建筑设计防火规范》(GB 50016—2014)和《石油化工企业设计防火规范》(GB 50160—2008)。

4. 建筑设计的限制措施

《建筑设计防火规范》(GB 50016—2014)对各类有火灾危险的建筑物设计都有明确的规定。该规范将生产和储存物质的火灾危险性均分成五类，分别为甲类、乙类、丙类、丁类和戊类。为了减少火灾可能造成的损失，方便火灾扑救，依据生产(或储存)物质的火灾危险性类别，对厂房(或仓库)的耐火等级、占地面积和层数都作出了适当的规定和限制。

5. 设置阻火装置

阻火装置又称火焰隔断装置，其作用是防止外部火焰蹿入设备、管道，或阻止火焰在管道内蔓延。阻火装置通常安装在管道上，主要包括阻火器、安全液封、单向阀、阻火闸门等。

(1) 阻火器

阻火器的阻火层是由有许多细小通道或孔隙的不燃固体材料构成的，火焰在通过这些细小通道或孔隙时熄灭。阻火器常用在可燃气体输送管上，易燃液体储罐的吸排气管上，以及各种临时排放可燃气体的放空管上。如在乙炔发生器上设置水封回火防止器，或水下气割时在割炬与胶管之间设置阻火器，一旦发生回火，可阻止火焰进入乙炔罐内，或阻止火焰在管道里蔓延。

阻火器有金属网型、砾石型和金属波纹片型等几种型式。

① 金属网阻火器

其阻火层由若干层有一定孔径的金属网作填料。

② 砾石阻火器

其阻火层由砂粒、卵石、玻璃球等作填料。

③ 波纹金属片阻火器

其阻火层由带状不锈钢波纹片缠绕成圆形或方形阻火填料。

(2) 安全液封

安全液封一般是用水或水溶液将可燃气体管道的进口和出口隔开，一旦管道的一端着火，火焰会在液封处熄灭，从而阻止火焰蔓延。

(3) 单向阀

单向阀又称止逆阀、止回阀，其作用是仅允许流体向一个方向流动，遇有回流时即自动关闭。该阀常用于防止高压物料窜入低压系统引起破裂，也可用来防止回火。如液化气瓶上的减压阀就是一种单向阀。

(4) 阻火闸门

阻火闸门是用易熔合金元件将闸门悬挂在管道的上方，一旦着火升温，会使易熔元件熔化，闸门落下，阻止火焰蔓延。

6. 配备灭火器材和消防设施

常用灭火器材有泡沫灭火器、二氧化碳灭火器、干粉灭火器和新型水基灭火器等。消防设施包括火灾自动报警系统、自动灭火系统、消火栓系统、水幕系统等。要定期检查、维护灭火器材和消防设施的可靠性,以便及时扑灭初期火灾。

3.3 防火技术原则和应用

3.3.1 防火基本原则

为了有效开展防火工作,必须有正确的原则作指导。根据各地多年与火灾事故作斗争的经验,防火工作必须贯彻"安全第一、预防为主"的原则、"谁主管,谁负责"的原则和"综合治理、齐抓共管"的原则。

1. 安全第一、预防为主

"安全第一、预防为主"是防火工作必须遵循的一项基本原则。对于防火工作而言,"安全第一"包含三层意思:①安排生产时,应该把防火安全作为一个前提考虑进落实安全生产的各项措施,保证生产的安全运行。②从事生产活动时,应该首先考虑可能存在和出现的危险因素,注意遵守安全操作规程,竭力避免事故的发生。③在生产过程中遇有生产与安全发生矛盾时,生产必须服从安全;遇有事故发生时,必须全力以赴地抢救事故,千方百计地减少事故的危害。

我国的消防工作方针就是"预防为主,防消结合"。在防火工作中坚持"预防为主"的原则,应该抓好以下五项基础建设或治本措施:

(1) 在新建、改建、扩建建(构)筑物的同时,必须按照有关建筑设计防火规范或规定的要求,把各项安全防火设施考虑进去,即消防设施的"三同时"。

(2) 在试验研究新材料、新设备、新技术、新工艺的同时,必须把安全防火问题带进去,相应地加以研究和解决:研制各种新型的安全防护装置,完善各种检测手段提高安全生产的可靠性。

(3) 不断提高职工识别判断、预防和处理火灾事故的本领,增强安全生产的意识。例如,开展各种形式的防火安全教育,进行定期的防火安全技术考核等。

(4) 建立和健全各项防火安全规章制度,组织定期和不定期的防火安全检查,及时发现和消除火灾因素,主动采取预防事故重复发生的措施等。

(5) 在管理上,要重点抓好要害部位(即火灾危险性大,发生火灾后损失大、伤亡大、影响大的部位),关键时刻(节假日和事故多发季节)和薄弱环节。

2. 谁主管,谁负责

"谁主管,谁负责",就是指"管生产必须同时管安全"、"对生产负责先要对安全负责"。这条原则要求各级企业管理人员,特别是企业领导人都要切实抓好自己分管工作范围内的防火安全工作,必须做到:在计划、布置、检查、总结、考评生产的同时,要计划、布置、检查、总结、考评防火安全;在生产挖潜、技术革新、设备改造等生产活动中,要考虑防火安全;在实行岗位目标承包责任制时，要安排安全防火内容；在发生重大火灾事故时，要承担管理领导责任。为此，必须大力推行逐级防火安全责任制，《消防安全责任制实施办法》由国务院办公厅于2017年10月29日公开发布。首次对消防安全责任制的实施作出全面、具体规定，进一步明确消防安全责任，建立完善消防安全责任体系，坚决预防和遏制重特大火灾事故发生，使各级管理领导人员不仅要明确对安全防火应负有的责任，而且要明确安全防火工作应达到的标准。只有这样，防火工作在工厂企业中才能真正得到组织上的保证和落实。

3. 综合治理，齐抓共管

防火工作是一项由多种相互依存、互相制约的要素组成的安全系统工程，必须实行综合治理，齐抓共管，才能奏效。“综合治理，齐抓共管”就是改变那种“单打一”、唱“独角戏”的状态，对人、机、物、环、法等与安全防火相关的要素进行全面治理，从企业领导到职工，从厂部到班组，上下左右一起抓。这一原则体现了“安全生产，人人有责”的群众路线。对于现代化生产而言，领导者的指挥决策稍有失误，操作者在工作上稍有疏忽，检修和检验人员稍有不慎，生产环节稍有失调，机械部件稍有失灵，管理制度稍有漏洞，都有可能酿成重大火灾事故。因此，只有贯彻执行“综合治理，齐抓共管”的原则，才能使防火工作有坚实的群众基础，取得“长治久安”之效。

3.3.2 防火技术应用

3.3.2.1 建筑防火安全设计

1. 建筑物总体防火规划

(1) 建筑物的防火间距

防火间距是指当一幢建筑发生火灾时，相邻建筑在一定时间内，在没有任何保护措施的情况下，不会发生火灾的最小安全距离。防火间距大小与建筑的使用性质、功能、布置形式、耐火等级有关。建筑防火间距主要有：①单层、多层民用建筑防火间距；②高层建筑防火间距；③汽车库及其他建筑物之间的防火间距；④石油化工企业生产区内建筑物、构筑物间的防火间距。具体可参考《建筑设计防火规范》(GB/50016—2014)。

(2) 消防车道

消防车道是指符合相应技术条件，在灾害情况下能够确保消防车通行的道路。设置消防车道的目的就在于一旦发生火灾后，能确保消防车顺利到达火场，消防人员能迅速开展灭火战斗，及时扑灭火灾，最大限度地减少人员伤亡和财产损失。设置消防车道时应考虑：①消防车道的宽度，间距和限高；②大型公共建筑、大型堆场、储罐区等较为重要的建筑物和场所周围应当设置环形消防车道；③供消防车取水的天然水源和消防水池附近，应当设置消防车道；④对于有内院或天井的建筑物，当其短边长度超过21 m时，可设置进入内院或天井的消防车道；⑤有河流、铁路通过的城市，可采取增设桥梁等措施，保证消防车道的畅通；⑥消防车道与建筑物之间，不应设置妨碍登高消防车操作的树木、架空管线等；⑦消防车道应尽量短捷，并避免与铁路平交；如必须平交，应设置备用车道，两车道之间的间距不应小于一列火车的长度；⑧消防车道下的管道和暗沟等，应能承受消防车辆的压力。

（3）室外消防设施

现有资料表明，在扑救失利的火灾中，约 80%是由于火场供水不足，或者是设计不周、管理不善导致消防设施不能发挥作用造成的。因此，按照《建筑设计防火规范》（GB 50016—2014）规定，除 2 层以下居住小区可不设消防设施外，其他建筑在规划或设计时，必须同时设计消防给水系统。设置室外消防设施时应考虑：①室外消火栓布置；②消火栓用水量；③消防水池设置。

2. 建筑防火分区

建筑防火分区是指在建筑内部采用具有一定耐火能力的防火分隔设施（如楼板、墙体）分隔而成，在一定时间内能防止火灾向同一建筑的其余部分蔓延的单元空间。

（1）防火分隔设施

主要包括：①防火墙；②防火门；③防火卷帘。

（2）防火分区划分

关于防火分区面积大小，国家制定的《建筑设计防火规范》（GB 50016—2014）中有明确规定，首先是根据建筑类型，划分成多层民用建筑、高层民用建筑和工业建筑，再进一步考虑建筑物使用性质、建筑物高度、火灾危险性和建筑物的消防扑救能力等综合确定。

3. 建筑的耐火等级

（1）建筑材料的火灾性能

建筑材料的火灾性能一方面影响着建筑物承受火灾高温作用的能力，同时对火灾扑救逃生具有重要影响。所以，必须研究建筑材料在高温作用下的各种相关性能，使得在建筑耐火设计中科学合理地选用建筑材料，预防和减少火灾发生与损失。选择建筑材料时应考虑：①建筑材料的燃烧性能；②建筑材料的高温性能。

（2）建筑构件的耐火性能

建筑构件的耐火性能应当从保持结构的稳定性、完整性和隔热性三方面考虑。选择建筑构件时应考虑：①建筑构件的燃烧性能分类；②建筑构件的耐火极限。

（3）建筑物耐火等级的选择

建筑物耐火等级的选择是建筑防火设计的关键环节，是防火技术措施中最基本的措施之一，必须根据建筑物的使用功能、重要程度和火灾危险性等级和高低层数不同，按照《建筑设计防火规范》（GB 50016—2014）进行合理选择。以防止建筑物在火灾发生时和发生后倒塌，从而保障人员安全和减少财产损失。

3.3.2.2 火灾探测报警与消防联动

（1）火灾探测报警系统

火灾探测报警系统是用于监视、探测和识别早期火灾，判别确认后发出报警，并启动灭火与减灾的设备。火灾探测报警系统由触发器件、火灾报警装置，以及其他辅助装置所构成。系统中主要部件为触发器件中的火灾探测器与火灾报警装置中的火灾报警控制器。

① 火灾探测器

可燃物质在燃烧过程中，产生烟气，使环境温度升高，并放出红外线、紫外线和可燃气体。根据火灾时燃烧发出的这些参数，火灾探测器可分为感烟、感温、感光、气体和复合式等多种形式。

② 火灾报警控制器

从作用性质来看，火灾报警控制器可分为区域报警控制器、集中报警控制器和控制中心报警控制器三种。伴随着科学技术的发展，各种先进的报警控制器相继出台，如智能型(具有神经元网络功能)火灾探测报警控制器、模糊控制的火灾探测报警控制器等已开始应用。

(2) 消防联动控制系统

随着城市的发展，现代化大型建筑和高层建筑林立，由于受建筑外消防条件和时间的限制，一旦起火，消防队伍来不及赶到，首先应该自救，在火灾初起时就将其扑灭，以减少人员伤亡和财产损失。人员主要的自救方法是依靠自动探测报警系统与消防联动系统的结合，做到及时灭火，有效进行防排烟和有效组织人员和物资疏散。消防联动控制系统包括自动灭火系统、通风照明疏散系统、防排烟系统、电源电梯系统和广播报警通信监控系统。

(3) 智能火灾监控技术

智能火灾监控技术是涉及火灾监控各方面的一项综合性消防技术，是现代电子工程和计算机技术在消防应用的产物，也是现代消防技术的重要组成部分和新兴技术学科。智能防火技术研究的主要内容是火灾参数的检测技术，火灾信息处理与自动报警技术，消防设备联动与协调控制技术，消防系统的计算机管理技术，以及火灾监控系统的设计构成、管理和使用等。主要包括：①智能建筑；②智能火灾监控系统；③智能防火系统。

3.3.2.3　灭火剂和灭火系统

1. 常用灭火剂及适用范围

(1) 水灭火介质

水是人类使用最早并且最普遍的灭火剂。其灭火原理主要是冷却、稀释氧气(窒息作用)、乳化作用和水力冲击作用。当用其灭火时，水吸收热量变为蒸汽(1 kg 水汽化要吸收 2257 kJ 热量)，能促使燃烧物冷却，使燃烧物温度降低到燃点以下，并阻止对燃烧反应的热反馈。水溶性可燃、易燃液体发生火灾时，在允许用水扑救的条件下，水与可燃、易燃液体混合后，可降低其浓度和燃烧区内可燃蒸气的浓度，使燃烧减弱以至终止。用水扑灭火灾的同时，还可用水保护火区的建筑物、冷却燃烧液体罐壁，防止事故扩大。其能扑救固体物质火灾，并可有效防止其复燃，但不能扑救可燃液体、气体、金属及电气火灾。

灭火水按其形态可分为直流水、开花水及雾状水。直流水和开花水是由水泵升压通过直流水枪或开花水枪喷出形成的，适用于扑救一般固体物质火灾。喷雾灭火是利用消防压力水(0.5～0.7 MPa)经过离心雾化喷头，喷射出雾状细水粒。雾状水粒直径一般小于 100 μm，水的粒径越细，单位质量水的表面积越大(1 kg 雾状水的表面积比 1 kg 球状水的表面积大数千倍)。雾状水流的吸热面积很大，其冷却作用较一般直流水枪射出的柱状水流的冷却作用大得多，产生蒸汽也多，冲淡空气降低氧气浓度的作用则很强，所以雾状水灭火效果很好，水渍损失也小。如因火焊引起一只容积为 1200 m^3、储存有 900 t 油的地下油罐着火爆炸，燃烧 10 h 多未能扑灭，后用 2 支喷雾水枪，从上风侧向火区喷射，3 min 后大火完全扑灭。水喷雾灭火效果的好坏与离心喷头的性能和加工精度有关，与水压有关。喷头性能越好，加工精度越高，水压越高，雾状水粒径则越细，灭火效果越好。

(2) 卤族元素灭火剂

卤族元素灭火剂是分子中含有卤族元素(F、Cl、Br、I 等)的一个或多个原子的化合物。其灭火原理是碳氢化合物中的氢原子被卤族元素原子置换后所产生的化合物,其化学、物理性质显著改变,从而阻止燃烧进行。使用卤代烷灭火后,参与的灭火剂及其分解产物全部进入大气。研究发现,这对大气臭氧层具有很大的破坏作用。为了保护大气臭氧层,限制卤代烷灭火剂等产品的使用已成为国际共识。与某些发达国家相比,卤代烷灭火剂在我国的使用比例尚不大,但我们也应承担相应的义务。虽然近些年尚可适度生产,但必须限制其用量。研制有效的替代产品是当前灭火剂研究的热门课题。

(3) 干粉灭火剂

干粉灭火剂是一种化学灭火剂,常用的灭火干粉有碳酸氢钠(钠盐干粉)、碳酸氢钾(钾盐干粉)、磷酸二氢铵、尿素干粉等。

钠盐干粉灭火效果很好,其主要成分是碳酸氢钠和少量硝酸钾等。干粉灭火剂优点:灭火效率高、速度快、无毒性、不腐蚀、绝缘好、不易溶化、易储存、不变质等。可用来扑灭石油、有机溶剂、可燃气体和电气设备火灾事故。

干粉的灭火原理是干粉在动力气体(N_2和 CO_2)推动下喷向燃烧区进行灭火。

钠盐干粉在燃烧区高温作用下,其反应式为:

$$2NaHCO_3 \longrightarrow Na_2CO_3 + H_2O + CO_2 - Q$$

钾盐干粉在燃烧区高温作用下,其反应式为:

$$2KHCO_3 \longrightarrow K_2CO_3 + H_2O + CO_2 - Q$$

从两个反应式可以看出,钠盐和钾盐干粉在燃烧区吸收大量的热,并放出大量的水蒸气和二氧化碳气体,起冷却和稀释可燃气体的作用。同时干粉灭火剂与燃烧区的碳氢化合物起作用,夺取燃烧反应的自由基 H、OH,以中断燃烧的连锁反应,起到抑制燃烧的作用。干粉颗粒 M 与火焰中的自由基 H、OH 接触时,被吸附在粉粒表面,并发生反应:

$$M + OH \longrightarrow MOH$$

$$MOH + H \longrightarrow M + H_2O$$

通过反应,自由基 H、OH 减少,连锁反应中断,再加上机械冲击的作用,致使火焰熄灭。

(4) 蒸汽灭火剂

蒸汽灭火剂是用它来冲淡火区的可燃气体,降低空气中氧的含量,从而阻止燃烧,达到灭火目的。空气中含有 35%以上的蒸汽,便可有效地把火扑灭。空气中含蒸汽量越大,灭火效果就越好。蒸汽供给强度越高,越容易扑灭火灾。实践证明,饱和蒸汽灭火效果优于过热蒸汽。

按照燃烧区的试验结论是:水蒸气浓度达到 35%以上,燃烧可以停止,火焰熄灭。

火电厂使用蒸汽比较方便,在油库、油泵房、卸油泵房、燃油系统、煤粉仓、原煤仓以及一次风粉输送管道附近,都可以装设固定蒸汽管接头。灭火时,接上胶管即可灭火。对于易发生火灾的危险区域也可采用固定的蒸汽灭火装置。对于油罐灭火需要与泡沫灭火和水喷淋装置配合,以利于在各种情况下的灭火。

蒸汽灭火剂不适用于忌水物质,如乙炔、电石的火灾。不适用于扑灭与水蒸气反应生成可燃气体或易引起爆炸物质的火灾。

(5) 二氧化碳灭火剂

二氧化碳是应用最早，灭火效果良好的气体灭火剂。二氧化碳在常温常压下是一种无色、无味、不导电、化学上呈中性、不腐蚀的惰性气体。当二氧化碳占空气的浓度为 30%～35%时，燃烧就会停止。

二氧化碳灭火原理：灭火用的二氧化碳气体，一般是压缩成液体储存在钢瓶内，其纯度一般在 99.5%以上，含水量应不大于 0.01%(油脂含量不应大于 10 ppm)。灭火时，液态二氧化碳从钢瓶经管路从喷嘴喷出，立即汽化。由于吸收大量的汽化热，喷嘴处温度急剧下降，使二氧化碳液体凝结成固体(即干冰)。干冰的温度为－78.5 ℃，冷却燃烧物体，遇热而汽化成二氧化碳气体，冲淡燃烧区的可燃气体，增加了空气中不燃烧、不助燃的气体成分，相对减少了空气中氧气含量，从而使燃烧区缺氧窒息而灭火。

二氧化碳可用来扑灭易燃液体和一般固体物质的火灾，适用于扑灭电气设备、精密仪器的火灾。可用来扑灭氢气、乙炔等可燃气体的火灾，还可用来扑灭遇水燃烧着火物质(如电石等)的火灾。

二氧化碳不能扑救钾、钠、镁、铝、锑、钛、铀等活泼金属的火灾。因为这些物质非常活泼，能夺取二氧化碳中的氧，进行燃烧反应。也不能扑救自身供给氧气的化学药品、金属氢化物和能自燃分解的化学物品等的火灾。

(6) 泡沫灭火剂

泡沫是一种常见的灭火剂，是扑灭 A 类和 B 类火灾的有效介质。它分为化学泡沫灭火剂和空气泡沫灭火剂两种，空气泡沫又称为机械空气泡沫。

化学泡沫液通常用酸性粉和碱性粉与水混合起化学反应生成。酸性粉由硫酸铝 $Al_2(SO_4)_3$，加入防潮剂制成，碱性粉由碳酸氢钠 $NaHCO_3$ 加少量的发泡剂制成。化学泡沫粉在泡沫发生系统中产生大量的二氧化碳和泡沫，喷射到燃烧物表面，隔绝空气，使火焰窒息。化学泡沫扑救油类火灾效果较好，但成本高，操作复杂，正被空气泡沫所替代。

空气泡沫是由一定比例的空气泡沫液、水和空气经机械或水力冲击作用，形成充满空气的微小稠密的膜状气泡群。在泡沫产生器中，由于水力机械作用，吸入空气而形成空气泡沫，喷向燃烧物表面。空气泡沫流动性好，抗烧性强，黏着性高，泡沫比较重，不易破灭，不易被气流冲散，覆盖到燃烧物质表面上，起到隔绝空气和氧气的作用。空气泡沫灭火剂作为一种洁净的“绿色消防产品”，被联合国环境署首推为替代卤代烷灭火剂的第一位替代物。

泡沫灭火剂的灭火原理是：泡沫在燃烧物表面形成泡沫覆盖层，使燃烧物表面与空气隔绝；泡沫受热蒸发产生的水蒸气可以降低燃烧物附近氧气的浓度，起到窒息灭火作用；泡沫层能阻止燃烧区的热量作用于燃烧物质的表面，防止可燃物质本身和相邻可燃物的蒸发；泡沫析出的水分对燃烧物表面进行冷却，使其温度降低到燃点以下，从而使燃烧的三个条件受到破坏，燃烧连锁反应终止，火被扑灭。

泡沫灭火剂特别适用于 B 类火灾(甲、乙、丙类可燃性液体的火灾)，也适用于 A 类火灾(固体可燃物质火灾)；不适用于扑灭 C 类火灾和 E 类(即带电设备)火灾，也不能扑救忌水物质(如电石等)的火灾。

(7) 烟雾灭火器与烟雾灭火剂

烟雾自动灭火器由发烟器、浮漂、滑道三部分组成。发烟器由壳体、导流板、烟雾剂盘、密封薄膜和自动引火部件等组成，可用于小型钢板拱顶油罐灭火。当油罐起火后，罐内温度上升到 110 ℃，用低熔点合金制成的引火头自行脱落，导火索被点燃，将烟雾剂引燃。烟雾剂引燃后，迅速产生大量二氧化碳和氮气烟雾，使发烟器内压力上升到一定值，烟雾冲破密封薄膜，由喷孔射出，对火焰有较大冲击作用；在整个油面上迅速形成一个云雾状、均匀而又浓厚的惰性气体层，将油面封闭，阻止空气补充，降低油罐内氧气浓度，且使罐内可燃蒸气浓度急剧降低；随烟雾携带出来部分没有反应的粉末状残渣在油面上，起一定的覆盖隔离作用，因此，烟雾灭火剂能使火灾熄灭。

烟雾灭火剂是一种深灰色粉状的机械混合物，它的主要成分是硝酸钾(50.5%)、硫黄(3.0%)、三聚氰胺(26%)、碳酸氢钠(8.0%)，其余是木炭粉(12.5%)。烟雾剂燃烧速度是 80～100 m/s，燃烧后气体的主要成分是 CO_2 和 N_2(85%)，覆盖在燃烧物上，有窒息火焰的作用。烟雾灭火时间一般为 2 min。

烟雾自动灭火装置可用于缺水、缺电的小型油罐灭火，优点是设备简单、投资节省，不用水和电。

(8) 氮气灭火剂

氮气不自燃，也不助燃，常温下性质不活泼，不能与其他物质反应。可作为保护气体，可用来扑灭火灾和降低爆炸性混合物爆炸的危险性。

氮气灭火原理是：当可燃物着火时，将氮气充放到燃烧区(如建筑物内、粉仓内或其他容器内)，冲淡可燃气体，降低可燃气体的浓度，相对降低空气中氧气的含量，使燃烧窒息、停止。如发电机、变压器内部着火可充氮灭火；煤粉仓自燃可以施放氮气灭火。氮气灭火装置可设置固定式或半固定式灭火设备。

(9) 轻金属灭火器和灭火剂

轻金属灭火剂按灭火剂的状态和成分分为两种：一种是粉状轻金属灭火剂；一种是三甲氧基硼氧六环液体灭火剂(即 7150 灭火剂)。

① 粉状轻金属灭火器

粉状轻金属灭火器由筒身、氮气小钢瓶、胶管和喷枪等组成。

灭火器器身内装有氯化镁、氯化钠、氯化钾、氯化钙等粉末。灭火剂充装量为 8 kg。充氮气压力(20 ℃)为 1.2 MPa。喷射时间 80 s，喷射距离 4 m，总质量 14 kg。灭火器使用 2 年应进行 2.5 MPa 的水压试验，持续 2 min，无泄漏、无变形，方可继续使用。该灭火器广泛应用于加工轻金属的厂房、工场、飞机制造等场所，用于扑灭铝、镁、钛及其合金等轻金属火灾。

② 7150 灭火剂

7150 灭火剂的主要成分为三甲氧基硼氧六环，分子式为 $(CH_3O)_3B_3O_3$，是一种无色透明液体，是一种易燃液体。热稳定性较差，本身又是可燃物。是扑救镁、铝、镁铝合金、海绵状钛等轻金属火灾的有效灭火剂。灭火时，当它以雾状喷到炽热的燃烧着的轻金属上时，会发生两种反应：

① 分解反应：$(CH_3O)_3B_3O_3 \xrightarrow{60\ ℃以上} (CH_3O)_3B + B_2O_3$

② 燃烧反应：$2(CH_3O)_3B_3O_3 + 9O_2 \longrightarrow 3B_2O_3 + 9H_2O + 6CO_2$

以上两种反应产生的硼酐(B_2O_3)在轻金属燃烧的高温下，熔化为玻璃状液体，流散于金属表面及其缝隙中，在金属表面形成一层硼酐隔膜，使金属与大气隔绝，从而使燃烧窒息。7150燃烧反应时，还消耗金属表面附近大量的氧，从而也能够降低轻金属的燃烧强度。

在使用7150灭火剂灭火时，当燃烧的轻金属表面被硼酐的玻璃状液体覆盖以后，还可以喷射适量的雾状水或泡沫，冷却金属，会得到更好的灭火效果。

7150灭火剂主要充灌在储压式灭火器中使用，加压气体为干燥的空气或氮气。二氧化碳在7150中溶解度较大，不宜做加压气体。

7150灭火剂属于易燃液体，应置于阴凉、干燥处。其储运应按易燃液体的规定执行。

2. 液体灭火系统

① 水基灭火系统

建筑物内常用的水灭火设备有消火栓和自动喷水灭火装置。消火栓是固定式灭火装置，现已作为建筑设计的常规部分对待，自动喷水灭火系统包括水泵、输水管、水喷头、水流控制阀和若干辅助装置。根据系统组成和技术特点，系统大体分为以下几种形式：湿式自动喷水灭火系统、干式自动喷水灭火系统、预作用自动喷水灭火系统、雨淋系统、水喷雾灭火系统和水幕系统等。

② 泡沫灭火系统

泡沫灭火系统有多种类型：根据泡沫灭火剂发泡倍数不同，分为低倍数泡沫灭火系统、中倍数泡沫灭火系统、高倍数泡沫灭火系统；根据设备与管道的安装方式不同，分为固定式、半固定式、移动式；根据灭火范围不同，可分为全淹没式、局部应用式；根据其喷射方式不同，分为液上、液下喷射。

3. 气体灭火系统

随着社会的发展和科学技术的进步，对某些不宜用水进行扑救的火灾或用水扑救火灾后可能会造成更大的灾害的场所提出了更高的防火要求，随之以气体作为灭火介质的灭火剂应运而生。如二氧化碳灭火系统和七氟丙烷灭火系统。

4. 固体灭火系统

固体灭火系统最常见的是干粉灭火系统。干粉灭火系统有许多优点：灭火时间短，效率高，对石油及石油产品灭火效果尤为显著；绝缘性能好，可扑救带电设备火灾；无毒，对环境不产生危害；对设备污损小，使用不受电源限制，设备可远离火区，适用于缺水地区；储存不变质，使用不需防冻。因此在电力系统有着广泛的应用，特别适用于火焰易迅速扩大的各种可燃气体、可燃液体、易燃液体、可燃纤维和电气设备等火灾现场。

3.3.2.4　安全疏散设计

在建筑发生火灾时，由于产生大量的高温有毒烟气，并迅速蔓延，给人员的安全疏散和物资抢救带来严重威胁。通过对国内外建筑火灾的统计分析，凡造成重大人员伤亡的火灾，大部分是因为没有可靠的安全疏散设施或设施管理不善造成损坏，人员不能及时疏散到安全(避难)区域。因此，安全疏散是建筑物发生火灾后，确保人员生命安全的有效措施，是建筑防火设计的一项重要内容。安全疏散设计的目的主要是使人能从发生事故的建筑中迅速撤离到安全区域，尽可能减少火灾造成的人员伤亡和财产损失，并为消防人员灭火救援提供条件。

复习思考题

1. 简述防火技术措施有哪些?
2. 试论述防火间距和防火分区在预防火灾中的意义及作用。
3. 火灾探测设备有哪些及其对应的优缺点?
4. 防火技术的原则以及应用有哪些?

第4章 爆炸理论基础

4.1 爆炸及其种类

4.1.1 爆炸概念

从广义上说，爆炸是指物质在瞬间从一种状态转变为另一种状态，能量从一种形式向另一种或几种形式转化并以机械功的形式释放出大量气体和能量，同时产生巨大声响的现象。当物质从一种状态“突变”到另一种状态时，它的物理状态或化学成分发生急剧的转变，使其本身所具有的能量以急剧的速度释放出来，并使周围的物体遭受到猛烈的冲击和破坏，其主要特征是压力急剧升高。

上述所谓“瞬间”，意思是爆炸发生于极短的时间内。例如，乙炔罐里的乙炔与氧气混合发生爆炸时，大约是在0.01 s内完成下列化学反应的：

$$2C_2H_2+5O_2 = 4CO_2+2H_2O+Q \tag{4-1}$$

在发生化学反应的同时，释放出大量的热能和二氧化碳、水蒸气等气体，能使罐内压力升高10～13倍，其爆炸威力可以使罐体升空20～30 m。这种克服地心引力将重物举高一段距离所做的功，就是机械功。

雷电、火山爆发、星体的相互撞击(例如，1994年彗星苏梅克-列维九号与木星的相撞)等属于自然界的一种爆炸现象；在工程建设中利用爆炸能量，为人类造福的爆炸是人为受控爆炸；而那些违背人们意愿的、造成人员伤亡和财产损失的爆炸，叫事故性爆炸，如矿井下的瓦斯爆炸，工厂中的锅炉、压力容器爆炸，粮食粉尘爆炸，车轮的轮胎爆炸等。这里我们主要研究事故性爆炸。

4.1.2 爆炸种类

爆炸的分类方法有很多，既可按爆炸前后物质成分变化情况分类，也可按爆炸瞬时燃烧速度进行分类等。

1. 按爆炸前后物质发生的变化分类

(1) 物理性爆炸

物理性爆炸是指体系中的物质因压力或状态发生突变而造成物理能量迅速释放并以机械功、光和热等能量形式表现出来的爆炸现象。物理性爆炸的显著特点是爆炸发生前后，体系中物质的性质及化学成分均未发生变化，如压力容器爆炸、锅炉爆炸、车轮轮胎爆炸等。

(2) 化学性爆炸

化学性爆炸是由于体系中物质以极快的速度发生化学反应，产生高温、高压而引起的爆炸现象。与物理性爆炸最明显的区别在于，化学性爆炸在爆炸前和爆炸后，物质的性质及化学成分发生了根本的变化。化学性爆炸按爆炸时所发生的化学变化，可分为3类：

① 分解爆炸

爆炸所需能量来自爆炸物自身的分解热，爆炸过程中不一定伴随有燃烧反应的发生。属于这类物质的有叠氮铅、乙炔银、乙炔铜、碘化氮、氯化氮等。这类物质极不稳定，受到摩擦、撞击甚至轻微震动就可以引起爆炸。如叠氮铅的分解爆炸反应为：

$$PbN_6 \longrightarrow Pb + 3N_2 + Q \tag{4-2}$$

② 复杂分解爆炸

此类爆炸物在外界激发能的作用下，能发生快速放热反应，同时产生高温、高压气体。各种含氧炸药和烟花爆竹的爆炸就属于复杂分解爆炸。与简单分解爆炸物质相比，这类物质爆炸过程常伴随有燃烧反应，对外界的敏感度较低，安全系数较高。属于这类物质的有TNT炸药、硝化棉等。

③ 爆炸性混合物爆炸

由可燃物质与氧化剂组成的混合物称为可燃性混合物，所有可燃气体、蒸气和可燃性粉尘与空气（或氧气）组成的混合物均属于此类。这类物质爆炸时，一般需同时满足一定的条件，如足够的爆炸物浓度、一定的氧浓度以及具有一定能量的点火源等。可燃性混合物质爆炸能量较前两者要小得多，爆炸危险性也相对小一些，但是这类爆炸事故在工业生产中经常发生，如矿井瓦斯爆炸、工业粉尘爆炸等。

（3）核爆炸

核爆炸的能源是核裂变（如^{235}U）或核聚变（如氘、氚、锂核聚变）反应所释放出来的核能。核爆炸反应释放出来的能量比其他类的爆炸要大得多，集中得多。核爆炸时可形成数百万到数千万摄氏度的高温，在爆炸中心区域可产生数百万兆帕的高压，同时还释放出大量的热辐射和强烈的光，它的破坏力比物理和化学性爆炸要大得多。

2. 按照爆炸的瞬时燃烧速度的不同分类

（1）轻爆

轻爆是指物质爆炸时的燃烧速度为每秒数米，爆炸时破坏力不大，声响也不太大。例如，可燃气体在接近爆炸极限浓度时的爆炸，无烟火药在空气中的快速燃烧。

（2）爆炸

爆炸是指物质爆炸时的燃烧速度为每秒十几米至数百米，爆炸时引起爆炸点的压力激增，破坏力较大，有震耳的响声。可燃混合气体的爆炸以及工业上的爆破即属于此类。

（3）爆轰

爆轰是指物质爆炸时的燃烧速度为1000～7000 m/s。爆轰的特征是突然引起极高的压力并产生超音速的“冲击波”。由于在极短时间内产生的燃烧产物急剧膨胀，如活塞一样挤压其周围的气体，反应所产生的能量有一部分传给被压缩的气体层，于是形成的冲击波由它本身的能量所支持，迅速传播并能远离爆轰的发源地而独立存在，同时还可以引起该处的其他爆炸性气体混合物或炸药发生爆炸，从而产生一种“殉爆”现象。

4.2 爆炸发生条件

爆炸是大量的能量在极短时间内迅速释放出来或急剧转化成机械功的一种现象，它一般借助于气体膨胀来实现。爆炸过程中一般会伴随有发光和爆炸声响，但这只是爆炸的表面现象，其真正本质是“气体的压力急剧升高”。这种压力的升高不仅是由于物理变化引起的，而且常常是由化学反应或物理-化学的变化而造成的。一般来说，爆炸现象具有下列特征：

（1）爆炸过程进行速度很快，由数十分之一秒到十万分之一秒；

（2）爆炸地点附近的压力急剧升高，由几百 kPa 到几十 GPa；

（3）发出或大或小的声响；

（4）周围介质发生震动或相邻物质遭到破坏。

随着现代生产力的发展，在现代工业生产中，爆炸性物质与危险场所不仅种类繁多，数量庞大，而且作用情况相当复杂。从防爆的角度来看，防止物理或化学爆炸发生条件同时出现是预防爆炸事故发生的根本技术措施。一般来说，发生爆炸要同时具备下列 5 个条件：①可燃物；②助燃剂（氧化剂）；③可燃物与助燃剂均匀混合；④混合物处于相对封闭空间内；⑤足够能量的点火源。

4.2.1 可燃气体发生爆炸的条件

可燃性气体主要由烷烃等有机气体和一些无机气体组成，如一氧化碳等，这种气体在一定浓度下极易发生爆炸。其爆炸需要具备的条件为：一定浓度可燃气体，足够的氧气以及具有足够热量来点燃它们的火源，只要一个条件没有满足就不会引起火灾、爆炸。

可燃气体和空气混合物爆炸是一个可燃气体在空气中迅速燃烧，引起压力急剧升高的过程，当液体蒸气意外泄漏到外界大气中后，如果遇到火源则被点燃起火，如果泄漏时没有立即遇到火源作用，而是与空气混合形成预混可燃气体混合物后再遇到点火源，则会发生气体混合物爆炸。一般说来，泄漏时间越长，形成可燃气体混合物的规模及爆炸范围就越大。

用来描述可燃气体和空气混合物爆炸特性的参数可以分为两组：一组是气体点火特性表征参数，如闪点、引燃温度、最小点火能量、爆炸极限、最大试验安全间隙等。这一组参数的值越小，表明其爆炸强度越高，越易发生爆炸；另一组是气体爆炸效应表征参数，如燃烧速度、爆炸指数等，这一组参数的值越大，表明气体爆炸越猛烈，爆炸破坏力越大。

① 最小点火能量

存在爆炸极限的任何可燃性混合气体都有一个最低点火能量，当点火能量低于这个值时就不会发生爆炸。当气体的点火源是静电或电气设备所造成的电火花时，气体发火是两电极间的混合气体得到电火花能量后产生化学反应的结果。在这种情况下，存在发火所必需的能量极限，该能量称为最小点火能量，最小点火能量是工程中防火防爆的又一个基本参数。两个金属电极之间火花放电点火能量可由式(a)计算，静电火花的点火能量可由式(b)计算。

$$E_s = 40 l_s \int_0^{t_{max}} I_s^{0.54} dt \tag{a}$$

$$E_s = \frac{1}{2}CV^2 \tag{b}$$

式中 E_s—— 点火能量,J;

l_s—— 火花间隙,mm;

I_s—— 火花电流,A,它是放电时间的函数;

t_{max}—— 放电时间,s;

C—— 电容,F;

V—— 电压,V。

影响最小点火能量的因素主要有气体温度、浓度、压力和惰性气体含量。气体温度越高、压力越大、处于最危险浓度、惰性气体含量越小,点火能量越低,表 4-1 为常见气体的最小点火能量。最小点火能量除与可燃物质的物化性质有关外,还与电极形状、间隙大小、电路参数等测试条件有关。

表 4-1 常见气体的最小点火能量

气体	体积分数(%)	能量(mJ/mol)	气体	体积分数(%)	能量(mJ/mol)
甲烷	8.50	0.280	氧化丙烯	4.97	0.190
乙烷	4.02	0.031	甲醇	12.24	0.215
丁烷	3.42	0.380	乙醛	7.72	0.376
乙烯	6.52	0.016	丙酮	4.87	1.150
丙烯	4.44	0.282	苯	2.71	0.550
乙炔	7.73	0.020	甲苯	2.27	2.500
甲基乙炔	4.97	0.152	氨	21.80	0.770
丁二烯	3.67	0.170	氧	29.20	0.019
环氧乙烷	7.72	0.105	二硫化碳	6.52	0.015

② 最小点燃电流及最小点燃电流比

在标准测试条件下,采用直流 24 V 和 95 mH 电感电路火花试验装置进行点燃试验时,在最易点燃的浓度下,点燃可燃气体和空气混合物所需的最小电流称为最小点燃电流。例如,引起烷烃爆炸的电火花的最小电流强度分别为:甲烷 0.57 A,乙烷 0.45 A,丙烷 0.36 A,丁烷 0.48 A,戊烷 0.55 A。可燃气体和空气混合物最小点燃电流与甲烷和空气混合物最小点燃电流之比值称为最小点燃电流比。

③ 爆炸极限

爆炸极限是对爆炸上限和爆炸下限的统称,当可燃气体(蒸气)和空气混合物的浓度低于下限或高于上限时都不可能发生爆炸。可燃气体(蒸气)和空气混合物的爆炸极限一般用体积百分比来表示。处于爆炸上限与下限之间的浓度范围称为爆炸区,在此以外的浓度范围称为非爆炸区。常见可燃气体和蒸气的爆炸极限如表 4-2 所示。

表 4-2　可燃气体与蒸气在普通情况(20 ℃及 101325 Pa)下的爆炸极限

物质名称	爆炸下限(%)	爆炸上限(%)	物质名称	爆炸下限(%)	爆炸上限(%)
甲烷	5.00	15.00	丙酮	2.55	12.80
乙烷	3.22	12.45	氢氰酸	5.60	47.00
丙烷	2.37	9.50	醋酸	4.05	—
乙烯	2.75	28.60	醋酸甲酯	3.15	15.60
乙炔	2.50	80.00	醋酸戊酯	1.10	11.40
苯	1.41	6.75	松节油	0.80	—
甲苯	1.27	7.75	氢	4.00	75.00
二甲苯	1.00	6.00	一氧化碳	12.50	80.00
甲醇	6.72	36.50	氨	15.50	27.00
乙醇	3.28	18.95	二氧化碳	1.25	50.00
丙醇	2.55	13.50	硫化氢	1.30	45.50
异丙醇	2.65	11.80	二硫化碳	11.90	28.50
甲醛	3.97	57.00	一氯甲烷	8.25	18.70
糠醛	2.10	—	溴甲烷	13.50	14.50
乙醚	1.85	36.50	苯胺	1.58	—

④ 最大试验安全间隙

最大试验安全间隙(MESG)是可燃气体引燃并传播的重要度量参数，是在规定的标准实验条件下(例如国家标准 GB/T 3836.11—2017、国际标准 IEC79-1A)壳内所有浓度的被试气体或蒸气与空气的混合物点燃后，通过 25mm 长的接合面均不能点燃壳外爆炸性气体混合物的外壳空腔两部分之间的最大间隙。试验是在常温常压(20 ℃、100 kPa)条件下进行。将一个具有规定容积、规定的隔爆接合面长度 L 和可调间隙 g 的标准外壳置于试验箱内，并在标准外壳与试验箱内同时充以已知的相同浓度的爆炸性气体混合物(以下简称混合物)，然后点燃标准外壳内部的混合物，通过箱体上的观察窗观测标准外壳外部的混合物是否被点燃爆炸。通过调整标准外壳的间隙和改变混合物的浓度，找出在任何浓度下都不发生传爆现象的最大间隙，该间隙就是所需要测定的最大试验安全间隙(MESG)。表 4-3 给出了部分可燃性气体或蒸气的最大试验安全间隙值。

表 4-3　常见气体最大试验安全间隙

可燃性气体或蒸气名称	最易传爆混合物摩尔浓度(%)	MESG(mm)
一氧化碳	40.8	0.94
甲烷	8.2	1.14
丙烷	4.2	0.92

续表 4-3

可燃性气体或蒸气名称	最易传爆混合物摩尔浓度(%)	MESG(mm)
丁烷	3.2	0.98
戊烷	2.55	0.93
己烷	2.5	0.93
庚烷	2.3	0.91
异辛烷	2.0	1.04
正辛烷	1.94	0.94
环己酮	3.0	0.95
丙酮	5.9(4.5)	1.02
丁酮	4.8	0.92

⑤ 爆炸指数

根据《空气中可燃气体爆炸指数测定方法》(GB/T 803—2008),气体爆炸指数在 1 m^3 标准爆炸装置中测定。装置的主要部分是一个体积为 1 m^3 的圆柱形爆炸容器,其长度与直径之比通常为 1∶1。为造成紊流,有一个 5 L 小室,可以用空气加压到 2 MPa,通过快速动作阀门和内径为 19 mm 的管子与爆炸容器相连。快速动作阀门可在 10 ms 内打开,将 5 L 小室内的高压空气喷入爆炸容器内,该阀与爆炸容器内一个半圆形、内径为 19 mm 的管子相连,半圆形管上钻有 ϕ4～6 mm 的小孔,小孔的总面积约为 300 mm^2。可燃气体与空气混合气体由电火花点燃,电极板间距为 3～5 mm,爆炸压力由安装在容器壁上的压力传感器测得。

对于静止可燃气体与空气混合物爆炸指数测试,先在 1 m^3 容器内配置可燃气体与空气混合物,启动压力记录仪,然后开动点火源,并记录下爆炸压力和时间历史曲线。在一个较宽浓度范围内对可燃气体、空气混合物进行爆炸测试,分别绘制出 p_m、$(dp/dt)_m$ 及 K 与浓度关系曲线,然后,从曲线上分别确定出可燃气体、空气混合物的 p_{max}、$(dp/dt)_{max}$ 及 K_{max} 值,或直接利用公式 $K=(dp/dt)_m V^{1/3}$ 求出 K_{max}。对于紊流可燃气体、空气混合物爆炸指数测试,先在 1 m^3 容器内配制可燃气体、空气混合物,在 5 L 小室内充入 2 MPa 压缩空气,启动压力记录仪后启动快速动作阀门,在给定点火延迟时间后点火,使紊流混合气体发生爆炸,并记录爆炸压力和时间历史曲线。随后的测试及数据处理方法与静止工况下相同。

4.2.2 粉尘发生爆炸的条件

判断粉尘爆炸的主要指标是爆炸极限,通常是爆炸下限。这是因为粉尘混合物达到爆炸下限时,所含固体物已相当多,以云雾的形状而存在,这样高的浓度通常只有设备内部或直接接近它的发源地的地方才能达到。至于爆炸上限,因为浓度太高,以致大多数场合都不会达到,所以没有实际意义。粉尘混合物的爆炸下限不是固定不变的,它的变化与下列因素有关:分散度、湿度、温度、火源的性质、可燃气体含量、氧含量、惰性粉尘和灰分等。一般来说,分散度越高,原始温度、火源强度越高,可燃气体和氧的含量越大,湿度越低,惰性粉尘及灰分越少,爆炸范围也就越大。

粒度越细的粉尘，其单位体积的表面积越大，越容易飞扬，所需点火能量越小，所以容易发生爆炸。随着空气中氧含量的增加，爆炸浓度范围则扩大，有关资料表明，在纯氧中的爆炸浓度下限能下降到只有在空气中的 1/4～1/3。当粉尘云与可燃气体共存时，爆炸浓度相应下降，而且点火能量也有一定程度的降低，因此，可燃气体的存在会大大增加粉尘的爆炸危险性。爆炸性混合物中的惰性粉尘和灰分有吸热作用，例如，煤粉中含 11%的灰分时还能爆炸，而当灰分达 15%～30%时，就很难爆炸了。空气中的水分除了吸热作用之外，水蒸气占据空间，稀释了氧含量而降低粉尘的燃烧速度，而且水分促进了粉尘的凝聚沉降，使爆炸浓度不易出现；当温度和压力增加，含水量减少时，爆炸浓度极限范围扩大，所需点火能量减小。

各种粉尘的爆炸特性，包括它们的自燃点、爆炸下限及最大爆炸压力，见表 4-4。

表 4-4　粉尘的自燃点、爆炸下限及爆炸最大压力

粉尘类别	云状粉尘的自燃点(℃)	爆炸下限($g \cdot m^{-3}$)	最大爆炸压力(MPa)
铝	645	35	0.603
铁	315	120	0.197
镁	520	20	0.441
锌	680	500	0.088
醋酸纤维	320	25	0.557
α-甲基丙烯酸酯	440	20	0.388
六次甲基四胺	410	15	0.428
苯酚树脂	460	25	0.415
邻苯二甲酸酐	650	15	0.333
聚乙烯塑料	—	25	0.564
聚苯乙烯	490	20	0.299
棉纤维	530	100	0.449
玉米淀粉	470	45	0.49
烟煤	670	35	0.312
煤焦油沥青	—	80	0.333
硫	190	35	0.279
木粉	430	40	0.421

粉尘爆炸的发生必须具备以下条件：

① 物质必须是可燃的。燃烧是一些不稳定的物质进行氧化反应的过程。基本上只要是化学性质不稳定的单质、氧化物、混合物都是具有可燃性的。被完全氧化的物质，如沙子和水泥等由于化学性质十分稳定，所以不具有任何可燃性，不过这种化学性质稳定的物质在日常生活中占少数。

② 粉尘粒子必须有合适的粒径和较好的分布状态。粉尘能否悬浮在空气中关键在于粉尘的粒径。大的颗粒难以悬浮，即使悬浮在空中也会很快沉积下来。粒径越小，其扩散作

用大于重力作用，粉尘易形成爆炸层云，再加上粒子周围有足够的助燃空气，粒子才易燃烧。粉尘粒子浓度太小，燃烧放热太少，难以形成持续燃烧，不会发生爆炸；浓度太大，混合物中氧气浓度太少，也不会产生爆炸。

③ 粉尘爆炸的另一个必不可少的条件是点火源。粉尘爆炸需要的最小点火能量比气体爆炸大一两个数量级，多数粉尘云的最小点火能量在 5～50 mJ/mol 之间。常见的点火源有：火柴的火焰、电力和静电火花、机械碰撞、焊接电弧、热轴承、阴燃的小物体、干燥器和加热器等。

以上三个条件是粉尘爆炸的铁三角，只要有效地抑制其中的一个条件就能成功地抑制粉尘爆炸，从而解决这个棘手的问题。

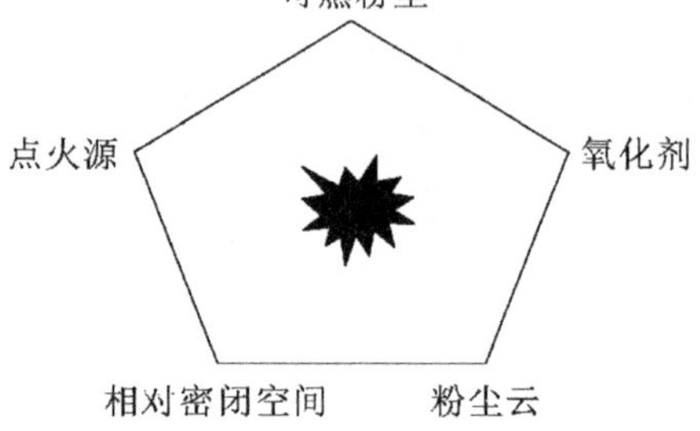

图 4-1　粉尘爆炸发生条件

尽管粉尘爆炸现象还有诸多问题未解决，但粉尘爆炸的发生条件已经较为明确，需要如下五个要素，也称为“粉尘爆炸五边形”，如图 4-1 所示：①存在可燃粉尘，且浓度处于爆炸极限内；②存在氧化剂，一般指空气中的氧气；③可燃粉尘与氧化剂以一定程度混合，粉尘呈云状；④粉尘云在一定封闭空间内；⑤存在点火源，且点火能量高于粉尘最小点火能量。需要指出，某些工况下，粉尘在未完全封闭的空间内发生燃烧反应，若热量无法及时释放，也会发生粉尘爆炸。

4.3　爆炸极限理论及应用

可燃性混合物的爆炸极限范围越宽，其爆炸危险性越大，这是因为爆炸极限越宽，其出现爆炸条件的机会就越多。爆炸上限越高，如有少量空气渗入容器，就会与容器内的可燃物混合形成爆炸条件；爆炸下限越低，少量可燃物（如可燃气体稍有泄漏）就可以形成爆炸条件。所以在工业生产过程中，应该根据各种可燃物所具有的爆炸极限不同的特点，严防“跑、冒、滴、漏”现象出现，严格限制外部空气渗入容器与管道内。

应当指出，可燃性混合物的浓度高于爆炸上限时，虽然不会着火和爆炸，但当它从管道或容器中泄漏出来与空气接触时，仍有发生着火的危险。

在人们发现和掌握可燃物质的爆炸极限这一规律之前，认为所有可燃物质都是很危险的，因此防爆条例一概都比较严格。在认识爆炸极限规律之后，就可以做到以下几方面：①判断可燃物质的爆炸危险程度，从而尽可能用爆炸危险性小的物质代替爆炸危险性大的物质。例如乙炔的爆炸极限为 2.2%～81%；液化石油气组分的爆炸极限分别为丙烷 2.17%～9.5%，丁烷 1.15%～8.4%，丁烯 1.7%～9.6%等。它们的爆炸极限范围比乙炔小得多，说明液化石油气的爆炸危险性比乙炔小，因而在气割时推广用液化石油气代替乙炔。②爆炸极限可作为评定和划分可燃物质的标准，如可燃气体按爆炸下限（＜10%或≥10%）分为一、二两级。③根据爆炸极限选择电机和电器，例如生产或贮存爆炸下限≥10%的可燃气体，可选用任一防爆型电气设备；爆炸下限＜10%的可燃气体，应选用隔爆型电气设备。④确定建筑物的耐火等级、层数和面积等。例如生产爆炸下限小于 10%的物质，厂房建筑最高层次限一层，并且必须是一、二级耐火等级。⑤在确定安全操作规程已有各种防爆技术措施（通风、检测、置换、检修）时，也都必须根据可燃气体或液体的爆炸危险性的不同，采取相应的有效措施，以确保安全。

4.3.1　爆炸极限概念

爆炸过程中产生的可燃性气体、蒸气或粉尘与空气组成的混合物，并不是在任何浓度下都可以发生爆炸的，而是必须在一定浓度范围内混合，遇着火源才能够燃爆，并且随着浓度的不同，其燃爆的危险程度也不尽相同，如由一氧化碳与空气组成的混合物，在热源作用下的燃烧情况随着其混合的浓度不同，其表现也不同，具体燃爆情况如表 4-5 所列。由表可知可燃性混合物有一个发生燃烧和爆炸的浓度范围，即有一个最低浓度和一个最高浓度，可燃气体的混合物只有在这个浓度范围内，遇着热源才会有燃爆的危险，这个浓度范围称为爆炸极限。

表 4-5　CO-空气混合物燃爆范围

序号	CO 在混合气体中所占体积(%)	燃爆情况
1	<12.5	不燃不爆
2	12.5	轻度燃爆
3	12.5～29	燃爆逐步加强
4	29	燃爆最强烈
5	29～80	燃爆逐步减弱
6	80	轻度燃爆
7	>80	不燃不爆

可燃性气体、蒸气或粉尘与空气形成的混合物，遇着火源发生爆炸的最低浓度，称为该混合物的爆炸下限；相应地，该混合物遇着火源发生爆炸的最高浓度，称为该混合物的爆炸上限。

爆炸极限可用可燃气体在混合物中的体积百分比来表示，也可用可燃气体在每立方米或每升混合气体中的质量来表示。在 20 ℃时，这两种方法表示的爆炸下限有如下关系：

$$L_{x,m}=\frac{L_{x,V}M_r}{100}\times\frac{1000}{22.4}\times\frac{273}{273+20}=\frac{L_{x,V}M_r}{2.4} \tag{4-3}$$

式中　M_r——可燃气体或蒸气的相对分子质量；

$L_{x,V}$——以体积百分比表示的可燃物质与空气混合物的爆炸下限；

$L_{x,m}$——以体积质量浓度表示的可燃物质与空气混合物的爆炸下限，mg/m^3；

22.4——标准状态下，1 mol 物质气化时的体积，L。

爆炸的上限与下限之差，再除以下限取值，则表示其危险程度：

$$H=\frac{L_s-L_x}{L_x} \tag{4-4}$$

H 值越大，表示其危险性越高。因此，确定出爆炸极限就能正确地确定工艺过程的火灾危险程度，便于制定各项预防燃烧爆炸的措施。

4.3.2 爆炸极限计算

1）爆炸反应当量浓度计算

爆炸性混合物中的可燃物质和助燃物质的浓度比例恰好能发生完全的化学反应时，爆炸所析出的热量最多，所产生的压力也最大，实际的完全反应的浓度稍高于计算的完全反应的浓度。当混合物中可燃物质超过完全反应的浓度时，空气就会不足，可燃物质就不能全部燃尽，于是混合物在爆炸时所产生的热量和压力就会随着可燃物质在混合物中浓度的增加而减小；如果可燃物质在混合物中的浓度增加到爆炸上限，那么，其爆炸现象与在爆炸下限时所产生的现象大致相同。因此，可燃物质完全反应的浓度也就是理论上完全燃烧时在混合物中该可燃物质的含量。

根据化学反应方程式可以计算可燃气体或蒸气的完全反应的浓度。现举例如下：

【例 1】 求一氧化碳在空气中完全反应的浓度。

【解】 写出一氧化碳在空气中燃烧的反应式

$$2CO+O_2+3.76N_2 = 2CO_2+3.76N_2$$

根据反应式得知，参加反应的物质的总体积为 2+1+3.76=6.76。若以 6.76 这个总体积为 100 计，则 2 个体积的一氧化碳在总体积中所占的比例为：

$$X=\frac{2}{6.76}\%=29.6\%$$

答：一氧化碳在空气中完全反应的浓度为 29.6%。

【例 2】 求乙炔在氧气中完全反应的浓度。

【解】 写出乙炔在氧气中燃烧的反应式：

$$2C_2H_2+5O_2 = 4CO_2+2H_2O+Q$$

根据反应式得知，参加反应物质的总体积为 2+5=7。若以 7 这个总体积为 100 计，则 2 个体积的乙炔在总体积中占：

$$X_0=\frac{2}{7}\%=28.6\%$$

答：乙炔在氧气中完全反应的浓度为 28.6%。

可燃气体或蒸气的化学当量浓度，也可用以下方法计算。

可燃气体或蒸气分子式一般用 $C_\alpha H_\beta O_\gamma$ 表示，设燃烧 1 mol 气体所必需的氧的物质的量为 n，则燃烧反应式可写成：

$$C_\alpha H_\beta O_\gamma+nO_2 \longrightarrow \text{生成气体}$$

如果把空气中氧气的浓度取为 20.9%，则在空气中可燃气体完全反应的浓度 X(%)一般可用下式表示：

$$X=\frac{1}{1+\dfrac{n}{0.209}}\%=\frac{20.9}{0.209+n}\% \tag{4-5}$$

又设在氧气中可燃气体完全反应的浓度为 X_0(%)，即：

$$X_0=\frac{100}{1+n}\% \tag{4-6}$$

式(4-5)和式(4-6)表示出 X 和 X_0 与 n 或 $2n$ 之间的关系($2n$ 表示反应中氧原子数)。

在完全燃烧的情况下,燃烧反应式为:

$$C_\alpha H_\beta O_\gamma + nO_2 \longrightarrow \alpha CO_2 + \frac{1}{2}\beta H_2O \tag{4-7}$$

且
$$2n=2\alpha+\frac{1}{2}\beta-\gamma$$

对于石蜡烃
$$\beta=2\alpha+2$$

因此,

$$2n=3\alpha+1-\gamma \tag{4-8}$$

根据 $2n$ 的数值,从表 4-5 中可直接查出可燃气体(或蒸气)在空气(或氧气)中完全反应的浓度。

【例 3】 试分别求 H_2、CH_3OH、C_3H_8、C_6H_6 在空气中和氧气中完全反应的浓度。

【解】 (1)公式法:

$$X(H_2)=\frac{20.9}{0.209+n}\%=\frac{20.9}{0.209+0.5}\%=29.48\%$$

$$X_0(H_2)=\frac{100}{1+n}\%=\frac{100}{1+0.5}\%=66.7\%$$

$$X(CH_3OH)=\frac{20.9}{0.209+n}\%=\frac{20.9}{0.209+1.5}\%=12.23\%$$

$$X_0(CH_3OH)=\frac{100}{1+n}\%=\frac{100}{1+1.5}\%=40\%$$

$$X(C_3H_8)=\frac{20.9}{0.209+n}\%=\frac{20.9}{0.209+5}\%=4.01\%$$

$$X_0(C_3H_8)=\frac{100}{1+n}\%=\frac{100}{1+5}\%=16.7\%$$

$$X(C_6H_6)=\frac{20.9}{0.209+n}\%=\frac{20.9}{0.209+7.5}\%=2.71\%$$

$$X_0(C_6H_6)=\frac{100}{1+n}\%=\frac{100}{1+7.5}\%=11.8\%$$

(2) 查表法:根据可燃物分子式,用公式 $2n=2\alpha+\frac{1}{2}\beta-\gamma$,求出其 $2n$ 值,由 $2n$ 数值,直接从表 4-6 中分别查出它们在空气(或氧气)中完全反应的浓度。

由公式 $2n=2\alpha+\frac{1}{2}\beta-\gamma$,依分子式分别求出 $2n$ 值如下:

H_2	$2n=1$
CH_3OH	$2n=3$
C_3H_8	$2n=10$
C_6H_6	$2n=15$

由 $2n$ 值直接从表 4-6 中分别查出它们的 X 和 X_0 值:

$X(H_2)=29.5\%$　　$X_0(H_2)=66.7\%$

$X(CH_3OH)=12.2\%$　　$X_0(CH_3OH)=40\%$

$X(C_3H_8)=4\%$　　$X_0(C_3H_8)=16.7\%$

$X(C_6H_6)=2.7\%$　　$X_0(C_6H_6)=11.76\%$

表 4-6　可燃气体(蒸气)在空气(或氧气)完全反应的浓度

氧分子数	氧原子数 $2n$	完全反应浓度(%)		可燃物举例
		在空气中 $X=\frac{20.9}{0.209+n}$	在氧气中 $X_0=\frac{100}{1+n}$	
1	0.5	45.5	80.0	氢气、一氧化碳
	1.0	29.5	66.7	
	1.5	11.8	57.2	
	2.0	17.3	50.0	
2	2.5	14.3	44.5	甲醇、二硫化碳、甲烷、醋酸
	3.0	12.2	40.0	
	3.5	10.7	36.4	
	4.0	9.5	33.3	
3	4.5	8.5	30.8	乙炔、乙醛、乙烯、乙醇
	5.0	7.7	28.6	
	5.5	7.1	26.7	
	6.0	6.5	25.0	
4	6.5	6.1	23.5	氯乙烷、乙烷、甲酸乙酯、丙酮
	7.0	5.6	22.2	
	7.5	5.3	21.1	
	8.0	5.0	20.0	
5	8.5	4.7	19.0	丙烯、丙醇、丙烷、乙酸乙酯
	9.0	4.5	18.2	
	9.5	4.2	17.4	
	10.0	4.0	16.7	
6	10.5	3.82	16.0	丁酮、乙醚、丁烯、丁醇
	11.0	3.72	15.4	
	11.5	3.50	14.8	
	12.0	3.36	14.3	

续表 4-6

氧分子数	氧原子数 $2n$	完全反应浓度(%) 在空气中 $X=\frac{20.9}{0.209+n}$	完全反应浓度(%) 在氧气中 $X_0=\frac{100}{1+n}$	可燃物举例
7	12.5	3.23	13.8	丁烷、甲酸丁酯、二氯苯
	13.0	3.10	13.3	
	13.5	3.00	12.9	
	14.0	2.89	12.5	
8	14.5	2.80	12.12	溴苯、氯苯、苯、戊醇、戊烷、乙酸丁酯
	15.0	2.70	11.76	
	15.5	2.62	11.42	
	16.0	2.54	11.10	
9	16.5	2.47	10.81	苯甲醇、甲酚、环己烷、庚烷
	17.0	2.39	10.52	
	17.5	2.33	10.26	
	18.0	2.26	10.0	
10	18.5	2.20	9.76	甲苯氨基烷、丙酸丁酯、甲基环己醇
	19.0	2.15	9.52	
	19.5	2.10	9.30	
	20.0	2.05	9.09	

2）爆炸下限和爆炸上限计算

各种可燃气体和可燃液体蒸气的爆炸极限可用专门仪器测定出来，或用经验公式计算。可燃气体和蒸气的爆炸极限有多种计算方法，主要根据完全燃烧反应所需的氧原子数、完全反应的浓度、燃烧热和散热等计算出近似值，也可采用其他的计算方法。爆炸极限的计算值与实验值一般有些出入，其原因是在计算式中只考虑到混合物的组成，而无法考虑其他一系列因素的影响，但仍不失其参考价值。

(1) 根据完全燃烧反应所需的氧原子数计算有机物的爆炸下限和上限的体积分数，其经验公式如下：

计算爆炸下限公式：

$$L_X=\frac{100}{4.76(n-1)+1} \tag{4-9}$$

计算爆炸上限公式：

$$L_S=\frac{4\times 100}{4.76n+4} \tag{4-10}$$

式中 L_X——可燃性混合物爆炸下限，%；

L_S——可燃性混合物爆炸上限，%；

n——每摩尔可燃气体完全燃烧所需的氧原子数。

【例 4】 试求乙烷在空气中的爆炸浓度下限和上限。

【解】 写出乙烷的燃烧反应式：

$$2C_2H_6+7O_2=\!=\!=4CO_2+6H_2O$$

求 n 值： $n=7$

将 n 值分别代入式(2-7)和式(2-8)，得

$$L_X=\frac{100}{4.76(7-1)+1}\%=\frac{100}{29.56}\%=3.38\%$$

$$L_S=\frac{4\times100}{4.76\times7+4}\%=\frac{400}{37.32}\%=10.7\%$$

答：乙烷爆炸下限的体积分数为 3.38%，爆炸上限的体积分数为 10.7%，爆炸极限的体积分数为 3.38%～10.7%。

某些有机物爆炸极限计算值与实验值的比较见表 4-7。

表 4-7 可燃气体浓度及其爆炸极限体积分数计算值与实验值的比较

序号	可燃气体	分子式	α	化学剂量浓度		爆炸下限 L_X(%)		爆炸上限 L_S(%)	
				$2n$	X(%)	计算值	实验值	计算值	实验值
1	甲烷	CH_4	1	4	9.5	5.2	5.0	14.3	15.0
2	乙烷	C_2H_6	2	7	5.6	3.3	3.0	10.7	12.5
3	丙烷	C_3H_8	3	10	4.0	2.2	2.1	9.5	9.5
4	丁烷	C_4H_{10}	4	13	3.1	1.7	1.5	8.5	8.5
5	异丁烷	C_4H_{10}	4	13	3.1	1.7	1.8	8.5	8.4
6	戊烷	C_5H_{12}	5	16	2.5	1.4	1.4	7.7	8.0
7	异戊烷	C_5H_{12}	5	16	2.5	1.4	1.3	7.7	7.6

(2) 爆炸性混合物气体完全燃烧时的浓度，可以用来确定链烷烃的爆炸下限和上限。计算公式如下：

$$L_X=0.55X \tag{4-11}$$

$$L_S=4.8\sqrt{X} \tag{4-12}$$

【例 5】 试求甲烷在空气中的爆炸浓度下限和上限。

【解】 列出燃烧反应式：

$$CH_4+2O_2\longrightarrow CO_2+2H_2O$$

从表 4-5 中查出甲烷在空气中完全燃烧的浓度计算公式为：

$$X=\frac{20.9}{0.209+n}\%$$

将 1 mol 甲烷完全燃烧所需氧的摩尔数 $n=2$，代入上式得：

$$X=\frac{20.9}{0.209+2}\%=9.45\%$$

将 X 值代入式(4-11)和式(4-12)，得：

$$L_X=0.55\times 9.45\%=5.2\%$$

$$L_S=4.8\sqrt{9.45}\%=14.7\%$$

答：甲烷的爆炸极限为5.2%～14.7%。

此计算公式用于链烷烃类，其计算值与实验值比较，误差不超过10%。例如，甲烷爆炸极限的实验值为5.0%～15%，与计算值非常接近。但用以估算 H_2、C_2H_2 以及含 N_2 等可燃气体时，出入较大，不可应用。

3）多种可燃气体组成混合物的爆炸极限计算

由多种可燃气体组成爆炸性混合气体的爆炸极限，可根据各组分的爆炸极限进行计算。其经验公式如下：

$$L_m=\frac{100}{\frac{V_1}{L_1}+\frac{V_2}{L_2}+\frac{V_3}{L_3}+\cdots} \tag{4-13}$$

式中　L_m——爆炸性混合气的爆炸极限，%；

L_1, L_2, L_3——组成混合气各组分的爆炸极限，%；

V_1, V_2, V_3——各组分在混合气中的浓度，%。

$$V_1+V_2+V_3+\cdots=100\%$$

例如，某种天然气的组成如下：甲烷80%，乙烷15%，丙烷4%，丁烷1%。各组分的爆炸下限分别为5%，3.22%，2.37%和1.86%，则该天然气的爆炸极限为：

$$L_X=\frac{100}{\frac{80}{5}+\frac{15}{3.22}+\frac{4}{2.37}+\frac{1}{1.86}}\%=4.37\%$$

将各组分的爆炸上限代入式(4-13)，可求出天然气的爆炸上限。

式(4-13)用于煤气、水煤气、天然气等混合气爆炸极限的计算比较准确，而对于氢与乙烯、氢与硫化氢、甲烷与硫化氢等混合气及一些含二氧化碳的混合气体，计算的误差较大。

氢气、一氧化碳、甲烷混合气爆炸极限的实测值和计算值列于表4-8。

表4-8　氢气、一氧化碳、甲烷混合气的爆炸极限

可燃气的组成（体积分数）(%)			爆炸极限(%)		可燃气的组成（体积分数）(%)			爆炸极限(%)	
H_2	CO	CH_4	实测值	计算值	H_2	CO	CH_4	实测值	计算值
100	0	0	4.1～7.5	—	0	0	100	5.6～15.1	—
75	25	0	4.7～—	4.9～—	25	0	75	4.7～—	5.1～—
50	50	0	6.05～71.8	6.2～72.2	50	0	50	6.4～—	4.75～—
25	75	0	8.2～—	8.3～—	75	0	25	4.1～—	4.4～—

续表 4-8

可燃气的组成（体积分数）(%)			爆炸极限(%)		可燃气的组成（体积分数）(%)			爆炸极限(%)	
10	90	0	10.8～—	10.4～—	90	0	10	4.1～—	4.2～—
0	100	0	12.5～73.0	—	33.3	33.3	33.3	5.7～26.9	6.6～32.4
0	75	25	9.5～—	9.6～—	55	15	30	4.7～—	5.0～—
0	50	50	7.7～22.8	7.75～25.0	48.5	0		—～33.6	—～24.6
0	25	75	6.4～—	6.5～—					

4）含有惰性气体的多种可燃气混合物爆炸极限计算

如果爆炸性混合物中含有惰性气体，如氮气、二氧化碳等，计算爆炸极限时，可先求出混合物中由可燃气体和惰性气体分别组成的混合比，再从相应的比例图（见图 4-2 和图 4-3）中查出它们的爆炸极限，然后将各组的爆炸极限分别代入式(4-13)即可。

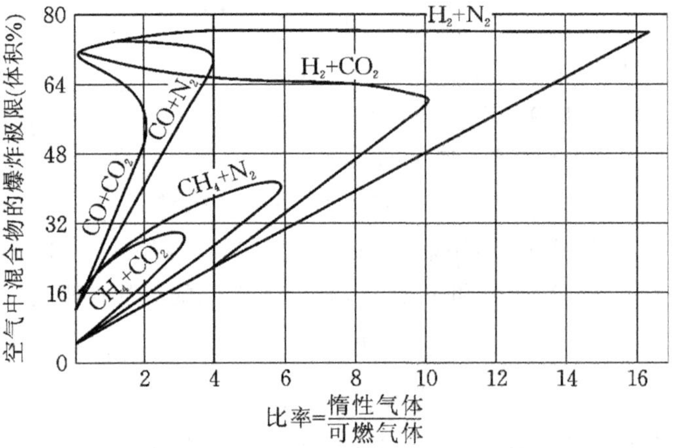

图 4-2 用氮气或二氧化碳和氢、一氧化碳、甲烷混合时的爆炸极限

【例 6】 求某回收煤气的爆炸极限，其组成为：CO：58%，CO_2：19.4%，N_2：20.7%，O_2：0.4%，H_2：1.5%。

【解】 将煤气中的可燃气体和阻燃性气体组合为两组：

(1) CO 及 CO_2，即：

$$58\%(CO)+19.4\%(CO_2)=77.4\%(CO+CO_2)$$

其中：

$$\frac{CO_2}{CO}=\frac{19.4}{58}=0.33$$

从图 4-2 中查得 $L_S=70\%$，$L_X=17\%$。

(2) N_2 及 H_2，即：

$$1.5\%(H_2)+20.7\%(N_2)=22.2\%(H_2+N_2)$$

其中：

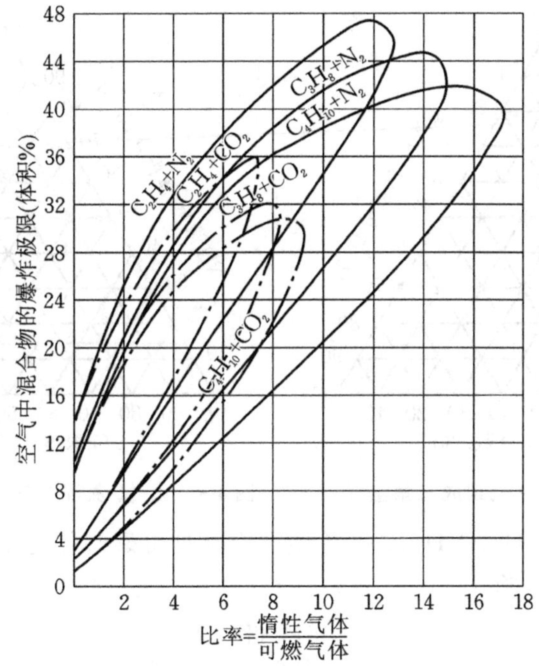

图 4-3　用氮气或二氧化碳和乙烯、丙烷、丁烷混合时的爆炸极限

$$\frac{N_2}{H_2}=\frac{20.7}{1.5}=13.8$$

从图 4-2 中查得 $L_S=76\%$，$L_X=64\%$。

将以上爆炸上限和下限代入式(4-13)，即可求得煤气的爆炸极限：

$$L_S=\frac{100}{\frac{77.4}{70}+\frac{22.2}{76}}=71.5\%$$

$$L_X=\frac{100}{\frac{77.4}{17}+\frac{22.2}{64}}=20.3\%$$

答：该煤气的爆炸极限为 20.3%～71.5%。

由可燃气体、惰性气体和空气(或氧气)组成混合物的爆炸浓度范围也可用三角坐标图表示。图 4-4 所示为可燃气体 A、助燃气体 B 和惰性气体 C 组成的三角坐标图，图内任何一点，表示三种成分的不同百分比。其读法是在点上作三条平行线，分别与三角形的三条边平行，每条平行线与相应边的交点，可读出其浓度。例如图 4-4 中 M 点表示可燃气体(A)体积分数为 50%，助燃气体(B)体积分数为 20%，惰性气体(C)体积分数为 30%；图 4-4 中 N 点表示可燃气体(A)体积分数为 30%，助燃气体(B)体积分数为 0，惰性气体(C)体积分数为 70%，以此类推。

图 4-5 是由氨气、氧气和氮气组成的三角坐标图，图中曲线内的部分表示氨气在氨-氧-氮三元体系中的爆炸极限。图中，A 点在爆炸极限范围内，其组成的混合气体中氧气体积分数为 40%，氨气体积分数为 50%，氮气体积分数为 10%；B 点在爆炸极限之外，不会发生爆炸，其组成的混合气体中氨气体积分数为 30%，氮气体积分数为 70%，氧气体积分数为 0。

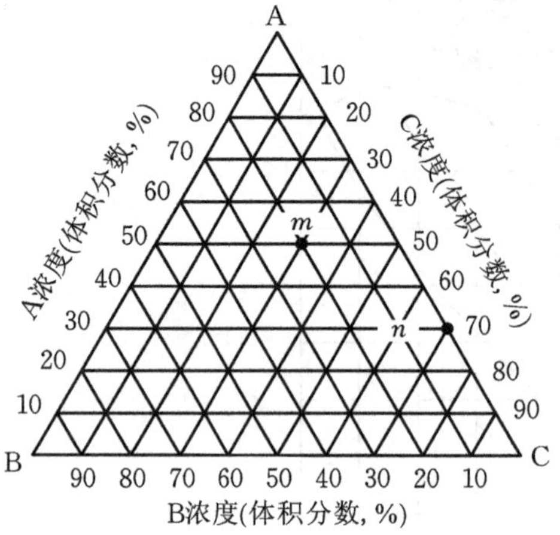

图 4-4　三成分系混合气组成三角坐标

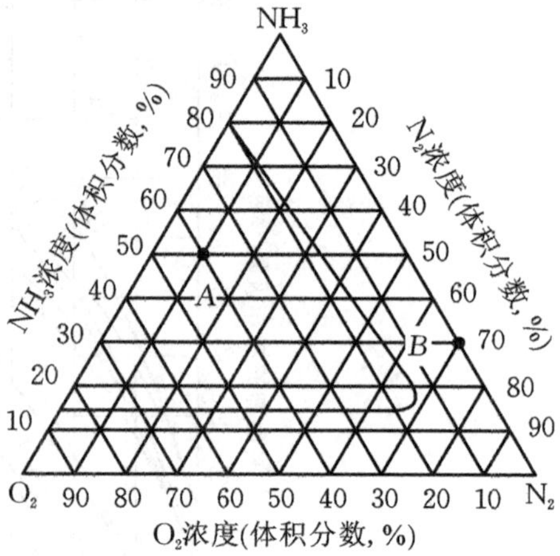

图 4-5　氨-氧-氮混合气的爆炸极限(常温、常压)

图 4-6 是 H_2、CO、C_2H_2、C_2H_4、CH_4 等生产中常见可燃气体与空气及氮气三种成分混合气的爆炸极限三角坐标图。

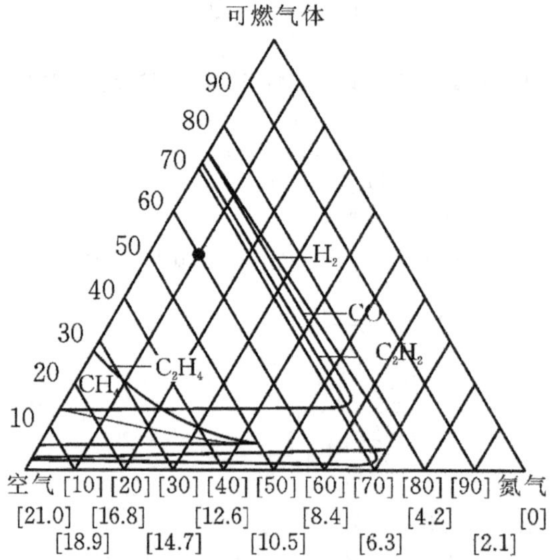

图 4-6　H_2、CO、C_2H_2、C_2H_4、CH_4 等可燃气体与空气及氮气三组分气体爆炸范围（括号内数据为 O_2 的体积百分数）

对某些可燃气体与空气(或氧气)混合的装置，为了防止发生爆炸危险，往往需要加入氮气、二氧化碳等惰性介质，使混合气体处于爆炸范围之外，这时即可利用三角坐标图来确定惰性介质的添加量。

4.3.3　爆炸极限影响因素

由于不同的可燃气体和可燃液体蒸气拥有不同的理化性质，因而具有不同的爆炸极限。一种可燃气体或可燃液体蒸气的爆炸极限也不是固定不变的，它们会受到温度、压力、氧含量、惰性气体、容器直径等因素的影响。

1. 温度影响

可燃混合气体的温度越高，其爆炸下限降低，爆炸上限升高，爆炸极限的范围扩大，爆炸的危险性也相应增加。

可燃混合物温度上升使其分子内能增加，引起燃烧速度加快，导致原本不能使火焰蔓延的混合物含量（可燃混合物含量低于爆炸下限或高于爆炸上限）变为能使火焰蔓延的含量，从而改变了爆炸极限范围。

2. 原始压力影响

可燃混合物的原始压力对爆炸极限有较大影响，压力增大，爆炸极限范围也扩大，尤其是爆炸上限显著提高。表 4-9 列出了甲烷在不同的原始压力下的爆炸极限范围。

表 4-9　甲烷在不同原始压力下的爆炸极限值

序号	原始压力（MPa）	爆炸下限（体积分数，%）	爆炸上限（体积分数，%）
1	0.1	5.6	14.3
2	1	5.9	17.2
3	5	5.4	29.4
4	12.5	5.7	45.7

3. 氧含量影响

混合物中的氧含量增大，会使爆炸极限的范围扩大，尤其是爆炸上限会提高很多。几种可燃气体在空气、纯氧中的爆炸极限、范围的比较如表 4-10 所示。

表 4-10　几种可燃气体在空气、纯氧中的爆炸极限、范围

序号	物质名称	在空气中		在纯氧中	
		爆炸极限（%）	范围	爆炸极限（%）	范围
1	甲烷	5.00～15.00	10.00	5.00～61.00	56.00
2	乙烷	3.22～12.45	9.23	3.00～66.00	63.00
3	丙烷	2.37～9.50	7.13	2.30～55.00	52.70
4	丁烷	1.50～8.50	7.00	1.80～49.00	47.80
5	乙烯	2.75～28.60	25.85	3.00～80.00	77.00
6	乙炔	2.50～80.00	77.50	2.80～93.00	90.20
7	氢气	4.00～75.00	71.00	4.00～95.00	91.00
8	氨气	15.50～27.00	11.50	13.50～79.00	65.50
9	一氧化碳	12.50～80.00	67.50	15.50～94.00	78.50

4. 惰性气体影响

如果在混合物中掺入不燃性的惰性气体，混合物的爆炸极限会随着惰性气体的浓度变大而缩小，当惰性气体的浓度上升到某个值时，混合物就会失去爆炸性。惰性气体对混合物的爆炸上限影响尤为显著，因为混合物处于爆炸上限时，氧浓度本来就小，惰性气体掺入后，氧浓度变得更小，从而使爆炸上限大幅度地下降。

5. 容器影响

容器的大小、材质等特性对混合物的爆炸均有或大或小的影响。实验证明，容器的直径越小，混合物的爆炸极限范围越小。对同一种可燃物质来说，容器直径越小，其火焰蔓延度就越小，当容器的直径小到一定程度时，火焰就不能够通过，这一间距被称为最大间距，也叫临界间距。当容器的直径小于该值时，火焰因不能通过而熄灭。

容器对爆炸极限的影响也可以从器壁效应的角度进行解释。燃烧是自由基产生一系列连锁反应的结果，只有当反应中自由基的新生数量大于其消灭的数量时，燃烧反应才能够继续进行，但是随着容器的直径变小，自由基与器壁的碰撞概率增大，容器的直径小到一定程度时，其自由基的消灭速度大于其新生速度，这时燃烧就不能继续进行。除了上述影响因素外，点火源的能量、光等也会对混合物的爆炸极限产生一定的影响。

4.4 爆炸破坏力计算

物质的爆炸温度和爆炸压力是衡量爆炸破坏力的两个重要参数。

4.4.1 爆炸温度计算

1）根据反应热计算爆炸温度

理论上的爆炸最高温度可以根据反应热计算：

【例 7】 求乙醚与空气混合的爆炸温度

【解】 (1)先列出乙醚在空气中的燃烧反应方程式：

$$C_4H_{10}O+6O_2+22.6N_2 \longrightarrow 4CO_2+5H_2O+22.6N_2$$

式中，氮气的含量是按空气中 $N_2:O_2=79:21$ 的比例确定的，即 $6O_2$ 对应的 N_2 应为 $6\times79/21=22.6$。由反应方程式可见，爆炸前的分子数为 29.6，爆炸后为 31.6。

(2) 计算燃烧各产物的热容

气体平均定容分子热容计算式见表 4-11。

表 4-11 气体平均定容分子热容计算式

气体	热容[×4186.8J·(kmol·℃)$^{-1}$]
单原子气体(Ar、He、金属蒸气等)	4.93
双原子气体(N_2、O_2、H_2、CO、NO 等)	$4.80+0.00045t$
CO_2、SO_2	$9.0+0.00058t$
H_2O、H_2S	$4.0+0.00215t$
所有四原子气体(NH_3及其他)	$10.00+0.00045t$
所有五原子气体(CH_4及其他)	$12.00+0.00045t$

根据表 4-11 中所列出的计算式，燃烧产物各组分的热容为

N_2的分子热容为$(4.80+0.00045t)\times 4186.8$[J/(kmol·℃)]

H_2O 的分子热容为$(4.0+0.00215t)\times 4186.8$[J/(kmol·℃)]

CO_2的分子热容为$(9.0+0.00058t)\times 4186.8$[J/(kmol·℃)]

燃烧产物的总热容为三者之和，为$(688.4+0.0967t)\times 10^3$。这里的热容是用定体积热容，符合在密闭容器中爆炸的情况。

(3) 求爆炸最高温度

乙醚的燃烧热为 2.7×10^6 J/mol，即 2.7×10^3 kJ/mol。

因为爆炸速度极快，几乎是在绝热的情况下进行的，所以全部燃烧热可近似地看作用于提高燃烧产物的温度，也就是等于燃烧产物热容与温度的乘积，即

$$2.7\times 10^9=[(688.4+0.0967t)\times 10^3]\times t$$

解上式得爆炸最高温度 t 为 2826 ℃。

上面计算是将原始温度视为 0 ℃，由于爆炸最高温度非常高，虽然与正常室温有若干度的差数，对计算结果的准确并无显著影响。

2) 根据燃烧反应方程式与气体的内能计算爆炸温度

可燃气体或蒸气的爆炸温度可利用能量守恒的规律估算，即根据爆炸后各生成物内能之和与爆炸前各种物质内能及物质的燃烧热的总和相等的规律进行计算。用公式表达为：

$$\sum u_2=\sum Q+\sum u_1 \tag{4-14}$$

式中　$\sum u_2$—— 爆炸后产物的内能之和；

$\sum u_1$—— 爆炸前物质的内能之和；

$\sum Q$—— 爆炸前物质的燃烧热之和。

【例 8】 已知一氧化碳在空气中的浓度为 20%，求一氧化碳与空气混合气的爆炸温度(爆炸混合物的最初温度为 300 K)。

【解】 通常空气中氧气占 21%，氮气占 79%，所以混合物中氧气和氮气分别占：

氧气：$21/100\times(100-20)/100\times 100\%=16.8\%$

氮气：$79/100\times(100-20)/100\times 100\%=63.2\%$

由于气体体积之比等于其物质的量之比，所以将体积百分比换算成物质的量，即 1 mol 混合物中应有 0.2 mol 一氧化碳、0.168 mol 氧气和 0.632 mol 氮气。表 4-12 列出了几种气体和蒸气的内能，查得一氧化碳、氧气、氮气在 300 K 时，其内能分别为 6238.33、6233.33 和 6238.33 J/mol，混合物的内能为

$$\sum u_1=0.2\times 6238.33+0.168\times 6233.33+0.632\times 6238.33=6237.49\ (\mathrm{J})$$

表 4-12　几种气体和蒸气的内能　　单位：J/mol

温度(K)	H_2	O_2	N_2	CO	CO_2	H_2O
200	4061.2	4144.93	4144.93	4144.93	—	—
300	6028.99	6233.33	6238.33	6238.33	6950.09	7494.37

续表 4-12

温度(K)	H_2	O_2	N_2	CO	CO_2	H_2O
400	8122.39	8373.60	8289.86	8331.73	10048.32	10090.19
600	12309.19	12937.21	12602.27	12631.58	17333.35	15114.35
800	16537.86	17877.64	17082.14	17207.75	25581.35	21227.08
1000	20850.26	23069.27	21855.10	22064.44	34541.10	27549.14
1400	29935.62	33996.82	32029.02	32405.83	53594.04	39439.66
1800	39690.86	45217.44	42705.36	43249.64	74106.36	57359.16
2000	47983.76	51288.30	48273.80	48859.96	84573.36	65732.76
2200	48985.56	57359.16	54009.72	54470.27	95040.36	74106.36
2400	55265.76	63220.68	59452.56	60143.38	105507.36	82893.64
2600	60708.60	69500.88	65314.08	65816.50	116393.04	91690.92
2800	66570.12	75362.40	70756.92	71594.28	127278.72	100901.88
3000	72012.96	81642.60	76618.44	77455.80	138164.40	110112.84
3200	77874.48	88341.48	82479.96	83317.32	149050.08	119742.48

因为一氧化碳的燃烧热为 285624 J，则 0.2 mol 一氧化碳的燃烧热为

$$0.2\times285624=57124.8\ (\mathrm{J})$$

燃烧后各生成物内能之和应为

$$\sum u_2=6237.49+57124.8=63362.29\ (\mathrm{J})$$

从一氧化碳燃烧反应式($2CO+O_2=2CO_2$)可以看出，0.2 mol 一氧化碳燃烧时，产生 0.2 mol 二氧化碳，消耗 0.1 mol 氧气。1 mol 混合物中，原有 0.168 mol 氧气，燃烧后应剩下 $0.168-0.1=0.068$ mol 氧气，氮气的数量不发生变化，则燃烧产物的组成是：二氧化碳 0.2 mol，氧气 0.068 mol，氮气 0.632 mol。

然后假定爆炸温度为 2400 K，由表 4-12 查得二氧化碳、氧气和氮气的内能分别为 105507.36、63220.68 和 59452.56 J/mol，则燃烧产物的内能为：

$$\sum u_2'=0.2\times105507.36+0.068\times63220.68+0.632\times59452.56\approx62947.5\ (\mathrm{J})$$

说明爆炸温度高于 2400 K，于是再假定爆炸温度为 2600 K，则内能之和应为

$$\sum u_2''=0.2\times116393.04+0.068\times69500.88+0.632\times65314.08\approx69283.17\ (\mathrm{J})$$

该值又大于 $\sum u_2$ 值，因相差都不太大，所以准确的爆炸温度可用内插法求得：

$$T=2400+\frac{2600-2400}{69283.17-62947.5}(63362.29-62947.5)\approx2400+13=2413(\mathrm{K})$$

以摄氏温度表示为

$$t=T-273=2413-273=2140\ (^\circ\mathrm{C})$$

4.4.2　爆炸压力计算

可燃性混合物爆炸时产生的压力称为爆炸压力，它是度量可燃性混合物将爆炸产生的热量用于做功的能力。如果爆炸时产生的爆炸压力大于容器所能承受的压力极限，那么此容器就会破裂。

可燃混合物爆炸产生的压力与初始压力、温度、浓度、组分以及容器的形状有关。爆炸时产生的最大压力可按压力与温度及物质的量成正比的规律确定，根据这个规律有下列关系：

$$\frac{p}{p_0} = \frac{T}{T_0} \times \frac{n}{m} \tag{4-15}$$

式中　p, T, n—— 爆炸后的最大压力、最高温度和气体物质的量；

p_0, T_0, m—— 爆炸前的最大压力、最高温度和气体物质的量。

由此可得爆炸压力计算公式：

$$p = \frac{Tn}{T_0 m} p_0 \tag{4-16}$$

【例 9】 设 $p_0 = 0.1$ MPa，$t_0 = 27$ ℃，$T = 2411$ K，求一氧化碳与空气混合物的最大爆炸压力。

【解】 当可燃物质的浓度等于或稍高于化学当量浓度时，爆炸产生的压力最大，所以计算时应采用反应当量浓度。

先按一氧化碳的燃烧反应式计算爆炸前后的气体物质的量：

$$2CO + O_2 + 3.76N_2 = 2CO_2 + 3.76N_2$$

由此可得出 $m = 6.76$，$n = 5.76$，代入爆炸压力计算公式：

$$p = \frac{2411 \times 5.76 \times 0.1}{300 \times 6.76} \approx 0.69\ (\text{MPa})$$

以上计算的爆炸温度与压力都没有考虑热损失，是按理论的空气量进行计算，所取的数值都是最大值。

4.5　气 体 爆 炸

4.5.1　气体爆炸原理

1. 气体燃烧形式

气体的燃烧与液体和固体的燃烧不同，它不需要经过蒸发、熔化等过程，气体在正常状态下就具备燃烧条件，所以比液体和固体都更容易燃烧，气体燃烧有扩散燃烧和预混燃烧两种形式。

(1) 扩散燃烧

如果可燃气体与空气的混合是在燃烧过程中进行的，则发生稳定式的燃烧，称为扩散燃烧，该类燃烧无传播性。图 4-7 为扩散燃烧火焰结构，可燃气体和氧气是分别从火焰中心(燃料堆）和空气扩散到达扩散区的。这种燃烧形式的燃烧速度很低，一般小于 0.5 m/s；由于可燃气体与空气是逐渐混合并燃烧消耗掉，因而形成稳定式的燃烧，只要控制得当，就不会造成火灾和爆炸。除火炬燃烧外，气焊的火焰、燃气加热等也属于扩散燃烧。

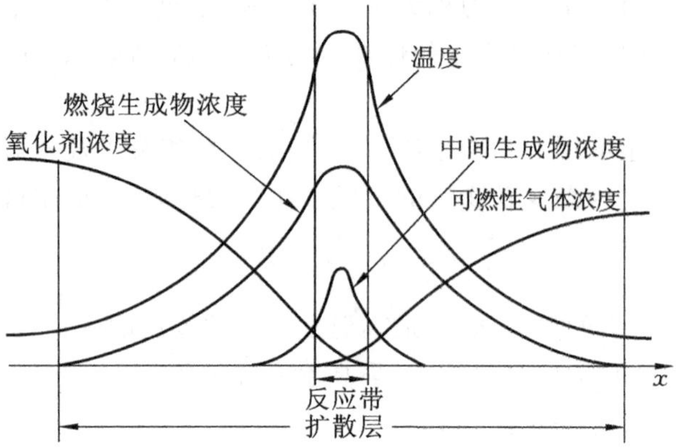

图 4-7　扩散燃烧火焰结构

（2）预混燃烧

如果可燃气体与空气是在燃烧之前按一定比例均匀混合的，形成预混气，遇火源则发生爆炸式燃烧，称为预混燃烧，也称动力燃烧，该类燃烧具有传播性。图 4-8 为预混燃烧火焰结构，在预混气空间里，当预热区内气体的温度和浓度达到最低点火温度和爆炸极限时，整个空间立即燃烧起来，发生瞬间的燃烧，即爆炸现象。

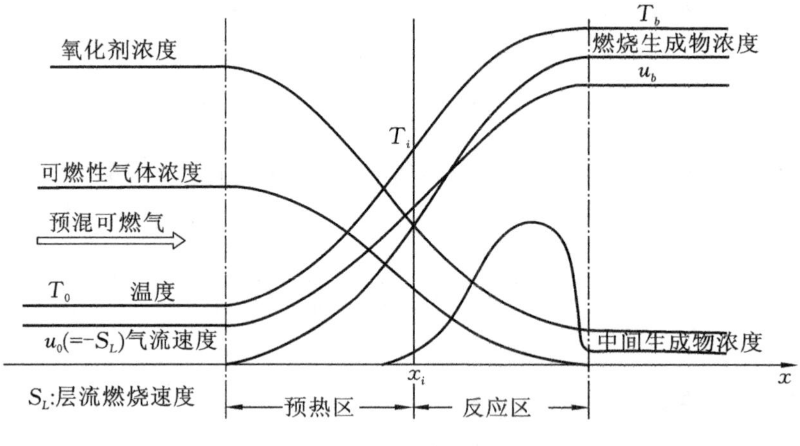

图 4-8　预混燃烧火焰结构

2. 可燃预混气的形成

可燃预混气的形成，通常由管道、挠性连接器、过滤器、阀门、压力容器或反应器、泵、压缩机、储罐、加压或冷冻气体容器及火炬燃烧装置或放散管等典型化工设备泄漏所致，当发生泄漏设备的裂口是规则的，而且裂口尺寸及泄漏物质的有关热力学、物理化学性质及参数已知时，可根据流体力学中的有关方程式计算泄漏量。当裂口不规则时，可采取等效尺寸代替；当遇到泄漏过程中压力变化等情况时，往往采用经验公式计算。气体从裂口泄漏的速度与其流动状态有关。因此，计算泄漏量时首先要判断泄漏时气体流动属于音速还是亚音速流动，前者称为临界流，后者称为次临界流。

当式(4-17)成立时，气体流动属音速流动：

$$\frac{p_0}{p} \leqslant \left(\frac{2}{\kappa+1}\right)^{\frac{\kappa}{\kappa+1}} \tag{4-17}$$

当式(4-18)成立时，气体流动属亚音速流动：

$$\frac{p_0}{p} > \left(\frac{2}{\kappa+1}\right)^{\frac{\kappa}{\kappa-1}} \tag{4-18}$$

式中 p—— 容器内介质压力，Pa；

p_0—— 环境压力，Pa；

κ—— 气体的绝热指数(比热容)，即定压热容 C_p 与定容热容 C_v 之比。

气体呈音速流动时，其泄漏量为：

$$Q_0 = C_d A \rho \sqrt{\frac{M\kappa}{RT}\left(\frac{2}{\kappa+1}\right)^{\frac{\kappa+1}{\kappa-1}}} \tag{4-19}$$

气体呈亚音速流动时，其泄漏量为：

$$Q_0 = YC_d A \rho \sqrt{\frac{M\kappa}{RT}\left(\frac{2}{\kappa+1}\right)^{\frac{\kappa+1}{\kappa-1}}} \tag{4-20}$$

上两式中：C_d 为气体泄漏系数，当裂口形状为圆形时取 1.00，三角形时取 0.95，长方形时取 0.90；M 为分子量；ρ 为气体密度，kg/m^3；R 为气体常数，J/(mol · K)；T 为气体温度，K；Y 为气体膨胀因子，它由下式计算：

$$Y = \sqrt{\left[\frac{1}{\kappa-1}\right]\left[\frac{\kappa+1}{2}\right]^{\frac{\kappa+1}{\kappa-1}}\left[\frac{p}{p_0}\right]^{\frac{2}{\kappa}}\left[1-\left[\frac{p_0}{p}\right]^{\frac{\kappa-1}{\kappa}}\right]} \tag{4-21}$$

可燃气体泄漏后，其在空间的扩散过程可由菲克扩散定律方程求解，即假定有一种静止的等温流体 B，从它的一边渗入另一种流体 A，在另一边将流体 A 渗出，在流体 B 中不同的位置，流体 A 的浓度不同。由于存在浓度差，A 物质将从浓度高的位置向浓度低的位置扩散，从微观上讲，这种扩散是由于分子不停息的热运动而相互掺和，使得各组分浓度趋于一致，因而引起宏观的扩散现象。实验发现，在单位时间内，单位面积上流体 A 扩散造成的物质流与在 B 中流体 A 的浓度梯度成正比：

$$J_A = -D_{AB}\frac{\partial \rho_A}{\partial y} \tag{4-22}$$

式中：J_A 为在单位时间内、单位面积上流体 A 扩散造成的物质流量；D_{AB} 为组分 A 在组分 B 中的扩散系数。

3. 气体爆炸火焰传播与压力上升

可燃气体爆炸过程是非常复杂的，其一是空间的几何形状不一定是规则的，其二是空间内一般都有各类障碍物，即使不存在障碍物的扰动作用，水力学不稳定性、热-扩散不稳定性、Rayleigh-Taylor 不稳定性、Kelvin-Helmoltz 和重力不稳定性等都可对火焰和压力波的传播起到加速作用(如图 4-9 所示)，要对这类爆炸过程进行解析求解基本上是不可行的。但是，对于比较规则球形储罐或管道，一旦其内发生可燃气体爆炸，火焰和压力波的传播相对简单，可以简化为球面火焰的传播过程，从而经过一系列理想化之后可得到爆炸过程的解析解。

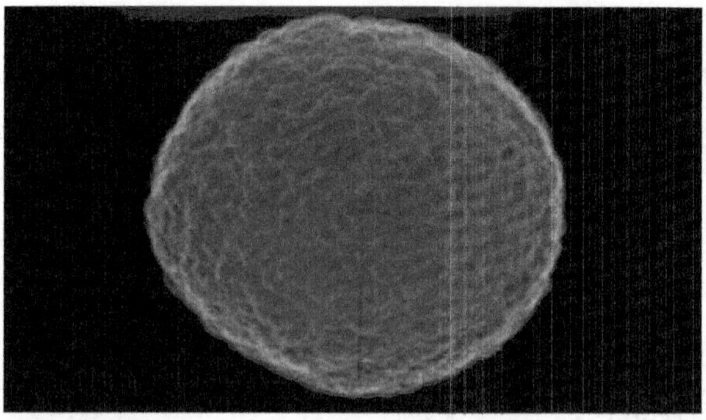

(a)

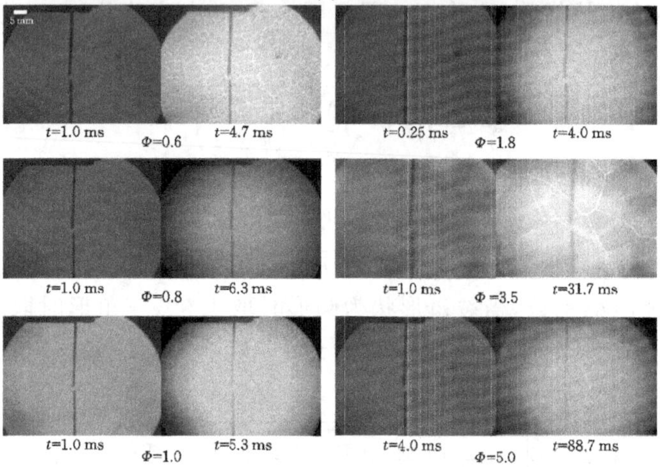

(b)

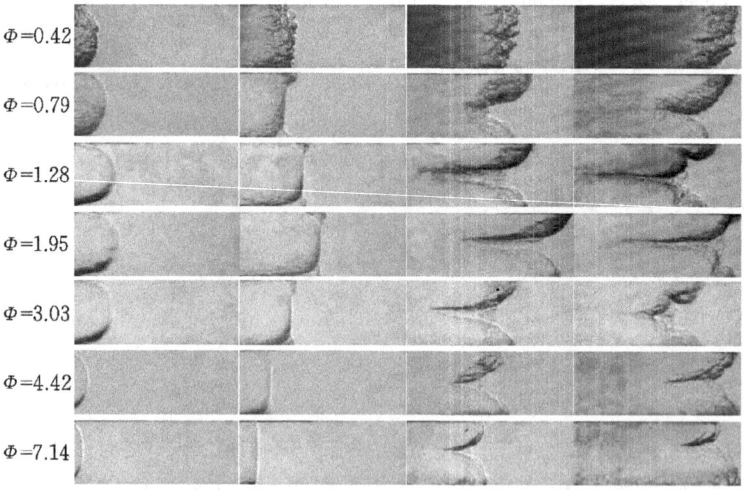

(c)

图 4-9　气体爆炸火焰传播

(a) 开敞空间氢 - 空气预混气爆炸火焰传播受流体不稳定性影响；

(b) 密闭球形容器中不同当量比氢 - 空气预混气爆炸火焰传播受热扩散不稳定性影响；

(c) 封闭管道中不同当量比氢 - 空气预混气爆炸火焰传播"Tulip"形成过程

(1) 质量速率方程

假设空间中充满均匀混合的可燃气体 - 空气混合物，且在空间中心位置进行弱点火，形成层流火焰。单位时间燃烧的质量为

$$\frac{\mathrm{d}m_{\mathrm{u}}}{\mathrm{d}t}=-\rho_{\mathrm{u}}Av \tag{4-23}$$

式中　m_{u}—— 燃料质量；

ρ_{u}—— 燃料密度；

A—— 火焰阵面面积；

v—— 燃烧速率。

若用摩尔数表述，应用理想气体状态方程将密度用压力替换，则有：

$$\frac{\mathrm{d}n_{\mathrm{u}}}{\mathrm{d}t}=-\frac{p}{RT_{\mathrm{u}}}Av \tag{4-24}$$

式中　p—— 绝对压力；

n_{u}—— 未燃气体的摩尔数；

R—— 通用气体常数。

燃料总质量等于未燃气体质量 m_{u} 和已燃气体质量 m_{b} 之和，即

$$m=m_{\mathrm{u}}+m_{\mathrm{b}} \tag{4-25}$$

或用平均分子量表示为

$$m=\overline{M}_{\mathrm{u}}n_{\mathrm{u}}+\overline{M}_{\mathrm{b}}n_{\mathrm{b}} \tag{4-26}$$

式中　$\overline{M}_{\mathrm{u}}$，$\overline{M}_{\mathrm{b}}$—— 未燃气体和已燃气体的平均分子量；

n_{u}，n_{b}—— 未燃气体和已燃气体的摩尔数。

由于总质量保持不变，即$\frac{\mathrm{d}m}{\mathrm{d}t}=0$，所以，联立式(4-24) 和(4-26) 得

$$\frac{\mathrm{d}n_{\mathrm{b}}}{\mathrm{d}t}=\frac{Ap\,\overline{M}_{\mathrm{u}}}{RT_{\mathrm{u}}\overline{M}_{\mathrm{b}}}v \tag{4-27}$$

实验数据表明，燃烧速率随未燃混合物的压力及温度而变化可用式(4-28) 表示

$$v=v_0\left(\frac{T_{\mathrm{u}}}{T_0}\right)^2\left(\frac{p_0}{p}\right)^{\beta} \tag{4-28}$$

式中　v_0—— 参考温度 T_0 和参考压力 p_0 时测定的燃烧速率。

将式(4-28) 代入式(4-27) 可得

$$\frac{\mathrm{d}n_{\mathrm{b}}}{\mathrm{d}t}=\frac{v_0T_{\mathrm{u}}Ap\,\overline{M}_{\mathrm{u}}}{RT_0^2\,\overline{M}_{\mathrm{b}}}\left(\frac{p_0}{p}\right)^{\beta} \tag{4-29}$$

该式称为质量燃烧速率方程。

考察气体爆炸反应方程可知，对于大多数烃类气体有

$$n_i\approx n_{\mathrm{e}} \tag{4-30}$$

式中　n_i，n_{e}—— 初态和终态的气体摩尔数。由于爆炸前后质量守恒，所以

$$\overline{M}_{\mathrm{u}}\approx\overline{M}_{\mathrm{b}} \tag{4-31}$$

故

$$\frac{\mathrm{d}n_{\mathrm{b}}}{\mathrm{d}t}=\frac{v_0T_{\mathrm{u}}Ap}{RT_0^2}\left(\frac{p_0}{p}\right)^{\beta} \tag{4-32}$$

(2) 压力上升速率和火焰速度方程

按理想气体可列出以下四种状态下的状态方程

初始状态

$$p_iV = n_iRT_i \tag{4-33}$$

终了状态

$$p_eV = n_eRT_e \tag{4-34}$$

未燃气体状态

$$pV_u = n_uRT_u \tag{4-35}$$

已燃气体状态

$$pV_b = n_bRT_b \tag{4-36}$$

式中 p_i—— 初始压力；

p_e—— 终态压力，即最大爆炸压力；

T_e—— 终态温度。

由式(4-30)、式(4-33) 和式(4-34) 得

$$\frac{p_i}{p_e} \approx \frac{T_i}{T_e} \tag{4-37}$$

① 等温模型

等温爆炸模型的基本假设是，在爆炸发展过程中，未燃气体的温度 T_u 始终保持为点火时的反应物初始温度 T_i 不变，已燃气体的温度 T_b 始终保持为由热化学方法计算得到的火焰温度 T_f 不变，即

$$T_u = T_i = 常数 \tag{4-38}$$

$$T_b = T_f = T_e = 常数 \tag{4-39}$$

将式(4-35) 和式(4-36) 相加，并结合式(4-37)— 式(4-39) 得

$$p = p_i + \frac{RT_i}{V}\left(\frac{p_e}{p_i} - 1\right)n_b \tag{4-40}$$

$$\frac{\mathrm{d}p}{\mathrm{d}t} = \frac{RT_i}{V}\left(\frac{p_e}{p_i} - 1\right)\frac{\mathrm{d}n_b}{\mathrm{d}t} \tag{4-41}$$

将式(4-32) 代入式(4-41) 得

$$\frac{\mathrm{d}p}{\mathrm{d}t} = \frac{v_0 T_i^2 (p_e/p_i - 1)Ap}{VT_0^2}\left(\frac{p_0}{p}\right)^\beta \tag{4-42}$$

式(4-42) 称为压力上升速率方程。对式(4-42) 积分即可获得压力与时间的关系。

若 v_0 为常温下测得的燃烧速率，爆炸的初始温度也为常温，则 $T_0 \cong T_i$，从而有

$$\frac{\mathrm{d}n_b}{\mathrm{d}t} = \frac{v_0 Ap}{RT_i}\left(\frac{p_0}{p}\right)^\beta \tag{4-43}$$

$$\frac{\mathrm{d}p}{\mathrm{d}t} = \frac{v_0 (p_e/p_i - 1)Ap}{V}\left(\frac{p_0}{p}\right)^\beta \tag{4-44}$$

若进一步假设压力升高对燃烧速率影响不大，即 $\beta = 0$，则

$$\frac{\mathrm{d}n_b}{\mathrm{d}t} = \frac{v_0 Ap}{RT_i} \tag{4-45}$$

$$\frac{\mathrm{d}p}{\mathrm{d}t} = \frac{v_0 (p_e/p_i - 1)Ap}{V} \tag{4-46}$$

若考虑湍流的影响，则

$$\frac{\mathrm{d}p}{\mathrm{d}t}=\frac{\alpha v_0(p_e/p_i-1)Ap}{V} \tag{4-47}$$

根据式(4-30)、式(4-36) 和式(4-37)— 式(4-39)，可将未燃气体状态方程 $pV_u = n_uRT_u$ 变换为

$$p(V-V_b)=(n_i-n_b)RT_i=p_iV-pV_b\left(\frac{p_i}{p_e}\right)$$

$$V_b=V\frac{1-p_i/p}{1-p_i/p_e} \tag{4-48}$$

只要找到已燃气体所占体积 V_b 与火焰位置参数之间的关系，即可由式(4-48) 确定火焰速度方程。

球形密闭容器内爆炸的压力和火焰速度方程为：

$$\frac{\mathrm{d}p}{\mathrm{d}t}=(36\pi)^{1/3}\frac{v_0p_e}{p_iV^{1/3}}\left(1-\frac{p_i}{p_e}\right)^{1/3}\left(1-\frac{p_i}{p}\right)^{2/3}p \tag{4-49}$$

$$\frac{\mathrm{d}r}{\mathrm{d}t}=\frac{v_0p_e}{p_i}\left[1-\frac{4\pi}{3V}r^3\left(1-\frac{p_i}{p_e}\right)\right] \tag{4-50}$$

密闭管中爆炸压力和火焰速度方程为：

$$\frac{\mathrm{d}p}{\mathrm{d}t}=\frac{v_0(p_e/p_i-1)p}{L} \tag{4-51}$$

式中　L—— 管子长度。

$$\frac{\mathrm{d}x}{\mathrm{d}t}=v_0\frac{p_e}{p_i}\left[1-\frac{x}{L}\left(1-\frac{p_i}{p_e}\right)\right] \tag{4-52}$$

② 绝热模型

由于在爆炸火焰扩展过程中，密闭空间内压力不断上升，无论是已燃气体还是未燃气体均要受到压缩而使温度不断升高，所以，等温模型中的基本假设不符合实际情况，必然带来较大误差。考虑到火焰面扩展速度较快，如果把整个爆炸过程视为绝热过程，则未燃气体和已燃气体温度的变化分别为

$$T_u=T_i\left(\frac{p}{p_i}\right)^{1-\frac{1}{\gamma_u}} \tag{4-53}$$

$$T_b=T_e\left(\frac{p}{p_e}\right)^{1-\frac{1}{\gamma_b}} \tag{4-54}$$

为简化起见，设 $\gamma_u=\gamma_b=\gamma$。根据式(4-30)、式(4-36)、式(4-37) 和式(4-53)、式(4-54)，可将未燃气体状态方程 $pV_u=n_uRT_u$ 变换为

$$\begin{aligned}p(V-V_b)&=(n_i-n_b)RT_u=n_iRT_i\left(\frac{p}{p_i}\right)^{1-1/\gamma}-n_bRT_b\frac{T_i}{T_e}\left(\frac{p_e}{p_i}\right)^{1-1/\gamma}\\&=p_iV\left(\frac{p}{p_i}\right)^{1-1/\gamma}-pV_b\left(\frac{p_i}{p_e}\right)^{1/\gamma}\end{aligned}$$

$$V_b=V\frac{1-(p_i/p)^{1/\gamma}}{1-(p_i/p_e)^{1/\gamma}} \tag{4-55}$$

将式(4-55) 代入式(4-36) 得

$$pV\frac{1-(p_i/p)^{1/\gamma}}{1-(p_i/p_e)^{1/\gamma}}=n_bRT_e\left(\frac{p}{p_e}\right)^{1-1/\gamma}=n_bRT_i\frac{p_e}{p_i}\left(\frac{p}{p_e}\right)^{1-1/\gamma}$$

$$\frac{\mathrm{d}p}{\mathrm{d}t}=\frac{\gamma RT_i}{Vp_i}(p_c^{1/\gamma}-p_i^{1/\gamma})p^{1-1/\gamma}\frac{\mathrm{d}n_b}{\mathrm{d}t} \tag{4-56}$$

将式(4-32)代入式(4-56)并结合式(4-53)得到压力上升速率方程

$$\frac{\mathrm{d}p}{\mathrm{d}t}=\frac{\gamma v_0 T_i^2 p_0^\beta A}{VT_0^2 p_i^{2-1/\gamma}}(p_e{}^{1/\gamma}-p_i^{1/\gamma})p^{3-\frac{2}{\gamma}-\beta} \tag{4-57}$$

如果 $T_i \cong T_0$，则

$$\frac{\mathrm{d}p}{\mathrm{d}t}=\frac{\gamma v_0 p_0^\beta A}{Vp_i^{2-1/\gamma}}(p_e{}^{1/\gamma}-p_i^{1/\gamma})p^{3-\frac{2}{\gamma}-\beta} \tag{4-58}$$

对于球形容器爆炸：

$$\frac{\mathrm{d}p}{\mathrm{d}t}=(36\pi)^{\frac{1}{3}}\frac{\gamma v_0 p_0^\beta p_e^{\frac{2}{3\gamma}}}{V^{\frac{1}{3}}p_i^{2-\frac{1}{\gamma}}}(p_e^{1/\gamma}-p_i^{1/\gamma})^{\frac{1}{3}}\left[1-\left(\frac{p_i}{p}\right)^{1/\gamma}\right]^{\frac{2}{3}}p^{3-\frac{2}{\gamma}-\beta} \tag{4-59}$$

$$\frac{\mathrm{d}r}{\mathrm{d}t}=\frac{v_0 p_0^\beta p_e^{1/\gamma}}{p_i^{\frac{1}{\gamma}+\beta}}\left\{1-\frac{4\pi}{3V}\left[1-\left(\frac{p_0}{p_m}\right)^{1/\gamma}\right]r^3\right\}^{3-2\gamma+\beta\gamma} \tag{4-60}$$

以上模型是基于完全理想条件下的爆炸过程进行的，对初步了解爆炸过程很有益处。由于在方程推导过程中又进行了多次简化，所以，一般来说只适用于一些定性分析，不宜用于定量计算。

4.5.2　气体爆炸强度影响因素

1. 可燃气体浓度影响

可燃气体都有爆炸极限，预混气浓度越接近爆炸下限或上限，燃烧速率、最大爆炸压力、压力上升速率和爆炸指数越低。图 4-10 是可燃气体浓度和初始湍流对最大爆炸压力 p_m 和爆炸指数 K_G 的影响，反映了可燃气体浓度对爆炸强度的影响。每种气体都有一个产生最大爆炸压力的最危险浓度。这个浓度一般高于化学计量浓度 10%～20%，极端情况会高出 80%。

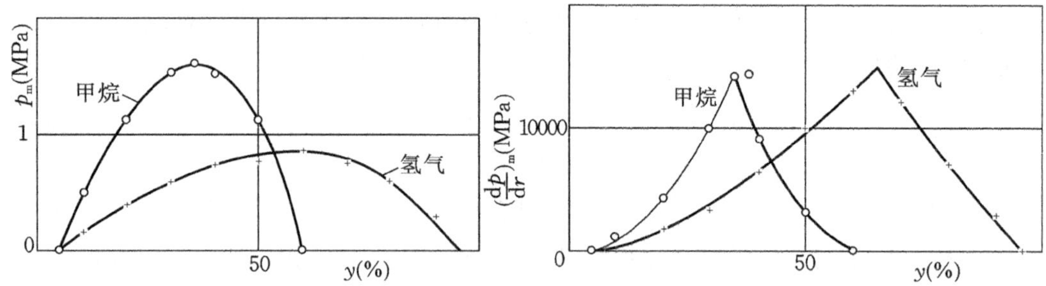

图 4-10　甲烷、氢气最大爆炸压力及压力上升速率随浓度变化规律

2. 初始温度影响

初始温度对爆炸强度有两方面的影响，对于定量的混合气来说，一方面，初始温度升高，则初始压力就升高，从而引起爆炸强度升高；另一方面，初始温度升高，燃烧热值有所降低，从而引起爆炸强度降低。图 4-11 反映了初始温度对爆炸压力和压力上升速率的影响。

3. 初始压力影响

初始压力对容器内可燃气体爆炸强度也有很大影响。初始压力越高，空间内可燃物质的量越多，爆炸后释放的能量越多，爆炸强度越大。图 4-12 显示出丙烷-空气爆炸时初始压

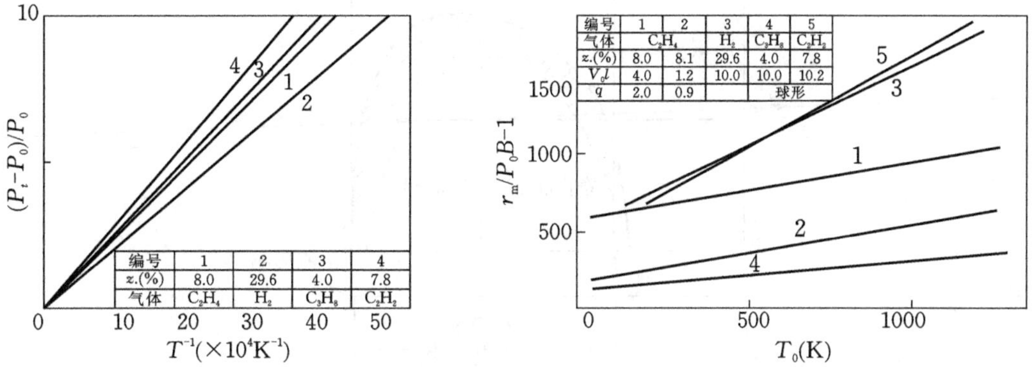

图 4-11　初始温度对爆炸压力和压力上升速率的影响

力 p_0 对爆炸压力和压力上升速率的影响。可见，爆炸强度与初始压力成正比。

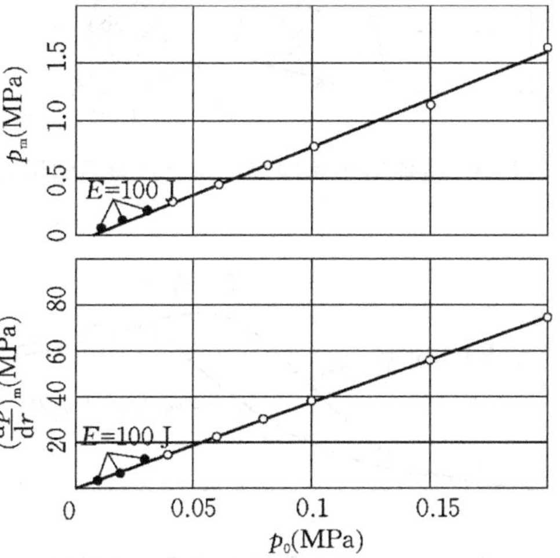

图 4-12　初始压力对丙烷爆炸压力和压力上升速率的影响

4. 湍流影响

可燃气体在爆炸前经常处于湍流状态。即使在爆炸前处于静止状态，如果爆炸过程中遇到约束物(障碍物)也会产生扰动，火焰传播状态由层流向湍流发生转变，火焰面进而增大，爆炸强度提高，图 4-13 反映了湍流对甲烷爆炸最大爆炸压力和升压速率的影响。可见，湍流会使升压速率大大增加，这是因为湍流使燃烧速率增加。从能量平衡的角度出发，湍流不应该引起爆炸压力升高，但实验结果却是爆炸压力也略有增加，这是因为湍流条件下燃烧速率大大增加，从而大大缩短了燃烧时间，热损失减小的缘故。事实上，容器内障碍物越密集、几何形状越复杂，爆炸威力越大。

5. 点火能力及位置影响

点火位置不同可以引起爆炸强度的变化。图 4-14 显示点火位置对甲烷爆炸压力-时间曲线的影响。可见，在容器中心点火比在容器边缘点火产生的升压速率大。

6. 容器几何结构影响

图 4-15 是几何相似的 3 个容器内甲烷-空气爆炸压力-时间曲线，右图是不同容器内甲

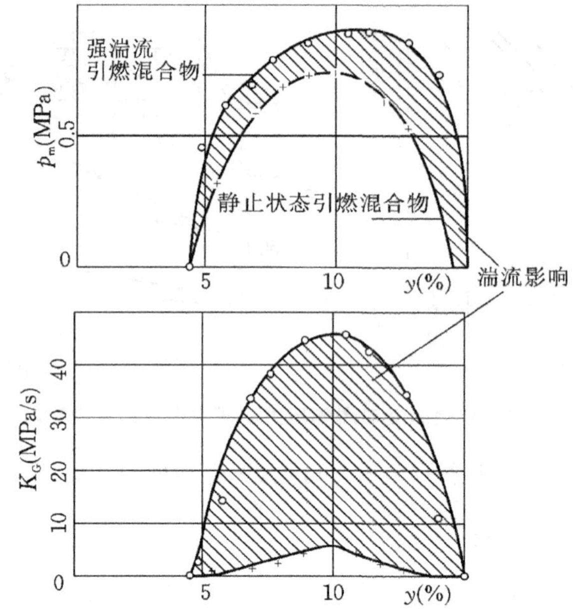

图 4-13 湍流对甲烷爆炸压力上升速率的影响

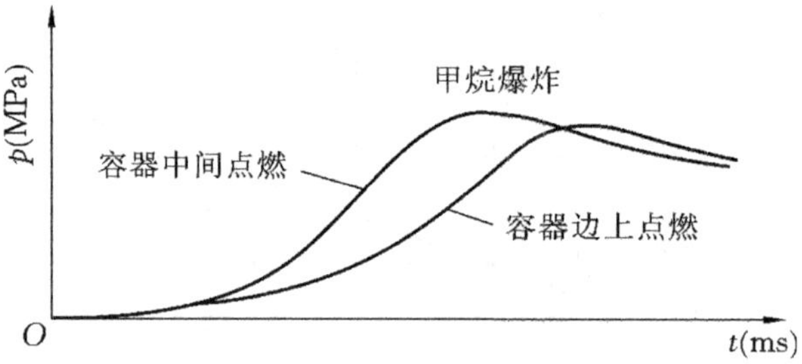

图 4-14 湍流对甲烷爆炸压力的影响

烷-空气爆炸的最大爆炸压力上升速率$\left(\frac{dp}{dt}\right)_m$与爆炸容器容积的立方根的倒数 $1/V^{1/3}$之间的关系。可见，容器体积对最大爆炸压力没有影响，但对升压速率影响极大。

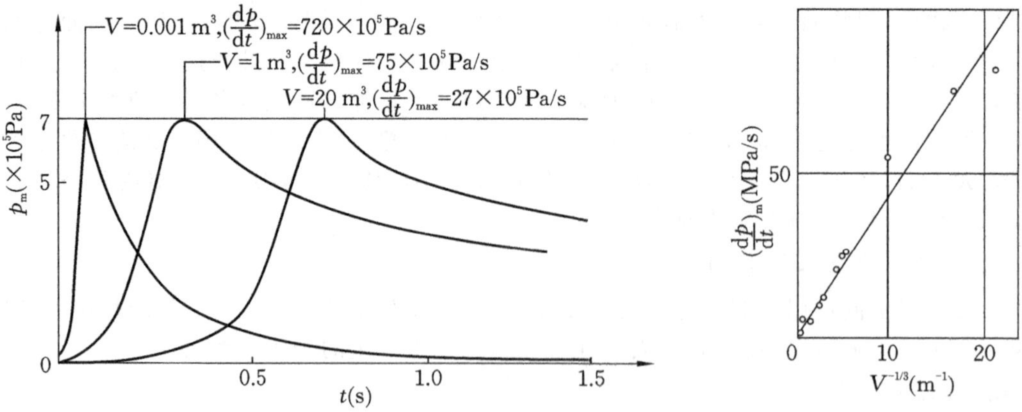

图 4-15 容器尺度对甲烷爆炸压力和压力上升速率的影响

4.6　粉尘爆炸

粉尘爆炸是粉尘在爆炸极限范围内,遇到热源(明火或高温表面等),形成火焰并瞬间传播至易燃粉尘散布空间,同时释放大量热,产生高温和爆燃超压导致破坏效应的现象。粉尘爆炸对众多涉及易燃粉体制备、使用和处理的行业,如染料、药物、粮食、金属、塑料、织物、木材、采矿等行业,一直构成严重威胁,如 2014 年 8 月 2 日,昆山市中荣金属制品有限公司抛光二车间发生特大铝粉尘爆炸事故,造成 146 人死亡,114 人受伤,直接经济损失 3.51 亿元人民币。

4.6.1　粉尘爆炸原理

1. 粉尘云的引燃

(1) 粉尘爆炸下限

合适的粉尘浓度是粉尘爆炸发生的必要条件,通常情况下,粉尘的浓度以悬浮粒子质量与空气体积之比表示。一般工业粉尘的爆炸下限介于 20～60 g/m^3 之间,爆炸上限介于 2000～6000 g/m^3 之间。然而,粉尘的爆炸浓度与气体爆炸浓度却有本质的差别。一方面,气体与空气很容易形成均匀混合物,而粉尘由于自身重力原因却容易下沉。对于粉体料仓而言,底部可能堆积有大量粉尘,只有上部才有粉尘悬浮于空气中,即粉尘爆炸的下限浓度只能考虑悬浮粉尘与空气之比。另一方面,由于悬浮在空气中的粉尘,在重力场和外界扰动的共同作用下,其浓度随时间和空间不断地变化着,而且即使在某一时刻,系统中大部分区域内的粉尘浓度在爆炸范围以外,但很可能在某一很小区域内的浓度进入爆炸范围。而一旦在小范围内发生爆炸,就会产生很大扰动,如图 4-16 所示,从而改变系统中的粉尘浓度,引起整个系统内的爆炸。因此,只要存在一定量的具有足够分散度的可燃粉尘,无论它是处于悬浮状态或者部分的(或全部的)沉积状态,就不能低估其爆炸的可能性。从这种意义上讲,粉尘爆炸不存在爆炸上限。粉尘爆炸下限越低,爆炸危险性越大,表 4-13 为常见粉尘的爆炸下限。

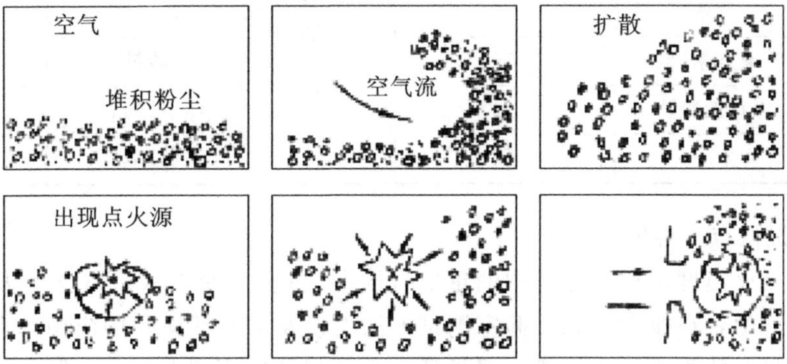

图 4-16　粉尘爆炸发展过程示意图

表 4-13 常见粉尘爆炸下限

粉尘种类	粉尘	爆炸下限(g/m³)	粉尘种类	粉尘	爆炸下限(g/m³)
金属	钼	35	热塑性塑料	缩乙醛	35
	锑	420		醇酸	155
	锌	500		乙基纤维素	20
	锆	40		合成橡胶	30
	硅	160		醋酸纤维素	35
	钛	45		尼龙	30
	铁	120		丙酸纤维素	25
	钒	220		聚丙烯酰胺	40
	硅铁合金	425		聚丙烯腈	25
	镁	20		聚乙烯	20
	镁铝合金	50		聚对苯二甲酸乙酯	40
	锰	210		聚醋酸乙烯酯	40
热固性塑料	绝缘胶木	30		聚苯乙烯	20
	环氧树脂	20		1-聚丙烯	20
	酚甲酰胺	25		聚乙烯醇	35
	酚糠醛	25		甲基纤维素	30
塑料一次原料	己二酸	35		木质素	65
	酪蛋白	45		松香	55
	对苯二酸	50	农产品及其他	玉米及淀粉	45
	多聚甲醛	40		大豆	40
	对羧基苯甲醛	20		小麦	60
塑料填充剂	软木	35		花生壳	85
	纤维素絮凝物	55		砂糖	19
	棉花絮凝物	50		煤炭(沥青)	35
	木屑	40		肥皂	45

(2) 粉尘最低点火温度

粉尘最低点火温度是粉尘爆炸中的重要特性参数,包括粉尘云最低点火温度和粉尘层最低点火温度。两者在概念上和实验室测试方法上以及工业环境中的应用均有所不同。粉尘层是指沉积状态的静止粉尘。粉尘层最低点火温度是指能够引燃一定厚度的粉尘层并维持火焰传播的最低温度。粉尘层最低点火温度的实验室测试,大多采用美国矿务局的烘箱实验和德国的热板实验,其中热板实验作为一种标准方法被国际电工委员会(IEC)所采纳。

粉尘云是指弥散在空气中的运动着的粉尘，又称悬浮粉尘。粉尘云最低点火温度是指能够引燃粉尘云并维持火焰传播的最低温度。关于粉尘云最低点火温度的测试装置和测试方法，美国一直采用高德伯尔格-格瑞瓦德（Godbert-Greenwald，简称 G-G 炉）燃烧炉测定粉尘云的最低点火温度；在德国，采用的是水平结构的 BAM 炉来测定。IEC31H-WGZ 工作组认为采用 G-G 炉测定比较合理，并做了改进。IEC 规定，改进后的 G-G 炉将作为粉尘云的标准测试装置。一般认为 G-G 炉测出的结果能够很好地反映实际情况。粉尘云和粉尘层的最低点火温度有各自确定的意义，因而它们不能相互取代，但两者均能表明粉尘在热环境下的着火特性，在粉尘爆炸危险性评估和分级时，最低点火温度通常取两者当中较低的一个数值，表 4-14 为常见粉尘的最低点火温度。

表 4-14　常见粉尘的最低点火温度

名称	粉尘云引燃温度（℃）	粉尘层引燃温度（℃）	名称	粉尘云引燃温度（℃）	粉尘层引燃温度（℃）
镁粉	480	＞450	铝粉	560	＞450
铝铁合金粉	820	＞450	钙铝合金粉	600	＞450
铜硅合金粉	690	305	硅粉	＞850	＞450
锌粉	510	＞400	钛粉	375	290
镁合金粉	560	＞450	硅铁合金粉	670	＞450
玉米淀粉	460	435	大米淀粉	530	420
小麦淀粉	520	＞450	果糖粉	430	熔化
果胶酶粉	510	＞450	土豆淀粉	530	570
小麦粉	470	＞450	大豆粉	500	450
奶粉	450	320	乳糖粉	450	＞450
饲料	450	350	鱼骨粉	530	—
血粉	650	＞450	烟叶粉尘	470	280
木粉	480	310	纸浆粉	520	410
甲基纤维素	410	450	亚麻	440	230
棉花	560	350	树脂粉	470	＞450
橡胶粉	500	230	褐煤粉尘	380	225
硫黄	280	—	过氧化物	＞850	380
染料	480	熔化	静电粉末涂料	480	＞400
调色剂	530	熔化	萘	660	＞450
硬脂酸铅	600	＞450	乳化剂	430	390

(3) 粉尘最小点火能

粉尘的点火原因有很多,大致可归纳成以下几种:自然着火、热表面加热、电热丝加热、静电火花放电、机械冲击和摩擦及爆炸波的引发,其中静电火花放电是最常见的引燃形式。而对于粉尘本身,大多数粉尘都带有静电,尤其是许多工厂在工艺操作过程中产生了大量粉尘云,这些积蓄的静电一旦放出,便会产生静电火花,虽然这些火花具有足够引起气体爆炸的能力,但是它们能否引起粉尘着火尚待研究。粉尘的着火能量可以利用火花放电的方法来测定,表 4-15 为常见粉尘的最小点火能。

表 4-15 常见粉尘的最小点火能

名称	粉尘云最小点火能(mJ)	粉尘层最小点火能(mJ)	名称	粉尘云最小点火能(mJ)	粉尘层最小点火能(mJ)
苜蓿	320	—	丙烯醇树脂	20	80
铝	10	1.6	硬脂酸铝	10	40
阿司匹林	25	160	硼	60	—
棉花纤维	60	—	醋酸纤维	10	—
烟煤	60	560	可可	100	—
玉米淀粉	30	—	软木	35	—
铁锰合金	80	8	沥青	25	4
谷物	30	—	铁	20	7
镁	20	0.27	锰	80	3.2
酚醛树脂	10	40	聚乙烯	30	—
聚苯乙烯	10	—	硅	80	2.4
大豆	50	40	硫	15	1.6
钛	10	0.008	锌	100	400
锆	5	0.0004			

2. 粉尘爆炸火焰传播机理

粉尘爆炸的易发性、偶然性和强破坏性等特征,源于粉尘爆炸火焰传播过程的复杂性。相比于气体爆炸火焰传播,粉尘爆炸火焰传播集中在固相粒子、热解气化可燃气体及液化粒子共存的异相体系中进行,悬浮于空气中的粒子历经受热、热解/气化、与氧化剂混合、点燃、燃烧及熄灭的动力学过程,这决定了粉尘爆炸火焰传播过程为非稳态传播且易受多种因素的影响,如粒子的理化特性、粒径、形状、浓度、含湿量、氧浓度、初始压力及湍流强度等,不同类型的粒子其火焰传播机理是不同的。

(1) 煤尘爆炸火焰传播机理

煤尘爆炸火焰传播过程如图 4-17 所示:

① 接受火源能量的煤粉粒子表面温度迅速升高,使其迅速地分解或干馏,产生的可燃

气释放到粒子的周围气相中；

② 可燃气体与空气的混合物随后被火源引燃而发生有焰燃烧，这种燃烧开始通常在局部产生，其燃烧热通过辐射传递和对流传递使火焰传播、扩散下去；

③ 火焰在传播过程中，产生的热量促使越来越多的煤尘粒子分解或干馏，释放出越来越多的可燃气体，使燃烧循环逐次地加快进行下去，最终导致粉尘爆炸。

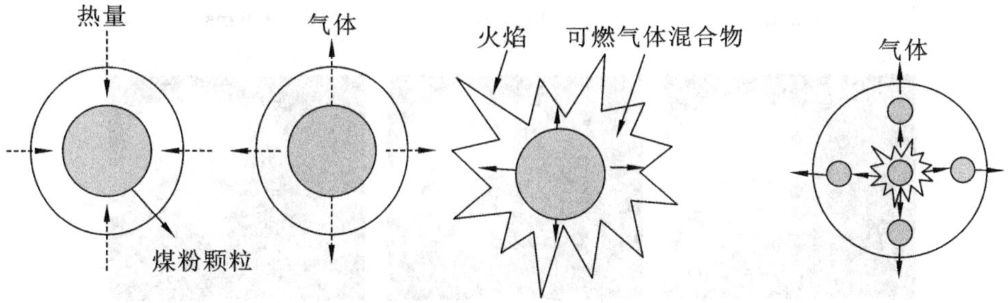

图 4-17　煤粉火焰传播过程

(2) 有机粉尘爆炸火焰传播机理

以硬脂酸为例，介绍有机粉尘爆炸火焰传播机理。硬脂酸粒子首先在预热区内受热分解，热解起始温度为 160 ℃；在热解的初始阶段，硬脂酸粒子脱羧基形成 n-十七烷，随着温度的进一步升高，裂解形成小分子的烷烃和烯烃，而温度的高低和热解时间的长短决定了热解产物的组分。在粉尘爆炸过程中，火焰传播速度较快且热解时间极短，因而热解的产物多为低碳小分子的烷烃、烯烃及芳香族化合物。当粉尘云中小粒径粉尘达到一定的质量分数时，完全热解、气化形成的小分子烷烃、烯烃和芳香烃，其燃烧所释放的热量足以在火焰前锋到达预热区前使大粒径粉尘完全热解气化，形成类似于预混燃烧的均相燃烧体系，如图 4-18 中(a)所示。而当小粒径粉尘质量分数较低时，小粒径粉尘热解、气化产生有限的小分子产物，其反应所释放的热量不足以在火焰前锋到达预热区前使大粒径粉尘完全热解气化，而是以一种边热解、气化，边扩散边燃烧的形式，形成局部预混燃烧和扩散燃烧共存的非均相燃烧体系，如图 4-18 中(b)所示。

(3) 金属粉尘爆炸火焰传播机理

对于重金属铁粒子，燃烧区域由燃烧着的高温铁粒子发光形成的亮点组成，燃烧着的铁粒子周围没有气相火焰，各个发光点之间是不连续的。火焰呈球形传播，火焰前缘光滑清晰，燃烧区宽度约为 3～5 mm。火焰传播速度及火焰温度随粒子浓度的变化而变化，小粒径粒子粉尘云的火焰传播速度和火焰温度大于大粒径粒子粉尘云，热传导主导着火焰传播过程，如图 4-19 中(a)所示。铁粒子的燃烧为凝聚态燃烧，未燃与已燃铁粒子均为球形，且已燃粒子的平均直径大于未燃粒子。

对于轻金属铝粒子，燃烧区域没有孤立的发光点，而是围绕单个铝粒子的离散的气相火焰，其燃烧区域是基本连续的，预热区厚度约为 3 mm，燃烧区厚度 5～7 mm；火焰传播速度不是定值，随传播时间而增大。燃烧产物基本呈球形，大部分燃烧产物的粒径约为未燃铝粒子的百分之一。

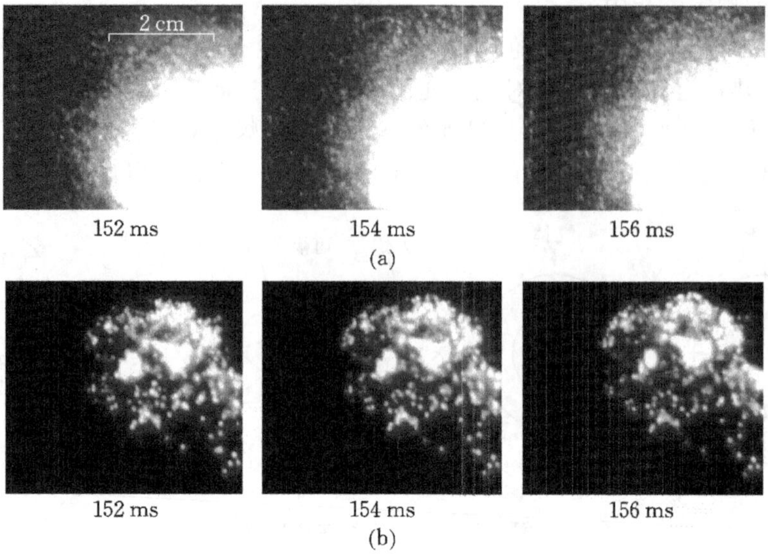

图 4-18　硬脂酸粉尘爆炸火焰传播过程

(a) 均相燃烧体系；(b) 非均相燃烧体系

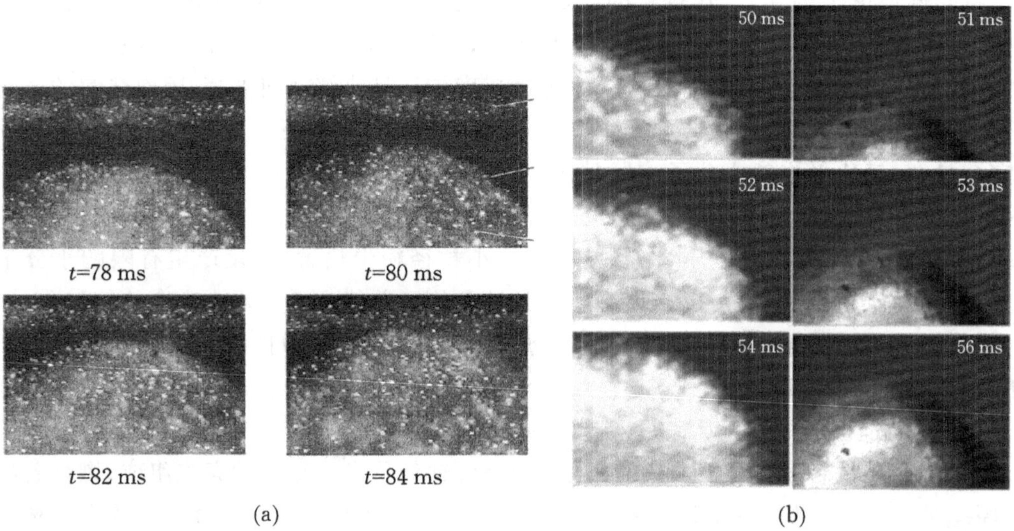

图 4-19　金属粉尘爆炸火焰传播过程

(a) 铁粉尘爆炸火焰传播过程；(b) 铝粉尘爆炸火焰传播过程

4.6.2　粉尘爆炸强度影响因素

与气体爆炸相比，粉尘爆炸更加复杂，影响粉尘爆炸强度的因素有粉尘理化性质、粉尘粒度和浓度、初始压力、湍流强度、可燃气体和惰性成分含量、爆炸空间形状和几何尺寸。

(1) 粉尘理化性质影响

含可燃挥发分越多的粉尘，爆炸的危险性越大，且其爆炸压力和升压速率越高，如图 4-20

所示。这是因为这类粉尘受热时释放出较多的可燃气体，大量的可燃气体与空气混合形成爆炸性的混合气体，使得体系反应更加容易和猛烈。如 1 kg 含挥发分 20%～26% 的焦煤，在高温下可释放出 290～350 L 的可燃气体，因此，其粉尘容易爆炸并形成较高的爆炸压力(0.4～0.6 MPa)。

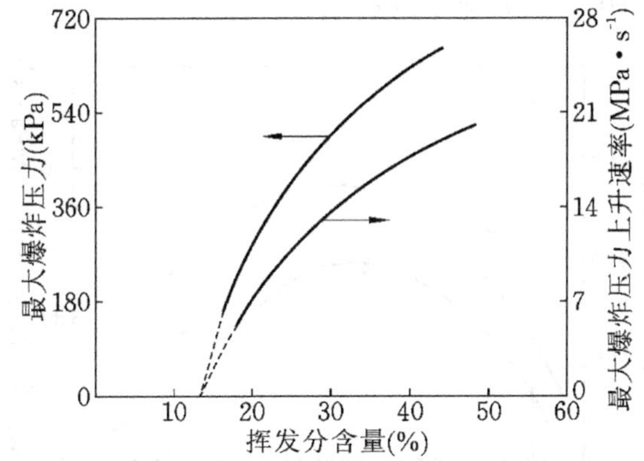

图 4-20 挥发分含量对粉尘最大爆炸压力及升压速率的影响

由于燃烧热的高低与粉尘释放可燃气体有关系，燃烧热高的粉尘容易发生爆炸，而且爆炸压力也大；氧化速度快的粉尘，如镁、氧化亚铁、染料等，容易发生爆炸，而且最大爆炸压力也较大。

(2) 粉尘粒度和浓度影响

粒度是粉尘爆炸的重要影响因素。粉尘的粒度越小，比表面积越大，在空气中的分散度越大，且悬浮的时间越长，吸附氧的活性越强，氧化反应速度越快，就越容易发生爆炸，而且最大爆炸压力和升压速率相应越大，图 4-21 为粒度对铝粉最大爆炸压力及升压速率的影响。

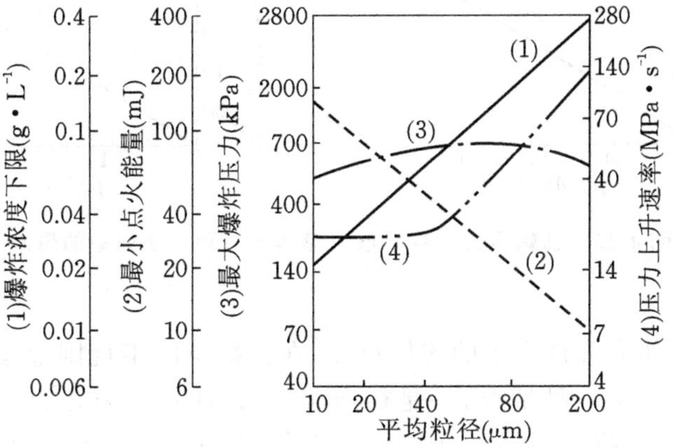

图 4-21 粒度对铝粉最大爆炸压力及升压速率的影响

如果粉尘的粒度太大，就会失去爆炸性能。如粒径大于 400 μm 的聚乙烯、面粉及甲基纤维素等粉尘不能发生爆炸，而多数煤粉在粒径小于 1/15～1/10 mm 时才具有爆炸能力。在大于爆炸临界粒径的粗粉尘中加入一定量的细粉尘后，它就可能成为可爆混合物。

可燃粉尘必须在其浓度处于爆炸浓度极限范围内才能发生爆炸，其最易被点爆的浓度一般高于其完全燃烧化学计量浓度的 2～3 倍，粉尘爆炸压力和升压速率的最大值也出现在粉尘浓度高于化学计量浓度的 2～3 倍时，但两者达到最大值的浓度不一定相同，而且出现最大爆炸压力或升压速率的粉尘浓度与粉尘最易被点爆时的浓度也不一样，图 4-22 为浓度对苯甲酸粉尘爆炸压力和压力上升速率的影响。

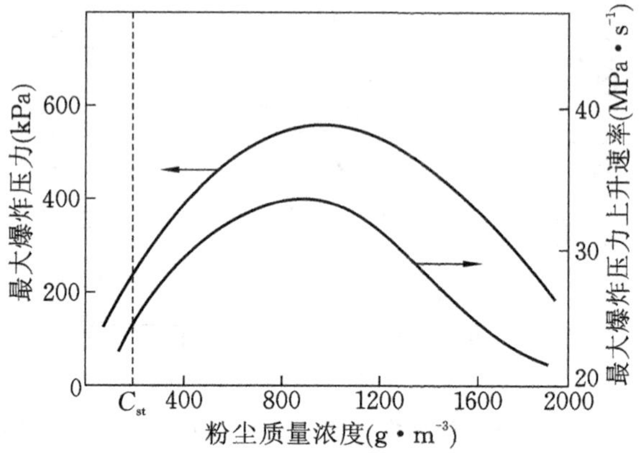

图 4-22　浓度对苯甲酸粉尘最大爆炸压力和升压速率的影响

(3) 初始压力影响

与可燃气体爆炸相似，粉尘最大爆炸压力和压力上升速率也与其初始压力成正比。图 4-23 是初始压力对煤粉最大爆炸压力和升压速率的影响。粉尘的初始压力增大，将使最大爆炸压力和压力上升速率大致与之成正比增长。

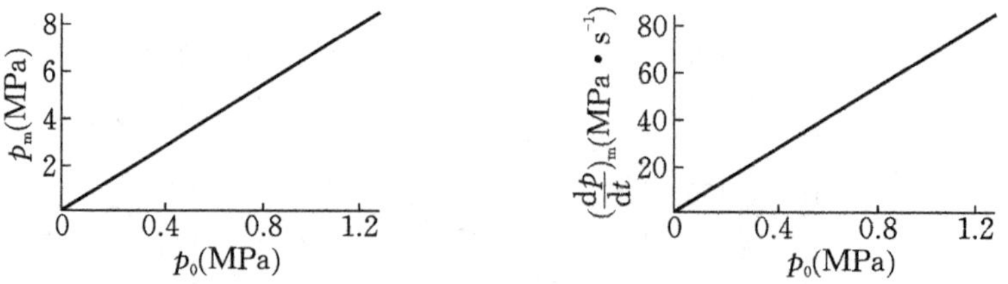

图 4-23　初始压力对煤粉最大爆炸压力和升压速率的影响

(4) 湍流强度影响

湍流实质上是流体内部许多小的流体单元，在三维空间不规则地运动所形成的许多小涡流的流动状态。有以下 3 种情况，一是初始湍流，是在粉尘云开始点燃时流体的流动状态；二是如果粉尘发生爆燃，周围的气体就会膨胀，加剧了未燃粉尘云的扰动，从而使湍流度增大；三是粉尘云在设备中流动，由于设备有各种形态，也会增加粉尘云的湍流度。如果湍流度增大，粉尘中已燃和未燃部分的接触面积增大，从而加大了反应速度和最大爆炸压力上升速率。图 4-24 是湍流对煤粉爆炸压力-时间曲线的影响。

(5) 可燃气体和惰性成分含量

当可燃粉尘和空气的混合物中混入一定量的可燃气体时，粉尘的爆炸危险性显著提高，

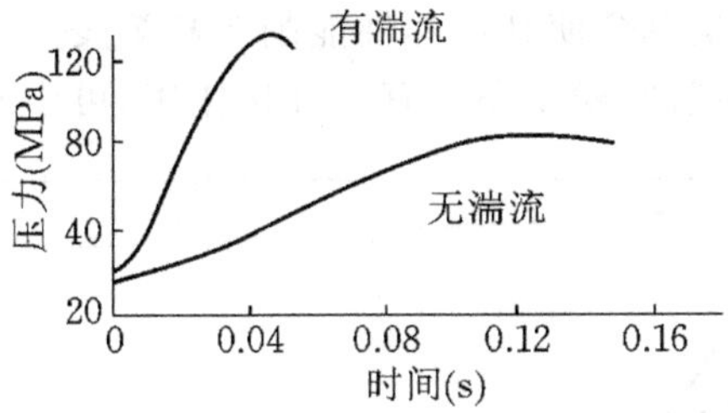

图 4-24　湍流对煤粉爆炸压力-时间曲线的影响

具体体现为最小点火能和爆炸下限降低，而最大爆炸压力和升压速率提高，图 4-25 为丙烷含量对聚氯乙烯粉尘(125 μm)最大爆炸压力及升压速率的影响。可燃气体混入使混合物容易被点燃，而且增大了燃烧速度。

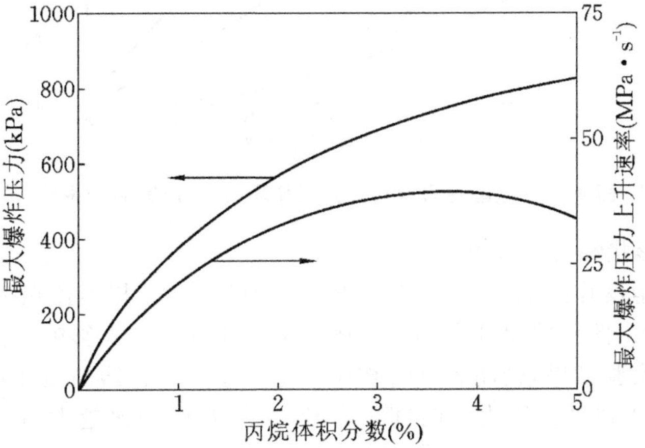

图 4-25　丙烷含量对聚氯乙烯粉尘(125 μm)最大爆炸压力及升压速率的影响

当可燃粉尘和空气的混合物中混入了一定量的惰性气体时，不但会缩小粉尘爆炸的浓度范围，而且会降低粉尘爆炸的压力及升压速率，如图 4-26 所示。这主要是因为惰性气体的混入降低了粉尘爆炸环境的氧含量，使粉尘的爆炸性能降低甚至完全丧失。

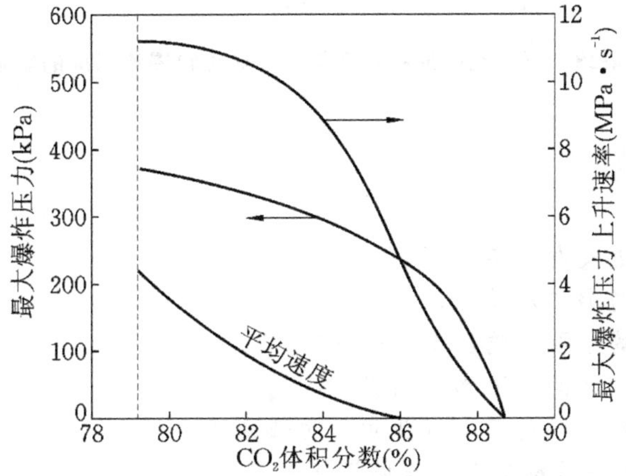

图 4-26　二氧化碳含量对最大爆炸压力、升压速率的影响

可燃粉尘中混入惰性粉尘也会使其爆炸性能削弱甚至丧失，如图 4-27 所示。这是因为惰性粉尘具有冷却效果，有的惰性粉尘还具有负催化作用，可中断链式反应。

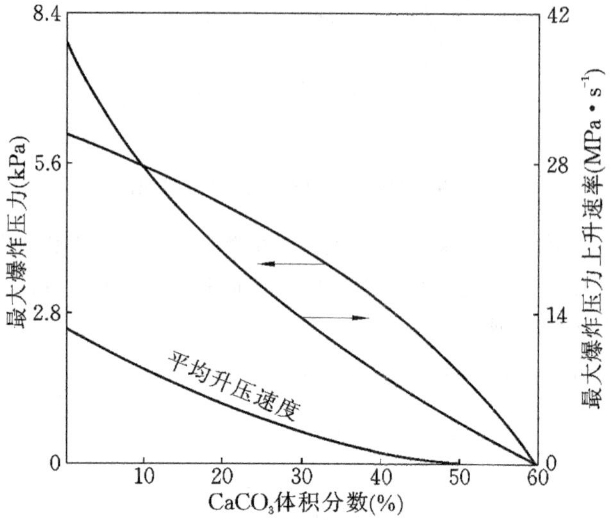

图 4-27　碳酸钙含量对最大爆炸压力、升压速率的影响

(6) 爆炸空间形状和几何尺寸

密闭容器中粉尘爆炸的最大压力，若忽略容器的热损失，与容器尺寸和形状无关，而只与反应初始状态有关，但容器尺寸和形状对压力上升速率有很大影响。图 4-28 是容积对煤粉爆炸强度影响的实验结果，密闭容器爆炸压力上升速率与容器的表面积与体积比成正比。容器尺寸和形状对达到最大压力的时间也有较大影响，体积比越大，达到最大压力的时间越短。

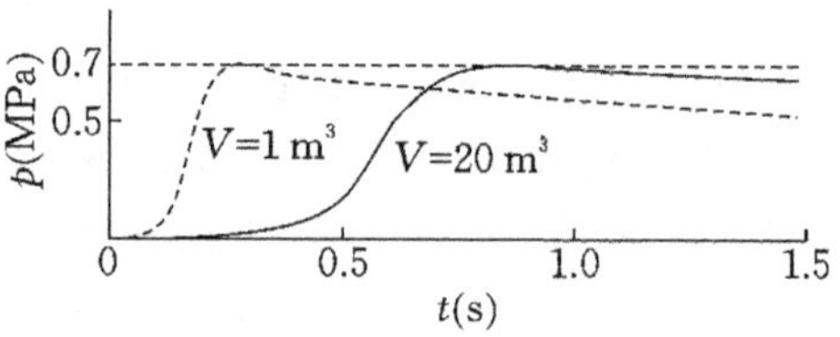

图 4-28　爆炸空间形状和几何尺寸对煤粉爆炸强度的影响

复习思考题

1. 简述爆炸的种类及发生条件。
2. 简述气体爆炸的形式及特点。
3. 简述气体爆炸的主要影响因素有哪些？
4. 简述粉尘爆炸强度的主要影响因素。
5. 试论述爆炸极限可以应用在哪些防火防爆领域？
6. 简述有机粉尘及金属粉尘火焰传播机理的不同点。
7. 试求乙炔在空气中爆炸上限和爆炸下限。

8. 分别求出 H_2、CH_4、C_4H_{10}、CH_3OH 在空气中和氧气中完全反应的浓度。

9. 试求乙炔与空气的爆炸温度。

10. 设 $p_0=0.1$ MPa，$t_0=30$ ℃，求甲烷与空气混合物的最大爆炸压力。

11. 某天然气组成如下：甲烷 80%，乙烷 15%，丙烷 4%，丁烷 1%，求天然气的爆炸极限。

12. 试求某混合可燃气体的爆炸极限，其组成为(体积分数)：CO，45%；CO_2，32%；N_2，20%；O_2，1.0%；H_2，2.0%。

第 5 章　防爆基本原理和技术措施

爆炸灾害防治技术可以从预防和减灾两个角度出发，前者旨在管控生产工艺过程中发生爆炸的必要条件，是最根本、最有效的方法；后者旨在干预火灾爆炸发生过程，减轻事故后果，都是必不可少的防控技术方法及手段。

5.1　可燃物质浓度控制

第 4 章介绍了爆炸极限的概念及其计算方法。理论上，如果能够控制爆炸混合物的浓度处于爆炸极限之外，就能防止爆炸的产生，但实际工程中，杜绝可燃物质具有一定难度。控制可燃物质浓度的方法主要有生产工艺本质安全化控制、防止可燃物料泄漏、通风控制、监测控制等。

5.1.1　生产工艺本质安全化控制

生产工艺本质安全是指通过技术手段对工艺流程和设施设备进行安全设计，使其在误操作和发生故障时不发生事故，旨在从本质上预防爆炸事故的发生。生产工艺本质安全是对反应工艺中较危险的环节，进行工艺优化及改进，主要通过微反应、连续流工艺，配置常规自动控制系统，对主要反应参数（压力、温度、流速等）进行集中监控及自动调节，设置偏离正常值的报警和联锁控制，设置爆破片和安全阀等泄放设施，设置紧急切断、紧急终止反应、紧急冷却等控制设施，配置独立的安全仪表系统等手段减缓反应风险。

微通道反应器技术是指在精细化工生产过程中，利用精密加工技术制造的特征尺寸在 10～300 μm 的微型反应器，“微”表示流体流动通道在微米级别。因此，微通道反应器具有较大的比表面积，能够加快传热传质进程，快速移除反应热，避免出现温度失控，同时精确控制反应时间，提高反应系统的安全性。微通道反应器涉及的可燃物质用量属于小剂量，便于将反应产物的可燃性危害、反应过程和失控过程控制在安全范围内。

化工事故的发生常常是由于物料储存或反应失控所导致的，如果能以适当的方式对危化品储存及工艺过程的热参数进行及时分析与评估，很多化工事故都是可以预见并避免的。通过开展精细化工反应安全风险评估，确定反应工艺危险度，以此改进安全设施设计，完善风险控制措施，能提升企业本质安全水平，有效防范事故发生。利用全自动反应量热仪对化学反应达到最大反应速率所需要的时间、达到最大反应速率时间为 24 小时时对应的反应温度以及绝热温升进行热危险评估，针对反应装置的泄爆、防爆能力进行评估、针对集散控制系统（DCS 系统）预警参数设置进行危险性评估等。

在化工反应安全生产风险评估过程中，利用化工反应工作表（CRW）风险分析软件，预测不相容的可燃物质积聚后发生反应的灾害后果，评估储存的可燃物质之间的相容性，及时对不相容物质进行分类储存，管控可燃物质浓度。

5.1.2 防止可燃物质泄漏

某公司水解车间，主要生产物料为油脂，该油脂闪点为 206 ℃，燃点为 216 ℃。由于进料管的管壁被腐蚀失厚不能承受管内负压，产生收缩变形，在截面突变区域（接近焊缝区域）发生破裂，并有空气通过出料口进入管道和蒸馏塔中，导致真空度出现偏差和油脂泄漏，物料和外层保温棉融合，生产过程中导热油温度（260～270 ℃左右）大于油脂的燃点（216 ℃），导致与空气接触的泄漏油脂物质发生阴燃，冒出浓烟和明显火焰，随后由于出料位置置换管内油脂物料不断送入塔内，导致物料持续泄漏，促进火势持续蔓延。

这次事故留给我们的教训是：应该如何控制可燃物质泄漏？可以从哪几个方面进行安全设计？

跑冒漏滴是人们对各种泄漏形式的一种通俗说法，其实质就是泄漏，涵盖气体泄漏和液体泄漏。泄漏发生时表现出压力差、浓度差、温度差、速度差等参数变化。按流向分类，泄漏可分为由设备内部向大气泄漏、设备内部之间泄漏和大气被吸入设备内部。按操作状态分类，泄漏可分为正常运行时泄漏、开停车期间泄漏、辅助系统异常引发泄漏和突发事件（如停电）引发泄漏。

一般情况下，可根据泄漏面积大小和泄漏持续时间长短，将泄漏源分为两类：一是小孔泄漏（如图 5-1 所示），此种情况为可燃物质经较小的孔洞长时间持续泄漏，如反应器、储罐、管道上出现小孔，或者是阀门、法兰、机泵、转动设备等处密封失效；二是大面积泄漏，是指经较大孔洞在很短时间内泄漏出大量可燃物质，如大管径管线断裂、爆破片破裂、反应器因超压爆炸等瞬间泄漏出大量物料。

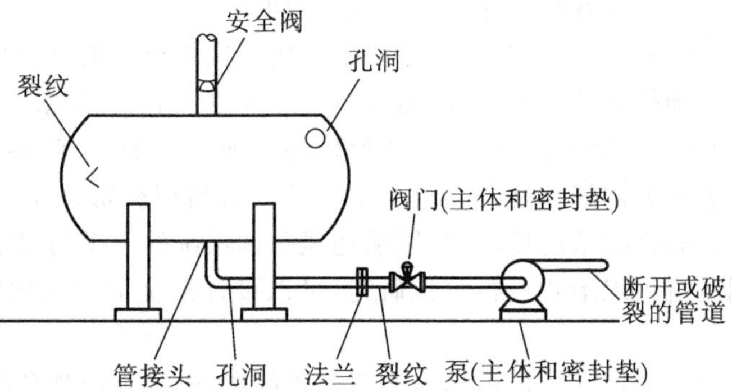

图 5-1　各种类型的小孔泄漏

图 5-2 显示了可燃物质的物理状态是怎样影响泄漏过程的。对于存储在罐中的气体或蒸汽，裂缝会导致气体或蒸汽的喷射。对于液体，低于储罐中液位的裂缝会导致液体逸出。如果液体在高于其大气压沸点的压力下储存，则低于液位的泄漏将导致一部分液体闪蒸成蒸气。小小的液滴或气溶胶也可能从闪蒸的水流中形成，并有可能随风扩散开来。液体以上的蒸汽空间中的裂缝可能会导致蒸汽流或气液两相流的泄漏，主要取决于物料的物理特性。

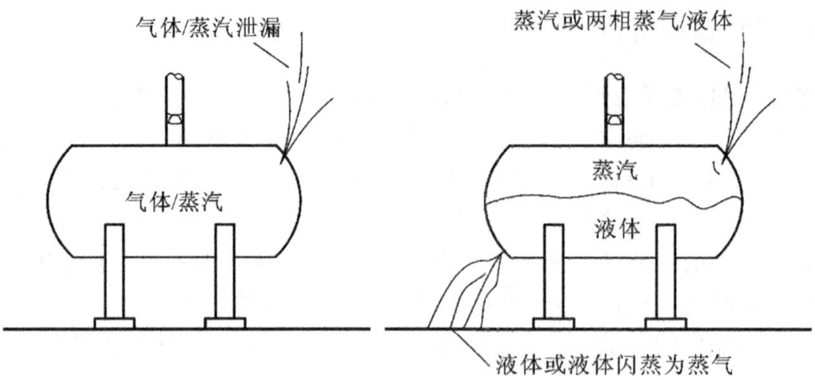

图 5-2　蒸汽和液体以单相或两相状态在容器中发生泄漏

5.1.3　通风控制

通风控制的目的是用空气稀释可燃物质，防止易燃易爆混合物的形成。良好的气流组织和通风净化设备是控制可燃物浓度的关键技术，在研究可燃物扩散规律基础上，设计局部捕集方式，特别是注重空气射流、旋转气流等气流组织，研究开发新通风方式，可提升通风效率，显著减少可燃介质积累积聚。

局部通风是控制可燃物质浓度最有效的方法。局部通风是指在可燃物质散发源处设置局部排风罩，通过风管送至净化设备，从而将可燃物质控制在局部范围内，有效减少其在生产空间的散发。例如，在切割、打磨、振动等工序可燃物质散发源处设置局部排风罩，及时将产生的可燃物质吸收，降低其在爆炸危险区域的浓度。

气流组织是通风控制是否有效的关键要素。所谓气流组织就是合理地布置送风口和回风口，使得经过净化和热湿处理的空气，由送风口送入室内后，在扩散与混合的过程中，均匀地消除室内余热和余湿，从而使工作区形成比较均匀而稳定的温度、湿度、气流速度和洁净度，以满足生产工艺和人体舒适度的要求。不同的气流组织会形成不同的速度场、温度场、相对湿度、洁净度或有害物浓度场，直接影响通风空调系统的效果与经济性。通过计算流体力学软件，对不同气流组织形式进行模拟研究，可以设计最优的气流组织，提高可燃物浓度控制效率。

空气射流、旋转气流旨在工厂内形成多股气流组织，避免在爆炸危险区域出现气流停止区域，降低了可燃物质在空间内积聚的可能性，极大地提升了通风效率。

在可燃物质投放、出料阶段，通过降低下料速度、增加挡板、气压控制等措施，有效控制灌装、出料过程中可燃物质扩散量，精准把控可燃物质浓度，降低燃烧爆炸风险。例如，无尘粉料灌装技术通过设置吸粉机构减少灌装过程中的粉尘污染，利用控制器实现对整个灌装过程的控制，根据预设的参数或者称量机构的称量结果来控制灌装机构和吸粉机构，从而保证粉料灌装过程无粉尘污染。

5.1.4　监测控制

可燃物质监测在安全生产领域必不可少，应保持系统内可燃介质浓度不高于爆炸下限的 25%；如果系统设置有可燃介质监测安全联锁装置，可保持系统内可燃介质浓度不高于爆炸下限的 50%；按 NFPA651 标准第 A-2-4.8.5 条设计和操作的铝粉生产系统，安全浓度范围在爆炸下限的 25%～50%以下，但在喷粉生产线或造粒塔系统内可燃介质浓度可能接近爆炸下限，特别要注重通风与监测联锁，有些要实现监测与生产设备联锁。参照 GB/T 50493—2019，可燃介质检测应根据可燃物的理化性质、释放源特性、生产场地布置、维护标定等综合确定监测点，同时应对监测仪器进行年检和校对。

5.2　氧化剂浓度控制

2019 年发生的 3·31 昆山工厂燃爆事故，直接原因是企业在镁合金铸件机加工过程中，使用了含水较高的乳化切削液，收集的镁合金碎屑废物未进行有效的除水作业，镁与水发生放热反应，释放氢气，又因镁合金碎屑堆垛过于集中，散热不良，使得反应加剧，瞬间引发集装箱内氢气发生爆燃，爆燃的冲击波夹带着燃烧的镁合金碎屑冲破集装箱对面机加工车间的卷帘门，导致机加工车间内卷帘门附近的员工伤亡。

这次事故中，水作为氧化剂促使爆炸事故的发生，但是在惰化技术中，我们又将其作为惰性气体抑制爆炸的发生。所以，在设计可燃物质爆炸防护系统时，我们应该注意什么？

根据燃烧爆炸原理，氧化剂浓度作为发生火灾爆炸的必要条件之一，可从氧化剂浓度控制角度进行防爆技术的开发，如利用氮气、二氧化碳等惰性气体进行反应环境空气置换，减少或消除反应环境中氧化剂浓度，将爆炸危险区域的氧化剂浓度控制在可燃物质发生爆炸的极限氧浓度之下，从而破坏爆炸发生的条件，阻止燃烧爆炸事故的发生。控制氧化剂浓度的方法主要有密闭设备系统、隔绝空气、惰化技术等。

5.2.1　密闭设备系统

密闭设备系统采用全封闭运行，采用惰化介质置换内部氧气，设备内采取氧气含量测试仪不断监测气流中的氧气含量，超过一定程度便立即补充氮气，使其氧气含量始终保持在安全标准之内，破坏发生燃烧爆炸的必要条件。

5.2.2　隔绝空气

隔绝空气就是阻止空气流入燃烧区域或用不燃物质冲淡空气，使燃烧物质得不到足够的氧气而熄灭，这种原理常被用来扑灭一些封闭式空间的生产设备装置的火灾。实际应用时，如用石棉毯、湿麻袋、黄沙、灭火剂等不燃烧或难燃烧物质覆盖在物体上；封闭起火的船舱、建筑的门窗、孔洞等和设备容器的顶盖，窒息燃烧源；用压缩机对反应设备内部抽真空。

5.2.3　惰化技术

惰化是对环境维持燃烧或爆炸能力的抑制，如把惰性气体注入封闭或有限空间，排空里面的氧气，防止发生火灾。惰化技术是控制氧化剂浓度的主要手段之一，将在 5.3 节专门介绍。

5.3 惰化技术

5.3.1 惰化原理

可爆炸气氛中加入惰化介质时，常规思路是在生产装置中采用无活性气体代替空气或氧气，或抽取空气形成一定的真空，这些都可以称之为惰化，一方面可以使爆炸气氛中氧组分被稀释，减少了可燃物质分子和氧分子作用的机会，也使可燃物组分同氧分子隔离，在它们之间形成一层不燃烧的屏障，当活化分子碰撞惰化介质粒子时会使活化分子失去能量而不能反应。另一方面，若燃烧反应已经发生，产生的游离基将与惰化介质粒子发生作用，使其失去活性，导致燃烧连锁反应中断；同时惰化介质还将大量吸收燃烧反应放出的热量，使热量不能聚积，燃烧反应不蔓延到其他可燃组分分子上去，对燃烧反应起到抑制作用。因此，在可燃物/空气爆炸气氛中加入惰化介质，可燃物组分爆炸范围缩小，当惰化介质增加到足够浓度时，可以使其爆炸上限和下限重合，再增加惰化介质浓度，此时可燃空气混合物将不再发生燃烧。

5.3.2 惰化系统基本构成

对容器进行惰化后才可进行可燃物质充装。惰化系统需要在液体上方的蒸汽空间中保持惰性气氛。理想情况下，该系统应包括自动添加惰性气体的功能，以将氧气浓度控制在LOC以下；具有分析器，以连续监测与LOC相关的氧气浓度，以及一个受控的惰性气体进料系统，以便在氧浓度接近LOC值时添加惰性气体。然而，更常见的情况是，惰化系统仅由一个调节器组成，其设计目的是保持蒸汽空间中固定的惰性正压，这确保了惰性气体总是从容器中流出而空气不流入容器。然而，该系统在提高安全性的同时，大大节省了惰性气体的使用。

一个惰化系统，其设计目的是将氧浓度保持在10%以下。当氧气泄漏到容器中，浓度上升到8%时，氧传感器发出的信号会打开惰性气体进料阀。氧气水平再一次调整到6%。该闭环控制系统具有高(8%)和低(6%)惰性设定值，以合理的安全裕度将氧气浓度维持在安全水平。

5.3.3 惰化方法关键要求

惰化方法的关键操作主要包含三点：形成惰化氛围、维持惰化氛围、监测和控制惰化氛围：

(1) 要采用恰当的方法形成惰化氛围，确保惰化介质喷洒均匀，使得在被保护的所有区域的介质浓度和氧含量符合惰化要求；

(2) 要有正确的方法维持惰化氛围，确保惰化过程不会有潜在危险，不会对工艺过程、设备、设施构成危害(例如，污染工艺介质、与工艺介质发生反应、与水接触发生变化、腐蚀设备等)，也不会对人员健康构成危害(例如发生窒息等)；

(3) 要对惰化氛围有准确的监测和控制手段，要特别注意生产装置运行的可靠性和检测元件的可靠性，避免出现数据错误从而导致操作失误。

5.3.4　惰化技术适用场合

惰化技术主要用于易发生燃烧、爆炸的地方，具体情况如下：

① 易燃固体物质的粉碎、筛选、混合与输送；

② 有燃烧爆炸危险的储存设备内进行惰性气体正压保护；

③ 易燃液体的惰性气体充压输送；

④ 处理易燃介质的设备或管路检修前惰性气体置换；

⑤ 对泄漏的可燃气体进行稀释；

⑥ 设置阻爆装置，发生燃烧爆炸危险时，及时激发启动开关，喷出惰性气体，起到抑制和阻断作用。

5.3.5　惰化介质用量影响因素

① 被保护介质的爆炸下限和极限氧含量：此参数决定抑制爆炸的先决条件；

② 要有充足的安全裕度：此参数基于惰化的可控范围；

③ 泄漏损失：此参数决定惰化介质的进行速度；

④ 操作条件：此条件决定惰化的可行性；

⑤ 操作方法：此参数决定是间断操作还是连续操作；

⑥ 处理量：此参数为惰化介质的总量。

5.3.6　惰化技术分类

按惰化方式有真空惰化、压力惰化、压力-真空联合惰化、含杂质氮气的真空和压力惰化、吹扫惰化和虹吸惰化。真空惰化主要过程包括：(1)对容器抽真空，直到达到所需的真空；(2)用惰性气体(例如氮气或二氧化碳)消除真空直到容器内恢复到大气压力；(3)重复步骤 1 和 2，直到达到所需的氧化剂浓度(低于 LOC)。这种方法不适用于大型容器，因为它们通常不是为真空设计的，通常只能承受几英寸的水压。压力惰化主要过程包括：(1)向容器中添加带压的惰性气体；(2)容器与环境相同，降压；(3)重复步骤 1 和 2，直到达到所需的氧化剂浓度(低于 LOC)。通常需要一个以上的压力循环。压力-真空联合惰化相比真空惰化用时少，相比压力惰化氮气用量少，常被同时使用用来清理容器。含杂质氮气的真空和压力惰化是指惰性气体中氮气含量一般≥98%，其余为氧气。吹扫惰化是指在一个开口处将惰性气体加入容器中，并从另一个开口处将混合气体从容器内抽到环境中，适用于大型储罐。虹吸惰化涉及液体的选择问题，主要过程包括：(1)开始时将容器用液体充满，所用的液体可以是水或其他任何与容器内的物质互溶的液体；(2)惰性气体随后在液体排出容器时加入到容器的气相空间，惰性气体的体积等于容器的体积，惰化速率等于液体排放速率。

按惰化介质相态，惰化技术有两种，即气体惰化技术和固体惰化技术。气体惰化技术是指在可燃物所处环境中充入氮气、二氧化碳、卤代烃、氩气、氦气、水蒸气等惰性气体，以稀释可燃组分并降低环境中氧含量，使之难以形成爆炸性混合物。尤其需要指出的是，氮气对氯气、粉尘的爆炸下限几乎没有影响。固体惰化技术主要应用于粉体惰化，即把碳酸钙、硅藻土、硅胶等耐燃惰性粉体混入可燃粉体中，防止其爆炸。这是因为添加的粉体具有冷却和抑制悬浮的效果，有时候还有负催化效果。目前这种方法一般用于煤矿中防范煤尘爆炸，在一般工业中使用的例子还不多。

按惰化作用原理可分为降温缓燃型和化学抑制型两种。降温缓燃型惰化介质主要有氦气、氩气、氮气、水蒸气、矿岩粉等，它们不参与燃烧反应，主要起到稀释作用，一旦发生燃烧，它们会吸收反应热，使温度降低，反应速度减慢甚至使反应停止。化学抑制型惰化介质主要是卤代烃、碱金属盐类干粉、氨盐类干粉等，它们的分子或其分解产物可与燃烧反应的活化中心——原子态的氢和氧发生作用，形成稳态化合物，达到抑制燃烧的目的。

预先将定量的惰化介质加入到爆炸气氛中，不但能够预防发生爆炸事故，还能有效提高生产工艺及过程中的安全性，即使受生产工艺、产品性能等所影响，允许加入的惰性介质无法完全对爆炸事故做出预防，也可以在一定程度上限制爆炸，从而减轻爆炸事故灾害程度。

5.3.7 一种惰化技术案例——筒仓安全惰化保护系统

1. 系统组成

储煤筒仓的安全性能关系着电厂的安全运行，为解决筒仓可燃气体浓度增高而导致的爆炸问题，可将惰性气体氮气通入筒仓内稀释和置换可燃气体。

筒仓安全惰化系统主要组成部分有：空压机、冷干机、制氮主机、储氮罐、连接管路、各种控制阀门、喷气头等。针对筒仓爆炸机理和煤的特性，系统采用了锁、充、换三合一自动惰化保护技术。筒仓安全惰化保护系统工作原理是利用惰性气体置换筒仓内易燃、易爆的气体，使筒仓内的燃源降到最低，从而有效地防止筒仓内可燃气体发生爆炸，保护筒仓安全。

2. 工作流程

筒仓安全惰化保护系统如图 5-3 所示。其具体工作过程就是围绕锁气、充气、换气三等级实现。锁气是在筒仓下部出煤口设置氮气喷气器，当系统检测到筒仓产生初级报警信号时，用氮气锁住环状出煤口，从而阻止空气由出煤口向储煤层渗透。充气是当系统检测到筒仓产生中级报警信号时，充氮系统根据煤的高度自动向煤层间断或连续地渗透高纯度的氮气，以达到降低煤隙中含氧量的目的，抑制煤的氧化，延长煤的自燃周期。换气是当系统检测到筒仓产生高级报警信号时，氮气置换系统自动开始运行，通过对不同的煤层上表面覆盖氮气，同时筒仓顶部的带推杆的防爆门自动打开，随着氮气逐渐增多，筒仓内煤层上部空间

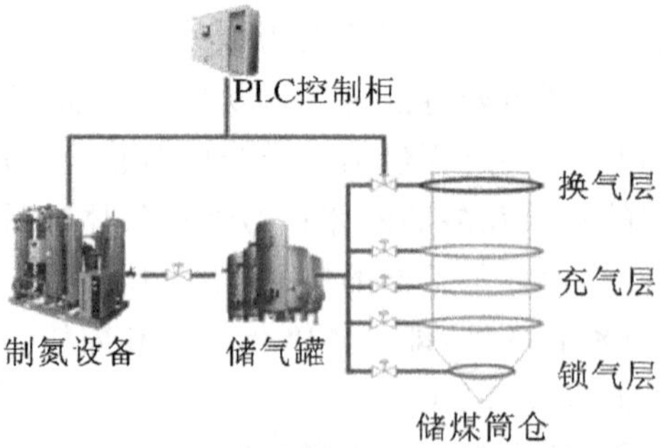

图 5-3 筒仓安全惰化保护系统

的危险气体从筒仓顶部开启的防爆门逐步置换排出，达到惰性气体置换危险气体的目的。采用经处理的烟气置换筒仓空间内的空气和可燃气体，可达到惰化的目的。烟气置换装置的充气形式为仓顶自动伸缩充气，每座筒仓设置 8 台充气器，可根据煤层高度确定充气器的伸缩距离，充气头在煤层表面工作，确保冷烟气覆盖煤层表面，置换出仓体空间内的可燃气体和空气，不留死角，以取得良好的空间置换惰化效果。进气源为脱硫后的烟气，原烟气温度为 48 ℃，湿度为 13%，烟气惰化置换系统设有烟气制备处理设施，将烟气冷却、除湿。经冷却除湿处理后的烟气温度≤20 ℃，湿度≤4%。

3. 系统气源

锁气和充气气源采用氮气，可预防煤氧化和自燃，适用于小流量、经常或间断运行的条件。系统配备高纯度氮气连续制备装置，主要由过滤器、压缩机、冷却机、干燥器、膜分离器、缓冲器、压气机、传感器、控制阀、储气罐等组成。换气气源采用烟气，具有强制惰化、快速控制事故扩大和阻止继续燃烧的特点。主要设备：过滤器、耐蚀高压风机、一级耐蚀冷却器、二级耐蚀冷却器、冷量回收器、一级汽水分离器、二级汽水分离器、汽化器、溢流池、一级风冷涡旋冷水机、二级风冷涡旋冷水机、空气干燥器、风机、传感器、控制阀等。筒仓较小时，换气气源也可采用锁气和充气的同一气源。

4. 系统特点

筒仓安全惰化保护系统具有以下特点：

(1) 结构简单，操作方便，易维护；

(2) 惰性气体来源广、经济性好，氮气本身具有降温功能、流动性好、安全、无污染、不腐蚀；

(3) 多级保护，安全系数大；

(4) 具有环境保护功能，氮气无污染性；

(5) 占地面积小。

5. 运行方式

在正常储存和出煤的过程中，筒仓安全惰化系统是处于待机状态，当出现下列情况时自动启动安全惰化保护系统：筒仓静止储煤 72 h 以上或发现自燃倾向和异常，系统开始向煤层间断充氮气，抑制和延缓自燃的发生；筒仓发现自燃倾向和异常，且向煤层间断充氮气后未能抑制和延缓自燃的发生，有继续发展趋势时，系统开始用氮气置换筒仓上部空间可能爆炸的气体，同时锁住下部出煤口，全方位控制或抑制自燃和爆炸直到筒仓原煤用尽。惰化保护系统运行时，应切断空气炮电磁阀。

6. 注意事项

筒仓安全惰化保护系统运行维护注意事项：进入制氮室前，应适当通风并测试氧浓度；氮气储气罐属压力设备，不得承受过度外力作用或冲击；设备维护区域必须实施隔离，维修惰化保护系统装置之前应释放所有管道和容器中的压力，相连的氮气管道应关闭或断开；应对所有管接头进行泄漏检查，保证加压气体或氮气不会泄漏；筒仓监测系统长时间未报警时，为加强设备的维护保养，在夏季时设备应每周运行一次，冬季时每两周运行一次；各级过滤器的滤芯须每年更换一次；在供气条件不正常时，应观察压差指示器，查看滤芯污染程度，当压差达到设定值报警时应立即更换滤芯，只要有一级更换，其他三级必须一起更换。每班应检查冷干机的出口温度，正常应为 25～30 ℃；冬季在环境温度低于 0 ℃时，应开启伴热带，以保护膜组不被冻坏；在系统需要运行时，应先将热风幕打开，预热 5 min，以确保润滑油可以正常工作；下面设有排污口的储罐装置应及时排水；氧分析仪应经常校准。

5.4 点火源控制

爆炸性物质从点火源获得一定能量后就会发生点火反应，并发展为火灾或爆炸事故。《爆炸性环境 爆炸预防和防护 第 1 部分：基本原则和方法》(GB 25285.1—2010)指出了热表面、火焰和热气体、机械产生的火花、电气设备、杂散电流、阴极防腐措施、静电、雷电、10^4～3×10^{12} Hz 射频(RF)电磁波、3×10^{11}～3×10^{15} Hz 电磁波、电离辐射、超声波、绝热压缩和冲击波、放热反应(包括粉尘的自燃)等 13 种可能的点火源。

根据欧盟 EN 1127-1-2012 标准说明，生产工艺中可能出现的点火源包括：

(1) 动火作业、明火和直接加热；

(2) 机械撞击和摩擦；

(3) 电气火花、热表面；

(4) 静电放电；

(5) 雷电；

(6) 自燃；

其他：激波、电磁波、激光、超声波等。

5.4.1 动火作业、明火和直接加热

明火是真正在自然界燃烧的火，是可以看见的火，像看得见的火焰，火星和点燃的蜡烛之类。在企业生产中，焊接烟火、摩擦火星、燃烧火焰、加热器、电气火花和未熄灭的烟头等都是常见的明火火源，必须要加强管理。严格按照标准规范执行动火作业《化学品生产单位特殊作业安全规范》(GB 30871—2014)。

可燃物质爆炸危险场所不应存在明火。当需要进行动火作业时，应遵守下列规定：

(1) 由安全生产管理负责人批准并取得动火审批作业证；

(2) 动火作业前，应清除动火作业场所 10 m 范围内的可燃粉尘并配备充足的灭火器材；

(3) 动火作业区段内涉粉作业设备应停止运行；

(4) 动火作业的区段应与其他区段有效分开或隔断；

(5) 动火作业后应全面检查设备内外部，确保无热熔焊渣遗留，防止粉尘阴燃；

(6) 动火作业期间和作业完成后的冷却期间，不应有粉尘进入明火作业场所。

与可燃物质直接接触的设备或装置(如电机外壳、传动轴、加热源等)，其表面最高允许温度应低于相应粉尘的最低着火温度；在爆炸危险场所，禁止使用电加热器。电炉、电锅等的加热丝表面温度可达 800 ℃，足以点燃各种可燃气体和粉尘。200 W 的白炽灯泡可以点燃纸张，100 W 的白炽灯泡可以烤着 10 cm 之外的聚氨酯泡沫塑料。

5.4.2　机械撞击和摩擦

在生产易燃易爆物品的化工厂，摩擦和撞击往往会引起火灾和爆炸，图 5-4 为摩擦工艺火花。摩擦撞击火花的种类和形式很多，产生也较频繁，如铁器和机件的撞击起火；铁工具互相撞击或与水泥地面撞击发生火花。因此，在有火灾爆炸危险的场所(甲类厂房和甲类仓库等)，应采取防止火花产生的措施。

图 5-4　摩擦起火

为避免摩擦与撞击火花产生，生产中常采取的措施有：

(1) 对轴承及时添油，保持良好润滑，并经常清除附着的可燃污垢。

(2) 凡是撞击的两部分应采用两种不同的金属材料，例如钢与铜、钢与铝等，撞击的工具由镀青铜或镀铜的钢制成。不能使用特种金属制造的设备，应采用惰性气体保护或真空操作。

(3) 为防止金属零件随物料带入设备内发生撞击起火，要在这些设备上安装磁力离析器。不宜使用磁力离析器的，如特别危险的物质(硫、碳化钙等)的破碎，应采用惰性气体保护。

(4) 搬运盛装有可燃气体和易燃液体的金属容器时，不要抛掷、拖拉、震动。

(5) 不准穿带钉子的鞋进入易燃易爆车间。特别危险的厂房内，地面应铺设不发生火花的软质材料。

5.4.3　电气火花、热表面

电气设备过热是常见的火源。严禁在燃烧爆炸危险场所放置产生烟火的电气设备。电气设备在设计和安装过程中都要采取一定的通风或散热措施。同时要加强设备维护，防止因碰撞、摩擦等导致火花产生。

电火花是常见的点火源。电火花的温度可达 3000 ℃以上。大量电火花聚集在一起就是电弧，它不仅能点燃可燃气体和粉尘，甚至会使金属熔化。常见的电火花有：启动器、继电器闭合或断开时产生的火花，开关、电气设备接线端子与电线接触产生的火花，电线接地或短路产生的火花。为了控制电气火源，应根据《可燃性粉尘环境用电气设备，第 1 部分：通用要求》(GB 12476.1—2013)选择使用防爆电气设备。

如果爆炸性环境触及受热表面，则可燃介质会被点燃。不仅热表面本身能成为点燃源，而且与热表面接触或被热表面点燃的喷料粉尘层也能成为爆炸性环境的点燃源。可燃物质爆炸危险场所设备和装置的传动机构应符合下列规定：工艺设备的轴承、轴通道、密封压盖等活动部件应密封防尘、润滑并定期维护；有过热可能时，应设置轴承温度连续监测装置；使用皮带传动时应设置打滑监测装置；当发生皮带打滑时，应自动停机或发出声光报警信号；金属粉末干磨设备应设置温度监测装置，当金属粉末温度超过规定值时应自动停机。

5.4.4 静电放电

1. 静电的产生

静电是在宏观范围内处于相对静止状态的电荷。当两种不同性质的物体相互摩擦或接触时，由于它们对电子的吸引力各不相同，在物体间会发生电子转移，使甲物体失去一部分电子而带正电荷，乙物体获得一部分电子而带负电荷，如果摩擦后分离的物体是绝缘体，则电荷无法泄漏，停留在物体表面呈相对静止状态，如图 5-5 所示为物料堆积产生静电。

物体由原子构成，原子中存在着正电荷和负电荷。一般情况下两者是等量平衡分布的，对外没有电性。但在某些情况下，电荷的分布会变得不平衡，有的地方同属性的正电荷或者负电荷过于集中，就形成了静电。

图 5-5 物料堆积产生静电

2. 静电产生的原因

静电产生的原因主要有：

物质内部特征。(1)由于不同物质使电子脱离原来物体表面所需要的逸出功有所区别，因此，当它们两者紧密接触时，在接触面上就会发生电子转移。逸出功小的物质易失去电子而带正电荷，逸出功大的物质获得电子带负电荷。各种物质逸出功的不同是产生静电的基础。(2)静电的产生与物质的导电性能有很大关系，它们用电阻率来表示。电阻率越小，则导电性能越好。此外，根据大量实验资料得出的结论：电阻率为 10^{12} Ω · cm 的物质最易产生静电，而大于 10^{16} Ω · cm 或小于 10^{9} Ω · cm 的物质都不易产生静电。因此，电阻率是静电能否积聚的条件。(3)物质的介电常数是决定静电电容的主要因素，它与物质的电阻率共同影响着静电产生的结果。

外部条件作用。(1)摩擦起电。其主要表现形式除摩擦外还有撕裂、剥离、拉伸、撞击等。在工业生产中，如粉碎、筛选、滚压、搅拌、喷涂、过滤、抛光等工序，都会发生摩擦起电。(2)附着带电。某种极性离子或自由电子附着在与大地绝缘的物体上，也会使该物体呈带静电的现象。(3)感应起电。带电的物体还能使附近与它并不相接的另一导体表面的不同部分也出现极性相反的电荷的现象。(4)极化起电。某些物质，在静电场内，其内部或表面的分子能产生极化而出现电荷的现象，叫静电极化作用，如在绝缘容器内盛装带有静电的物体时，容器的外壁也具有带电性，表 5-1 为典型静电放电的特点和其相对引燃能力。

表 5-1 典型静电放电的特点和其相对引燃能力

放电种类	发生条件	特点及引燃性
电晕放电	当电极相距较远，在物体表面的尖端和突出部位电场较强处较易发生	有时有声光，气体介质在物体尖端附近局部电离，不形成放电通道。感应电晕单次脉冲放电能量小于 20 μJ，有源电晕单次脉冲放电能量则较此大若干倍，引燃、引爆能力甚小
刷形放电	在带电电位较高的静电非导体与导体间较易发生	有声光，放电通道在静电非导体表面附近形成许多分叉，在单位空间内释放的能量较小，一般每次放电能量不超过 4 mJ，引燃、引爆能力中等
火花放电	发生在相距较近的带电金属导体间	有声光，放电通道一般不形成分叉，电极上有明显放电集中点，释放能量比较集中，引燃、引爆能力很强
传播型刷形放电	仅发生在具有高速起电的场合，当静电非导体的厚度小于 8 mm，其表面电荷密度大于或等于 2.7×10^{-4} C/m^2 时较易发生	放电时有声光，将静电非导体上一定范围内所带的大量电荷释放，放电能量大，引燃、引爆能力强

接地良好的导电体产生静电后，静电会很快泄漏到地面，但如果是绝缘体或接地不良，电荷则会越积越多，形成很高的电位。当带电体与不带电或静电电位很低的物体相互接近时，如电位差达到 300 V 以上，就会发生放电现象，并产生火花。

3. 防静电措施

(1) 减少摩擦起电。在生产操作过程中，合理选用生产设备和材料，尽量减少绝缘体间的摩擦、翻滚、碰撞、搅动工艺，或降低摩擦速度或流速，以减少静电的产生。

(2) 接地泄漏。设备接地是导除静电最重要的措施。接地可以将带电物体上产生的静电，通过接地装置导入大地，消除了静电荷的大量积聚，抑制了静电火花的产生。因此，对能够产生静电的物体，如管道、容器、储罐、设备等都要有良好的接地。

(3) 降低电阻率。对于不导电或低导电性的物质，可加入导电的填料或防静电剂降低电阻率，增加导电性，减少静电的积聚。

(4) 增加空气湿度。在条件允许时，采用提高设备内部和设备周围空气相对湿度的办法，增加空气的导电性能，减少静电的积聚。

(5) 空气电离法。利用静电消除器电离空气中的氧、氮原子，使空气成为导体，从而有效地消除物体表面的静电荷。

为防止静电引发燃烧爆炸事故，应根据标准《石油化工粉体料仓防静电燃爆设计规范》(GB 50813—2012)、《电子工程防静电设计规范》(GB 50611—2010)、《液体石油产品静电安全规程》(GB 13348—2009)、《防止静电事故通用导则》(GB 12158—2006)等进行防静电设计。一般来说，如果介质的最小点火能量小于 10 mJ，就应该考虑采用人体静电释放等管控措施。对工艺流程中各种材料的选择、装备安装和操作管理等过程应采取预防措施，控制静电的产生和电荷的聚集。

4. 静电危害评估

静电危害评估的两个基本步骤：(1)识别电荷分离和聚集的位置；(2)在电荷分离和积聚的地方评估点火危险。

现场评估或者过程调查用于识别任何未接地的导电物体，包括人员和任何可作为电气绝缘体和干扰适当的连接和接地的材料。调查应确认可能构成危险地点的静电危害，即使在评估时没有电荷积累的证据。静电点火评估判断流程如图 5-6 所示。

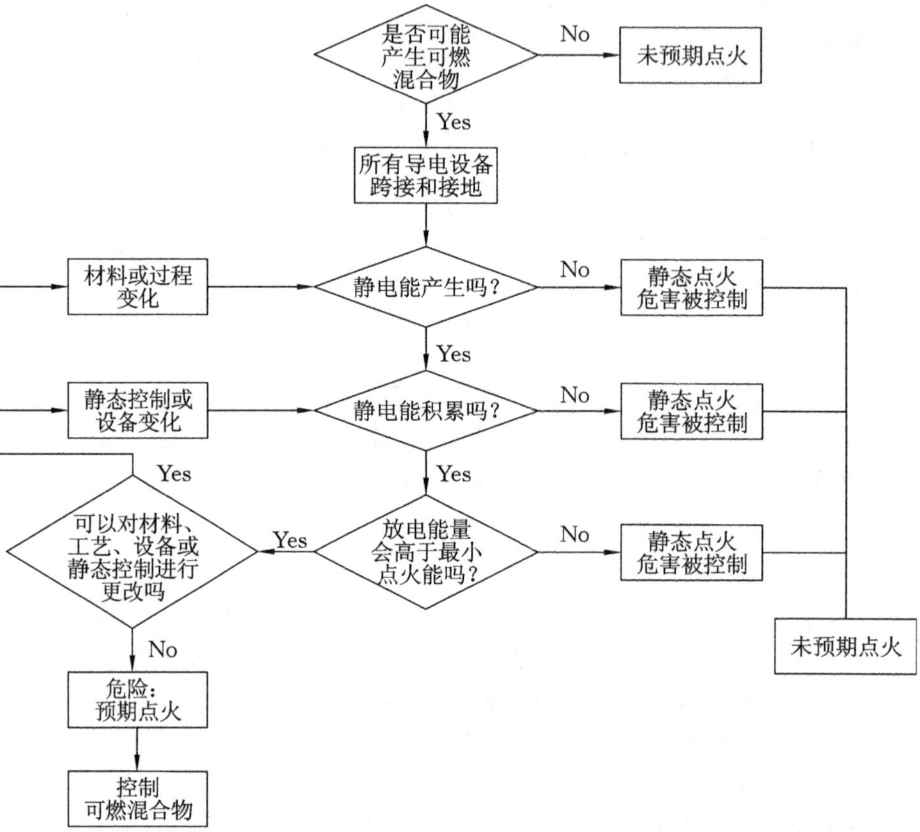

图 5-6　静电点火评估判断流程图(NFPA 77—2019)

5.4.5　雷电

雷电具有很大的破坏力，是易燃易爆场所不可忽略的点火源。防雷，是指通过组成拦截、疏导最后泄放入地的一体化系统方式防止由直击雷或雷电的电磁脉冲对建筑物本身或其内部设备造成损害的防护技术。防雷技术的选用，应考虑保护设施的特点以及所处地理位置、气象条件和环境条件等具体情况。图 5-7 为雷电防护系统图。

建筑物具体防雷措施如下：

遵照国家标准《电气装置安装工程接地装置施工及验收规范》(GB 50169—2016)的要求，建筑物在施工过程中，其避雷针(网、带)及其接地装置，应采取自下而上的施工程序，即

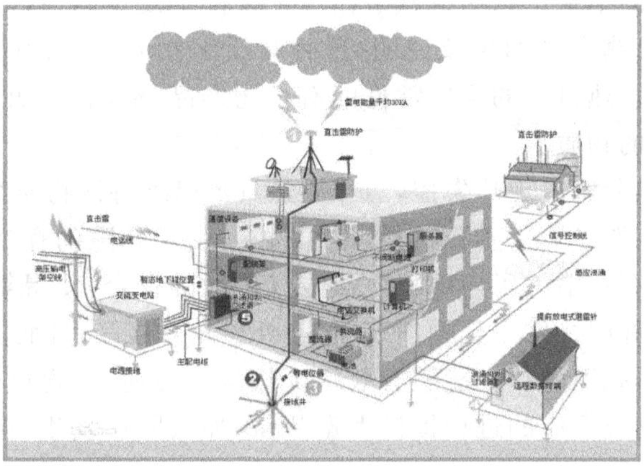

图 5-7　雷电防护系统图

首先安装集中接地装置，后安装引下线，最后安装接闪器。建筑物内的金属设备、金属管道、结构钢筋均应做到有良好的接地。这样做可保证建筑物在施工过程中防止感应雷。

安装避雷针是防止直击雷的主要措施。正在施工建造的建筑物，当高度在 20 m 以上时应装设避雷针。施工现场内的塔式起重机、塔吊及脚手架等机械设备，若在相邻建筑物、构筑物的防雷设置的保护范围以外，且在规定范围内，则应安装避雷针。若最高机械设备上的避雷针，其保护范围按 60°计算，能够保护其他设施，且能保证最后退出现场，则其他设备可不设避雷针。

避雷针的接闪器一般选用 ϕ 16 mm 圆钢，长度为 1～2 m，其顶端应车制成锥尖。接闪器须热镀锌。机械设备上的避雷针的防雷引下线可利用该设备的金属结构体，但应保证设备连接。机械设备所有的动力、控制、照明、信号及通信等线路，应采用钢管敷设。钢管与机械设备的金属结构体应焊接以保证其接地通道的设备连接。避雷装置是由接闪器(或避雷器)、引下线和接地装置组成。而接地装置由接地极和接地线组成。独立避雷针的接地装置应单独安装，与其他保护的接地装置的安装分开，且保持有 3 m 以上的安全距离。

除独立避雷针外，在接地电阻满足要求的前提下，防雷接地装置可以和其他接地装置共用。接地极宜选用角钢，其规格为 40 mm×40 mm×4 mm 及以上；若选用钢管，直径应不小于 50 mm，其壁厚不应小于 3.5 mm。垂直接地极的长度应为 2.5 m；接地极间的距离为 5 m；接地极埋入地下深度应为接地极顶端要在地下 0.8 m 以下。接地极之间通过规格为 40 mm×4 mm 的扁钢焊接。焊接位置距接地极顶端 50 mm，焊接采用搭接焊。扁钢搭接长度为宽度的 2 倍，且至少有 3 个棱边焊接。扁钢与角钢(或钢管)焊接时，为了保证连接可靠，应事先在接触部位将扁钢弯成直角形(或弧形)，再与角钢(或钢管)焊接。接地极与接地线宜选用镀锌钢材，其将埋于地下的焊接处应涂沥青防腐。建筑施工现场内所有施工用的设备、装置的防雷设施的工频接地电阻值不得大于 30 Ω。

5.4.6　自燃

由 2.1.4 节可知，根据促使可燃物质升温的热量来源不同，自燃可分为自热自燃和受热自燃两种。自热自燃和受热自燃的本质是一样的，只是热的来源不同，前者是物质本身的热效应，后者是外部加热的结果。物质自燃是在一定条件下发生的，有的能在常温下发生，有的能在低温下发生。自热自燃的现象说明，这种物质潜在的火灾危险性比其他物质要大。在一般情况下，能引起自热自燃的物质常见的有植物产品、油脂类、煤及其他化学物质。如磷、磷化氢等自燃点低的物质。

可燃物质内部受热分解出现热失控，当释放热量足以维持该物质继续进行放热反应时，可促使可燃物质发生阴燃。对于多孔材料、堆积材料，由于孔隙的存在，提高了阴燃发生的概率。一方面，孔隙的存在增大了内部物质与空气接触的机会，使得氧化剂浓度增加，促使反应热量快速释放，内部阴燃发生至物体表面，与外界充分接触，进而向有焰燃烧蔓延；另一方面，根据传热学原理，孔隙的存在能够有效减少热量的传递，使得可燃物质释放热量无法释放，在内部累积，为燃烧反应的进行提供大量热量，加快阴燃发生，遇到氧气后，向有焰燃烧发展。

5.4.7 其他

其他诸如激波、电磁波、激光、超声波等，一定条件下也可作为点火源。

所有产生和使用射频电气能量的系统（射频系统）都能够发射电磁波，例如无线电发射器或用于熔炼、烘干、淬火、焊接、切割等的工业或医疗射频发生器。

位于射频辐射区域内的所有导电部件都具有接收天线的作用。如果辐射区域的功率（场强）足够大，并且接收天线足够长，这些导电部件能够在爆炸性环境中引起点燃。例如，接收到的射频能量在与导电部件接触或断开过程中，能够使细导线发热或产生火花。接收天线获得的能量是否能够导致点燃，主要取决于发射器和接收天线之间的距离，以及特定波长接收天线的规格尺寸和射频功率。

频谱范围在 $3\times10^{11}\sim3\times10^{15}$ Hz 的辐射（光辐射），尤其是当其聚焦时，能够被爆炸性气体或固体表面吸收成为点燃源。例如，如果物件使辐射集中在一起（如起透镜作用的瓶子、聚焦发射器），则阳光能够引起点燃。

在一定条件下，粉尘颗粒或者可燃性气体能够大量吸收激波、电磁波、激光、超声波（持续或闪烁）的作用，致使这些条件均可成为爆炸性气体或沉积粉尘的点燃源。

5.5 爆炸抑制技术

在实际生产工艺设计及风险评估中，不仅要考虑消除生产环境过程中可能引发火灾爆炸事故的隐患，还要对火灾事故后果进行评估，保证事故灾害在可控范围内。作为必不可少的一种爆炸灾害防控技术，爆炸抑制技术是一种在爆炸性环境中出现燃烧的初始阶段，探测到并通过物理化学作用扑灭火焰，使未爆炸的粉尘不再参与爆炸，同时限制压力产生的控爆技术。

5.5.1 爆炸抑制系统组成及工作原理

爆炸抑制系统的组成，可以随着具体情况的不同而不同。因此，从这个意义上来说，尽管它们都是由一些同一类型的标准元件组合而成，但每种工艺过程所采用的抑爆系统都不尽相同。而不同的爆炸抑制系统，是建立不同结构和不同用途的自动防爆系统的基础。自动防爆系统应在事故发生时具备以下的功能：

① 在爆炸刚发生时，能将灭火物质送入爆源从而将爆炸抑制住；

② 能使爆炸压力通过受诱发作用而开启的安全孔排泄；

③ 能在管道内和邻接的设备内造成一个窒息区，以防止爆炸扩大传播；

④ 能使内部发生爆炸的设备借助速动断路装置的作用而被封锁住，能使设备自动停车。

总而言之，为了达到抑爆的目的，可采用的手段是多种多样的。但无论在什么情况下，有一点是相同的，即任何一种抑爆系统都必须包括下列组成部分：能把触发信号传送给执行机构的高灵敏度爆炸传感器；能按给定的程序把爆炸传感器传送给执行机构的指令信号加以转换的操纵构件、对系统的待用状态实行恒时控制或定时控制的功能构件和能对爆炸进行抑制的执行构件，即爆炸探测器、爆炸控制器和爆炸抑制器三部分。

爆炸抑制系统的作用原理是借助高灵敏度传感器在爆炸刚发生时受到触发所产生的动作迅速将抑制剂送入被保护的设备，以阻止爆炸的进一步发展和扩大。采用爆炸抑制系统后，可以有效地使设备内部发生爆炸时的压力不致明显增高。这一点对保护强度不高的设备来说尤为重要。抑制爆炸的方法和诱导爆炸压力排放的方法相比，还有个比较重要的优点，即采用抑制爆炸的方法后，可以避免有毒的、易燃易爆的物料和灼热的气体或明火窜入大气。在评价某种防爆方法是否有效时，必须考虑到不同物质的主要火灾特性和爆炸特性、能说明爆炸过程特点的各种参数、可燃性工艺介质的组成及其操作条件（如温度、压力等）、设备的容积、管道的直径、操作介质在管路内的流速等。在设计防爆装置时，还需要对燃烧机制具有明晰的概念。只有对爆炸发展过程的动态特性以及工艺设备的具体操作条件进行分析，才能给出最佳的防爆系统设计方案。

5.5.2　爆炸探测器工作原理

爆炸探测器，为装有一个或多个爆炸传感器的装置或组合装置，能探测到一次正在形成的爆炸所引起的光、压力、温度、辐射能等一个或多个参数的变化，从而向抑制器提供启动信号。爆炸探测器的放置应保证抑爆系统有足够的时间感应，并触发装置抑制爆炸，这一点非常重要。根据其探测参数的种类，爆炸探测器可以分为光学探测器、压力探测器、温度探测器。

光学探测器应在较开放的结构中使用，这种结构中初始爆炸造成的压力增大有限。粉尘浓度高，影响抑爆系统可靠性的环境中不应使用光学探测器。紫外线和红外线探测器可用于光学探测。传感器的安放位置应使其感应角度覆盖所有被保护的危险区域。光学探测器的性能也会受到感应范围内障碍物的影响。应使用多个探测器解决这一问题。光学探测器应配备空气屏蔽保持光学镜头清洁。应用光学探测器时，还应注意以下两点：避免探头被遮挡，从而降低光线的穿透能力，降低敏感性；避免周围其他发热元件辐射相应的光线的影响，从而导致误动作。

对于密闭空间内可燃介质爆炸，压力会逐渐升高。如果在刚刚发生爆炸的瞬间即能检测到压力的微小升高并及时扑灭火焰，就能抑制爆炸。由于压力波以声速传播，所以比较容易感受到压力的升高。这种情况可以利用压力探测器进行探测，即使浓度很大的粉尘爆炸也能及时捕捉到。常用的压力探测器有应变式压力探测器、压电式压力探测器、压阻式压力探测器和膜片式压力探测器。

温度探测器主要是利用热敏元件来探测爆炸的。在爆炸最初阶段，燃烧过程释放出大量热量，周围环境温度急剧上升，使探测器中的热敏元件发生物理变化，从而将温度信号转化为电信号，并进行报警处理。根据温度探测的工作原理，温度探测器可以分为定温式探测器、差温式探测器和差定温式探测器 3 类。

温度探测器只有与火焰很接近时才能感应，因此其应用具有很大的局限性。如果不知道起始爆炸位置，就会造成反应迟钝。应用温度探测器还应考虑其他辐射的影响，以提高抗干扰性，否则会导致误动作。

5.5.3 爆炸信号控制器工作原理

爆炸信号控制器接收来自爆炸探测器的信号，当火焰信号或者压力信号达到设定的阈值时，输出控制信号至爆炸抑制器，使之动作并喷射抑爆剂。爆炸信号控制器的关键技术是确定信号阈值和动态响应时间。爆炸信号控制器的设定阈值低或响应时间短会降低可靠性，容易产生误动作，影响正常工作；而设定的阈值高或响应时间长有可能达不到要求。为了解决阈值和响应时间与可靠性之间的矛盾，爆炸信号控制器设计必须选用合理的器件和方案。

控制器一般由通信模块、AD 转化模块、数字放大模块、数字滤波模块、存储模块和控制模块组成。通信模块的作用主要是接收或发出信号（指令）。AD 模块的作用主要是实现模拟信号与数字信号的相互转换。存储模块主要用于接收或发出信号的保存与显示。控制模块的作用主要是完成信号的分析、运算和判断。

由于各种元器件、计算机、软件等发展极为迅速，所以控制技术也在不断升级。

5.5.4 爆炸抑制器工作原理

爆炸抑制器是爆炸抑制系统中发布命令的“决策机械”，是自动抑爆系统的执行机构。它的主要用途是使装填于储罐内的抑制剂迅速而又均匀地分布到设备内部的整个空间。从抑爆器动作原理看，爆炸抑制器主要分三种形式：爆囊式、高速喷射式和水雾喷射式。

很多公司一般采用爆囊式和气压喷雾式两种形式。爆囊常见的几种不同结构形式有半球形、球形和圆筒形，结构原理如图 5-8 所示。爆囊通常装填液体抑制剂，不过这种结构形式也适合填装粉状物质，丝堵供堵塞装料孔用。

起爆管外加一根套管密封，电源通过接线盒引入。当起爆管爆发时，爆囊应当完全破碎，而不得只在某一处破裂。这个条件是使抑制剂均匀分布到整个空间所不可缺少的。圆筒形爆囊因为较长，起爆管也要随之加长，并须采用导火线引爆。抑制剂在爆囊爆破时的飞溅速度取决于起爆管能量的大小，一般为 60 m/s 上下。爆囊可用玻璃、金属或塑料制成。为了使爆囊能均匀、充分破碎，在爆囊的表面要做出刻槽。为了防止爆囊碎片的飞散，刻槽的布置要能使爆囊在爆破后破裂成一片片的花瓣形，每一瓣片能在根部向上翻起，而不妨碍抑制剂的均匀飞散。

爆囊式抑制器一般能在 5 ms 内将液态抑制剂释放出去，初始喷射速度在 200 m/s 以

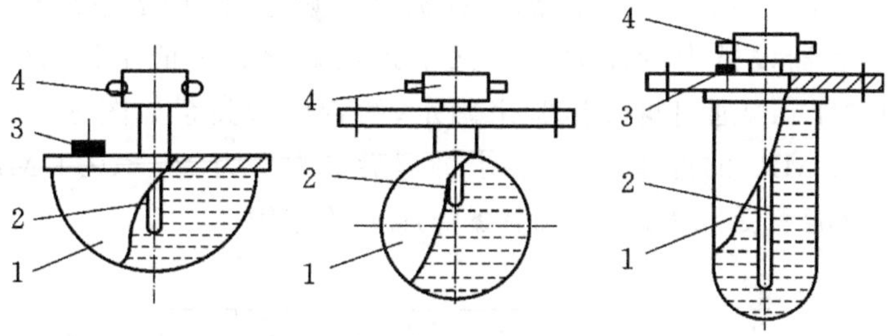

图 5-8　爆囊式抑制器

1—爆囊；2—起爆管；3—丝堵；4—接线盒

上，作用范围在 2 m 以内。由于爆囊安装在设备内，因此，爆囊式抑制器主要用于管道、传送带及斗式提升机等小容量设备，但不适宜在高温和腐蚀性环境下使用。

带爆囊的爆炸抑制器在结构上不尽相同。比如有一种圆筒形爆囊是贴着设备内壁安装，这样爆囊只要顺着母线一处破裂即可。爆囊的有效作用半径一般不大。当爆囊的有效容积为 100 cm^3 时，有效作用半径平均为 30～38 cm，当有效容积为 225 cm^3 时，有效作用半径平均为 38～45 cm，当有效容积为 530 cm^3 时，有效作用半径平均为 60～75 cm。

高速喷射抑爆器(HRD)主要由抑爆剂储罐、喷头、电雷管启动阀门、抑爆剂以及喷射推动剂等几部分组成。抑爆剂储罐一般安装在设备外部，通过短管与喷头将抑爆剂喷入设备内，因此，阀门必须在接到动作信号后毫秒量级时间内(<10 ms)使整个横断面完全开启，并在极短时间内喷出全部抑爆剂。高速喷射抑爆器一般适用于体积较大的设备，而且允许抑爆时间较长，抑爆剂可以是液体或粉剂(在 N_2 高压下存储)，有效作用范围为 4～10 m。

抑爆器性能主要与 N_2 推动压力以及阀门出口直径有关。阀门出口直径越大，抑爆效率越高，N_2 推动压力越大，抑爆剂喷射速度及单位时间喷射量越大，但由此所引起的设备内超压也就越高，因此，使用前应对设备强度是否符合要求进行测定，以避免抑爆过程中对设备造成损坏。高速喷射抑爆器储罐容积一般为 3～45 L，喷射剂(多为 N_2)压力可达 12 MPa，喷射阀门内壁直径为 19～126 mm。抑爆器储罐主要技术参数详见表 5-2。

表 5-2　抑爆器储罐主要技术参数

抑爆器及出口直径(mm)	储罐容积(L)	抑爆剂量(粉剂:kg,液体:L)	推动压力(MPa)
双出口,19	3,5	2,4(粉剂)	6
双出口,19	5,8	4,8(粉剂)	12
单出口,66	5.4,20.0,43.0	3.5,10.0,35.0(液体)	2
单出口,66	5.4,20.0	4,16(粉剂)	6
单出口,126	45	35(粉剂)	6

水雾喷射器主要用于火花消除系统。水储罐一般要求保持较高压力，当喷头附近电磁阀开启时.高压水通过特殊设计的喷头雾化喷出，达到灭火的目的。

5.5.5　抑爆剂选择

抑爆系统动作压力 P_A 越高，抑爆后容器设备内的压力 P_{red} 也就越大，因此，性能优良的抑爆剂除了要求对被保护容器内出现的温度和振动不敏感外，抑爆系统还必须具有较高的动作压力，使抑爆后容器设备内的压力上升又不是很显著。一般来说，P_A与P_{red}关系需在足够大的容器内($V>1\ m^3$)通过抑爆试验来确定，两者典型关系如图5-9所示，从图中可以看出，对于P_A为0.01 MPa的抑爆系统，要求抑爆后最大压力$P_{red}<0.1$ MPa，也就是说，要求被保护设备至少应能承受0.1 MPa以上爆炸压力的作用。

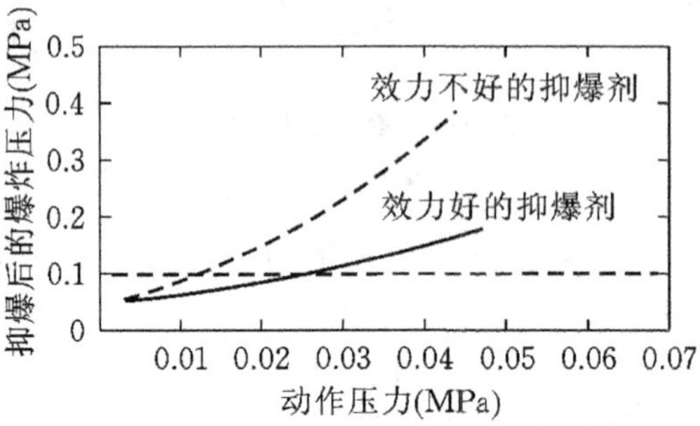

图5-9　抑爆系统P_A与P_{red}的关系

常用抑爆剂主要有卤代烷、水、粉末及混合抑爆剂等几种类型，表5-3列出了1011卤代烷、水以及磷酸铵盐粉末(MAP)对部分气体、粉尘的抑爆实验结果，其中爆炸容积为6.2 m^3，抑爆系统为单出口HRD抑爆器，阀门直径76 mm，容积20 L，动作压力5 kPa，喷射剂为N_2。

表5-3　不同抑爆剂对部分气体及粉尘的抑爆效果

可燃物	抑爆剂	抑爆后压力(MPa)
丙烷	10 L 1011卤代烷	0.016
	12 kg水	0.631
	16 kg磷酸铵盐抑爆剂	0.023
St1玉米粉尘	10 L 1011卤代烷	0.061
	12 kg水	0.024
	16kg磷酸铵盐抑爆剂	0.016
St2玉米粉尘	10 L 1011卤代烷	1.100
	12 kg水	0.236
	16 kg磷酸铵盐抑爆剂	0.039

5.6　爆炸阻隔技术

爆炸阻隔技术是通过爆炸阻隔装置防止火焰进入设备、容器与管道内，或阻止火焰在设备和管道内扩展，进而降低爆炸灾害风险的技术。常用的爆炸阻隔装置有液封爆炸阻隔装置、阻火器、主动式爆炸阻隔装置和被动式爆炸阻隔装置。液封爆炸阻隔装置常用于压力低于表压 20 kPa 的气体管线与生产设备；阻火器常用于燃烧爆炸初期火焰的阻隔；主动式爆炸阻隔装置依靠传感器探测爆炸信号并发出指令使爆炸阻隔装置动作；被动式爆炸阻隔装置是在爆炸波本身的作用下引发爆炸阻隔装置动作。

5.6.1　液封爆炸阻隔装置

液封爆炸阻隔装置以液体作为阻火介质，目前广泛使用水封，一般装置在气体管线与生产设备之间，常用的液封爆炸阻隔装置分为开敞式液封爆炸阻隔装置和封闭式液封爆炸阻隔装置两种。

根据液体能吸收热量灭火的原理，由发生器或气柜来的可燃气体经液封到生产设备中去，若液封两侧的任一侧发生着火事故，火焰传至液封时即熄灭，从而阻止火势蔓延。液封内液体的高度是液封起作用的关键，液封的高度应根据设备内的压力来确定，否则起不到液封作用。寒冷地区为防止液封中水的冻结，可通入蒸汽，也可用水和甘油或乙二醇溶液，食盐、氯化钙的水溶液作为液封液。

（1）开敞式液封爆炸阻隔装置

其构造原理如图 5-10 所示，由罐体 1 和两根管子（进气管 2 和安全管 3）组成，管 3 比管 2 短些，插入液面较浅。正常工作状态时，可燃气体经进气管 2 进入罐内，再从出气管 5 逸出，此时安全管里的水柱与罐内气体压力平衡。发生火焰倒燃时，由于进气管插入液面较深，安全管首先离开水面，火焰被水所阻而不会进入另一侧。

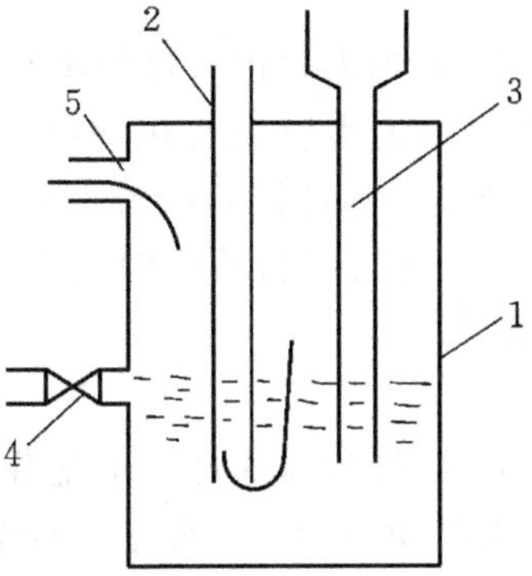

图 5-10　开敞式液封爆炸阻隔装置

1—罐体；2—进气管；3—安全管；4—水位截门；5—出气管

（2）封闭式液封爆炸阻隔装置

其构造和工作原理如图 5-11 所示。正常工作时，可燃气体由进气管 9 流入，经逆止阀 8、分气板 7、分水板 4 和分水管 3（减少乙炔带水现象），从出气管 1 输出。发生火焰倒燃时，罐内压力增高，压破水面，并通过水层使逆止阀瞬时关闭，进气管暂停供气。同时，倒燃的火焰和气体将罐体顶部的防爆膜 2 冲破，散发到大气中。由于水层也起着隔火作用，因此能比较有效地防止火焰进入另一侧。逆止阀在火焰倒燃过程中只能暂时切断可燃气气源，所以在发生倒燃后，必须关闭可燃气总阀，更换防爆膜，才能继续使用。

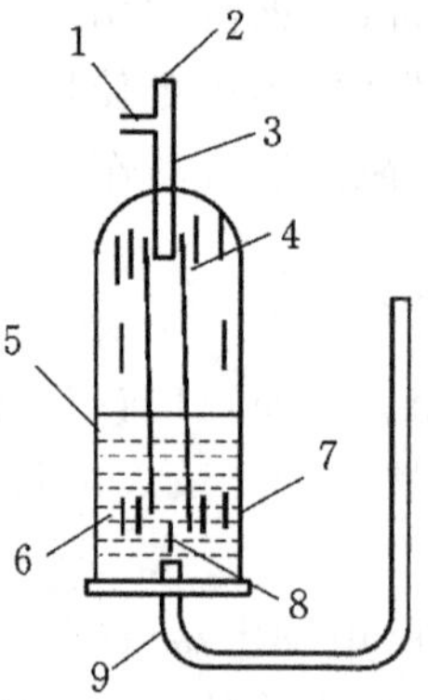

图 5-11 封闭式液封爆炸阻隔装置

1—出气管；2—防爆膜；3—分水管；4—分水板；5—水位阀；
6—罐体；7—分气板；8—逆止阀；9—进气管

5.6.2 阻火器

1. 阻火器的阻火机理

大多数阻火器是由能够通过气体的许多细小通道或孔隙的固体材质所组成，对这些通道或孔隙要求尽量小，小到能使火焰熄灭。火焰能够被熄灭的机理是传热作用和器壁效应。

(1) 传热作用

阻火器上有许多细小通道或孔隙，当火焰进入这些细小通道后，就形成许多细小的火焰流。由于通道的传热面积大，火焰通过通道壁进行热交换后，温度下降，达到一定程度后火焰可以熄灭。根据 Roper 对波纹型阻火器进行的试验表明，当把阻火器材料的导热性提高 460 倍时，其熄灭直径仅改变 2.6%。这说明材质问题是次要的。也就是说传热作用是熄灭火焰的一种原因，但不是主要的原因。

(2) 器壁效应

根据燃烧与爆炸连锁反应理论，燃烧与爆炸现象不是分子间直接作用的结果，而是在外来能源(热能、辐射能、电能、化学能等)的激发下，分子键受到破坏，产生具备反应能力的分子(称为活性分子)，这些活性分子发生化学反应时，首先分裂为十分活泼而寿命短促的自由基。化学反应是靠这些自由基进行的。自由基与另一分子作用的结果除了生成物之外还能产生新的自由基。这些新的自由基又参与到反应中去，使化学反应得以持续进行。由此可知易燃混合气体自行燃烧(在开始燃烧后，没有外界能源的作用)的条件是：新产生的自由基数等于或大于消失的自由基数。随着阻火器通道尺寸的减小，自由基与反应分子之间碰撞概率随之减少，而自由基与通道壁的碰撞概率反而增加，这样就促使自由基反应减低。当通道尺寸减少到某一数值时，导致火焰不能继续传播，火焰即被阻止。因此器壁效应是阻止火焰的主要机理。

2. 阻火器的选型

(1) 阻火器按用途选型

阻火器按用途可分为储罐阻火器、加油站阻火器、加热炉阻火器、火炬阻火器、放空管阻火器、煤气输送管阻火器等。

（2）阻火器按安装位置选型

管端阻火器：安装在排气管的端部；

管道阻火器：安装在管道中间位置。

（3）阻火器按阻止火焰速度选型

阻爆燃型阻火器：能阻止以亚音速传播的爆炸火焰通过；

阻爆轰型阻火器：能阻止以冲击波为特征、以超音速传播的爆炸火焰通过。

（4）阻火器按气体分级选型

适用于 I 级气体的阻火器；

适用于 IA 级气体的阻火器；

适用于 IB 级气体的阻火器；

适用于 IC 级气体的阻火器（气体分级见 HGJ21289）。

3. 阻火器的分类

（1）充填型阻火器

充填型阻火器的填料采用玻璃、砾石、刚玉、金属管或其他粒状材料，其示意图如图 5-12 所示。在一定长度的壳体内充填上述材料，由格板支撑，利用充填层颗粒之间的孔隙作为阻止火焰的通道。充填型阻火器结构简单，但流阻大，能有效阻止爆轰火焰通过。

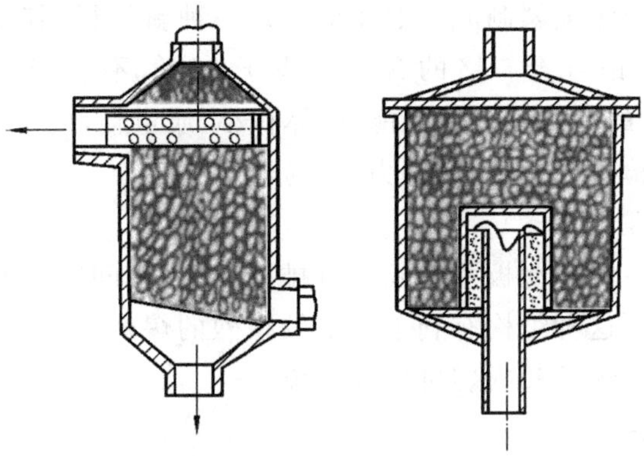

图 5-12　充填型阻火器

（2）金属丝网阻火器

阻火器的阻火层由多层金属丝网构成，如图 5-13 所示。一般情况下，丝网层数越多，阻火效果越好。研究表明，当丝网达到一定层数之后再增加金属网的层数，效果并不显著。金属丝网的孔眼大小也直接影响阻火效果。孔眼过小，流体阻力会很大，甚至产生堵塞。这种阻火器由于本身结构达不到阻火性能，已被取代。

（3）波纹型阻火器

阻火器的阻火层由金属波纹板分层组装而成，如图 5-14 所示。它主要有两种组装形式：一种是相邻层波纹板的波纹方向不同，从而在各层之间形成许多小的孔隙，即为气体通道；另一种是在两层波纹形薄板之间加一层厚度 0.3～0.47 mm 扁平的薄板，使之形成许多小的三角形的通道。一般波纹高度为 0.43～1.5 mm，波纹底宽为 0.86～4 mm。波纹层厚 12 mm 左右，总的层厚可达 80 mm。波纹型阻火器制造较为简单，能阻止爆燃和爆轰火焰通过，被广泛应用。

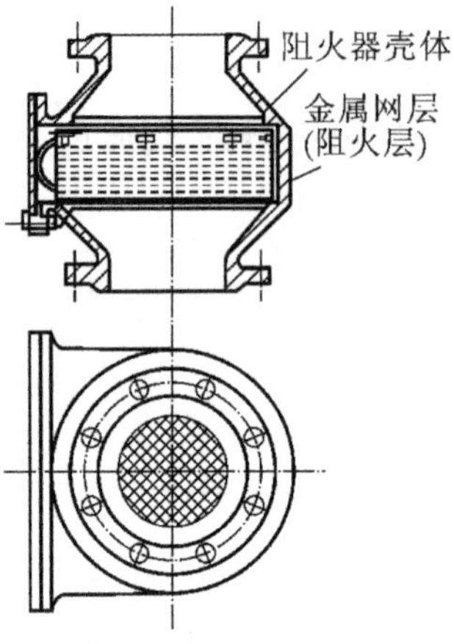

图 5-13　金属丝网阻火器

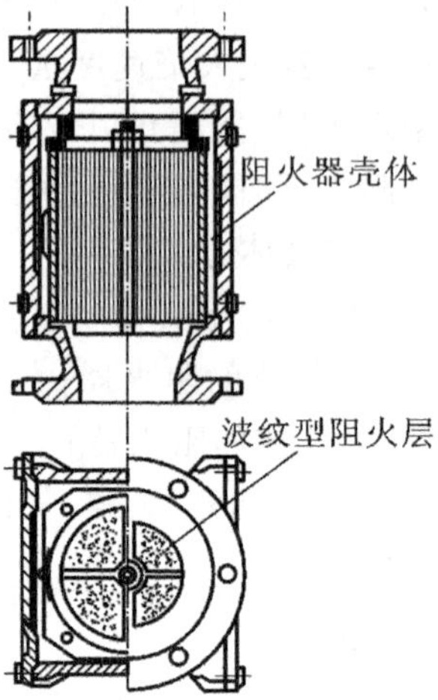

图 5-14　波纹型阻火器

(4) 泡沫金属型阻火器

阻火器的阻火层用泡沫金属制成。泡沫金属是一种新材料，其结构同多细孔的泡沫塑料相似，主要成分是镍、铬合金。铬的含量不少于 15%，不大于 40%，材质密度不小于 0.5 g/cm^3。这种阻火器的优点是阻爆性能好，体积小，质量轻，便于安装和置换。缺点是对于泡沫金属内部孔隙的检查比较困难，阻力大，易堵塞。

(5) 平行板型阻火器

阻火器的阻火层由不锈钢薄板垂直或平行排列而成，板间隙在 0.3～0.7 mm 间，这样就形成许多细小的孔道。这种结构有利于承受较猛烈的爆炸。它易于制造和清扫，但质量较重，流阻较大，主要用于煤矿和内燃机排气系统。

(6) 多孔板型阻火器

阻火器的阻火层由金属薄板水平方向重叠而成，板上的许多细小孔眼形成了气体通道。板与板之间有 0.6 mm 的间隙，形成固定的间距。此种形式的阻火器比金属网型阻火器的阻力小，但不能承受猛烈的爆炸。

(7) 星型旋转阀阻火器

由阀壳、转子及对称分布叶片构成，其示意图如图 5-15 所示。叶片安装在转子上并随转子一起转动。在转子转动的任一时刻，具有相同数目的旋转叶片与阀壳内表面构成火焰熄灭间隙。星型旋转阀阻火器主要用于输送粉尘的料仓排料口。

(8) 复合型阻火器

以图 5-16 所示的复合型阻火器为例，复合型阻火器除了具备一般阻火器的性能外，还应能承受爆轰产生的较高的压力。其主要特点是阻火器内部设有缓冲器，爆轰先经过缓冲器，然后再进入阻火器，这样就可大大减少对阻火器的压力。

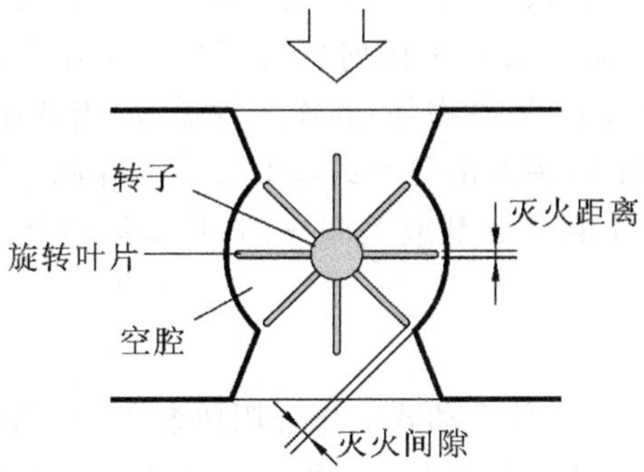

图 5-15　星型旋转阀阻火器

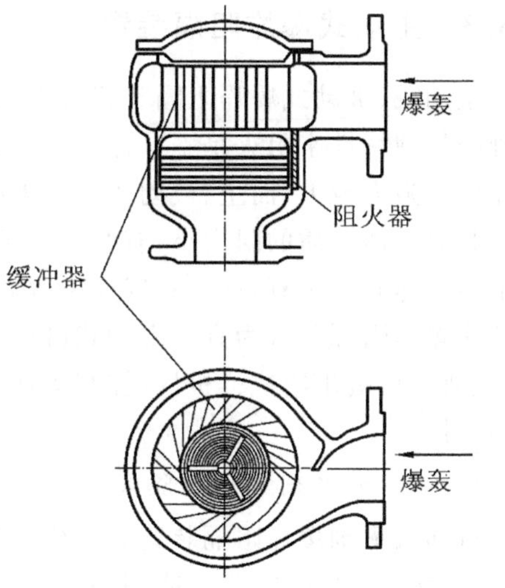

图 5-16　复合型阻火器

4. 阻火器性能要求

管端阻火器的阻火性能应符合《石油储罐阻火器阻火性能和试验方法》(GB 5908—2005)规定：

(1) 阻火器壳体应能承受不小于 0.9 MPa 的水压，无泄漏，无裂痕或永久变形；

(2) 阻火器应能连续经受 13 次防爆试验，每次都能阻火；

(3) 阻火器应能经受耐烧试验 1 h，在此期间无回火。

管道阻火器的阻火性能应符合《石油气体管道阻火器阻火性能和试验方法》(GB 13347—2010)规定：

(1) 阻火器壳体应能承受 1.5 倍于设计压力的水压试验，无渗漏；

(2) 防爆燃型阻火器必须连续经受 13 次防爆燃试验，每次必须阻止亚音速火焰通过；

(3) 防爆轰型阻火器必须连续经受 13 次防爆轰试验，每次必须阻止超音速火焰通过。

5. 阻火器阻火能力计算

火焰在细小孔道中的熄灭作用，根据其热力学特性，可由 Peclet 数来衡量，对于给定的阻火器和给定的可燃混合物：

$$Pe=(U_f d c_p p)/(RT\lambda) \tag{5-1}$$

式中　U_f——火焰法向速度；

d——阻火器的孔道直径；

c_p——可燃物恒压热容；

p——可燃混合物压力；

T——可燃混合物初始温度；

λ——可燃混合物的热导率。

当 $Pe>65$ 时，阻火器不适用于给定的可燃混合物；当 $Pe\leqslant 65$ 时，阻火器能满足要求。为保险起见，一般应满足 $Pe<65/\eta$，取 $\eta=2$。

5.6.3　主动式爆炸阻隔装置

主动式、被动式爆炸阻隔装置是靠装置某一元件的动作来阻隔火焰，这跟工业阻火器靠本身的物理特性来阻火是不一样的。工业阻火器在工业生产过程中时刻都在起作用，对流体介质的阻力较大，而主、被动式爆炸阻隔装置只是在爆炸发生时才起作用，所以它们在不动作时对流体介质的阻力小，有些爆炸阻隔装置甚至不会产生任何压力损失。工业阻火器对于纯气体介质是有效的，对气体中含有杂质（如粉尘、易凝物等）的输送管道，应当选用主、被动式爆炸阻隔装置为宜。主动式（监控式）爆炸阻隔装置由一个灵敏的传感器探测爆炸信号，经放大后输出给执行机构，控制爆炸阻隔装置喷洒抑爆剂或关闭阀门，从而阻隔爆炸火焰的传播。

1. 自动灭火剂爆炸阻隔装置

自动灭火剂爆炸阻隔装置又称化学阻火器，它是一种主动式的爆炸阻隔装置，其结构如图 5-17 所示。当爆炸发生时，由火焰探测器探测爆炸火焰信号，这个信号经放大后引爆灭火剂贮罐出口活门的雷管，从而将灭火剂喷出扑灭管道内传播的火焰，使爆炸得到阻隔。这种阻火器适用于输送可燃粉尘的管道，尤其是狭窄管道，能在预先设定的位置上切断粉尘爆炸的传播。这种隔爆装置最大的优点是不关闭管道，使生产操作能继续进行。灭火剂常选灭火粉剂，其主要成分是磷酸胺。灭火剂贮罐里的氮气工作压力为 12 MPa。

2. 快速关闭阀门

管道快速关闭阀主要有快速关闭蝶阀、快速关闭闸阀、快速关闭电磁阀。图 5-18 是快速关闭蝶阀的结构示意图。快速关闭蝶阀和快速关闭闸阀工作原理是，当探头接收到爆炸信号后，引爆雷管使储气罐阀门迅速打开，高压气体喷出推动蝶阀或闸阀快速关闭管道。由于储气罐是由雷管爆炸开启的，因此这种快速关闭阀的特点是反应快，阀门关闭时间短。蝶阀与闸阀的关闭时间可分别低至 30 ms 与 50 ms。由于利用雷管爆炸开启阀门比较复杂，其有效性须做破坏性检验认定，成本较高，近年来利用快速电磁阀代替高压气体作为动力源的快速关闭阀门在工业生产中得到广泛应用。

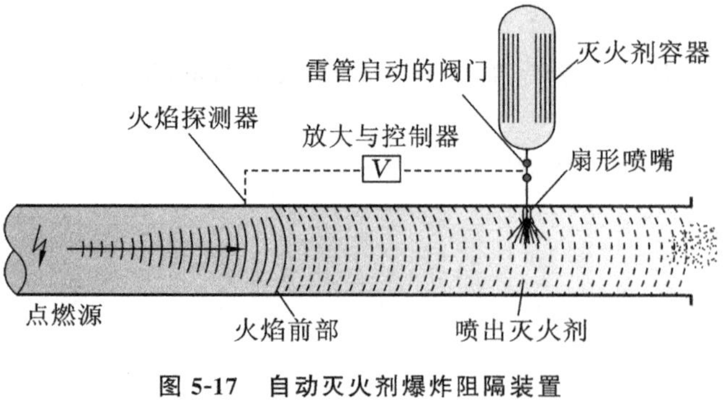

图 5-17　自动灭火剂爆炸阻隔装置

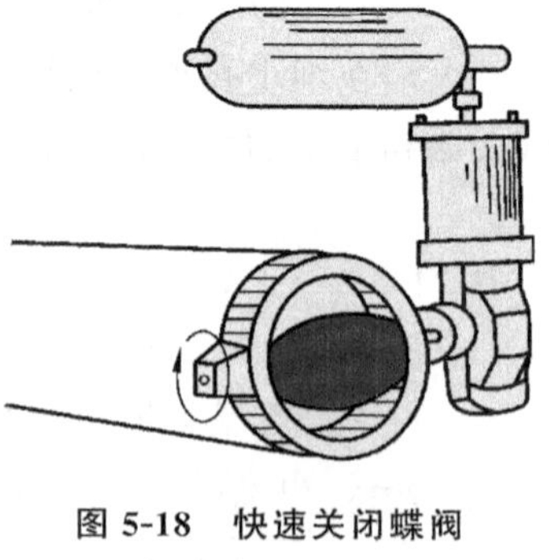

图 5-18　快速关闭蝶阀

3. 爆炸制动塞式切断阀

对火焰切断器来说，最基本的要求就是动作迅速。一般工业上采用的气动切断阀和电动切断阀，由于自身惯性太大，因而不能满足上述要求。电磁阀虽说能保证快速响应，但这种阀一般口径较小，因而使用上受到了限制。动作最快的是爆炸制动的切断阀，其结构如图5-19所示。本体的内腔呈圆锥形，腔内的切断结构是一个截去端部的锥形塞，其上部凸缘起密封作用。当火焰探测装置监测到信号时，经光电转化装置将火焰信号转变为电信号，引爆发火药包。在爆炸产生气体的超压作用下，凸缘受剪力的作用被剪断，锥形塞即坠入锥形阀座将通道堵死，这样进出口通道及发火药包便相互被隔断，锥形塞需用塑性材料制作。

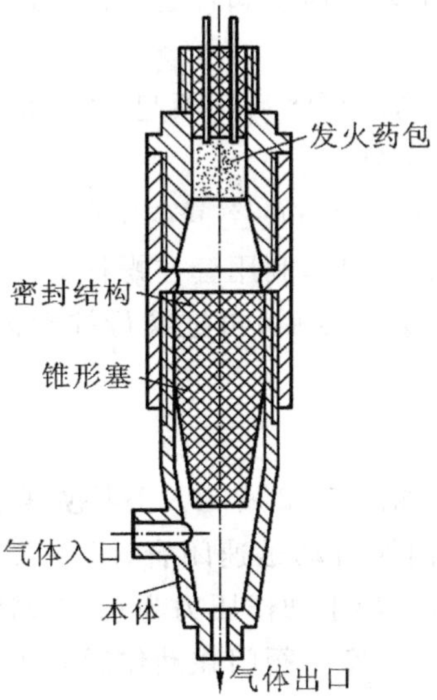

图5-19 爆炸制动塞式切断阀

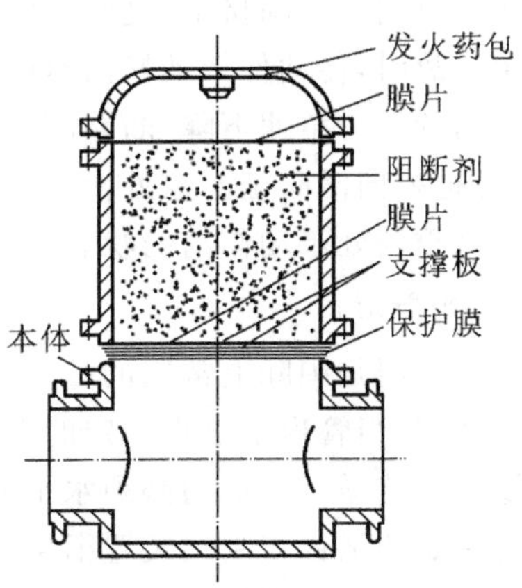

图5-20 料阻式速动火焰阻断器

4. 料阻式速动火焰阻断器

料阻式速动火焰阻断器可有效阻隔蒸气/气体/空气混合物输送管道（如可燃性粉末材料气流输送管道）内产生的火焰。这种火焰阻断器是由本体、阻断物贮筒和装有发火药包的顶盖组成。阻断物可采用粒状物料（如砂子）。在阻断物的上部有一块膜片，下部依次为膜片、两个可折弯的支撑板和保护膜。这种阻断器的工作状况可从图5-20中清楚地看到。遇有指令电脉冲输入时，发火药包即受触发而爆发，爆发时产生的气体迅即将膜片冲破并将粒状物料压向下方。支撑板受到粒状物料的压力后便向下弯曲并将阻断器的进出口堵住，而粒状物料随即将阻断器的腔膛填实。支撑板的主要作用是阻止粒状物料通过连接管口被夹带走。这种火焰阻断器在发生动作后虽不能将管路截然堵死，但却能完全防止火焰通过它进一步蔓延。公称直径在100～350 mm之间的该类火焰阻断器，其动作时间不超过0.05～0.20 s。

5.6.4 被动式爆炸阻隔装置

被动式爆炸阻隔装置是由爆炸波来推动爆炸阻隔装置的阀门或闸板关闭从而阻隔火焰。

1. 自动断路阀

自动断路阀依靠本身对爆炸波的感应而动作。其结构如图5-21所示。自动断路阀主要分阀体和切断机构两部分。阀体带进口短节和出口短节，而切断机构是由驱动构件和换向构件构成。换向构件包括一个传动件和一个换向滑阀。换向滑阀借助弯管可将驱动机构本体的内腔与阀体的内腔连通，或者与大气连通。

自动断路阀是按下述方式工作的：

通常，阀芯与阀座脱离，活塞压住弹簧。在驱动机构的本体内，活塞上方的空间通过弯管和换向滑阀与阀体内的空间连通。经此通道进入的工艺介质从阀杆这一侧向活塞施以压力，并使弹簧处于压缩状态，此时断路阀即为开路。

当工艺管线内的压力降低到一定限度后，弹簧的弹力即可将活塞顶起，从而把工艺介质自驱动机构本体内的空间挤出，这时切断机构即处于闭路状态。

当发生事故时，传动件带动换向滑阀动作，结果使活塞上方的空间与大气连通，于是活塞上方空间内的压力急速下降，断路阀即行关闭。排除事故后，利用套在螺杆上的螺母把断路阀打开，再把换向滑阀定回原处。当工艺管线里的压力恢复后，再把螺母拧到最低位置，于是断路阀又重新处于动作前的状态。

2. 芬特克斯活门

芬特克斯活门是国际上常用的一种隔爆活门，结构如图 5-22 所示。芬特克斯活门是这样一种安全装置：当管道里出现一定的爆炸压力时，活门能自动迅速闭合，阻止来自两个不同方向的爆炸的传播。该活门必须水平安装在管道里，其最小动作压力为 0.01 MPa。活门闭合处带有弹簧的爪钩与制动装置衔接并封闭里边的气门座。阀门在动作后处于闭合状态并可通过外部控制的松开按钮，使它重新回到正常的中间位置。闭合到位的阀门能通过电气脉冲触点发出光学信号。

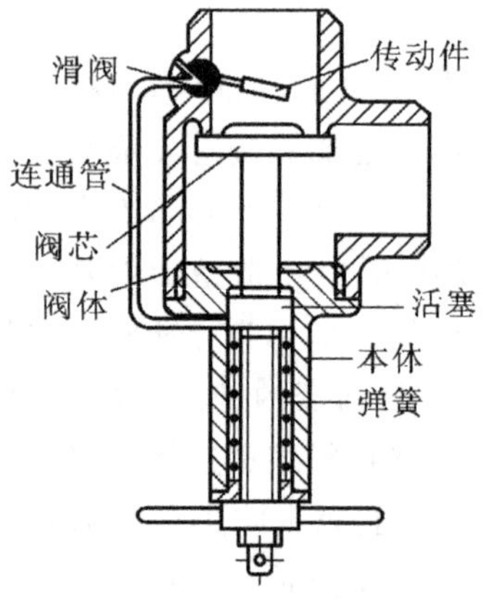

图 5-21 自动断路阀

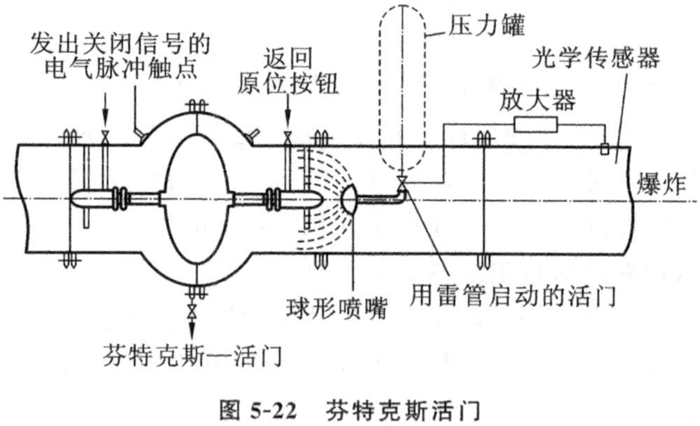

图 5-22 芬特克斯活门

因为活门的闭合动作机构需要一定的爆炸压力，所以当爆炸压力小于安全机构的最小动作压力时（$P_{ex}<P_A$），就不能阻止通过管道的爆炸传播。为不使爆炸向不可靠（不抗压）的范围传播，活门在管道内的安装位置应与容器内可能发生爆炸的地方相隔几米的距离。如果该容器应用了卸压防护措施，那么为了保证活门动作的可靠性，卸压装置的静止动作压力一定要高于活门的最小动作压力。

当上述不可靠（不抗压）范围不能耐受压力时，活门也可使用外部控制，这样，活门就可以安装在整个爆炸区域的任意部位。在活门范围内，从具有一定压力的氮气瓶排出的冲击压力沿管道轴向通过球形喷嘴，进行外部控制。如果贮罐的活门是雷管控制启动的，那么在面对爆炸的方向上必须装配一个光学传感器。

3. 管道换向隔爆装置

管道换向隔爆装置是一种爆炸阻隔装置，其结构如图5-23所示，由进口管、出口管和泄爆盖组成，气体在进口管和出口管间流动方向改变了180°或90°。如果爆炸火焰由进口管进入，由于惯性向前传播时将泄爆盖爆开，这时大部分火焰被泄掉，有很少一部分从出口管向被保护的容器流去。一般情况下，这部分火焰也会很快熄灭掉，但应注意"吸火"现象，即利用负压将可燃气体或粉尘由进口管吸入出口管时，爆炸火焰即使被大部分泄掉仍有被吸入出口管直到传播给其他设备的可能。因此，此时管道换向隔爆装置应与自动灭火装置联合使用才能确保安全，如图5-24所示。

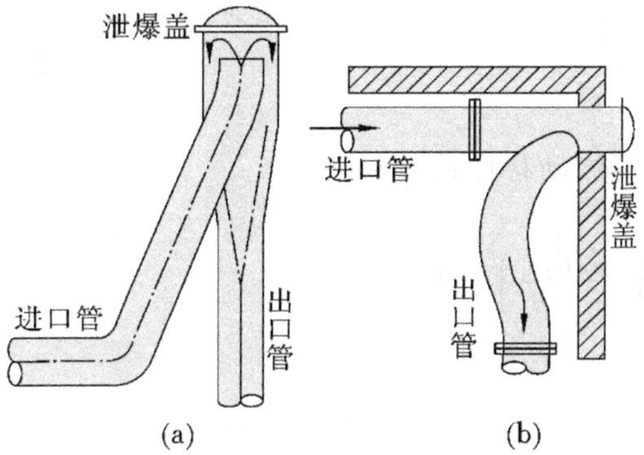

图5-23　管道换向隔爆装置

(a)转向180°；(b)转向90°

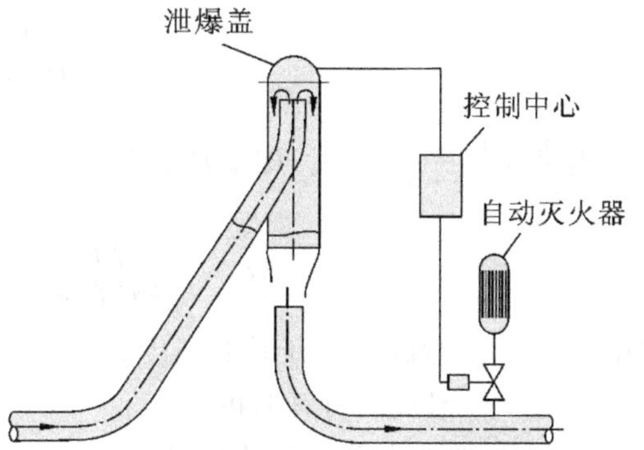

图5-24　管道换向隔爆装置与自动灭火装置联用

5.7　爆炸泄放技术

可燃性气体、蒸汽或粉尘与空气混合物在密闭空间内发生爆炸时，最危险的现象是压力急剧升高。众所周知，一般这类爆炸的最大爆炸压力是初始压力的8～10倍，有时可达到12倍，所以防止工艺设备内部发生爆炸，就是避免设备在压力作用下受到破坏。一般来讲，爆炸产生的高温不会对设备造成明显的损坏。最简单而又保险的保护方法是使设备本身能够经受住爆炸时产生的总压力，即抗爆压力足够大，但是这样容器在设计上必须承受比正常工作压力高十几至几十倍的压力。爆炸泄放技术是最经济、有效地降低爆炸危害的措施之一。

5.7.1　泄放过程理论计算

在可燃介质爆炸的泄放过程中，存在两个互逆效应：其一，可燃气体爆炸产生大量高温气体，使容器内压力迅速上升；其二，泄压装置动作后，容器内气体排出，使压力迅速下降。前者的升压速率取决于可燃介质的性质及初始状态，可通过理论计算获得，亦可通过实验测得。前面几章已做了介绍。后者的降压速率取决于排出气体的流量，取决于安全泄放装置的泄放能力，主要与泄放面积有关。在某一设定条件下，如果安全泄放装置泄放能力使得降压速率大于或等于升压速率，则密闭空间内的压力就不会继续上升，也就保证了设备的安全。

1. 泄放能力的计算

泄压装置动作后，容器内气体的泄放过程可视为绝热等熵流动。泄放过程的质量流量按式(5-2)计算。

$$q_m = C_d p_d AC \tag{5-2}$$

式中　C——流动特性系数；

A——泄放面积；

C_d——泄放阻力系数，一般取 0.62；

p_d——泄放口打开时的压力；

q_m——质量流量。

当$\frac{p_b}{p_d} \leqslant \left(\frac{2}{\kappa+1}\right)^{\frac{\kappa}{\kappa-1}}$时，即泄放过程为亚临界流动，流动特性系数 C 为：

$$C = \sqrt{\frac{2M}{ZRT_d}\frac{\kappa}{\kappa+1}\left(\frac{2}{\kappa+1}\right)^{\frac{2}{\kappa-1}}} \tag{5-3}$$

当$\frac{p_b}{p_d} > \left(\frac{2}{\kappa+1}\right)^{\frac{\kappa}{\kappa-1}}$时，即泄放过程为亚临界流动，流动特性系数 C 为：

$$C = \sqrt{\frac{2M}{ZRT_d}\frac{\kappa}{\kappa-1}\left[\left(\frac{p_b}{p_d}\right)^{\frac{2}{\kappa}} - \left(\frac{p_b}{p_d}\right)^{\frac{\kappa+1}{\kappa}}\right]} \tag{5-4}$$

式中　T_d——泄放口打开时的温度；

p_b——泄放口打开时的背压；

κ——泄放介质的绝热指数；

R——通用气体常数；

M——泄放气体的分子量；

Z——泄放介质的压缩因子。

泄放出 q_m 的气体引起的容器内压力的降低速率可由热力学分析获得。泄放口打开时，容器容积为 V，容器内压力为 p_d，温度为 T_d，气体质量为 m_d。在 dt 时间内，泄放出 dm_d 气体，压力下降 dp_d，温度下降 dT_d，容器内剩余气体将膨胀 dV 体积。

对 dV 内的气体应用气体状态方程得：

$$p_d dV = ZRT_d dm_d / M \tag{5-5}$$

容器内气体的膨胀功等于其内能的减少。膨胀功为 $p_d dV$，内能减少为

$$C_v(m_d - dm_d)dT_d = \frac{R}{M(\kappa-1)}(m_d - dm_d)dT_d$$

即

$$p_d dV = \frac{ZR}{M(\kappa-1)}(m_d - dm_d)dT_d \tag{5-6}$$

容器内剩余气体也满足理想气体状态方程，即

$$(p_d - dp_d)V = \frac{ZR}{M}(m_d - dm_d)(T_d - dT_d) \tag{5-7}$$

联立上式，并略去高阶无穷小量得：

$$\frac{\mathrm{d}p_d}{\mathrm{d}t}=\frac{\kappa ZRT}{VM}\frac{\mathrm{d}m_d}{\mathrm{d}t} \tag{5-8}$$

上式左边就是由于泄放引起的容器内压力降低速率 r_d，右侧的$\frac{\mathrm{d}m_d}{\mathrm{d}t}$就是泄放介质的流量 q_m。结合式(5-2)或式(5-3)可获得降压速率：

$$r_d=\frac{\kappa ZRT}{VM}q_m=C_d p_d AC\frac{\kappa ZRT}{VM} \tag{5-9}$$

令 $K_s=\kappa ZRTC/(VM)$，它是取决于所泄放气体热力学性质的常数，则

$$r_d=C_d p_d AK_s \tag{5-10}$$

2. 泄放面积理论计算

如果泄压装置动作时，由于容器内介质爆炸产生的升压速率r_m与由于介质泄放引起的降压速率 r_d 相等，则泄爆压力(泄放装置动作后，容器内的最大压力) p_{red}与泄压装置的泄放压力p_d 相等。符合这个条件时的泄放面积称为最适宜泄放面积A_f。当实际泄放装置泄放面积 $A>A_f$时，泄放装置足以防止容器内压力继续上升，设计偏于安全。这种情况称为平衡泄放。当然，泄放面积过大会造成成本增加，也是很大的浪费。当实际泄放装置的泄放面积$A<A_f$时，泄放装置动作后，由于升压速率大于降压速率，容器内压力还会继续上升(当然升压速率会有所减小)，泄爆压力p_{red}将介于泄压装置动作压力p_d 和密闭容器内爆炸产生的最大压力p_m 之间。这种情况称为有限升压泄放。图 5-25 给出了平衡泄放与有限升压泄放的典型曲线。事实上，只要泄爆压力p_{red}不超过容器允许工作压力 p，容器就是安全的。在容器或其他密闭空间的结构无法实现平衡泄放时可以采用有限升压泄放。

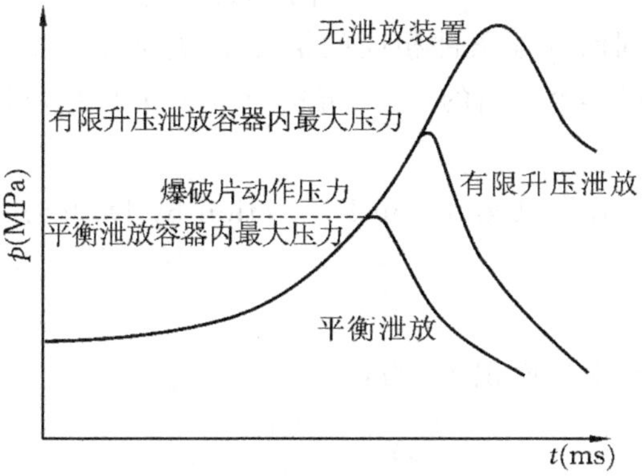

图 5-25　平衡泄放与有限升压泄放

令 $r_m=r_d$ 并代入式(5-10)得到最适宜泄放面积计算式

$$A_f=\frac{r_m V}{C_d p_d K_s} \tag{5-11}$$

如果能够通过实验获得容器内爆炸时的升压速率，按式(5-11)计算最适宜泄放面积。

5.7.2　泄放面积确定方法

1. 比例法

在实验室进行一系列爆炸泄放实验，获得泄爆压力 p_{red}与泄放面积之间的关系，然后将

该关系通过某种比例计算实际容器所需的泄放面积。已提出的泄放比例有以下几种。

(1) A/V

最早使用 A/V，即泄放面积与容器体积成正比放大。实践表明，这种放大得到的泄放面积过大，而且实际容器体积越大，保守程度也越大。目前在各个泄放设计标准中都不再采用。

(2) A/F

对于圆筒形容器，容器体积可写为 $V=V^{1/3}F\lambda^{2/3}$，从而式(5-11)可写为

$$\frac{A_f}{F}=\frac{r_m V^{1/3}\lambda^{2/3}}{C_d p_d K_s} \tag{5-12}$$

式中 F——圆筒形容器的横截面面积，mm^2。

可见，在容器体积不同而其他条件相同的情况下，圆筒形容器内爆炸泄放的相似指标为 A_f/F。也就是说，对于圆筒形容器内爆炸，可按 A/F 进行泄放设计。实践表明，这种方法是比较符合工程实际的。

这样，在对压力容器进行泄放设计时，可以首先利用与所保护的压力容器几何相似的小型试验容器进行一些爆炸泄放实验，获得泄爆压力 p_{red}、泄放装置静态动作压力 P_{stat}、泄放面积 A 之间的关系，即可按 A/F 对实际容器进行泄压设计。

(3) $A/V^{2/3}$

对于球形容器，容器体积可写为 $V=V^{1/3}V^{2/3}$，根据式(5-11)变换为

$$\frac{A_f}{V^{2/3}}=\frac{r_m V^{1/3}}{C_d p_d K_s} \tag{5-13}$$

可见，在容器体积不同而其他条件相同的情况下，球形容器内爆炸泄放的相似指标为 $A/V^{2/3}$。也就是说，对于球形容器内的爆炸，可按 $A/V^{2/3}$ 进行缩放设计。实践表明，这种方法是比较符合工程实际的。

2. NFPA 68《Standard on Explosion Protection by Deflagration》规定

(1) 气体与喷雾爆炸

① 低惯性体泄放

当 $p_{red}\leqslant 0.5$ bar，最小泄压面积 A_{v0} 为：

$$A_{v0}=\frac{A_s C}{\sqrt{p_{red}}} \tag{5-14}$$

$$C=\frac{S_u\rho_u\lambda}{2G_u C_d}\left[\left(\frac{p_{max}+1}{p_0+1}\right)^{1/\gamma_b}-1\right](p_0+1)^{1/2} \tag{5-15}$$

式中 A_{v0}——泄压面积；

A_s——容器内表面积；

p_{red}——爆炸泄压时容器内产生的最大压力；

S_u——气体-空气混合物的燃烧速度；

ρ_u——可燃气体化学计量浓度小于 5 vol%，初始温度 20 ℃时，未燃气体-空气混合物的质量密度，值为 1.2 kg/m^3；

λ——爆炸泄放时考虑到湍流和燃烧不稳定性的气体-空气混合物燃烧速度与基本

(层流)燃烧速度之比;

G_u——容器初始温度 20 ℃时,未燃气体-空气混合物声速流动质量流量,值为 230.1 kg/(m² · s);

C_d——泄放流动泄放系数;

p_{max}——同一种气体-空气混合物点燃后,有限空间内爆燃形成的最大压力;

p_0——点火前初始压力;

γ_b——气体-空气混合物的比热,值为 1.1～1.2 J/(kg · ℃),取决于气体混合物的种类。

当 $p_{red}>0.5$ bar 时,最小泄压面积 A_{v0} 为

$$A_{v0}=A_s\frac{\left[1-\left(\frac{p_{red}+1}{p_{max}+1}\right)^{1/\gamma_b}\right]}{\left[\left(\frac{p_{red}+1}{p_{max}+1}\right)^{1/\gamma_b}-\delta\right]}\frac{S_u\rho_u}{G_u}\frac{\lambda}{C_d} \tag{5-16}$$

$$\delta=\frac{\left(\frac{p_{stat}+1}{p_0+1}\right)^{1/\gamma_b}-1}{\left(\frac{p_{max}+1}{p_0+1}\right)^{1/\gamma_b}-1} \tag{5-17}$$

式中　p_{stat}——静态动作压力。

② 泄放管的影响

如果使用泄放管,必须考虑它对泄放过程的阻碍作用。如果不增加泄放面积,则会导致最大泄爆压力的上升;如果不允许泄爆压力增大,则需要增加泄压面积。当使用泄放管时,应使用 p'_{red} 替换 p_{red}。

管道长度小于 3 m(10 ft)并且长度小于 4 倍管道水力直径的,应使用图 5-26 中的曲线 A,p'_{red} 可由下式计算:

$$p'_{red}=0.779\ (p_{red})^{1.161} \tag{5-18}$$

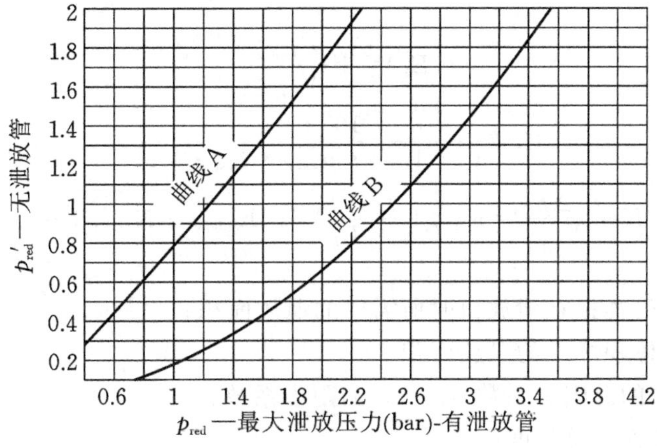

图 5-26　存在泄放管时 p'_{red} 与 p_{red} 的关系

管道长度在 3 m 到 6 m 之间(10 ft 到 20 ft)或者长度大于 4 倍管道水力直径的,可以使

用曲线 B，P'_{red}可由下式计算：

$$p'_{red}=0.172\ (p_{red})^{1.936} \tag{5-19}$$

对于小于 3 m(10 ft)的泄放管，在计算时应按照 3 m(10 ft)考虑，如果需要更长的泄放管，P'_{red}应该由实验确定。

(2) 粉尘与混合物爆炸

① 低惯性体泄放

最小泄压面积 A_{v0} 为：

$$A_{v0}=1\cdot 10^{-4}\cdot(1+1.54\cdot p_{stat}^{4/3})\cdot K_{st}\cdot V^{3/4}\cdot\sqrt{\frac{p_{max}}{p_{red}}-1} \tag{5-20}$$

式中 A_{v0}——泄压面积；

p_{stat}——静态动作压力；

K_{st}——爆燃指数；

V——容器容积；

p_{max}——爆燃最大超压；

p_{red}——爆炸泄压时容器内产生的最大压力。

适用条件为：点火前初始压力范围为 1 bar ± 0.2 bar；5 bar $\leqslant p_{max} \leqslant$ 12 bar；10 bar·m/s$\leqslant K_{st}\leqslant$800 bar·m/s；0.1 m^3$\leqslant V\leqslant$10000 m^3；$p_{stat}\leqslant$0.75 bar。

长径比小于 2 时，A_{v1} 和 A_{v0} 相等；长径比大于 2 并且小于或等于 6 时，所需泄压面积 A_{v1} 采用式(5-21)计算(其中 $\exp(A)=e^A$，e 是自然指数的基底)：

$$A_{v1}=A_{v0}\left[1+0.6\cdot\left(\frac{L}{D}-2\right)^{0.75}\cdot\exp(-0.95\cdot p_{red}^2)\right] \tag{5-21}$$

② 泄放管的影响

泄放管的影响要根据以下公式计算：

$$A_{vf}=A_{v4}\cdot(1+1.18\cdot E_1^{0.8}\cdot E_2^{0.4})\cdot\sqrt{\frac{K}{K_0}} \tag{5-22}$$

$$E_1=\frac{A_{vf}\cdot L_{duct}}{V} \tag{5-23}$$

$$E_2=\frac{10^4\cdot A_{pf}}{(1+1.54\cdot p_{stat}^{4/3})\cdot K_{st}\cdot V^{3/4}} \tag{5-24}$$

$$K=\frac{\Delta p}{\frac{1}{2}\rho U^2}=K_{inlet}+\frac{f_D\cdot L_{duct}}{D_h}+K_{elbows}+K_{outlet}+\cdots \tag{5-25}$$

式中 A_{vf}——泄放管连接在泄放口时所需要的泄放面积；

A_{v4}——局部体积爆燃的泄放面积；

K——泄放管的总阻力系数；$K_0=1.5$，阻力系数；

L_{duct}——泄放管的总长度；

V——体积；

p_{stat}——静态动作压力；

ρ——气体密度；

U——流体速度；

$K_{\mathrm{inlet}}, K_{\mathrm{elbows}}, K_{\mathrm{outlet}}$——配件的阻力系数；

f_D——充分发展湍流的达西摩擦因子；

D_h——泄放管的水力直径。

在某些情况下，当有两种泄放面积可以选择时，应使用较小的泄放面积；当上述公式不能计算泄放面积时，设计时应该通过减小泄放管的长度来修正，这样不仅可以加强容器的强度，还可以维持较高的泄放压力 p_{red}；如果泄放面没有位于泄放管的入口或初始压力超过 1 bar±0.2 bar，或沿着泄放管长度方向任意一处截面横截面变化超过 10%，则上述公式不再适用；上述公式允许用于带有弯管、内流物和雨罩的泄放管，只要障碍物占整个泄放管阻力系数合适的比例即可。

泄放管的最大长度应该满足式(5-26)，其中$(A,B)=A$ 和 B 间的最小值：

$$L_{\mathrm{eff}} \leqslant \min\left[\frac{10000}{K_{\mathrm{st}}}, \frac{11000}{K_{\mathrm{st}}}\right] \tag{5-26}$$

其中：$L_{\mathrm{eff}}=\min(L_{\mathrm{duct}}, L_{\mathrm{dusty}})$；$L_{\mathrm{dusty}}=(p_{\max}-p_{\mathrm{red}})\cdot V/A_{\mathrm{v}}$。

3. VDI 3673《Pressure Venting of Dust Explosion》规定

(1) 容器、筒仓与设备的泄压

以下各式适用于粉尘爆炸等级为 St1 与 St2 且最大爆炸压力 $p_{\max}\leqslant 1$ MPa 的粉尘，也适用于粉尘爆炸等级为 St3 且最大爆炸压力 $p_{\max}\leqslant 1.2$ MPa 的粉尘，且两种情况下，均应满足正常操作压力不超过 0.02 MPa 的条件；容器容积不包括其中障碍物的体积，容器内如有障碍物(如滤袋、封套、滤筒)，则容器容积应减去过滤部件所占体积或过滤介质包围的体积。应保证泄压过程不被障碍物阻挡，因此滤框不应覆盖泄压口，如无法避免障碍物阻挡泄压口，应在泄压面积计算中采用合理的泄压效率。

对 $p_{\mathrm{red,max}}<0.15$ MPa：

$$A=B\left(1+C\cdot \lg\left(\frac{L}{D_E}\right)\right) \tag{5-27}$$

对 $p_{\mathrm{red,max}}\geqslant 0.15$ MPa：

$$A=B \tag{5-28}$$

$$B=[8.805\times 10^{-4} p_{\max} K_{\max} p_{\mathrm{red,max}}^{-0.569}+0.854(p_{\mathrm{stat}}-0.01)p_{\mathrm{red,max}}^{-0.5}]V^{0.753} \tag{5-29}$$

$$C=(-4.305\lg p_{\mathrm{red,max}}-3.547) \tag{5-30}$$

$$D_E=2\sqrt{\frac{A^*}{\pi}} \tag{5-31}$$

适用条件为：容器容积：$0.1\ \mathrm{m^3}\leqslant V\leqslant 10000\ \mathrm{m^3}$；泄压装置的静开启压力：$0.01\ \mathrm{MPa}\leqslant p_{\mathrm{stat}}\leqslant 0.1\ \mathrm{MPa}$；最大泄爆压力：$0.01\ \mathrm{MPa}\leqslant p_{\mathrm{red,max}}\leqslant 0.2\ \mathrm{MPa}$；$p_{\mathrm{red,max}}>p_{\mathrm{stat}}$，$p_{\mathrm{stat}}$应为泄压装置的静开启压力允许误差范围的上限；最大爆炸压力：对 $1\ \mathrm{MPa\cdot m\cdot s^{-1}}\leqslant K_{\max}\leqslant 30\ \mathrm{MPa\cdot m\cdot s^{-1}}$的粉尘为：$0.5\ \mathrm{MPa}\leqslant p_{\max}\leqslant 1\ \mathrm{MPa}$，对 $30\ \mathrm{MPa\cdot m\cdot s^{-1}}<K_{\max}\leqslant 80\ \mathrm{MPa\cdot m\cdot s^{-1}}$的粉尘为：$0.5\ \mathrm{MPa}\leqslant p_{\max}\leqslant 1.2\ \mathrm{MPa}$；$L/D_E\leqslant 20$；长径比 L/D_E受以下条件限制：不应使泄压面积大于容器或筒仓的截面积；泄压效率：$E_{\mathrm{F}}=1$。

如果泄压效率 $E_{\mathrm{F}}=1$，A 就是所需的泄压面积；对于泄压效率小于 1 的泄压装置，所需

的泄压面积为 A/E_F。

(2) 建筑物泄压

矩形建筑物如筒仓地下室、通廊或楼梯间等需泄压时，所需泄压面积可按式(5-32)与式(5-33)计算：

$$A=8.805\times10^{-4}p_{max}K_{st}p_{red,max}^{-0.569}V^{0.753}\left(1+C\lg\left(\frac{L_3}{D_E}\right)\right) \tag{5-32}$$

$$C=(-4.305\lg p_{red,max}-3.547) \tag{5-33}$$

式中：$V=L_1\cdot L_2\cdot L_3$；L_3——最长边的尺寸；$D_E=2\sqrt{L_1\cdot L_2/\pi}$。

适用条件为：最大泄爆压力：0.002 MPa$\leqslant p_{red,max}\leqslant$0.01 MPa(相当于低强度建筑物的强度)；开启压力：$p_{stat}<0.5p_{red,max}$；泄压元件采用轻质泄压系统，如泄爆片和泄爆膜；最大爆炸压力：对粉尘爆炸指数为 1 MPa·m·s$^{-1}\leqslant K_{max}\leqslant$30 MPa·m·s^{-1}的粉尘，其最大爆炸压力满足 0.5 MPa$\leqslant p_{max}\leqslant$1 MPa；泄压效率：$E_F=1$。

(3) 泄放管的影响

二次爆炸的火焰传播达到声速时，泄压导管对压力升高的影响最显著。此时，泄压导管的长度满足式(5-34)：

$$l=l_s=1.947\cdot p_{red,max}^{-0.37} \tag{5-34}$$

式中　l——泄压导管长度；

l_s——$p_{red,max}$受到最显著影响时泄压导管的长度。

如泄压导管长度达到 l_s后继续增加，则最大泄爆压力不再增加。因此，l_s是需要考虑的最大长度；式(5-34)不适用于金属粉尘。

安装泄压导管的最大泄爆压力 $p'_{red,max}$(称为增高的最大泄爆压力)可由式(5-35)计算：

$$p'_{red,max}=p_{red,max}(1+17.3\cdot(A\cdot V^{-0.753})^{1.6}\cdot l \tag{5-35}$$

式中　$p_{red,max}$——无泄压导管时最大泄爆压力；

$p'_{red,max}$——有泄压导管时最大泄爆压力；

A——无泄压导管容器的几何泄压面积；

V——被保护的容器的容积；

l——泄压导管长度(其最大值为 l_s)。

适用条件为：容积：0.1 m$^3\leqslant V\leqslant$10000 m^3；泄压装置的静开启压力：0.01 MPa$\leqslant p_{stat}\leqslant$0.1 MPa；最大泄爆压力：0.01 MPa$<p_{red,max}\leqslant$0.2 MPa，且 $p_{red,max}>p_{stat}$；最大爆炸压力：对 1.0 MPa·m·s$^{-1}\leqslant K_{max}\leqslant$80 MPa·m·s^{-1}的粉尘，其 p_{max}范围为 0.5 MPa$\leqslant p_{max}\leqslant$1.2 MPa；长径比：$L/D_E=1$。

如长径比 $L/D_E=6$，增高的最大泄爆压力 $p'_{red,max}$的计算式为：

$$p'_{red,max}=0.1\cdot((0.0586\cdot l+1.023)(10\cdot p_{red,max})^{(0.981-0.01907\cdot l)} \tag{5-36}$$

对所有其他情况(长径比不为 1 或 6)，在满足下列条件时：无泄压导管容器的最大爆炸压力 $p_{red,max}\leqslant$0.2 MPa；长径比：$1\leqslant L/D_E\leqslant 6$；泄压导管长度：$l\leqslant l_s$，则可采用对式(5-35)与式(5-36)进行线性插值的式(5-37)计算：

$$p'_{\mathrm{red,max}}=0.2\cdot\left((C_1-C_2)(1-\frac{L}{D_E})\right)+C_1 \tag{5-37}$$

式中：当 $C_1-L/D_E=1$ 时，根据式(5-35)计算出 $p'_{\mathrm{red,max}}$；当 $C_2-L/D_E=6$ 时，由式(5-36)计算出 $p'_{\mathrm{red,max}}$。

5.7.3 泄放装置

泄放装置包括安全阀和爆破片。

1. 泄放装置的设置原则

泄放装置的设置一般应遵循如下基本原则：

(1) 对于塑性材料容器，最大泄爆压力 p_{red} 不得超过容器最薄弱元件抗拉强度的 2/3，此时包围体可能会产生变形；对于脆性材料包围体，最大泄爆压力 p_{red} 不得超过容器最薄弱元件抗拉强度的 1/4；对低强度容器，还要确保容器强度超过泄爆压力 2.4 kPa。

(2) 不得直接向室内泄放，必要时须通过泄放管引至墙外。泄放管应尽可能短，尽可能直。泄放管越长，弯管半径越小，相同泄压面积下的泄爆压力越大。泄放管面积不得小于设计计算的泄放面积，最好采用直径更大的管子。

(3) 必须确保泄放装置可靠地全部打开，不得受到沉积物，例如雪、冰、漆、黏稠物质、聚合物等的阻碍，也不得受到管道或其他结构的阻碍，更不得因腐蚀、生锈等造成动作失灵。

(4) 为减少打开时间，泄放装置的惯性要尽可能小，一般来说，泄放装置单位面积质量不得超过 12.2 kg/m^2；一般也不得有配重。对于甲烷、氨气等气体以及 St1 级粉尘爆燃的泄放装置，其单位面积质量不得超过 39 kg/m^2。当考虑强烈风暴等载荷时，单位面积质量可能会增加至 97.6 kg/m^2，甚至 146.4 kg/m^2，此时须考虑由此引起的泄爆压力增大。泄放装置惯性越大，泄爆压力也越大。

(5) 泄放口应尽可能靠近可能引燃的地方。对长径比较大的容器，应沿长轴方向均匀布置。应尽量设置在容器顶部。在侧向布置时，应尽量对称布置。

(6) 应尽量避免泄放过程中产生碎片等发射物或点燃其他可燃物，必要时设置挡板等减少伤害措施。

(7) 泄放装置须耐工艺介质和环境介质腐蚀。

(8) 应定期对泄放装置进行检查，必要时应定期更换。

2. 安全阀

安全阀的作用是防止设备和容器内压力过高而爆炸，包括防止物理性爆炸（如锅炉与压力容器、蒸馏塔的爆炸）和化学性爆炸（如乙炔发生器中的乙炔受压分解爆炸）。当容器和设备内的压力升高超过安全规定的限度时，安全阀即自动开启，泄出部分介质，降低压力至安全范围内再自动关闭，从而实现设备和容器内压力的自动控制，防止设备和容器的破裂爆炸。安全阀在泄出气体或蒸气时，产生动力声响，还可起到报警的作用。

安全阀按其结构和作用原理分为静重式、杠杆式和弹簧式等。目前多用弹簧安全阀，其结构如图 5-27 所示。它由弹簧 1、阀杆 2、阀芯 3、阀体 4 和调节螺栓 5 等组成。弹簧式安全阀是利用气体压力与弹簧压力之间的压力差变化，来达到自动开启或关闭的要求。弹簧的压力由调节螺栓来调节，这种安全阀有结构紧凑、轻便和灵敏可靠等优点。

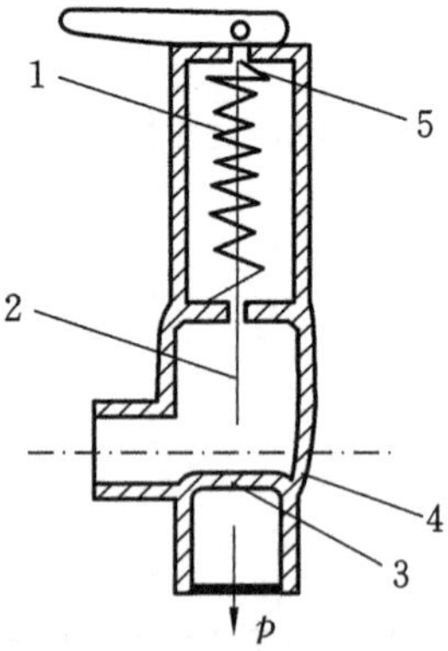

图 5-27　安全阀结构

1—弹簧；2—阀杆；3—阀芯；4—阀体；5—调节螺栓

为使安全阀经常保持灵敏有效，应定期作排气试验，防止排气管、阀体及弹簧等被气流中的灰渣、黏性杂质及其他物料堵塞黏结；应经常检查是否有漏气或不停地排气等现象，并及时检修。安全阀漏气的原因一般是密封面被腐蚀或磨损而产生凹坑沟痕，阀芯与阀座的同心度由于安装不正确或其他原因而被破坏，以及装配质量不好等。

设置安全阀时应注意下列几点：

(1) 压力容器的安全阀最好直接装设在容器本体上。液化气体容器的安全阀应安装于气相部分，防止排出液态物料，发生事故。

(2) 安全阀用于排泄可燃气体时，如直接排入大气，则必须引至远离明火或易燃物，且通风良好的地方，排放管必须逐段用导线接地以消除静电的作用。如果可燃气体的温度高于它的自燃点，应考虑防火措施或将气体冷却后再排入大气。

(3) 安全阀用于泄放可燃液体时，宜将排泄管接入事故贮槽、污油罐或其他容器；用于泄放高温油气或易燃、可燃液体等遇空气可能立即着火的物质时，宜接入密闭系统的放空塔或事故贮槽。

(4) 室内的设备如蒸馏塔、可燃气体压缩机的安全阀、放空口宜引出房顶，并高于房顶 2 m 以上。

3. 爆破片

化工企业所用的爆破片按工作状态分为正拱型、反拱型、平板型等。

(1) 爆破片最小爆破压力

爆破片的设计爆破压力：根据承压设备的承载能力、工作条件、结构特点、使用单位的要求、相应类似工程试验结果、相关安全技术规范的规定及与制造单位商定的制造范围和爆破压力允差等因素综合考虑，合理地确定爆破片的最小爆破压力和最大爆破压力。被保护承压设备装有爆破片时，对于每一种类型的爆破片，设备的工作压力与爆破片最小爆破压力之间的关系应参照表 5-4 的规定，以防止由于疲劳或蠕变而使爆破片过早失效。

表 5-4　爆破片最小爆破压力与容器工作压力关系

爆破片型式	载荷性质	最小爆破压力 $p_{b,min}$(MPa)
正拱普通型	静载荷	$\geq 1.43p_w$
正拱开缝(带槽)型	静载荷	$\geq 1.25p_w$
正拱型	脉动载荷	$\geq 1.7p_w$
反拱型	静载荷、脉动载荷	$\geq 1.1p_w$
平板型	静载荷	$\geq 2.0p_w$
石墨	静载荷	$\geq 1.25p_w$

注：p_w—工作压力。

（2）爆破片选型（表 5-5）

表 5-5　爆破片选型

类别	型式	操作压力比	抗疲劳性	爆破时有无碎片	是否引起撞击火花	工作相
正拱形	正拱普通型	0.7	一般	有（少量）	可能	气、液两相
	正拱开缝型	0.8	好	有（少量）	可能性小	气、液两相
	正拱带槽型	0.8	好	无	否	气、液两相
反拱形	反拱带刀型	0.9	优	无	可能	气相
	反拱带槽型	0.9	优	无	否	气相
	反拱鳄齿型	0.9	优	无	可能性小	气相
	反拱脱落型	0.9	优	无	可能	气相
平板形	平板带槽型	0.5	较差	无	否	气、液两相
	平板开缝型	0.5	较差	有（少量）	可能性小	气、液两相
	平板普通型	0.5	较差	有（少量）	可能性小	气、液两相
石墨	石墨爆破片	0.8	较差	有大量碎片	否	气、液两相

4. 爆破片与安全阀组合使用

为了最大限度减少贵重介质、有毒介质或其他危害性介质通过安全阀向外泄漏，或为了防止来自泄放管线的腐蚀性气体进入安全阀内部，可以将安全阀与爆破片串联使用。

以下几种情况爆破片应串联在安全阀入口侧：

（1）为避免因爆破片的破裂而损失大量工艺物料或承装介质的；

（2）安全阀不能直接使用的场合（如介质腐蚀、不允许泄漏等）；

（3）移动式压力容器中装运毒性程度为极度、高度危害或强腐蚀性介质的。

爆破片串联在安全阀入口侧应满足下列条件：

（1）爆破片与安全阀组合装置的泄放量应不小于被保护承压设备的安全泄放量；

（2）爆破片公称直径应不小于安全阀入口侧管径，并应设置在距离安全阀入口侧 5 倍管径内，且安全阀入口管线压力损失应不超过其设定压力的 3%；

（3）爆破片爆破后的泄放面积应大于安全阀的进口截面积；

（4）爆破片在爆破时不应产生碎片、脱落或火花，以免妨碍该安全阀的正常排放功能；

（5）爆破片与安全阀之间的腔体应设置压力指示装置、排气口及合适的报警指示器。

以下几种情况爆破片应串联在安全阀出口侧：

（1）安全阀出口侧有可能被腐蚀；

（2）安全阀出口侧存在外来压力源的干扰。

爆破片串联在安全阀出口侧应满足下列条件：

（1）爆破片与安全阀组合装置的泄放量应不小于被保护承压设备的安全泄放量；爆破片与安全阀之间的腔体应设置压力指示装置、排气口及合适的报警指示器；

（2）在爆破温度下，爆破片设计爆破压力与泄放管内存在的压力之和应不超过下列任一条件：安全阀的整定压力；在爆破片与安全阀之间的任何管路或关键的设计压力；被保护承压设备的设计压力；

（3）爆破片爆破后的泄放面积应足够大，以使流量与安全阀的额定排量相等；

（4）在爆破片以外的任何管道不应因爆破片爆破而被堵塞。

复习思考题

1. 可燃物的浓度对爆炸强度有何影响，其浓度的控制方法有哪些？

2. 简述惰化系统的基本构成及适用惰化技术的场合。

3. 简述系统中可能出现的点火源有哪些？

4. 简述防静电与防雷电的措施有哪些？

5. 简述爆炸抑制系统组成及工作原理。

6. 爆炸阻隔装置有哪些，分别有哪些不同的适用范围，其优缺点如何？

7. 简述阻火器的阻火机理与阻火器的分类。

8. 简述爆炸泄压，典型的爆炸泄压装置有哪些，与其他泄爆或抑爆方法相比有何优缺点？

9. 公司在生产某产品时会涉及甲烷气体，生产车间为单层结构，长为 40 m，宽为 20 m，高为 8 m，长/宽＝2＜3。经过专家确定生产过程中的 $P_{red}=5.0$ kPa＜10 kPa，试求需要的泄压面积。

10. 简述泄放装置的设置条件。

第6章 典型工业防火防爆技术

6.1 工业建筑防火防爆

6.1.1 工业建筑火灾危险性分类

1. 意义

对工业建筑进行火灾危险性分类，是为了在建筑设计时，根据不同的火灾危险性，对厂房、库房的防火设计提出不同要求，使工业建筑的防火设计既有利于节约投资，又有利于确保安全。

生产过程的火灾危险性是厂房防火设计的主要依据；储存物品的火灾危险性是库房防火设计的主要依据。根据生产火灾危险性类别可以相应确定厂房建筑或库房建筑的耐火等级及其他防火、防爆措施。

生产过程的火灾危险性类别主要由生产过程中所使用的材料、中间产品和成品的物理、化学性质和某些危险特性(如燃爆性等)、危险物品的数量、生产中采用的设备类型、温度、压力等工艺条件以及其他可能导致火灾爆炸危险的条件所决定。储存物品的火灾危险性是根据储存物品本身的火灾危险性，参照生产过程火灾危险性分类方法与仓库储存管理特点划分的。

2. 工业建筑火灾危险性分类

在《建筑设计防火规范》(GB 50016—2014)中规定了生产的火灾危险性分类。其中甲类最危险，乙、丙、丁、戊类火灾危险性依次降低。

将生产车间和库房按使用、生产或储存物质的燃爆危险性进行分类，是采取有效防火与防爆措施的重要依据。

(1) 生产的火灾危险性分类见表6-1。

表6-1 生产的火灾危险性分类

生产的火灾危险性类别	使用或产生下列物质的生产的火灾危险性特征
甲	1.闪点小于28 ℃的液体 2.爆炸下限小于10%的气体 3.常温下能自行分解或在空气中氧化能导致迅速自燃或爆炸的物质 4.常温下受到水或空气中水蒸气的作用，能产生可燃气体并引起燃烧或爆炸的物质 5.遇酸、受热、撞击、摩擦、催化以及遇有机物或硫黄等易燃的无机物，极易引起燃烧或爆炸的强氧化剂 6.受撞击、摩擦或与氧化剂、有机物接触时能引起燃烧或爆炸的物质 7.在密闭设备内操作温度大于或等于物质本身自燃点的生产

续表 6-1

生产的火灾危险性类别	使用或产生下列物质的生产的火灾危险性特征
乙	1.闪点不小于 28 ℃,但小于 60 ℃的液体 2.爆炸下限不小于 10%的气体 3.不属于甲类的氧化剂 4.不属于甲类的易燃固体 5.助燃气体 6.能与空气形成爆炸性混合物的浮游状态的粉尘、纤维、闪点不小于 60 ℃的液体雾滴
丙	1.闪点不小于 60 ℃的液体 2.可燃固体
丁	1.对不燃烧物质进行加工,并在高温或熔化状态下经常产生强辐射热、火花或火焰的生产 2.利用气体、液体、固体作为燃料或将气体、液体进行燃烧作其他用的各种生产 3.常温下使用或加工难燃烧物质的生产
戊	常温下使用或加工不燃烧物质的生产

(2)储存物品的火灾危险性分类见表 6-2。

表 6-2　储存物品的火灾危险性分类

储存物品的火灾危险性类别	储存物品的火灾危险性特征
甲	1.闪点小于 28 ℃的液体 2.爆炸下限小于 10%的气体,或受到水或空气中水蒸气的作用,能产生爆炸下限小于 10%气体的固体物质 3.常温下能自行分解或在空气中氧化能导致迅速自燃或爆炸的物质 4.常温下受到水或空气中水蒸气的作用,能产生可燃气体并引起燃烧或爆炸的物质 5.遇酸、受热、撞击、摩擦以及遇有机物或硫黄等易燃的无机物,极易引起燃烧或爆炸的强氧化剂 6.受撞击、摩擦或与氧化剂、有机物接触时能引起燃烧或爆炸的物质
乙	1.闪点不小于 28 ℃,但小于 60 ℃的液体 2.爆炸下限不小于 10%的气体 3.不属于甲类的氧化剂 4.不属于甲类的化学易燃危险固体 5.助燃气体 6.常温下与空气接触能缓慢氧化,积热不散引起自燃的物品
丙	1.闪点不小于 60 ℃的液体 2.可燃固体
丁	难燃烧物品
戊	不燃烧物品

（3）根据生产、储存火灾危险性分类采取的防灾措施举例见表 6-3。

表 6-3　根据生产、储存火灾危险性分类采取的防灾措施举例

措施举例	火灾危险性类别				
	甲	乙	丙	丁	戊
建筑耐火等级	一、二级	一、二级	一至三级	一至四级	一至五级
防爆泄压面积（$m^2 \cdot m^{-3}$）	0.05～0.10	0.05～0.10	通常不需要	通常不需要	通常不需要
安全疏散距离（多层厂房）(m)	≤25	≤50	≤50	≤50	≤75
消防用水量(1500 m^3库房一次灭火用量)($L \cdot s^{-1}$)	15	15	15	10	10
通风	空气不应循环使用，排、送风机防爆	空气不应循环使用，排、送风机防爆	空气净化后可循环使用	不作专门要求	不作专门要求
采暖	热水蒸气或热风采暖、不得用火炉	热水蒸气或热风采暖、不得用火炉	不作具体要求	不作具体要求	不作具体要求
灭火器设置（库房）	1 个/80 m^2，但至少 2 个	1 个/80 m^2，但至少 2 个	1 个/100 m^2，但至少 2 个	不作具体要求	不作具体要求

6.1.2　建筑物构件燃烧性能和耐火极限

1. 建筑材料的燃烧性能及分级

在建筑物中使用的材料统称为建筑材料。建筑材料的燃烧性能是指其燃烧或遇火时所发生的一切物理和化学变化，这项性能由材料表面的着火性和火焰传播性、发热、发烟、炭化、失重以及毒性生成物的产生等特性来衡量。我国国家标准《建筑材料及制品燃烧性能分级》(GB 8624—2012)将建筑材料的燃烧性能分为以下几种等级：

A 级：不燃材料（制品）；B_1 级：难燃材料（制品）；B_2 级：可燃材料（制品）；B_3 级：易燃材料（制品）。

2. 建筑构件的燃烧性能

建筑物是由建筑构件组成的，诸如基础、墙壁、柱、梁、板、屋顶和楼梯等。建筑构件是由建筑材料构成，其燃烧性能取决于所使用建筑材料的燃烧性能，我国将建筑构件的燃烧性能分为三类：

（1）不燃烧体（非燃烧体）

金属、砖、石和混凝土等不燃性材料制成的构件，称为不燃烧体（以前也称非燃烧体）。这种构件在空气中遇明火或高温作用下不起火、不微燃、不炭化。如砖墙、钢屋架和钢筋混凝土梁等构件都属于非燃烧体，常被用作承重构件。

(2) 难燃烧体

用难燃性材料制成的构件或用可燃材料制成而用不燃性材料作保护层制成的构件。其在空气中遇明火或在高温作用下难起火、难微燃、难碳化，且当火源移开后燃烧和微燃立即停止，如沥青混凝土和水泥刨花板等。

(3) 燃烧体

用可燃性材料制成的构件。这种构件在空气中遇明火或在高温作用下会立即起火或发生微燃，而且当火源移开后，仍继续保持燃烧或微燃。如木柱、木屋架、木梁、木楼梯、木格栅、纤维板吊顶等构件都属于燃烧体构件。

3. 建筑构件的耐火极限

(1) 火灾标准升温曲线

建筑构件的耐火极限是指构件在标准耐火试验中，从受到火的作用时起，到失去稳定性或完整性或绝热性为止的这段抵抗火作用的时间，一般以小时计。

建筑物发生火灾时，其内部的温度是随着时间变化的，分别取时间和温度作为横、纵坐标，即可绘制出火灾过程中的时间-温度曲线。在实际的火灾中，每一起火灾的时间-温度曲线是各不相同的，但为了对建筑构件进行耐火实验，进而对其耐火极限进行度量，必须人为规定一种能反映和模拟一般火灾规律的标准温升条件，把它绘制成曲线就称为时间-温度标准曲线。

对构件进行标准耐火试验，测定其耐火极限是通过燃烧试验炉进行的。耐火试验采用明火加热，使试验构件受到与实际火灾相似的火焰作用。为了模拟一般室内火灾的全面发展阶段，试验时，炉内温度随时间推移而上升并按下列关系式控制：

$$T-T_0=345\lg(8t+1) \tag{6-1}$$

式中　t——试验经历的时间，min；

T——t 时刻的炉内温度，℃；

T_0——试验开始时的炉内温度，℃，T_0应在 5～40 ℃范围内。

式(6-1)表示的曲线称为火灾标准升温曲线。

(2) 耐火极限的概念和判定条件

对任一建筑构件按时间-温度标准曲线进行耐火实验，从受到火的作用时起，到失去支持能力或完整性被破坏或失去绝热作用时为止的这段时间称为耐火极限，以小时表示。

耐火极限的判定条件：①失去完整性；②失去绝热性；③失去承载能力和抗变形能力。

(3) 影响耐火极限的因素

① 材料的燃烧性能。材料的燃烧性能好，构件耐火极限就低。

② 构件的截面尺寸。构件的截面尺寸大，构件的耐火极限就高。

③ 保护层的厚度。构件的保护层越厚，构件的耐火极限就越高。

6.1.3　工业建筑物耐火等级

1. 建筑物的耐火等级

(1) 建筑物耐火等级的划分基准和依据

为了保证建筑物的安全，必须采取必要的防火措施，使之具有一定的耐火性，即使发生了火灾也不至于造成太大的损失，通常用耐火等级来表示建筑物所具有的耐火性。一座建筑物的耐火等级不是由一两个构件的耐火性决定的，是由组成建筑物的所有构件的耐火性决定的，即是由组成建筑物的墙、柱、梁和楼板等主要构件的燃烧性能和耐火极限决定的。

我国现行规范选择楼板作为确定耐火极限等级的基准，因为对建筑物来说楼板是最具代表性的一种至关重要的构件。在制定分级标准时首先确定各耐火等级建筑物中楼板的耐火极限，然后将其他建筑构件与楼板相比较，在建筑结构中所占的地位比楼板重要的，可适当提高其耐火极限要求，反之则可适当降低其耐火极限要求。根据我国国情，并参照其他国家的标准，《建筑设计防火规范》(GB 50016—2014)将建筑物的耐火等级分为一、二、三、四级：其中一级最高，耐火能力最强；四级最低，耐火能力最弱。

确定建筑物耐火等级的目的，主要是使不同用途的建筑物具有与之相适应的耐火性能，从而实现安全性与经济性的统一。确定建筑物的耐火等级的依据主要有以下几个方面：①建筑物的火灾危险性；②建筑物的火灾荷载；③建筑物的重要性：发生火灾的政治影响、可能造成的人员伤亡及经济损失。

(2) 建筑物的耐火等级

《建筑设计防火规范》(GB 50016—2014)规定的工业与民用建筑物构件的燃烧性能和耐火极限见表 6-4。

表 6-4　不同耐火等级建筑相应构件的燃烧性能和耐火极限(h)

构件名称		耐火等级			
		一级	二级	三级	四级
墙	防火墙	不燃性	不燃性	不燃性	不燃性
		3.00	3.00	3.00	3.00
	承重墙	不燃性	不燃性	不燃性	难燃性
		3.00	2.50	2.00	0.50
	非承重墙	不燃性	不燃性	不燃性	可燃性
		1.00	1.00	0.50	
	楼梯间和前室的墙、电梯井的墙、住宅建筑单元之间的墙和分户墙	不燃性	不燃性	不燃性	难燃性
		2.00	2.00	1.50	0.50
	疏散走道两侧的隔墙	不燃性	不燃性	不燃性	难燃性
		1.00	1.00	0.50	0.25
	房间隔墙	不燃性	不燃性	难燃性	难燃性
		0.75	0.50	0.50	0.25
柱		不燃性	不燃性	不燃性	难燃性
		3.00	2.50	2.00	0.50

续表 6-4

构件名称	耐火等级			
	一级	二级	三级	四级
梁	不燃性	不燃性	不燃性	难燃性
	2.00	1.50	1.00	0.50
楼板	不燃性	不燃性	不燃性	可燃性
	1.50	1.00	0.50	
屋顶承重构件	不燃性	不燃性	可燃性	可燃性
	1.50	1.00	0.50	
疏散楼梯	不燃性	不燃性	不燃性	可燃性
	1.50	1.00	0.75	
吊顶(包括吊顶搁栅)	不燃性	难燃性	难燃性	可燃性
	0.25	0.25	0.15	

注:1.除《建筑设计防火规范》(GB 50016—2014)另有规定外,以木柱承重且墙体采用不燃烧构件的建筑,其耐火等级应按四级规定;2.住宅建筑构件的耐火极限和燃烧性能可按现行国家标准《住宅建筑规范》(GB 50368—2005)的规定执行。

2. 工业建筑物的耐火等级、层数和占地面积

(1) 厂房的耐火等级、层数和占地面积

厂房的耐火等级、层数和面积应与生产的火灾危险性类别相适应。例如,甲、乙类生产厂房应采用一、二级耐火等级的建筑物;丙类生产厂房的耐火等级不应低于三级;丁、戊类生产厂房的耐火等级不应低于四级。

在层数方面,如果采用的是一、二级耐火等级,因其防火条件较好,可对不同火灾危险性类别的厂房提出不同的要求。对甲、乙类生产厂房来说,除生产上必须采用多层之外,最好采用单层建筑,但严禁将甲、乙类生产设在地下室或半地下室内。丙类生产的火灾危险性还是比较大的,虽可采用三级耐火等级的建筑物,但其层数按照疏散和灭火的要求,不应超过二层。丁、戊类生产厂房在选用三级耐火等级的建筑物时,可以建到三层,以适应当前中、小城市消防设备的灭火能力。

从减少火灾损失的目的出发,对从事各类生产的各级耐火等级建筑物防火墙间的占地面积也要有所限制,根据火场经验,甲类生产在采用一级耐火等级单层建筑物时,防火墙间的占地面积为 4000 m^2;多层可为 3000 m^2。其他类生产,各级耐火等级建筑物的占地面积都要符合表 6-5 的要求。

(2) 库房的耐火等级、层数和建筑面积

库房是物资集中的地方,在设计库房时,要按照储存物品的火灾危险性类别及储存要求,慎重地选择库房建筑的耐火等级,进而在此基础上采取其他防火技术措施。根据《建筑设计防火规范》(GB 50016—2014),库房的耐火等级、层数和占地面积要求见表 6-6。

表 6-5　厂房的层数和每个防火分区的最大允许建筑面积

生产的火灾危险性类别	厂房的耐火等级	最多允许层数	每个防火分区的最大允许建筑面积(m^2)			
			单层厂房	多层厂房	高层厂房	地下或半地下厂房(包括地下室或半地下室)
甲	一级	宜采用单层	4000	3000	—	—
	二级		3000	2000	—	—
乙	一级	不限	5000	4000	2000	—
	二级	6	4000	3000	1500	—
丙	一级	不限	不限	6000	3000	500
	二级	不限	8000	4000	2000	500
	三级	2	3000	2000	—	—
丁	一、二级	不限	不限	不限	4000	1000
	三级	3	4000	2000	—	—
	四级	1	1000	—	—	—
戊	一、二级	不限	不限	不限	6000	1000
	三级	3	5000	3000	—	—
	四级	1	1500	—	—	—

注：1. 防火分区之间应采用防火墙分隔。除甲类厂房外的一、二级耐火等级厂房，当其防火分区的建筑面积大于本表规定，且设置防火墙确有困难时，可采用防火卷帘或防火分隔水幕分隔。采用防火卷帘时，应符合《建筑设计防火规范》(GB 50016—2014)第 6.5.3 条的规定；采用防火分隔水幕时，应符合现行国家标准《自动喷水灭火系统设计规范》(GB 50084—2001)的有关规定。

2. 除麻纺厂房外，一级耐火等级的多层纺织厂房和二级耐火等级的单层或多层纺织厂房，其每个防火分区的最大允许建筑面积可按本表的规定增加 1/2，但厂房内的原棉开包、清花车间与厂房内其他部位均应采用耐火极限不低于 2.50 h的防火隔墙分隔，需要开设门、窗、洞口时，应设置甲级防火门、窗。

3. 一、二级耐火等级的单层或多层造纸生产联合厂房，其每个防火分区的最大允许建筑面积可按本表的规定增加 1.5 倍。一、二级耐火等级的湿式造纸联合厂房，当纸机烘缸罩内设置自动灭火系统，完成工段设置有效灭火设施保护时，其每个防火分区的最大允许建筑面积可按工艺要求确定。

4. 一、二级耐火等级的谷物筒仓工作塔，当每层工作人数不超过 2 人时，其层数不限。

5. 一、二级耐火等级卷烟生产联合厂房内的原料、备料及成组配方、制丝、储丝和卷接包、辅料周转、成品暂存、二氧化碳膨胀烟丝等生产用房应划分独立的防火分隔单元，当工艺条件许可时，应采用防火墙进行分隔。其中制丝、储丝和卷接包车间可划分为一个防火分区，且每个防火分区的最大允许建筑面积可按工艺要求确定。但制丝、储丝及卷接包车间之间应采用耐火极限不低于 2.00 h 的防火隔墙和 1.00 h 的楼板进行分隔。厂房内各水平和竖向防火分隔间的开口应采取防止火灾蔓延的措施。

6. 厂房内的操作平台、检修平台，当使用人员少于 10 人时，该平台的面积可不计入所在防火分区的建筑面积内。

7. “—”表示不允许。

表 6-6　仓库的层数和面积

<table>
<tr><td colspan="2" rowspan="3">储存物品的
火灾危险性类别</td><td rowspan="3">仓库的
耐火等级</td><td rowspan="3">最多允
许层数</td><td colspan="7">每座仓库的最大允许占地面积和
每个防火分区的最大允许建筑面积(m^2)</td></tr>
<tr><td colspan="2">单层仓库</td><td colspan="2">多层仓库</td><td colspan="2">高层仓库</td><td>地下、半地下仓库(包括地下室、半地下室)</td></tr>
<tr><td>每座仓库</td><td>防火分区</td><td>每座仓库</td><td>防火分区</td><td>每座仓库</td><td>防火分区</td><td>防火分区</td></tr>
<tr><td rowspan="2">甲</td><td>3、4 项</td><td>一级</td><td>1</td><td>180</td><td>60</td><td>—</td><td>—</td><td>—</td><td>—</td><td>—</td></tr>
<tr><td>1、2、5、6 项</td><td>一、二级</td><td>1</td><td>750</td><td>250</td><td>—</td><td>—</td><td>—</td><td>—</td><td>—</td></tr>
<tr><td rowspan="4">乙</td><td rowspan="2">1、3、4 项</td><td>一、二级</td><td>3</td><td>2000</td><td>500</td><td>900</td><td>300</td><td>—</td><td>—</td><td>—</td></tr>
<tr><td>三级</td><td>1</td><td>500</td><td>250</td><td>—</td><td>—</td><td>—</td><td>—</td><td>—</td></tr>
<tr><td rowspan="2">2、5、6 项</td><td>一、二级</td><td>5</td><td>2800</td><td>700</td><td>1500</td><td>500</td><td>—</td><td>—</td><td>—</td></tr>
<tr><td>三级</td><td>1</td><td>900</td><td>300</td><td>—</td><td>—</td><td>—</td><td>—</td><td>—</td></tr>
<tr><td rowspan="4">丙</td><td rowspan="2">1 项</td><td>一、二级</td><td>5</td><td>4000</td><td>1000</td><td>2800</td><td>700</td><td>—</td><td>—</td><td>150</td></tr>
<tr><td>三级</td><td>1</td><td>1200</td><td>400</td><td>—</td><td>—</td><td>—</td><td>—</td><td>—</td></tr>
<tr><td rowspan="2">2 项</td><td>一、二级</td><td>不限</td><td>6000</td><td>1500</td><td>4800</td><td>1200</td><td>4000</td><td>1000</td><td>300</td></tr>
<tr><td>三级</td><td>3</td><td>2100</td><td>700</td><td>1200</td><td>400</td><td>—</td><td>—</td><td>—</td></tr>
<tr><td colspan="2" rowspan="3">丁</td><td>一、二级</td><td>不限</td><td>不限</td><td>3000</td><td>不限</td><td>1500</td><td>4800</td><td>1200</td><td>500</td></tr>
<tr><td>三级</td><td>3</td><td>3000</td><td>1000</td><td>1500</td><td>500</td><td>—</td><td>—</td><td>—</td></tr>
<tr><td>四级</td><td>1</td><td>2100</td><td>700</td><td>—</td><td>—</td><td>—</td><td>—</td><td>—</td></tr>
<tr><td colspan="2" rowspan="3">戊</td><td>一、二级</td><td>不限</td><td>不限</td><td>不限</td><td>不限</td><td>2000</td><td>6000</td><td>1500</td><td>1000</td></tr>
<tr><td>三级</td><td>3</td><td>3000</td><td>1000</td><td>2100</td><td>700</td><td>—</td><td>—</td><td>—</td></tr>
<tr><td>四级</td><td>1</td><td>2100</td><td>700</td><td>—</td><td>—</td><td>—</td><td>—</td><td>—</td></tr>
</table>

注:1. 仓库中的防火分区之间必须采用防火墙分隔,甲、乙类仓库内防火分区之间的防火墙不应开设门、窗、洞口;地下或半地下仓库(包括地下或半地下室)的最大允许占地面积,不应大于相应类别地上仓库的最大允许占地面积。

2. 石油库内桶装油品仓库应按现行国家标准《石油库设计规范》(GB 50074—2014)的有关规定执行。

3. 一、二级耐火等级的煤均化库,每个防火分区的最大允许建筑面积不应大于 12000 m^2。

4. 独立建造的硝酸铵仓库、电石仓库、聚乙烯等高分子制品仓库、尿素仓库、配煤仓库、造纸厂的独立成品仓库,当建筑的耐火等级不低于二级时,每座仓库的最大允许占地面积和每个防火分区的最大允许建筑面积可按本表的规定增加 1.0 倍。

5. 一、二级耐火等级粮食平房仓的最大允许占地面积不应大于 12000 m^2,每个防火分区的最大允许建筑面积不应大于 3000 m^2;三级耐火等级粮食平房仓的最大允许占地面积不应大于 3000 m^2,每个防火分区的最大允许建筑面积不应大于 1000 m^2。

6. 一、二级耐火等级且占地面积不大于 2000 m^2 的单层棉花库房,其防火分区的最大允许建筑面积不应大于 2000 m^2。

7. 一、二级耐火等级冷库的最大允许占地面积和防火分区的最大允许建筑面积,应按现行国家标准《冷库设计规范》(GB 50072—2010)的有关规定执行。

8. "—"表示不允许。

6.1.4　防火分隔

1. 防火分区

(1) 防火分区的概念

所谓防火分区是指采用防火分隔措施划分出的、能在一定时间内防止火灾向同一建筑物的其余部分蔓延的局部区域(空间单元)。在建筑物内采用划分防火分区这一措施,可以在建筑物发生火灾时,有效地把火势控制在一定的范围内,减少火灾损失,同时可以为人员安全疏散、消防扑救提供有利条件。

按照防止火灾向防火分区以外扩大蔓延的功能,防火分区可分为两类:其一是竖向防火分区,用以防止多层或高层建筑物层与层之间竖向发生火灾蔓延;其二是水平防火分区,用以防止火灾在水平方向扩大蔓延。

竖向防火分区是指用耐火性能较好的楼板及窗间墙(含窗下墙),在建筑物的垂直方向对每个楼层进行的防火分隔。

水平防火分区是指用防火墙或防火门、防火卷帘等防火分隔物将各楼层在水平方向分隔出的防火区域,它可以阻止火灾在楼层的水平方向蔓延。防火分区一般应用防火墙分隔,如确有困难时,可采用防火卷帘加冷却水幕或闭式喷水系统,或采用防火分隔水幕分隔。

从防火的角度看,防火分区划分得越小,越有利于保证建筑物的防火安全。防火分区面积大小的确定应考虑建筑物的使用性质、重要性、火灾危险性、建筑物高度、消防扑救能力以及火灾蔓延的速度等因素。

(2) 防火分区的划分

① 厂房:每个防火分区面积的最大允许占地面积应符合表 6-5 的要求。多层厂房:表中最大允许占地面积是指每层允许最大建筑面积。

② 库房:每个防火墙间面积及最大允许占地面积应符合表 6-6 的要求。

③ 高层厂房防火分区的划分。高层厂房是指建筑高度超过 24m 的两层及两层以上的厂房,高层厂房每个防火分区的最大允许建筑面积应符合表 6-5 的要求。甲类厂房不能设在高层厂房内。高层厂房的耐火等级不应低于二级。

④ 高层库房防火分区的划分。高层库房是指建筑高度超过 24 m 的二层及二层以上的库房,甲、乙类物品及丙类可燃液体不应储存在高层库房内,高层库房的耐火等级不应低于二级。高层库房每个防火分区防火墙间的最大允许建筑面积应符合表 6-6 的要求。

2. 防火分隔物

(1) 防火分隔物的概念

防火分隔物是指能在一定时间内阻止火势蔓延,且能把建筑物内部空间分隔成若干小防火空间的物体。常用防火分隔物有防火墙、防火门、防火卷帘、防火水幕带、防火阀和排烟防火阀等。

(2) 防火墙

防火墙是由不燃烧材料构成的,为减小或避免建筑、结构、设备遭受热辐射危害和防止火灾蔓延,设置的竖向分隔体或直接设置在建筑物基础上或钢筋混凝土框架上具有耐火性的墙。防火墙是防火分区的主要建筑构件，通常防火墙有内防火墙、外防火墙和室外独立墙几种类型。

（3）防火门

防火门是指在一定时间内，连同框架能满足耐火稳定性、完整性和隔热性要求的门。它是设置在防火分区、疏散楼梯间、垂直竖井等位置且具有一定耐火性的活动的防火分隔物。防火门除具有普通门的作用外，更重要的是还具有阻止火势蔓延和烟气扩散的特殊功能。它能在一定时间内阻止或延缓火灾蔓延，确保人员安全疏散。

（4）防火窗

防火窗是指在一定的时间内，连同框架能满足耐火稳定性和耐火完整性要求的窗。防火窗一般安装在防火墙或防火门上。防火窗的分类，按安装方法可分为固定窗扇防火窗和活动窗扇防火窗。防火窗的作用，一是隔离和阻止火势蔓延，此种窗多为固定窗；二是采光，此种窗有活动窗扇，正常情况下可以采光通风，火灾时起防火分隔作用。活动窗扇的防火窗应具有手动和自动关闭功能。

（5）防火卷帘

防火卷帘是指在一定时间内，连同框架能满足耐火稳定性和耐火完整性要求的卷帘。防火卷帘是一种活动的防火分隔物，平时卷起放在门窗上口的转轴箱中，起火时将其放下展开，用以阻止火势从门窗洞口蔓延。防火卷帘设置部位一般在消防电梯前室、自动扶梯周围、中庭与每层走道、过厅、房间相通的开口部位，以及设置防火墙有困难的部位等。

（6）防火阀

防火阀是指在一定时间内能满足耐火稳定性和耐火完整性要求，用于通风、空调管道内阻火的活动式封闭装置。

6.1.5 防火间距

1. 影响防火间距的因素

火灾不仅能在建筑物内部蔓延，而且还可能向相接甚至相隔一段距离的建筑物蔓延。造成火灾蔓延的主要因素有以下几种。

（1）辐射热

辐射热是影响防火间距的主要因素，辐射热的传导作用范围较大，在火场上火焰温度越高，辐射热强度越大，引燃一定距离内的可燃物时间也越短。辐射热伴随着热对流和飞火则更危险。

（2）热对流

这是由火场冷热空气对流形成的热气流，热气流冲出窗口，火焰向上升腾而扩大火势蔓延。由于热气流离开窗口后迅速降温，故热对流对邻近建筑物来说影响较小。

（3）建筑物外墙开口面积

建筑物外墙开口面积越大，火灾时在可燃物的质和量相同的条件下，由于通风好、燃烧快、火焰强度高，辐射热强度大，相邻建筑物接受辐射也较多，就容易引起火灾蔓延。

(4) 建筑物内可燃物的性质、数量和种类

可燃物的性质、种类不同,火焰温度也不同。可燃物的数量与发热量成正比,与辐射热强度也有一定关系。

(5) 风速

风的作用能加强可燃物的燃烧并促使火灾加快蔓延。

(6) 相邻建筑物高度的影响

相邻两栋建筑物,若较低的建筑着火,尤其当火灾发生后它的屋顶结构倒塌,火焰蹿出时,对相邻的较高的建筑危险很大,因较低建筑物对较高建筑物的辐射角在30°至45°之间时,辐射热强度最大。

(7) 建筑物内消防设施的水平

如果建筑物内火灾自动报警和自动灭火设备完整,不但能有效地防止和减少建筑物本身的火灾损失,而且还能减小向相邻建筑物蔓延的可能性。

(8) 灭火时间的影响

火场中的火灾温度,随燃烧时间有所增长。火灾延续时间越长,辐射热强度也会有所增加,向相邻建筑物的蔓延可能性增大。

2. 确定防火间距的基本原则

影响防火间距的因素很多,除考虑建筑物的耐火等级、建(构)筑物的使用性质、生产或储存物品的火灾危险性等因素外,还应考虑到消防人员是否能够及时到达并迅速扑救这一因素。通常根据下述情况确定防火间距。

(1) 辐射热的作用

火灾资料表明,一、二级耐火等级的低层民用建筑,保持7～10 m的防火间距,在有消防队进行扑救的情况下,一般不会蔓延到相邻的建筑物。

(2) 灭火作战的实际需要

建筑物的建筑高度不同,需使用的消防车也不同。对低层建筑,普通消防车即可;而对高层建筑,则还要使用曲臂、云梯等登高消防车。为此,考虑登高消防车操作场地的要求,也是确定防火间距的因素之一。

(3) 节约用地

在进行总平面规划时,既要满足防火要求,又要考虑节约用地。在有消防扑救的条件下,以能够阻止火灾向相邻建筑物蔓延为原则。

3. 库房的防火间距

(1) 甲类物品库房之间的防火间距不应小于20 m。乙、丙、丁、戊类物品库房之间的防火间距不应小于表6-7的规定。

(2) 高层库房之间以及高层库房与其他建筑之间的防火间距应按表6-7的要求增加3 m,单层、多层戊类库房之间的防火间距可按表6-7的要求减少2 m。

(3) 甲类物品库房与其他建筑物的防火间距不应小于表6-7的规定。乙、丙、丁、戊类物品库房与其他建筑之间的防火间距、与甲类物品库房的防火间距按表6-7的规定执行;与

甲类厂房之间的防火间距应按表 6-7 的规定增加 2 m。

(4) 乙类物品库房(乙类 6 项物品除外)与重要的公共建筑之间的防火间距不宜小于 30 m,与其他民用建筑不宜小于 25 m。

4. 厂房的防火间距

(1) 厂房之间的防火间距不应小于表 6-7 的规定。

(2) 丙、丁、戊类厂房与民用建筑之间的防火间距,不应小于表 6-7 的规定,但单层、多层戊类厂房与民用建筑之间的防火间距,可按表 6-7 中单层、多层民用建筑之间的防火间距的要求执行。甲、乙类厂房与民用建筑之间的防火间距,不应小于 25 m,距重要的公共建筑不宜小于 50 m,甲类厂房与明火或散发火花地点的防火间距不应小于 30 m(明火地点是指室内外有外露火焰或炽热表面的固定地点。散发火花地点是指有飞火的烟囱或室外砂轮、电焊、气焊、气割、非防爆的电气开关等固定地点)。

(3) 厂房与甲类物品库房之间的防火间距不小于表 6-7 的规定,但高层厂房与甲类物品库房的防火间距不应小于 13 m。

(4) 除高层厂房和甲类厂房外,数座厂房的占地面积总和不超过规范规定的防火分区最大允许占地面积时,可成组布置。组内厂房之间的间距:当厂房高度不超过 7 m 时,不应小于 4 m;超过 7 m 时,不应小于 6 m。组与组或组与相邻建筑之间的防火间距应符合表 6-7 的规定。

表 6-7　厂房的防火间距(m)

耐火等级	一、二级	三级	四级
一、二级	10	12	14
三级	12	14	16
四级	14	16	18

注:1. 防火间距应按相邻建筑物外墙的最近距离计算,如外墙有凸出的燃烧构件,则应从其凸出部分外缘算起。

2. 甲类厂房之间及其与其他厂房之间的防火间距,应按本表增加 2 m,戊类厂房之间的防火间距,可按本表减少 2 m。

3. 高层厂房之间及其与其他厂房之间的防火间距,应按本表增加 3 m。

4. 两座厂房相邻较高一面的外墙为防火墙时,其防火间距不限,但甲类厂房之间不应小于 4 m。

5. 两座一、二级耐火等级厂房,当相邻较低一面外墙为防火墙且较低一座厂房的屋盖耐火极限不低于 1 h 时,其防火间距仍可适当减小,但甲、乙类厂房不应小于 6 m;丙、丁、戊类厂房不应小于 4 m。

6. 两座一、二级耐火等级厂房,当相邻较高一面外墙的门窗等开口部位设有防火门窗或防火卷帘和水幕时,其防火间距仍可适当减小,但甲、乙类厂房不应小于 6 m;丙、丁、戊类厂房不应小于 4 m。

7. 两座丙、丁、戊类厂房相邻两面的外墙均为非燃烧体,如无外露的燃烧体屋檐,当每面外墙上的门窗洞口面积之和各不超过该外墙面积的 5%,且门窗洞口不正对开设时,其防火间距可按本表减小 25%。

8. 耐火等级低于四级的原有厂房,其防火间距可按四级确定。

(5) 室外变、配电站与建筑物、堆场、储罐之间的防火间距,不应小于表 6-8 的规定。

表 6-8　室外变、配电站与建筑物、堆场、储罐之间的防火间距(m)

<table>
<tr><th colspan="3" rowspan="2">建筑物、堆场、储罐名称</th><th colspan="3">变压器总油量(t)</th></tr>
<tr><th>5～10</th><th>10～50</th><th>＞50</th></tr>
<tr><td rowspan="3">民用建筑</td><td rowspan="6">耐火等级</td><td>一、二级</td><td>15</td><td>20</td><td>25</td></tr>
<tr><td>三级</td><td>20</td><td>25</td><td>30</td></tr>
<tr><td>四级</td><td>25</td><td>30</td><td>35</td></tr>
<tr><td rowspan="3">丙、丁、戊类厂房及库房</td><td>一、二级</td><td>12</td><td>15</td><td>20</td></tr>
<tr><td>三级</td><td>15</td><td>20</td><td>25</td></tr>
<tr><td>四级</td><td>20</td><td>25</td><td>30</td></tr>
<tr><td colspan="3">甲、乙类厂房</td><td colspan="3">25</td></tr>
<tr><td rowspan="3">甲、乙类库房</td><td colspan="2">储量不超过 10 t 的甲类 1、2、5、6 项物品和乙类物品</td><td colspan="3">25</td></tr>
<tr><td colspan="2">储量不超过 5 t 的甲类 3、4 项物品和储量超过 10 t 的甲类 1、2、5、6 项物品</td><td colspan="3">30</td></tr>
<tr><td colspan="2">储量超过 5 t 的甲类 3、4 项物品</td><td colspan="3">40</td></tr>
<tr><td colspan="3">稻草、麦秸、芦苇等易燃材料堆场</td><td colspan="3">50</td></tr>
<tr><td rowspan="4">甲、乙类液体储罐</td><td colspan="2" rowspan="21">总储量(立方米)</td><td colspan="2">1～50</td><td>25</td></tr>
<tr><td colspan="2">51～200</td><td>30</td></tr>
<tr><td colspan="2">201～1000</td><td>40</td></tr>
<tr><td colspan="2">1001～5000</td><td>50</td></tr>
<tr><td rowspan="4">丙类液体储罐</td><td colspan="2">5～250</td><td>25</td></tr>
<tr><td colspan="2">251～1000</td><td>30</td></tr>
<tr><td colspan="2">1001～5000</td><td>40</td></tr>
<tr><td colspan="2">5001～25000</td><td>50</td></tr>
<tr><td rowspan="6">液化石油气储罐</td><td colspan="2">＜10</td><td>35</td></tr>
<tr><td colspan="2">11～30</td><td>40</td></tr>
<tr><td colspan="2">31～200</td><td>50</td></tr>
<tr><td colspan="2">201～1000</td><td>60</td></tr>
<tr><td colspan="2">1001～2500</td><td>70</td></tr>
<tr><td colspan="2">2501～5000</td><td>80</td></tr>
<tr><td rowspan="4">湿式可燃气体储罐</td><td colspan="2">≤1000</td><td>25</td></tr>
<tr><td colspan="2">1001～10000</td><td>30</td></tr>
<tr><td colspan="2">10001～50000</td><td>35</td></tr>
<tr><td colspan="2">＞50000</td><td>40</td></tr>
<tr><td rowspan="3">湿式氧化储罐</td><td colspan="2">≤1000</td><td>25</td></tr>
<tr><td colspan="2">1001～50000</td><td>30</td></tr>
<tr><td colspan="2">＞50000</td><td>35</td></tr>
</table>

注：1. 防火间距应从距建筑物、堆场、储罐最近的变压器外壁算起，但室外变、配电构架距堆场、储罐和甲、乙类的厂房不宜小于 25 m，距其他建筑物不宜小于 10 m。2. 本条的室外变、配电站，是指电力系统电压为 35～500 kV，且每台变压器容量在 10000 kVA 以上的室外变、配电站，以及工业企业的变压器总油量超过 5 t 的室外总降压变电站。3. 发电厂内的主要变压器，其油量可按单台确定。4. 干式可燃气体储罐的防火间距应按本表湿式可燃气体储罐增加 25%。

（6）储罐、堆场与建筑物的防火间距不应小于表 6-9 的规定。

表 6-9　储罐、堆场与建筑物的防火间距（m）

名称	一个罐区、堆场总储量（m^3）	耐火等级		
		一、二级	三级	四级
易燃液体	1～50	12	15	20
	51～200	15	20	25
	201～1000	20	25	30
	1001～5000	25	30	40
可燃液体	5～250	12	15	20
	251～1000	15	20	25
	1001～5000	20	25	30
	5001～25000	25	30	40

注：1. 防火间距应从建筑物最近的储罐外壁、堆剁外缘算起，但储罐防火堤外侧基脚线至建筑物的距离不小于 10 m。2. 甲、乙、丙类液体的固定顶储罐区、半露天堆场和乙、丙类液体堆场与甲类厂（库）房以及民用建筑的防火间距，应按本表的规定增加 25%。但甲、乙类液体储罐区、半露天堆场和乙、丙类液体的堆场与上述建筑物的防火间距不应小于25 m，与明火或散发火花地点的防火间距，应按本表四级建筑的规定增加 25%。3. 浮顶储罐或闪点大于 120 ℃的液体储罐与建筑物的防火间距，可按本表的规定减小 25%。4. 一个单位如有几个储罐区，储罐区之间的防火间距不应小于本表相应储量储罐与四级建筑的较大值。5. 石油库的储罐与建筑物、构筑物的防火间距可按《石油库设计规范》（GB 50074—2014）的有关规定执行。

6.1.6　厂房防爆泄压

1. *厂房防爆泄压原理*

防爆厂房的泄压主要靠轻质屋盖、轻质外墙和泄压门窗的泄压面积来实现。这些泄压构件就建筑整体而言是人为设置的薄弱部位。当发生爆炸时，它们最先遭到破坏或开启，向外释放大量的气体和热量，使室内爆炸产生的压力迅速下降，从而达到主要承重结构不被破坏，整座厂房不倒塌的目的。

2. *对泄压构件和泄压面积及其设置的要求*

对泄压构件和泄压面积及其设置的要求如下：

（1）泄压轻质屋盖。根据需要可分别由石棉水泥波形瓦和加气混凝土等材料制成，并有保温层或防水层、无保温层或无防水层之分。

（2）泄压轻质外墙分为有保温层、无保温层两种型式。常采用石棉水泥瓦作为无保温层的泄压轻质外墙，而有保温层的轻质外墙则是在石棉水泥瓦外墙的内壁加装难燃木丝板作保温层，用于要求采暖保温或隔热降温的防爆厂房。

（3）泄压窗有多种型式，如轴心偏上中悬泄压窗，抛物线型塑料板泄压窗等。窗户上通常安装厚度不超过 3 mm 的普通玻璃。要求泄压窗在爆炸力递增稍大于室外风压时，能自动向外开启泄压。

(4) 泄压设施的泄压面积与厂房体积的比值(m^2/m^3)宜为0.05～0.22。爆炸介质威力较强或爆炸压力上升速度较快的厂房,应尽量加大比值。体积超过1000m^3的建筑,如采用上述比值有困难时,可适当降低,但不宜小于0.03。

(5) 作为泄压面积的轻质屋盖和轻质墙体质量每平方米不宜超过120 kg。

(6) 散发较空气轻的可燃气体、可燃蒸气的甲类厂房宜采用全部或局部轻质屋盖作为泄压设施。

(7) 泄压面积的设置应避开人员集中的场所和主要交通道路,并宜靠近容易发生爆炸的部位。

(8) 当采用活动板、窗户、门或其他铰链装置作为泄压设施时,必须注意防止打开的泄压孔在爆炸正压冲击波之后出现负压而关闭。

(9) 爆炸泄压孔不能受到其他物体的阻碍,也不允许冰、雪妨碍泄压孔和泄压窗的开启,需要经常检查和维护。

(10) 当起爆点能确定时,泄压孔应设在距起爆点尽可能近的地方。当采用管道把爆炸产物引导到安全地点时,管道必须尽可能短而直,且应朝向陈放物少的方向设置,因为任何管道泄压的有效性都随着管道长度的增加而按比例减小。

6.1.7 防烟技术

烟气是物质燃烧和热解的产物。火灾过程所产生的气体、剩余空气和悬浮在气体中的微粒的总和称为烟气。下面介绍防烟的技术措施。

1. 防烟分区

(1) 防烟分区的概念

防烟分区是为有利于建筑物内人员安全疏散与有组织排烟而采取的技术措施。防烟分区使烟气集中于设定空间,通过排烟设施将烟气排至室外。其目的在于:为安全疏散创造有利条件;为消防扑救火灾创造有利条件;控制火势蔓延扩大,减小火灾造成的损失。

防烟分区范围是指以屋顶挡烟隔板、挡烟垂壁或从顶棚向下突出不小于500 mm的梁为界,从地板到屋顶或吊顶之间的规定空间。

屋顶挡烟隔板是指设在屋顶内,能对烟和热气的横向流动造成障碍的垂直分隔体。挡烟垂壁是指用不燃烧材料制成,从顶棚下垂不小于500 mm的固定或活动的挡烟设施。活动挡烟垂壁是指火灾时因感温、感烟或其他控制设备的作用,自动下垂的挡烟垂壁。

(2) 防烟分区的作用

大量资料表明,火灾现场人员伤亡的主要原因是烟害所致。发生火灾时首要任务是把火场上产生的高温烟气控制在一定的区域之内,并迅速排出室外。为此,在设定条件下必须划分防烟分区。设置防烟分区主要是保证在一定时间内,使火场上产生的高温烟气不致随意扩散,并进而加以排除,从而达到有利于人员安全疏散,控制火势蔓延和减小火灾损失的目的。

(3) 防烟分区的设置原则和方法

设置防烟分区时,如果面积过大,会使烟气波及面积扩大,增加受灾面,不利于安全疏散和扑救;如面积过小,不仅影响使用,还会提高工程造价。一般遵循如下原则:不设排烟设施的房间(包括地下室)和走道,不划分防烟分区;防烟分区不应跨越防火分区;对有特殊用途的场所,如地下室、防烟楼梯间、消防电梯、避难层间等,应单独划分防烟分区;防烟分区一般不跨越楼层,某些情况下,如 1 层面积过小,允许包括 1 个以上的楼层,但以不超过 3 层为宜;每个防烟分区的面积,对于高层民用建筑和其他建筑(含地下建筑和人防工程),其建筑面积不宜大于 500 m^2;当顶棚(或顶板)高度在 6 m 以上时,可不受此限。此外,需设排烟设施的走道、净高不超过 6 m 的房间应采用挡烟垂壁、隔墙或从顶棚突出不小于 0.5 m 的梁划分防烟分区,梁或垂壁至室内地面的高度不应小于 1.8 m。

防烟分区一般根据建筑物的种类和要求不同,可按其用途、面积、楼层划分。

2. 防烟方式

防烟方式归纳起来有非燃化防烟、密闭防烟、阻碍防烟和加压送风防烟几种方式。

(1) 非燃化防烟

防烟的基本做法首先是非燃化。非燃化防烟是从根本上杜绝烟源的一种防烟方式。关于非燃化的问题,各国都制定了专门的法规或规范,对包括建筑材料,室内家具材料以及各种管道及其保温绝热材料在内的各种材料的燃化都作了明确的规定,特别是对那些特殊建筑、大型建筑、地下建筑等场所,要求是非常严格的。非燃材料的特点是不容易发烟,既不燃烧且发烟量很少,所以非燃材料可使火灾时产生的烟气量大大减少,烟气光学浓度大大降低。

(2) 密闭防烟方式

对发生火灾的房间实行密闭防烟也是防烟的一种基本方式,其原理是采用密封性能很好的墙壁等将房间封闭起来,并对进出房间的气流加以控制。当房间起火时,一般可杜绝新鲜的空气流入,使着火房间内的燃烧因缺氧而自行熄灭,从而达到防烟灭火的目的。

这种方式一般适用于防火分区容易分得很细的住宅、公寓、旅馆等,并优先用于容易发生火灾的房间,如灶房等。这种方式的优点是不需要动力,而且效果很好。缺点是门窗等经常处于关闭状态时使用不方便,而且发生火灾时,如果房间内有人需要疏散,仍将引起漏烟。

(3) 阻碍防烟方式

在烟气扩散流动的路线上设置各种阻碍,以防止烟气继续扩散的方式称为阻碍防烟方式。这种方式常常用在烟气控制区域的交界处,有时在同一区域内也采用。防烟卷帘、防火门、防火阀、防烟垂壁等都是这种阻碍结构。

(4) 机械加压防烟方式

在建筑物发生火灾时,对着火区以外的区域进行加压送风,使其保持一定的正压,以防止烟气侵入的防烟方式称为加压防烟。因为加压区域和非加压区域之间有若干常规的挡烟物,如墙壁、楼板及门窗等,挡烟物两侧的压力差可有效地防止烟气通过门窗周围的缝隙和围护结构缝隙渗漏过来。发生火灾时,由于疏散和扑救的需要,加压区域之间的门总是要打开的,或者是在疏散期间打开,或者是在整个火灾期间打开。如果敞开门洞处的气流方向与烟气流向相反,当气流速度达到一定值时,仍能有效阻止烟气,即阻止烟气向非加压的着火区流动。

加压防烟方式的优点是能有效地防止烟气侵入所控制的区域,而且由于送入大量的新鲜空气,特别适合于作为疏散通道的楼梯间、电梯间及前室的防烟。

3. 排烟方式

(1) 自然排烟方式

自然排烟是利用火灾产生的烟气流的浮力和外部风力作用,通过建筑物的对外开口把烟气排至室外的排烟方式,实质是热烟气和冷空气的对流运动。在自然排烟中,必须有冷空气的进口和热烟气的排出口。烟气排出口可以是建筑物的外窗,也可以是专门设置在侧墙上部的排烟口。对高层的建筑来说,曾一度采用专用的通风排烟竖井,在平常,由于建筑物内空气温度一般比室外高,产生浮力,使气流上升,便于房间排气。发生火灾时,由于室内温度较大幅度上升,室内外温差较大,形成烟囱效应,成为排烟的一种动力,常称为烟塔排烟方式。

这种方式由于利用了竖井的"烟囱效应",产生抽风力,所以排烟效果好,它不受室外条件的影响,而且设备简单,不需要动力。如果考虑了竖井的耐热问题,可排除较高温度烟气的不利影响,因此得到了一定的应用。这种方式的主要缺点是占地面积大。

(2) 机械排烟方式

① 全面通风排烟方式。在对房间利用排烟机进行机械排烟的同时,利用送风机进行机械送风,这种方式称为全面通风排烟方式。由于这种机械排烟方式给控制区送入了大量的新鲜空气,为避免产生助燃的影响,它不适用于着火区,可用于非着火的有烟区。系统运行时可使系统的送风量稍大于排烟量,使控制区稍微正压。这种方式的优点是防烟排烟效果好,而且稳定,不受任何气象条件的影响,从而确保控制区域的安全。缺点是需要送、排风两套机械设备,投资较高,耗电量也较大。

② 负压机械排烟方式。利用排烟机把着火房间中产生的烟气通过排烟口排到室外的排烟方式称为负压排烟方式。在火灾发展初期,这种排烟方式能使着火房间内压力下降,造成负压,烟气不会向其他区域扩散。但火灾猛烈发展阶段,由于烟气大量产生,排烟机如果来不及把其完全排除,烟气就可能扩散到其他区域中去。另外排烟机要求能承受高温烟气,而且还需要设防火阀,在超温时自动关闭停止排烟。所以,不仅投资高,而且日常维护管理费用也高。

(3) 喷雾水流排烟

喷雾水流排烟是一种既方便又有效的排烟手段和方法。这种方法既有利于灭火,又能净化空气,还能减轻烟气对消防员的危害。使用时,一般要求是:选择在进风口的一面设置喷雾水枪,下风口的一面为排烟口。并注意在排烟口附近设置一定水枪保护,方可实施排烟。喷雾水流排烟的技术要求比较高,在走廊两端排烟时,喷雾水流应将走廊的截面积全部遮住,阻止烟气的倒流,排烟时应逐步推进;在房间内排烟时,应以房间的入口处作喷雾前端,要求在能全部覆盖入口的位置上固定水枪。进入室内要注意形成负压,以防烟火倒流。如在面积较大的空间排烟时,应充分利用防火分隔物,依托防火分隔缩小进风口横截面积,然后喷射水流。对于排烟一侧,须将开口部位全部开放。

4. 隔烟设施

在防烟分区的区域边界上设置烟气阻隔设施形成围挡,使烟气不能越过阻碍物继续流动。在火灾发展初期,烟气阻隔设施对阻止烟气的水平扩散十分有效。若及时启动排烟装置,烟气可以有效地控制在本区域,若不能及时排烟,烟气越聚越多,烟气层厚度增大,将越过阻隔装置向外扩散。

用于阻隔烟气水平方向扩散的装置有挡烟垂壁和挡烟梁两类。挡烟垂壁通常有防烟卷帘、活动式挡烟板、固定式挡烟板等。

6.1.8 安全疏散与火场逃生

1. 安全疏散

根据《建筑防火设计规范》(GB 50016—2014)的要求，厂房安全出口的数目不应少于两个。但符合下列要求的可设一个。甲类厂房，每层面积不超过 100 m^2 且同一时间的生产人数不超过 5 人；乙类厂房，每层面积不超过 150 m^2 且同一时间的生产人数不超过 10 人；丙类厂房，每层面积不超过 250 m^2 且同一时间的生产人数不超过 20 人；丁、戊类厂房，每层面积不超过 400 m^2 且同一时间的生产人数不超过 30 人。

厂房的地下室、半地下室的安全出口的数目不应少于两个，但面积不超过 50 m^2 且人数不超过 10 个人时可设一个。

地下室、半地下室如用防火墙隔成几个防火分区时，每个防火分区可利用防火墙上通向相邻分区的防火门作为第二安全出口。但每个防火分区必须设一个直通室外的安全出口。

厂房内最远工作地点到外部出口或楼梯的距离不应超过表 6-10 的规定。

表 6-10 厂房内任一点到最近安全出口的距离(m)

生产的火灾危险性类别	耐火等级	单层厂房	多层厂房	高层厂房	地下或半地下厂房（包括地下室或半地下室）
甲	一、二级	30	25	—	—
乙	一、二级	75	50	30	—
丙	一、二级	80	60	40	30
	三级	60	40	—	—
丁	一、二级	不限	不限	50	45
	三级	60	50	—	—
	四级	50	—	—	—
戊	一、二级	不限	不限	75	60
	三级	100	75	—	—
	四级	60	—	—	—

厂房每层的疏散楼梯、走道、门的各自总宽度应按表 6-11 的规定计算。当各层人数不相等时，其楼梯总宽度应分层计算，下层楼梯总宽度按其上层人数最多的一层人数计算，但楼梯最小宽度不宜小于 1.1 m。

底层外门的总宽度应按该层或该层以上人数最多的一层人数计算；但疏散门的最小宽度不宜小于 0.9 m；疏散走道宽度不宜小于 1.4 m。

表 6-11 厂房疏散楼梯、走道和门的每100人最小疏散净宽度

厂房层数(层)	1～2	3	≥4
最小疏散净宽度(m/百人)	0.60	0.80	1.00

2. 火场逃生

一场火灾降临，能否逃生，固然与火势大小、起火时间、楼层高度，建筑物内有无报警、排烟、灭火设施等因素有关，然而主要与受灾者的自救能力以及是否懂得逃生步骤和方法等因素有关。火海成功逃生的条件主要有：科学的逃生自救方法和良好的心理素质。

(1) 火场致死因素

火灾中致人死亡的因素主要有：缺氧、烧伤和吸入烟气（特别是一氧化碳）等。根据统计资料，火灾中死亡的人员有80%以上不是直接被火烧死的，而是由于烟气（有毒气体、热气等）的危害造成的。

(2) 火场逃生基本原则

① 财物诚可贵，生命价更高。火场逃生要迅速，动作越快越好，切不要为穿衣服或寻找贵重物品而延误时间，要树立"时间就是生命""人的生命是第一位"的思想。

② 就近就便，因地制宜。火场中被困人员应抓紧时间，就近、就便，利用一切可以利用的通道、工具，迅速撤离危险区域。

③ 互相帮助，有序疏散。在火灾现场，每个人不仅应该想到使自己尽快疏散，还要积极帮助老、弱、病、残、孕、妇女、儿童等有秩序地疏散，切忌乱作一团而导致通道堵塞，酿成大祸。

(3) 火场逃生方式

① 居安思危，未雨绸缪。首先要了解和熟悉自己工作、学习或居住的建筑物的结构及逃生路径。当你身处陌生的环境，如进入酒店、商场、娱乐场所时，也要留意疏散通道和安全出口的方位，一旦发生火灾，你就不会"走投无路"了。

② 清理通道，敞开出口。楼梯、通道、安全出口等是火灾发生时逃生的必经之路，将其堵塞无疑是自断后路。应清理所处建筑的通道和出口，保证这些地方随时畅通无阻。切不可为防盗而在出口处设闸上锁。

③ 速灭小火，免酿大灾。火灾最容易被遏制的时候是它的初起阶段。如果发现火势不大，尚未对人造成很大威胁，周围又有足够的消防器材，如灭火器、消火栓等的时候，应集中力量迅速将火扑灭。千万不能置小火于不顾而酿成大灾。

④ 不贪财物，不履险地。人的生命是最重要的，身处险境，应尽快撤离，不要因害羞或贪恋贵重物品，而把宝贵的逃生时间浪费在穿衣或抢救贵重物品上。

⑤ 明辨方向，迅速撤离。面对浓烟烈火，一定要让自己保持镇静。这样才能迅速辨明危险地带和安全地带，从而采取正确的逃生路线和方法。千万不要盲目地跟从人流，更不要乱冲乱窜。要尽量往低楼层跑（特殊情况除外），若通道已被烟火封阻，则应背向烟火方向离开。通过阳台、气窗、天台等往室外逃生。

⑥ 蒙鼻避烟，匍匐前进。从火场逃生时往往会经过充满烟雾的路段，这时防烟就十分重要。毛巾、口罩都是防止烟气的好东西，而贴近地面匍匐撤离也是避免吸入烟气的好方法。如果必须穿越烟火封锁区，则应佩戴防毒面具、头盔、阻燃隔热服等护具；没有这些护具

时，可向头部、身上浇冷水或用湿毛巾、湿棉被、湿毯子等将头、身裹好，再冲出去。

⑦ 善用通道，莫入电梯。发生火灾时，要根据情况选择相对较为安全的楼梯通道撤离。紧急情况下，还可以通过阳台、窗台、屋顶等转移到附近的安全地点或是沿着水管、避雷线等建筑结构中的凸出物脱险。由于电梯的供电系统在火灾中会随时断电，且电梯井会形成"烟囱效应"直接威胁被困人员的生命，因此，千万不能乘普通电梯逃生。

⑧ 滑绳自救，缓降逃生。高层、多层的公共建筑物内一般都配有高空缓降器或救生绳，被火灾围困的人员可以通过这些设施逃离危险楼层。如果没有这些专门设施，而安全通道又被封堵，你可以用绳索或床单、窗帘、衣服等自制简易救生绳，并用水打湿，沿绳缓慢滑到下面楼层或地面安全逃生。

⑨ 暴露自己，寻求援助。被烟火围困暂时无法逃离的人员，应尽量待在阳台、窗口等易于被人发现和能暂时避免烟火近身的地方。在白天，可以向窗外晃动颜色鲜艳的衣物，或向外抛质量较轻的东西；在晚上可用发光的东西在窗口不停闪动或敲击东西，及时发出有效的求救信号，引起救援者的注意。在被烟气窒息失去自救能力前，应努力滚到墙边或门边，便于消防人员寻找、营救；此外滚到墙边也可防止房屋结构塌落砸伤自己。

⑩ 跳楼有术，减损求生。首先应强调的是：只有消防员准备好救生气垫并指挥跳楼或楼层不高(一般 3 层以下)，同时，不跳楼就会马上丧生的情况下，才能采取跳楼逃生；即便已没有任何退路，若生命还未受到严重威胁，也要冷静地等待救援。迫不得已跳楼时，应尽量往救生气垫中部跳或往水池、软雨篷、草地等方向跳；如有可能，要尽量抱些棉被、沙发垫等松软物品或打开大雨伞跳下，以减缓冲击力；如果徒手跳楼，一定要扒住窗台或阳台边缘使身体自然下垂后才跳下，以尽量降低垂直距离；落地前要用双手抱紧头部，身体弯曲蜷成一团，以减少伤害。再次重申，跳楼会对身体造成一定伤害，须慎之又慎。

"只有绝望的人，没有绝望的处境"，面对滚滚的浓烟和熊熊的烈焰，只要冷静机智地运用火场自救与逃生知识，往往就能绝处逢生。

(4) 火场逃生中的五大错误行为

在火场由于人的惊慌失措和从众心理，常出现一些错误行为，从而丧失逃生机会。下面是常见的五种错误行为。

① 原路脱险。这是人们最常见的火灾逃生行为模式。人们总是习惯沿着进来的出入口和楼道进行逃生，当发现此路被封死时，才被迫去寻找其他出入口。殊不知，此时已失去最佳逃生时间。

② 向光朝亮。这是在紧急危险情况下，由于人的本能、生理、心理所决定。但这时的火场中，90%的可能是电源已被切断或已造成短路、跳闸等，光和亮之地正是火魔逞威之处。

③ 盲目追随。当人的生命突然面临危险状态时，极易因惊慌失措而失去正常的判断思维能力，第一反应就是盲目地追随众人。克服盲目追随的方法是平时要多了解与掌握一定的消防自救与逃生知识。

④ 自高向下。当高楼大厦发生火灾，特别是高层建筑一旦失火，人们总是习惯性地认为：火是从下面往上着的，越高越危险，越下越安全。殊不知，这时的下层可能是一片火海。

随着消防装备现代化的不断提高，在发生火灾时，有条件的可登上房顶或在房间内采取有效的防烟、防火措施后等待救援也不失为明智之举。

⑤ 冒险跳楼。人们在开始发现火灾时，会立即做出第一反应。这时的反应大多还是比较理智的。但是，当选择的路线逃生失败，逃生之路被大火封死，火势越来越大，烟雾越来越浓时，人们就很容易失去理智。此时的人们也不要跳楼、跳窗等，而应另谋生路，万万不可盲目采取冒险行为，盲目跳楼。

6.2　危险化学品防火防爆

6.2.1　危险化学品概念

1. 危险化学品的概念及分类

1）化学品和危险化学品

化学品是指由各种化学元素组成的物质及混合物（无论是天然的还是人造的）。化学品中具有毒害、腐蚀、爆炸、燃烧、助燃等性质，对人体、设施、环境具有危害的剧毒化学品和其他化学品称为危险化学品。

2）危险化学品的分类

目前常见的危险化学品有数千种，其性质各不相同，每种危险化学品往往具有多种危险性，但是在多种危险性中，通常有一种主要的即对人类危害最大的危险性。因此在对危险化学品分类时，应掌握“择重归类”的原则，根据化学品的主要危险性来进行分类。

国家标准《化学品分类和危险性公示通则》（GB 13690—2009），按主要危险特性把危险化学品分为三大类：理化危险 16 类、健康危险 10 类、环境危险 2 类。

（1）理化危险

① 爆炸物

爆炸物质（或混合物）是这样一种固态或液态物质（或物质的混合物），其本身能够通过化学反应产生气体，而产生气体的温度、压力和速度能对周围环境造成破坏。其中也包括发火物质，即便它们不放出气体。

发火物质（或发火混合物）是这样一种物质或物质的混合物，它旨在通过非爆炸自主放热化学反应产生的热、光、声、气体、烟或所有这些的组合来产生效应。

爆炸性物品是含有一种或多种爆炸性物质或混合物的物品。

烟火物品是包含一种或多种发火物质或混合物的物品。

② 易燃气体

易燃气体是在 20 ℃和 101.3 kPa 标准压力下，与空气有易燃范围的气体。

③ 易燃气溶胶

气溶胶是指气溶胶喷雾罐，系任何不可重新灌装的容器，该容器由金属、玻璃或塑料制成，内装强制压缩、液化或溶解的气体，包含或不包含液体、膏剂或粉末，配有释放装置，可使所装物质喷射出来，形成在气体中悬浮的固态或液态微粒或形成泡沫、膏剂或粉末或处于液态或气态。

④ 氧化性气体

氧化性气体是一般通过提供氧气，比空气更能导致或促使其他物质燃烧的任何气体。

⑤ 压力下气体

压力下气体是指高压气体在压力等于或大于 200 kPa（表压）下装入储罐的气体，或是液化气体或冷冻液化气体。压力下气体包括压缩气体、液化气体、溶解液体、冷冻液化气体。

⑥ 易燃液体

易燃液体是指闪点不高于 93 ℃的液体。

⑦ 易燃固体

易燃固体是容易燃烧或通过摩擦可能引燃或助燃的固体。易于燃烧的固体为粉状、颗粒状或糊状物质，它们在与燃烧着的火柴等火源短暂接触即可点燃和火焰迅速蔓延的情况下，都非常危险。

⑧ 自反应物质或混合物

自反应物质或混合物是即便没有氧（空气）也容易发生激烈放热分解的热不稳定液态或固态物质或者混合物。该定义不包括根据统一分类制度分类为爆炸物、有机过氧化物或氧化物质的物质或混合物。自反应物质或混合物如果在实验室试验中其组分容易起爆、迅速爆燃或在封闭条件下加热时显示剧烈效应，应视为具有爆炸性质。

⑨ 自燃液体

自燃液体是即使数量小也能在与空气接触后 5 min 之内引燃的液体。

⑩ 自燃固体

自燃固体是即使数量小也能在与空气接触后 5 min 之内引燃的固体。

⑪ 自热物质或混合物

自热物质或混合物是发火液体或固体以外，与空气反应不需要能源供应就能够自己发热的固体或液体物质或混合物；这类物质或混合物与发火液体或固体不同，因为这类物质只有数量很大（公斤级）并经过长时间（几小时或几天）才会燃烧。其中，物质或混合物的自热导致自发燃烧是由于物质或混合物与氧气（空气中的氧气）发生反应并且所产生的热没有足够迅速地传导到外界而引起的。当热产生的速度超过热损耗的速度而达到自燃温度时，自燃便会发生。

⑫ 遇水放出易燃气体的物质或混合物

遇水放出易燃气体的物质或混合物是通过与水作用，容易具有自燃性或放出危险数量的易燃气体的固态或液态物质或混合物。

⑬ 氧化性液体

气体性液体是本身未必燃烧，但通常因放出氧气可能引起或促使其他物质燃烧的液体。

⑭ 氧化性固体

氧化性固体是本身未必燃烧，但通常因放出氧气可能引起或促使其他物质燃烧的固体。

⑮ 有机过氧化物

有机过氧化物是含有二价—O—O—结构的液态或固态有机物质，可以看作是一个或两个氢原子被有机基替代的过氧化氢衍生物。该类物质也包括有机过氧化物配方（混合物）。有机过氧化物是热不稳定物质或混合物，容易放热加速分解。另外，它们可能具有下列一种或几种性质：易于爆炸分解；迅速燃烧；对撞击或摩擦敏感；与其他物质发生危险反应。

如果有机过氧化物在实验室试验中，在封闭条件下加热时组分容易爆炸、迅速爆燃或表现出剧烈效应，则可认为它具有爆炸性质。

⑯ 金属腐蚀剂

腐蚀金属的物质或混合物是通过化学作用显著损坏或毁坏金属的物质或混合物。

（2）健康危险

① 急性毒性

急性毒性是指在单剂量或在 24 h 内多剂量口服或皮肤接触一种物质，或吸入接触 4 h 之后出现的有害效应。

② 皮肤腐蚀/刺激

皮肤腐蚀是对皮肤造成不可逆损伤；即施用试验物质达到 4 h 后，可观察到表皮和真皮坏死。腐蚀反应的特征是溃疡、出血、有血的结痂，而且在观察期 14 d 结束时，皮肤、完全脱发区域和结痂处由于漂白而褪色。应考虑通过组织病理学来评估可疑的病变。皮肤刺激是施用试验物质达到 4 h 后对皮肤造成可逆损伤。

③ 严重眼损伤/眼刺激

严重眼损伤是在眼前部表面施加试验物质之后，对眼部造成在施用 21 d 内并不完全可逆的组织损伤，或严重的视觉物质衰退。眼刺激是在眼前部表面施加试验物质之后，在眼部产生在施用 21 d 内完全可逆的变化。

④ 呼吸或皮肤过敏

呼吸过敏物是吸入后会导致气管超过敏反应的物质。皮肤过敏物是皮肤接触后会导致过敏反应的物质。过敏包括两个阶段：第一个阶段是某人因接触某种变应原而引起特定免疫记忆。第二阶段是引发，即某一致敏个人因接触某种变应原而产生细胞介导或抗体介导的过敏反应。就呼吸过敏而言，随后为引发阶段的诱发，其形态与皮肤过敏相同。对于皮肤过敏，需有一个让免疫系统能学会作出反应的诱发阶段；此后，可出现临床症状，这里的接触就足以引发可见的皮肤反应(引发阶段)。因此，预测性的试验通常取这种形态，其中有一个诱发阶段，对该阶段的反应则通过标准的引发阶段加以计量，典型做法是使用斑贴试验。直接计量诱发反应的局部淋巴结试验则是例外做法。人体皮肤过敏的证据通常通过诊断性斑贴试验加以评估。就皮肤过敏和呼吸过敏而言，对于诱发所需的数值一般低于引发所需数值。

⑤ 生殖细胞致突变性

本危险类别涉及的主要是可能导致人类生殖细胞发生可传播给后代的突变的化学品。但是，在本危险类别内对物质或混合物进行分类时，也要考虑活体外致突变性/生殖毒性试验和哺乳动物活体内体细胞中的致突变性/生殖毒性试验。

⑥ 致癌性

致癌物一词是指可导致癌症或增加癌症发生率的化学物质或化学物质混合物。在实施良好的动物实验性研究中诱发良性和恶性肿瘤的物质也被认为是假定的或可疑的人类致癌物，除非有确凿证据显示该肿瘤形成机制与人类无关。

⑦ 生殖毒性

⑧ 特异性靶器官系统毒性——一次接触

⑨ 特异性靶器官系统毒性—反复接触

⑩ 吸入危险

本分类的目的是对可能对人类造成吸入毒性危险的物质或混合物进行分类。“吸入”指液态或固态化学品通过口腔或鼻腔直接进入或者因呕吐间接进入气管和下呼吸系统。吸入毒性包括化学性肺炎、不同程度的肺损伤或吸入后死亡等严重急性效应。

(3) 环境危险

① 危害水生环境

② 急性水生毒性

③ 生物积累潜力

④ 快速降解性

⑤ 慢性水生毒性

2. 危险化学品危害特点

危险化学品的危害主要包括燃爆危害、健康危害和环境危害。燃爆危害是指危险化学品能引起燃烧、爆炸的危害程度;健康危害是指接触危险化学品后能对人体产生危害的大小;环境危害是指化学品对环境影响的危害程度。本课程着重讨论燃爆危害。

(1) 燃爆危害

危险化学品中的爆炸品、压缩气体、液化气体、易燃液体、易燃固体、自燃固体、遇湿易燃物品、氧化物质和有机过氧化物都属于易燃易爆危险物品,而且有相当多的有毒品和腐蚀品也容易发生燃烧或爆炸。这些物品在生产或使用过程中,往往处于高温或低温、高压或低压等温度、压力的非常状态条件,如果在生产、储存、经营、运输、使用时管理不当,失去控制,很容易引起火灾、爆炸事故,导致燃爆危害,其危害后果可能是巨大的人员伤亡和财产损失。

(2) 健康危害

由于危险化学品的毒性、刺激性、致癌性、致畸性、致突变性、腐蚀性、麻醉性、窒息性等特性,导致人员中毒的事故频繁发生,而且后果非常严重。化学品灼伤也是生产中常见的健康危害,比如硫酸、盐酸等的灼伤,是化学物质对皮肤、黏膜刺激、腐蚀及化学反应热引起的急性损害。某些化学品在致伤的同时,可经过皮肤、黏膜吸收引起中毒。

(3) 环境危害

在危险化学品的生产、使用、储存、销售和运输,直至作为废弃物进行处理的过程中,由于操作失误或处理不当等因素,不仅会损害人类健康,而且还会对环境造成污染。

以上可见,危险化学品事故的发生不仅会导致巨大的经济损失,还可能导致灾难性的后果,不仅生产、储存以及运输设施会遭受破坏,而且邻近地区人员的生命与财产都将遭受巨大损失和危害,尤其是对生态环境的不可逆性损害将无法挽回。因此加强对存有危险化学品的作业场所和设施设备的安全性和危险化学品的生产、储存、使用、经营、处置全生产周期的安全监督与管理非常重要。

6.2.2 危险化学品生产单位安全

1. 危险化学品生产单位的特点及其生产安全职责

1) 危险化学品生产单位的特点

危险化学品生产过程中存在着许多不安全因素和职业危害,与其他产品生产相比具有以下特点：

(1) 生产中的物料多数属于危险化学品。危险化学品生产单位所用的原料、中间体和产品种类繁多，绝大多数具有易燃易爆、有毒有害、腐蚀等危险性。

例如，生产聚氯乙烯所用的原料乙烯、氯气及中间产品二氯乙烷和氯乙烯都是易燃易爆物质；氯气、二氯乙烷、氯乙烯还具有较强毒性，并且氯乙烯有致癌作用；氯气和氯化氢在有水分存在时有强烈的腐蚀性。

在 TNT 的合成过程中需要用到易燃易爆的甲苯以及腐蚀性很强的浓硫酸、硝酸。这些潜在的危险性对危险化学品的生产过程提出了特殊要求，稍有不慎就会酿成事故。

(2) 危险化学品生产工艺过程复杂，工艺条件苛刻。危险化学品生产从原料到产品，一般都需要经过许多生产工序和复杂的加工单元，通过多次反应或分离才能完成。而且有些产品涉及高温高压条件下的化学反应，生产的工艺参数前后变化很大，再加上许多介质具有强烈腐蚀性，在温度应力、交变应力等作用下，受压容器常常因此而遭受破坏。

例如，用丙烯和空气直接氧化生产丙烯酸的反应，各种物料比就处于爆炸范围附近，且反应温度超过中间产物丙烯醛的自燃点，控制上稍有偏差就有发生爆炸的危险。

(3) 生产规模大型化、生产过程连续化。为降低单位产品的成本，提高经营效益，现代化工生产装置规模越来越大，例如，我国炼油装置最大规模已达年产 1000 万吨，乙烯年生产能力已达 70 万吨，生产规模越大，涉及的危险物料的量越多，潜在的危险能量也越大，一旦发生事故，造成的后果将非常严重。

危险化学品的生产从原料输入到产品输出具有高度的连续性，前后单元相互制约，息息相关，某一环节发生故障常常会影响到整个生产的正常进行。由于设备、装置规模大且工艺流程长，使用的设备种类和数量都相当多。例如，年产 30 万吨乙烯装置有裂解炉、加热炉、反应器、换热器、塔、泵、槽、压缩机等设备共 500 多台件，管道上千根，还有各种控制和检测仪表。这些设备如果维修保养不良很容易引起事故的发生。

2) 危险化学品生产单位的生产安全职责

由于危险化学品生产具有自身的特点，发生事故的可能性及其后果较其他行业大，甚至会给社会带来灾难性破坏，因此安全是危险化学品生产的前提和关键，为确保人类、环境的安全，危险化学品生产单位负有以下主要安全职责。

(1) 企业各级领导、管理干部、工程技术人员和操作工人都必须将安全生产始终放到首位，严格遵守、执行国家安全生产法令和相关标准、规范，做到“安全第一，预防为主、综合治理”。

(2) 积极采用先进、安全可靠的技术装备，不断改进工艺技术，淘汰陈旧、老化的设备、设施和工艺。新建、改建和扩建生产项目必须做到安全卫生设施与主体工程同时设计、同时施工安装、同时投入生产和使用。设计、运行期间应按照有关规定进行安全评价。

(3) 建立健全安全生产责任制度和安全生产管理机构，尤其要结合企业的实际情况制定可操作的安全生产责任制、工艺技术规程、安全操作规程、特种设备管理制度、设备装置维修保养制度、员工安全教育制度等，并严格执行。企业领导人和安全部门负责人应经培训取得上岗资格，特种作业人员应持证上岗。

(4) 主动对所生产的危险化学品进行登记，废弃危险化学品前，应将无害化处理方案报环保部门,经批准后方可按方案进行废弃处理。停产、停业前须报安全主管部门,不得遗留危险化学品。

(5) 建立事故应急救援预案,并经常演练,对重大危险源要建立档案,责任到人,全方位24 小时监控。

2. 危险化学品生产单位的防火防爆技术

火灾与爆炸事故应以预防为主,前面有关章节已讨论了防火防爆的基本技术措施,这里着重讨论限制危险化学品火灾、爆炸事故蔓延扩散的措施。

1) 限制火灾、爆炸事故蔓延扩散的基本原则

在考虑限制火灾爆炸蔓延扩散的措施中,不仅要研究物料的燃烧、爆炸性质、设备装置情况、工艺操作条件等,而且要注意生产过程中由于工艺参数的变化所带来的新问题。因为各种情况的发生,都将会给阻火和灭火带来新的困难,所以限制火灾、爆炸蔓延扩散的措施应该是整个工艺装置的重要组成部分。

安全生产,首先应当强调防患于未然。把预防放在第一位,万一发生事故,则从安全的角度,设法制止燃烧、爆炸,不使事故扩大,然后采取灭火措施。限制措施在开始设计时就要重点考虑,对工艺装置的设计布局、建筑结构以及防火区域的划分,不仅要有利于工艺要求、运行管理,而且要符合预防事故灾害,把事故限制在局部范围内。

例如,出于投资上的考虑,布局紧凑为好,但这样对防止火灾蔓延、切断事故区域可能不利,有可能使事故后果扩展,所以两者要统筹兼顾,一定要留有必要的防火间距。对槽罐距离、防火堤、防火壁、耐火构造及阻火灭火设施,大量物料泄漏的处理和灭火措施,以及紧急情况时的指挥系统等都要统筹加以考虑。

2) 爆炸破坏作用的预防

根据工艺、设备的要求采用安全液封、阻火器和单向阀等,防止外部火焰蹿入有燃烧、爆炸危险的设备、管道、容器,或阻止火焰在设备和管道间的扩展。采用安全阀、爆破片、防爆门和放空管防止爆炸。

3) 分区隔离、露天安装、远距离操作

在危险化学品生产中,某些设备与装置由于危险性较大,应采用分区隔离、露天安装和远距离操作等措施。

(1) 分区隔离。总体设计时,应慎重考虑危险车间的布置位置。按照国家有关规定,危险车间与其他车间或装置应保持一定的间距,充分估计到相邻车间建、构筑物可能引起的相互影响,采用相应的建筑材料和结构形式等。例如合成氨生产中,合成车间压缩岗位的布置;焦化、炼焦和副产品回收车间的间隔;染料厂的原料仓库和生产车间的间隔;高压加氢装置的间隔;厂区、厂前区、生活区等的划分,都必须合理分区。

在同一车间的各个工段,应视其生产性质和危险程度而予以隔离,各种原料、成品、半成品的储藏,亦应按其性质、储量不同而进行隔离。对个别有危险的过程,也可采用隔离操作和防护屏的方法,使操作人员和生产设备隔离。

(2) 露天安装。为了有利于有害气体的散发,减少因设备泄漏造成易燃气体在厂房中积聚,一般将这类设备和装置露天或半露天放置。如氮肥厂的煤气发生炉及其附属设备,加热炉、炼焦炉、气柜、精馏塔等。石油化工生产的大多数设备都是放在露天的。对于露天安

装的设备，应考虑气象条件对生产设备、工艺参数及工作人员健康的影响。注意冬季防冻保温，夏季防暑降温，防潮气腐蚀等，并应有合理的夜间照明。

(3) 远距离操作。远距离操作不但能使操作人员与危险工作环境隔离，同时也提高了管理效率，消除人为的误差。对大多数连续生产过程，主要是根据反应进行情况和程度来调节各种阀门，特别是某些阀门操作人员难以接近、开启又较费力，或要求迅速启闭的阀门，都应该进行远距离操作。另外对于辐射热高的反应设备以及某些危险性大的反应装置，也可以采用远距离操作。远距离操作和自动调节一样，可以通过机动、气动、液动、电动和联动等方式来传递动作。不同之处在于远距离操作需要人去动作，而自动调节则是根据预先规定的条件自动进行。

① 机械传动。只能在很短的距离内，在使用中要注意传动构架要有足够的机械强度，以免使用中折断。

② 气压传动。是目前危险化学品生产中最常用的操作方法。这种操作方法管理简单，系统不易受腐蚀，没有爆炸危险(但要注意可燃气体窜入系统)，但能量消耗大。

③ 液压传动。使用的液体一般为水或矿物油，传递动作的液体用泵输送，用后收集在槽内，循环使用。

④ 电动操作。所达距离可以很远，控制设备通常是电气开关和按钮，使用电动机开动阀门。电动闸阀是由电动机的转动通过螺杆传到阀杆上，必要时(如电传动失灵)也可以用手轮直接操作。用电动机开动闸阀时，阀门上升或下降到了终点时都有极限断电装置，有的把极限断电器和信号装置并用。电动操作可用于直径较大的阀门，可以达到启闭迅速的效果。在用于小管径阀门时，电动操作可以用电磁铁。电动操作的所有控制开关可以集中于控制台上，并采用生产线路图以符号表示工艺过程中的各种设备及彼此间的关系，符号上的信号灯以明暗、颜色及闪光等表示设备和管内部的运转状况。

4) 厂房的防爆泄压措施

要建造能够耐爆炸最高压力的厂房和仓库是不现实的，因为可燃气体、蒸气和粉尘等物质与空气混合形成的爆炸性混合物，其爆炸最高压力可达数百至数千千帕，而 30 cm 厚砖墙只能耐压几千帕。通常在具有爆炸危险厂房设置轻质板制成的屋顶、外墙或泄压窗，发生爆炸时这些薄弱部位首先遭受破坏，瞬时向外释放大量气体和热量，室内爆炸产生的压力骤然下降，从而减轻承重结构受到的爆炸压力的破坏。

5) 可燃物大量泄漏的处理

大量可燃性物质的泄漏对生产安全威胁很大，许多重大的火灾、爆炸事故都是起源于泄漏。为了防止可燃物大量泄漏引起燃烧、爆炸事故，必须设置完善的检测报警系统，并尽可能与生产调节系统和事故处理装置联锁，尽量减少事故损失。

大量可燃气体及蒸气泄漏的处理措施大体有以下内容：

(1) 装置区设置可燃气体检测仪，一旦物料泄漏立即报警；

(2) 中央控制室的操作人员立即进行停车处理，开动灭火喷水器，将蒸气冷凝，液态烃可以用事故处理槽回收，并用惰性介质保护；

(3) 大量喷水系统在装置周围和内部形成水幕，不仅可以冷却有机物蒸气，而且还能防止其泄漏到没有爆炸危险的装置中；自动洒水系统可以由火焰或温度引发动作；或者采用蒸汽幕进行灭火；

(4) 中央控制室的操作人员控制工艺变化，如果达到了临界温度、临界压力等危险值时，操作人员能够正确地进行处理；

(5) 如果仪表系统的压缩空气出了故障，此系统应当与氮气系统接通，并与紧急氮气加压储罐接通，做到紧急情况下有序停车。

3. 危险化学品生产单位安全组织管理保障

1) 安全生产责任制度

安全生产责任制度是生产单位中一项最为核心的、最基本的管理制度，根据“安全生产，人人有责”的原则，安全生产必须遵循“纵向到底，横向到边”，明确单位每个部门、每个职工的安全职责。其内容主要包括：单位最高行政领导的安全职责；单位主要负责人对本单位的安全生产工作全面负责；其他负责人，在各自职责范围内协助主要负责人做好本单位的安全生产工作。本着“管生产必须管安全”的原则，主管生产的副职负责具体的安全生产管理工作。

2) 安全教育制度

安全教育必须贯彻“全员、全面、全过程”的原则，安全教育要有针对性和科学性。

(1) 危险化学品生产单位主要负责人和安全管理人员的培训考核。按照《安全生产法》的规定，涉及危险化学品单位的主要负责人和安全生产管理人员，必须进行安全资格培训，经安全生产监督管理部门或法律法规规定的有关主管部门考核合格，并取得安全资格证书后，方可任职。安全培训包括相关法律法规、安全管理、安全技术理论和实际安全管理技能培训。

(2) 生产单位各职能部门和各级生产单位负责人及管理人员、生产班组长的教育培训考核。生产单位各职能部门和各级生产单位负责人及管理人员、生产班组长，由生产单位组织实施安全教育培训，经考核合格后，方可上岗任职。主要内容包括：职业安全卫生法律法规；劳动安全、职业卫生知识与技能；本单位的危险、危害因素及其防范措施；各个岗位的安全生产职责；事故抢救与应急救援措施；典型事故案例等。

(3) 职工的安全教育培训。

① 新职工的安全教育培训。所有新职工(包括所有用工形式职工及实习人员)上岗前必须进行三级安全教育培训，经考核合格后，方可上岗。

② 职工调整工作岗位或者离岗 1 年以上重新上岗时，必须进行教育培训。危险化学品生产单位的新职工入厂应进行车间级、班组级安全生产教育培训。

单位实施新工艺、新技术或者使用新设备、新材料时，应对相关职工进行有针对性的安全生产教育培训。

③ 特种作业人员的安全技术培训考核。由于特种作业人员操作危险性较大，容易发生事故，因此对他们的安全教育培训有较为严格的要求。特种作业人员必须接受与本工种相适应的、专门的安全技术培训，经安全理论考核和实际操作技能考核合格，取得特种作业操作证后方可上岗作业。未经培训或者培训不合格者，不得上岗作业。

对职工的安全教育培训不能一劳永逸，生产单位在安全教育制度中应对经常性的安全教育培训做出规定要求。

3) 安全生产许可证制度

国家对危险化学品生产企业实行安全生产许可制度。企业未取得安全生产许可证的，不得从事生产活动。企业取得安全生产许可证，应当具备相应的安全生产条件。

4）安全检查制度

安全检查是生产单位安全管理的重要手段之一。要坚持领导与群众相结合、普遍检查与专业检查相结合、检查与整改相结合的原则，做到制度化、经常化。安全检查的主要内容是查领导、查思想、查制度、查纪律（包括劳动纪律、工艺纪律、工作纪律和施工纪律等）、查管理、查隐患，查整改等。单位安全检查有以下几种形式：

（1）综合性安全检查；

（2）专业性安全检查；

（3）季节性安全检查；

（4）日常安全检查；

（5）不定期安全检查。

5）事故管理制度

为了及时报告、调查处理和统计事故，进一步采取预防措施，防止同类事故再次发生，生产单位必须根据有关法律法规并结合本单位实际情况，制定“事故管理制度”。其主要内容包括：事故分类和性质（严重程度）分级；事故报告；事故调查；事故处理；事故统计分析。

6）安全用火管理制度

安全用火管理制度的主要内容包括：危险化学品生产单位用火管理范围；用火分级管理，用火审批权限，安全用火的基本原则。

6.2.3　危险化学品包装、储存、运输安全

1. 危险化学品包装安全要求

1）危险化学品包装的作用

危险化学品包装的作用首先在于防止因接触雨、雪、阳光、潮湿空气和杂质，使物品变质或发生剧烈的化学变化而造成事故；其次是减少物品在储存和运输过程中所受的撞击、摩擦和挤压，使其在包装的保护下处于完整和相对稳定的状态；再次是防止渗（撒）漏、挥发以及性质相互抵触的物品直接接触而发生事故；最后是便于装卸、搬运和储存保管。

2）危险化学品包装的基本要求

（1）危险化学品的包装应结构合理，具有一定强度，防护性能好。包装的材质、型式、规格、方法和单件质量（重量），应与所装危险化学品的性质和用途相适应，并便于装卸、运输和储存。

（2）包装质量良好，其构造和封闭形式应能承受正常储存、运输条件下的各种作业风险，不应因温度、湿度或压力的变化而发生任何渗（撒）漏；包装表面清洁，不允许黏附有害的危险物质。

（3）包装与内装物直接接触部分，必要时应有内涂层或进行防护处理，包装材质不得与内装物发生化学反应而形成危险产物或导致削弱包装强度。

（4）内容器应予以固定。如属易碎性的应使用与内装物性质相适应的衬垫材料或吸附材料衬垫妥实。

（5）盛装液体的容器，应能经受在正常储存、运输条件下产生的内部压力。灌装时必须

留有足够的膨胀余量(预留容积),一般应保证其在 55 ℃时内装液体不致完全充满容器。

(6) 包装封口应根据内装物性质采用严密封口、液密封口或气密封口。

(7) 盛装需浸湿或加有稳定剂的物质时,其容器封闭形式应能有效地保证内装液体(水、溶剂和稳定剂)的百分比,在储运期间保持在规定的范围以内。

(8) 有降压装置的包装,其排气孔设计和安装应能防止内装物泄漏和外界杂质进入,排出的气体量不得造成危险和污染环境。

(9) 复合包装的内容器和外包装应紧密贴合,外包装不得有擦伤内容器的凸出物。

(10) 所有包装(包括新型包装、重复使用的包装和修理过的包装)均应符合有关危险化学品包装性能试验的要求。

(11) 包装所采用的防护材料及防护方式,应与内装物性能相容且符合运输包装件总体性能的需要,能经受运输途中的冲击与震动,保护内装物与外包装。当内容器破坏、内装物流出时也能保证外包装安全无损。

(12) 危险化学品的包装内应附有与危险化学品完全一致的化学品安全技术说明书,并在包装(包括外包装件)上加贴或者拴挂与包装内危险化学品完全一致的化学品安全标签。

(13) 盛装爆炸品的包装,除符合上述要求外,还应满足下列的附加要求:

① 盛装液体爆炸品容器的封闭形式,应具有防止渗漏的双重保护;

② 除内包装能充分防止爆炸品与金属物接触外,铁钉和其他没有防护涂料的金属部件不得穿透外包装;

③ 双重卷边接合的钢桶、金属桶或以金属做衬里的包装箱,应能防止爆炸物进入隙缝。钢桶或铝桶的封闭装置必须有合适的垫圈;

④ 包装内的爆炸物质和物品,包括内容器,必须衬垫妥实,在运输中不得发生危险性移动。

⑤ 盛装有对外部电磁辐射敏感的电引发装置的爆炸物品,包装应具备防止所装物品受外部电磁辐射源影响的功能。

3) 危险化学品包装容器及其安全要求

不同的包装容器,除应满足包装的通用技术要求外,还要根据其自身的特点,满足各自的安全要求。常用的包装容器材料有金属、木材、各种纤维板、塑料、编织材料、多层纸、玻璃、陶瓷以及柳条、竹篾等。其中作为危险化学品包装容器的材质,钢、铝、塑料、玻璃、陶瓷等用得较多。容器的形状也多为桶、箱、罐、瓶、坛等形状。在选取危险化学品容器的材质和形状时,应充分考虑所包装的危险化学品的特性,例如腐蚀性、反应活性、毒性、氧化性和包装物要求的包装条件,例如压力、温度、湿度、光线等,同时要求选取的包装材质和所形成的容器要有足够的强度,在搬运、堆叠、震动、碰撞中不能出现破坏而造成包装物的外泄。

2. 危险化学品运输安全要求

危险化学品在从生产领域向消费领域转移过程中,一般都要经过运输阶段。据有关部门估计,危险化学品的运输量占世界总货运量的 20%以上。危险化学品的运输方式有公路、铁路、水路、民航和管道五种。选择何种运输方式,一般根据所运危险化学品的理化性质、所处的位置、地理条件、运途的长短和运量的大小而定。公路、铁路、水路是目前我国最主要的运输方式。不管采用何种运输方式,由于危险化学品本身的特性,危险化学品运输极易发生火灾等安全事故。因此，要搞好危险化学品的安全运输，必须要抓好包装检查，正确装卸、隔离，选用技术状态良好的运输工具，搞好编组隔离，安全行驶和采取正确的应急措施等几个中心环节。

1）危险化学物品运输防火的共性技术要求及措施

危险化学品安全运输涉及诸多因素，不同性质的物品有不同的要求，就共同技术要求和措施而言主要有以下几个方面。

(1) 要采取完好的包装

经验教训说明，要保证危险化学品运输的安全，首先必须保证包装要完好。成品出厂前就必须用不与内容物反应的材料完成包装，这样内包装的材质即使和内容物长期接触也不会起化学反应，不会造成溶解、溶胀、软化、强度降低等物理反应。

若内包装完好，而外包装损坏，应将外包装修好或重新包装好后，再装卸、运输。

若外包装字迹模糊，难以辨认，或者发现外包装品名与内包装品名不一致时，不可贸然运输，应与生产单位或发货单位或用供单位联系，或退或换，不得装卸、运输不符合包装规定的物品。

(2) 要严格遵守并装禁忌的原则

无论何种运输方式，都必须严格遵守并装禁忌的原则，即两者相混能发生放热反应的物质，以及灭火方法不同的物质，都不许混装。其原则如下：

① 爆炸品应单独运输，并需经公安机关批准。

② 压缩气体和液化气体若在封闭运输工具内（如船舱）运输，则氮气钢瓶与氯气钢瓶、氢气钢瓶与氨气钢瓶、液氯钢瓶与液氨钢瓶不可同室运输；乙炔气体钢瓶除与惰性气体钢瓶外，应单独装运。

③ 易燃液体、易燃固体不可与氧化剂、氧化性酸类、氧气钢瓶、自燃物品相混。

④ 自燃物品不可与氧化剂、易燃固体、遇湿易燃物品，易燃液体、腐蚀性物品混装。遇湿易燃物品不可与氧化剂、含水物品、酸性腐蚀品相混。

⑤ 氧化剂应单独装运。严禁与金属钠、钾、氢、硼、电石、金属氢化物类、易燃液体、易燃固体、强酸性腐蚀品，尤其是散发酸性气体的物品，以及还原剂等混装，与不属于危险物品的易燃、可燃性有机物也不可混装。还必须注意的是，一级无机氧化剂不可与有机氧化剂混装；亚硝酸盐类、亚氯盐类不能与其他氧化剂混装，以免一旦接触，发生反应，引起火灾爆炸。

⑥ 毒害品和污染性物品。氰化物类不可与散发酸性气体的腐蚀品混装，有机毒害品不得与氧化剂混装，一般以单独装运为宜。

⑦ 放射性物品应单独装运。

⑧ 腐蚀品中的有机物品不得与硝酸、氧化剂等混装，漂白粉不宜与各类有机物品混装。

(3) 气象条件。

① 遇湿易燃物品与遇水会分解的物品不宜在雨天、雾天运输，实在不得不运输时，必须使用确保不漏水的车厢，装卸过程不得在露天进行。

② 沸点低、遇热易挥发的一级易燃液体，应根据当地气温情况合理安排运输，一般当气温超过 30 ℃，丙酮、石油醚、二硫化碳、乙醚、乙腈、丙烯腈、苯、环氧丙烷、醋酸乙酯等应安排夜运。

③ 低温下易凝固或发生变化的物质在气温低时，运输中应该保温。对凝固时体积膨胀的物质，尤其要注意保温，以免遇冷固化，将容器胀裂，或遇热液化，使危险品流出，引起危险。

④ 雪地运输易爆危险物品时应特别小心，以防车辆制动困难而撞击翻车，引起危险。

⑤ 如遇大雾天，除管道运输外，不但遇湿易燃、易分解的危险品不宜运输，其他危险品也不宜运输。因为大雾天能见度太低，车船运输事故率高，若为汽车运输，再加上雾天路面湿滑的不安全因素，尤其危险，不过对铁路运输的影响不大。

2）危险化学物品运输防火的个性技术要求及措施

（1）采用机动车运输时：

① 配备好消防器材：凡是运输危险品的机动车辆必须有明显的标志，必须配备能扑救所运危险化学品火灾的消防器材。

② 导除静电：车辆在运行中由于摩擦、颠震等会产生和积聚大量静电，应及时导除。常用方法是在车身后面拖一条铁链或有色金属链。

③ 控制车速：如果用汽车运输，应根据路面情况控制车速在 5～40 km/h 不等，若路面平坦，又不易打滑，车速可适当加快，但不宜超过 40 km/h。

④ 槽车安全：装运液体物料的槽车，槽内应分隔，以减轻液体在运输过程中的震荡，减少静电产生；槽车上的槽罐顶部应装置呼吸阀，不宜装设放空管；槽车应设双道放料阀门以防中途阀门渗漏。

⑤ 严格控制装货高度：汽车运输危险化学品时，应严格控制装货高度，如用 150 L 的铁桶装易燃液体，则不可叠放。

⑥ 其他要求：车况不良的汽车不可运输危险化学品；挂有拖斗的汽车不许运输危化品；一般来说，拖拉机也不能运输危化品；火车装运化学危险品时，按公安部和交通部运输部有关规定办理。

（2）采用船运时，散装量大的易燃液体宜用特殊设计的船舶运输。船运危险物品时，应注意检查包装，注意并装禁忌，并根据危险化学品的性质，配备消防器材，配置温度指示仪显示舱温，防止自燃或爆炸。遇湿易燃物品应有防湿、防水措施。

船运时应注意船舱清洁，防止非危险物品受海水腐蚀、受潮、闷热、日照等影响，防止自动发热蓄热而引起事故。

（3）采用管道输送时，管道运输与其他运输工具有很大不同，管道输送液体、气体危险品已甚为普遍。

① 液体危险品的管道输送应注意的问题如下。

输送易燃液体不可使用绝缘泵，以防产生静电，发生危险；可采用铁壳铜芯的离心泵，最好用蒸汽往复泵。输送液体危险品的管道内径应比输送泵的出口粗，以降低管道内壁所受的压力和液体运送中的阻力，减少“跑、冒、滴、漏”的现象；同时可使管道内的流速减慢，大大减少静电危险。

管道的材质要进行适应（当）的选择，材质要耐溶胀、腐蚀；管道要保证有足够的强度，其安全系数应大于 3，使管道无爆炸危险。凝固点较高（0 ℃下）或环境温度比物料凝固点低时要采取保暖措施。易燃液体不得使用压缩空气输送。如用惰性气体输送时，要严格控制压力，防止管道破裂。

② 气体危险品的管道输送应注意的问题如下。

管道输送气体时，要防泄漏，不得超压。管道输送系统中要设停泵联锁装置，以防事故发生，确保安全。

3. 危险化学品储存安全要求

1）危险化学品的储存方式

危险化学品的储存方式，分为隔离储存、隔开储存和分离储存三种。

（1）隔离储存，是指在同一房间或同一区域内，不同的物料之间分开一定距离，非禁忌物料（禁忌物料系指化学性质相抵触或灭火方法不同的化学物料）间用通道保持空间的储存方式。

（2）隔开储存，是指在同一建筑或同一区域内，用隔板或墙，将其与禁忌物料分离开的储存方式。

（3）分离储存，是指在不同的建筑物或远离所有建筑的外部区域内的储存方式。

2）储存安全要求

（1）分类、分库储存，化学性质相抵触或灭火方法不同的各类危险化学品，不得混合储存。

① 爆炸物品不准和其他类物品同储，必须单独隔离限量储存。

② 压缩气体和液化气体必须与爆炸物品、氧化剂、易燃物品、自燃物品、腐蚀性物品隔离储存。

③ 易燃气体不得与助燃气体、剧毒气体同储，氧气不得与油脂混合储存。

④ 易燃液体、遇湿易燃物品、易燃固体不得与氧化剂混合储存，具有还原性的氧化剂应单独存放。

⑤ 腐蚀性物品，包装必须严密，不允许泄漏，严禁与液化气体和其他物品共存。

⑥ 有毒物品应储存在阴凉、通风干燥的场所，不能接近酸类物质。如氰化钾、氰化钠等氰化物，与酸类接触后会产生剧毒的氰化氢气体，引起附近人员中毒死亡。

（2）危险化学品的存放应符合防火、防爆的安全要求。

① 爆炸物品、一级易燃物品、有毒物品以及遇火、遇热、遇潮能引起燃烧、爆炸或发生化学反应，产生有毒气体的危险化学品不得在露天或在潮湿、积水的建筑物中储存；

② 受日光照射能发生化学反应引起燃烧、爆炸、分解、化合或能产生有毒气体的危险化学品应储存在一级建筑物中，其包装应采取避光措施。

（3）危险化学品的储存量及储存安排，应符合表 6-12 的要求。

表 6-12　危险化学品的储存量及储存安排

储存要求	储存类别			
	露天储存	隔离储存	隔开储存	分离储存
平均单位面积储存量（t/m^2）	1.0～1.5	0.5	0.7	0.7
单一储存区最大储量（t）	2000～2400	200～300	200～300	400～600
垛距限制（m）	2	0.3～0.5	0.3～0.5	0.3～0.5
通道宽度（m）	4～6	1～2	1～2	5
墙距宽度（m）	2	0.3～0.5	0.3～0.5	0.3～0.5
与禁忌品距离（m）	10	不得同库储存	不得同库储存	7～10

(4) 凡是经雨淋、日晒而受影响及损坏，但对气温、湿度的作用不受显著影响的可存放在料棚内，如氢氧化钾、硫化钠等；封口密闭的铁桶包装或一般箱装、袋装危险化学品，地下必须垫起 15～30 cm 的高度。凡是对雨淋、日晒和温度、湿度的作用不发生或较少发生影响及损坏的危险化学品，可存放于露天料场，但必须根据其不同性质，配备苫垫、遮盖设备以及其他确保安全的措施，包括消防设施的布局、日常检查制度等。

(5) 堆垛不得过高、过密，堆垛之间以及堆垛与墙壁之间，要留出一定的空间距离，以利人员通过和良好通风。货物的堆码高度，应符合表 6-13 的要求。

表 6-13　货物堆码的高度(m)

包装形式	最高	最低	一般
铁桶	4.2	2	3.5
玻璃瓶	1.8	0.74	1.65
麻袋	4.5	2.5	3
木箱	4.2	1.8	3.6
瓷坛	1.8	—	1.2

(6) 对特别危险或剧毒化学品的保管，如爆炸物品、氰化钾、氰化钠等，必须选派思想素质和技术素质过硬的人员负责，并实行双人双锁保管制度，加强检查。

6.2.4　民用爆破器材与烟花爆竹

1. 民用爆破器材与烟花爆竹分类

(1) 民用爆破器材分类

民用爆破器材是指用于非军事目的的各种炸药(起爆药、猛炸药、火药、烟火药)及其制品和火工品的总称，是广泛用于矿山爆破、开山辟路、水利工程和地质探矿等许多工业领域的重要消耗材料。但由于这类器材本身存在着燃烧爆炸特性，在生产、储运、经营、使用过程中具有火灾爆炸危险性，因而对以防火、防爆为主要内容的安全生产工作具有特殊的重要性。

民用爆破器材包括工业炸药、起爆器材、传爆器材、专用民爆器材。

① 工业炸药：如铵梯炸药、乳化炸药、粉状乳化炸药、水胶炸药等。

② 起爆器材：如火雷管、电雷管、毫秒延期雷管等。

③ 传爆器材：如导火索、导爆索、导爆管等。

④ 专用民爆器材：如油气井用起爆器、射孔弹、复合射孔弹修井爆破器材、点火药盒、地震勘探用震源药柱，特种爆破用矿岩破碎器材、中继起爆具，平炉出钢口穿孔弹、果林增效爆破具等。

(2) 烟花爆竹分类

烟花爆竹是利用烟火药(通常指烟火剂和黑火药)通过引燃产生燃烧或爆炸进而发生色、光、声响等效果，以供观赏的一种火工产品。可分为烟花(也叫焰火)、爆竹(也称炮竹)两大类。烟花是烟火剂燃烧时所产生的光、色、音响和运动等效果的总称。一般都是包扎品，内装药剂，点燃后升腾高空，喷射出绚丽夺目的诸色火花，或显现各种形象。主要有：喷花类、吐珠类、旋转类、纸香类、火箭类、小礼花类、大型礼花类和玩具烟花类等。

爆竹，是一种用密闭的纸筒做外壳，内装烟火药的火工品，其被能量激发后，爆炸纸筒壳并发出强烈的爆炸声，同时具有一定的爆炸威力。主要有：黑火药炮、电光炮、拉炮和击炮四类。

2. 民用爆破器材与烟花爆竹的主要危险性

(1) 原材料的危险性

民用爆破器材和烟花爆竹从原料、半成品到成品，从产品储存、运输到使用，工作对象均为易燃、易爆或爆炸品，其中相当一部分还具有较大的毒性。比如雷管制造要用到最敏感的起爆药（二硝基重氮酚、硝酸肼镍等）、延期药、猛炸药（黑索金、太安等）；导火索的制造需要用到黑火药；导爆索中装填黑索金、太安等猛炸药；工业炸药中用到氧化剂（硝酸铵、硝酸钾等）、可燃剂（柴油、木粉），有时还用 TNT 等猛炸药作为敏化剂。

用于生产烟花鞭炮的主要原料有：

① 氧化剂：氯酸钾、过氯酸钾、硝酸钾、硝酸钡、硝酸钠、硝酸锶、硝酸铵、氯酸钡、硫酸钙、硫酸钡、氧化钡等。

② 可燃物：铝、镁、硅、赤磷、碳（石墨）、硫、铁、锑、氢、锌、结晶硼等。

③ 火焰着色物质：硝酸锶、硝酸钡、草酸钠、碱式碳酸铜、硫化亚铜等。

上述物质有很多在受热、摩擦、震动、撞击、接触火源、遇水受潮以及与性能相抵触的物质混合在一起等外界因素的影响下，会引起燃烧、爆炸、腐蚀、灼伤和中毒等危害性事故。

(2) 生产过程中的危险性生产

储存过程中的高温（比如有些乳化炸药的基质需在 400 ℃条件下制备）、原料的粉碎、烟火药造粒、雷管装药和压合等过程中撞击、摩擦不可避免。另外电气和静电火花、雷电以及运输与存储方面的危险性也经常存在。当这些热、机械、电火花的强度足够时会引起民爆器材发生燃烧、爆炸。

(3) 运输与储存方面的危险性

民用爆破器材和烟花爆竹中的药剂多是亚稳态的物质，在储存过程中会发生分解反应并放出热量，当热量得不到及时散发，温度会升高，若达到爆发点则可引起燃烧或爆炸。运输民用爆破器材和烟花爆竹时可能发生的翻车、撞车、坠落、碰撞及摩擦等险情，可能导致的后果是引起危险化学品的燃烧或者爆炸。

爆破器材运输需要注意事项如下：

① 主要交通工具运输安全要求

爆破器材运输的主要交通工具有火车、船只、汽车和飞机等。

a. 火车运输

使用火车运输爆破器材时，装有爆破器材的车厢不应溜放，应与其他线路隔开，专线停放，通往该线路的转辙器应锁住，车辆应楔牢，其前后 50 m 处设危险标志；装有爆破器材的车厢与机车之间，炸药车厢与起爆器材之间，应用一节以上未装有爆破器材的车厢隔开；机车体停放位置与最近的爆破器材库房的距离不应小于 50 m。

车辆运行的速度，在矿区内不应超过 30 km/h、厂区内不超过 15 km/h、库区内不超过 10 km/h。

b. 船只(水路)运输

采用水路送输爆破器材时，不应用筏类工具运输爆破器材；船上应有足够的消防器材；船头和船尾设危险标志，夜间及雾天设红色安全灯；遇浓雾及大风浪应停航；停泊地点距岸上建筑物不小于 250 m。

运输爆破器材的机动船，装爆破器材的船舱不应有电源；底板和船壁应无缝隙，舱口应关严；与机舱相邻的船舱隔墙应采取隔热措施；对邻近的蒸汽管路应进行可靠的隔热。

c. 汽车运输

用汽车运输爆破器材时，应由熟悉爆破器材性能、具有安全驾驶经验的司机驾驶；车厢的黑色金属部分应用木板或胶皮衬垫，能见度良好时车速应符合所行驶道路规定的车速下限，天气不好时速度酌减；在平坦道路上行驶时，前后两部汽车距离不应小于 50 m，上山或下山时不小于 300 m；车上应配备灭火器材，并按照规定配挂明显的危险标志；在高速公路上运输爆破器材，应按照国家的有关规定执行。

公路运输爆破器材时，途中避免停留住宿，禁止在居民点、行人稠密的闹市区、名胜古迹、风景游览区、重要建筑设施等附近停留。确需停留住宿时必须报告住宿地公安机关。

d. 飞机运输

用飞机运输爆破器材时，应严格遵守国际民航组织理事会批准和发布的《航空运输危险品安全运输的技术指令》及国家有关航空运输危险品的规定。

② 爆破作业地点爆破器材的运输

在向爆破作业地点运输爆破器材时，运输人员应注意以下 4 点：

a. 在向竖井、斜井运输爆破器材时，应事先通知卷扬司机和信号工；在上下班或人员集中的时间内，不应运输爆破器材；除爆破人员和信号工外，其他人员不应与爆破器材同罐乘坐；用罐笼运输硝铵类炸药，装载高度不应超过车厢边缘；运输硝化甘油类炸药或雷管，不应超过两层，层间应铺软垫；用罐笼运输硝化甘油类炸药或雷管时，升降速度不应超过 2 m/s；用吊桶或斜坡卷扬运输爆破器材时，速度不应超过 1 m/s；运输电雷管时应采用绝缘措施；爆破器材不应在井口房或井底车场停留。

b. 用矿用机车运输爆破器材时，列车前后设"危险"标志；采用封闭型的专用车厢时，车内应铺软垫，运行速度不超过 2 m/s；在装爆破器材的车厢与机车之间，以及装炸药的车厢与装起爆器材的车厢之间，应用空车厢隔开；运输电雷管时，应采取可靠的绝缘措施；用架线式电力机车运输，在装卸爆破器材时，机车应断电。

c. 在斜坡道上用汽车运输爆破器材时，汽车行驶速度不超过 10 km/h；不应在上下班或人员集中时运输；车头、车尾应分别安装特制的蓄电池红灯作为危险标志；应在道路中间行驶，会车让车时应靠边停车。

d. 往爆破点人工搬运爆破器材时，一人不得同时携带雷管和炸药；雷管和炸药应分别放在专用背包(木箱)内，不应放在衣袋内；领到爆破器材后，直接送到爆破地点，不应乱丢乱放；不应提前班次领取爆破器材，不应携带爆破器材在人群聚集的地方停留；一人一次运送的爆破器材数量不超过：雷管 5000 发；拆箱(袋)搬运炸药 20 kg；背运原包装炸药 1 箱(袋)；挑运原包装炸药 2 箱(袋)。

用手推车运输爆破器材时，载重量不应超过 300 kg，运输过程中应采取防滑、防摩擦和防止产生火花等的安全措施。

为加强运输烟花爆竹的安全管理，保障供销单位的正当运输，根据《烟花爆竹安全管理条例》(2016 年修订)规定，烟花爆竹运输需要注意事项如下：

① 经由道路运输烟花爆竹的，应当经公安部门许可。经由铁路、水路、航空运输烟花爆竹的，依照铁路、水路、航空运输安全管理的有关法律、法规、规章的规定执行。

② 经由道路运输烟花爆竹的，托运人应当向运达地县级人民政府公安部门提出申请，并提交下列有关材料：(一)承运人从事危险货物运输的资质证明；(二)驾驶员、押运员从事危险货物运输的资格证明；(三)危险货物运输车辆的道路运输证明；(四)托运人从事烟花爆竹生产、经营的资质证明；(五)烟花爆竹的购销合同及运输烟花爆竹的种类、规格、数量；(六)烟花爆竹的产品质量和包装合格证明；(七)运输车辆牌号、运输时间、起始地点、行驶路线、经停地点。

③ 受理申请的公安部门应当自受理申请之日起 3 日内对提交的有关材料进行审查，对符合条件的，核发《烟花爆竹道路运输许可证》；对不符合条件的，应当说明理由。《烟花爆竹道路运输许可证》应当载明托运人、承运人、一次性运输有效期限、起始地点、行驶路线、经停地点，烟花爆竹的种类、规格和数量。

④ 经由道路运输烟花爆竹的，除应当遵守《中华人民共和国道路交通安全法》外，还应当遵守下列规定：(一)随车携带《烟花爆竹道路运输许可证》；(二)不得违反运输许可事项；(三)运输车辆悬挂或者安装符合国家标准的易燃易爆危险物品警示标志；(四)烟花爆竹的装载符合国家有关标准和规范；(五)装载烟花爆竹的车厢不得载人；(六)运输车辆限速行驶，途中经停必须有专人看守；(七)出现危险情况立即采取必要的措施，并报告当地公安部门。

⑤ 烟花爆竹运达目的地后，收货人应当在 3 日内将《烟花爆竹道路运输许可证》交回发证机关核销。

⑥ 禁止携带烟花爆竹搭乘公共交通工具。禁止邮寄烟花爆竹，禁止在托运的行李、包裹、邮件中夹带烟花爆竹。

3. 民用爆破器材与烟花爆竹事故的一般原因

(1) 民用爆破器材事故的一般原因

综合民用爆破器材生产企业的各类事故的原因。主要有以下几种：

① 从业人员安全意识淡薄，安全素质差。具体表现为：职工对安全重视不够，在实际生产过程中，没有把安全放在重要位置，总是认为安全是别人的事情，与自己无关，却不知一旦因自己违章发生事故，所伤害的不仅仅是自己，还可能伤害他人，或因他人违章，自己也会被伤害。

② 明知故犯。从事故调查中可以发现，出现违章行为时违章者很清楚自己的行为是违章的，只是图省事省力。或者存在侥幸心理，见别人这样做没有发生事故，认为自己这样做也不会发生事故。据有关统计资料表明，80%的事故是人的违章行为造成的。

③ 愚昧无知，盲目蛮干。具体地讲，一种是生产指挥人员对安全知识和安全制度无知，在生产过程中违反安全生产的客观规律，瞎指挥，强迫命令，冒险蛮干；另一种是操作者没有接受相关的安全知识教育，对安全操作一知半解，自我保护能力差，在生产过程中违章操作，

随便进入危险区域等，从而导致人身伤害事故。

④ 习惯性违章。习惯性违章的原因主要有三个方面：一是新工人入厂没有进行严格的“三级”安全教育和安全技术培训，使之不能规范操作，久而久之就形成了习惯性违章操作行为；二是作业现场安全管理不严，责任制没有落到实处，规章制度没有约束力，使操作者对违章操作习以为常；三是检查不及时，使违章行为不能得以纠正。

⑤ 安全资金投入不足，设备设施达不到安全要求，本质安全可靠性低。还有就是民用爆破器材生产的专用设备长时间运转，得不到有效的检查和维护，产生设备故障，从而引发事故，造成人员伤亡。

(2) 烟花爆竹事故的一般原因

烟花爆竹内部装填的烟火剂是易燃易爆药物，其热感度和机械感度都很高，生产企业的绝大多数带有药物的工序都具有危险性，其中烟火剂的制配工序最为危险。研究者对 78 起重大烟花爆竹生产事故发生工序进行分析，结果如表 6-14 所示。

表 6-14 重大烟花爆竹生产事故发生工序分析

主工序	事故数量(起)	事故比例(%)	子工序	事故数量(起)	事故比例(%)
生产准备	9	11.54	分发药	3	3.85
			清理	3	3.85
			管理	3	3.85
配药与混合	34	43.59	配药	8	10.26
			搓药	5	6.41
			混药	9	11.54
			制药、筛药	12	15.38
造粒	2	2.56	手工造粒	1	1.28
			机械造粒	1	1.28
烟火剂干燥	3	3.85	日晒	1	1.28
			火室干燥	1	1.28
			采暖	1	1.28
引线加工	8	10.26	手工制引	3	3.85
			机械制引	3	3.85
			切引	2	2.56
成品制作	12	15.38	扎眼	3	3.85
			插芯	4	5.13
			冲炮	5	6.41
其他	10	12.82	明火、照明、吸烟	7	8.97
			点药	3	3.85

从管理实践来看，非法生产、违规操作、从业人员安全文化素质低是导致烟花爆竹事故的主要原因。烟花爆竹生产需要有特定的生产和作业条件，需要有严格的管理制度。但非法生产的作坊，很多根本不具备起码的生产条件，没有正规的厂房，没有安全生产设备，没有安全生产规章制度。有的生产场地狭窄，设备简陋，有的住房就是厂房，庭院、杂屋就是切引、配药、和药、装药的场所。药物原材料、半成品、成品堆放在一起。无安全通道、无消防设施。闲杂人员可随意进入工场，甚至在烟花鞭炮生产场所生火做饭、烧水。总之生产条件不符合安全生产的要求，加之非法生产烟花爆竹的从业人员大都没有参加过任何培训学习，对安全操作一无所知。这些都是导致烟花爆竹企业事故频发的重要原因。

4. 民用爆破器材安全措施

(1) 民用爆破器材的生产工艺技术应是成熟、可靠或经过技术鉴定的。

(2) 凡从事民用爆破器材生产、储存的企业，应制定能指导正常生产作业的工艺技术规程和安全操作规程。

(3) 可能引起燃烧事故的机械化作业，应根据危险程度设置自动报警、自动停机、自动卸爆、应急等措施。

(4) 所有与危险化学品接触的设备、器具、仪表均应相容。

(5) 有危及生产安全的专用设备应按有关规定进行安全鉴定。

(6) 在生产、储存、运输时，不允许使用明火，不得接触明火或表面高温物体；特殊情况需要使用时，在工艺资料中应作出明确说明，并应限制在一定的安全范围内，且遵守用火细则。

(7) 在生产、储存、运输等过程中，要预防火(炸)药生产中混入杂质，防止摩擦、撞击和避免空气受到绝热压缩。

(8) 生产厂房内要有防止静电产生和积累的措施，所有电气设备都应采取防爆电气设备，生产、储存工房均应设置避雷设施，所有建筑物都必须在避雷针的保护范围内。

(9) 生产用设备在停工检修时，要彻底清理残存的火(炸)药；需要电焊时，除采取相应的安全措施外，还要采取消除杂散电流的措施。

5. 烟花爆竹安全措施

(1) 烟火药原材料应符合质量标准。

(2) 粉碎应在单独工房进行，粉碎前后应筛掉机械杂质，筛选时不得使用铁质、塑料等易产生火花和静电的工具。

(3) 黑火药原料的粉碎，应将硫黄和木炭两种原料混合粉碎。

(4) 铝粉、镁铝合金粉、氯酸盐、赤磷等高感度原料的粉碎必须在专用工房中，使用专用设备和专用工具，并由专人操作。

(5) 粉碎和筛选原料时应坚持做到：

① 三固定：固定工房、固定设备、固定最大粉碎药量。

② 四不准：不准混用工房、不准混用设备和工具、不准超量投料、不准在工房内存放粉碎好的药物。

③ 所有粉碎和筛选设备均应可靠接地，电气设备必须是防爆型的，要做到远距离操作，进出料时必须停机停电，工房应注意通风。

6.3　火工品工厂防火防爆

火工品是装有火药或炸药，受外界较小能量刺激后产生燃烧或爆炸，用以引燃火药、引爆炸药、做机械功等预定功能的一次性使用的元件或装置的总称，包括火帽、雷管、导火索、导爆索等，常用于引燃火药、引爆炸药。我国对火工品的生产、储运、销毁制定了相关法律法规及安全标准来预防火灾、爆炸的发生，杜绝安全隐患。

根据火工品的特点，火工品工厂具有区别于一般工厂的特殊性。

6.3.1　火工品工厂规划和外部距离

1. 工厂规划

火工品工厂一般由主厂区、总仓库区、靶场、销毁厂和工厂住宅区组成，各区之间关系密切，联系频繁，如果仅从距离短、运输近、管理方便等方面考虑，相互之间以近为好，但根据火、炸药厂有爆炸危险的特点，要充分考虑到万一发生事故，应使影响减少到最小。因此，各区之间和对周围市、镇、村庄以及交通路线目标应满足区域距离要求。具体布置时应充分利用自然屏障，合理地规划，使全厂各区形成一个有机整体。

火工品工厂厂址选择应符合现行国家标准《工业企业总平面设计规范》(GB 50187—2012)的相应规定，且工厂宜设危险品生产区、危险品总仓库区、性能试验场、销毁场及生活区，各区的规划应符合下列要求：

① 根据企业生产、生活、运输和管理等因素确定各区相互位置。危险品生产区宜设置在适中位置，危险品总仓库区、性能试验场、销毁场宜设置在偏僻地带或边缘地带。

② 企业各区不应分设在国家铁路线、一级公路的两侧，宜规划在运输线路的一侧。

③ 当企业位于山区时，不应将危险品生产区布置在山坡陡峻的狭窄沟谷中。

④ 辅助生产部分宜靠近生活区的方向布置。

⑤ 无关的人流和物流不应通过危险品生产区和危险品总仓库区。危险品的运输不应通过生活区。

2. 建筑物危险等级的划分

火工品工厂的建筑物种类很多，部分建筑与民用工厂建筑功能结构相同，如铁木箱等包装物生产、精制棉生产、废酸处理所在厂房以及机修工房、理化室、杂品库等，对这些建筑物的设计，按《建筑设计防火规范》(GB 50016—2014)执行即可。但是生产或储存火(炸)药、火工品、民爆器材等建筑物具有特殊危险性，如硝化纤维素、硝化甘油、发射药、各种炸药等制造车间的主要工房和储存这些危险品的仓库。为便于分类确定结构形式和建筑物之间的距离，对这些建筑物划分危险等级。

根据建筑物内制造、加工或储存危险品的燃烧爆炸性能，发生事故时的破坏能力，并考虑到工艺加工方法、工艺防护措施以及建筑物本身的防爆泄爆措施等因素，将危险建筑物划分为 A1、A2、A3、B、C1、C2、D 等七个等级。关于危险品生产工序或厂房的危险等级及危险品仓库的等级可查阅《火药、炸药、弹药、引信及火工品工厂设计安全规范》(WJ 2470—

1997)及《民用爆破物品工程设计安全标准》(GB 50089—2018)。

3. 火工品工厂内外部距离确定原则

火工品在生产、试验、运输、贮存和废药销毁等过程中，都有产生爆炸事故的可能，所以要求火工品工厂各个区域之间以及各区域内部建(构)筑物之间都要有一定的距离。火工品生产、贮存工房建(构)筑物内外部距离的确定，主要依据事故发生时爆炸冲击波对建(构)筑物的破坏程度，其破坏程度取决于炸药的性质、药量、建(构)筑物的危险等级等相关条件。各个区域内外部建(构)筑物距离的具体标准可参考《火药、炸药、弹药、引信及火工品工厂设计安全规范》(WJ 2470—1997)。

6.3.2　建筑结构防爆措施

1. 安全措施的基本原则

由于火工品装药生产中有爆炸、燃烧危险，散发大量有毒粉尘、蒸气等特点，在建筑结构方面应有针对性地采取一些安全措施，以尽量减小事故的发生及损害程度。如在设计施工时采用不发火地面，防止门窗玻璃在阳光直射下的聚光作用，防止积尘以及防雷击等措施。

减小事故损失、防止事态扩大的措施包括以下几方面：

(1) 在设计中要考虑具有爆炸危险的 A、B、C 级工房要求采用钢筋混凝土支柱，不采用砖墙承重以防止砖墙倒塌、屋盖大面积塌落。

(2) 工、库房设置防护屏障，设备安装在防爆间室内工作等。

(3) 爆炸所产生的冲击波和地震波对建筑物本身及邻近建筑物的危害，在某些方面同地震对建筑物的危害有相似之处。因此，可以参照抗震规范，采取增加抗震圈梁、提高烈度等级、加强构件之间的连接和墙体之间的连接等行之有效的措施，避免或减少由于事故后建筑物倒塌造成的设备损坏及人员伤亡，缩小损失范围。

2. 建筑物的屋盖选型与泄压

(1) 轻质泄压屋盖和轻质易碎屋盖

轻质泄压屋盖由轻质材料制成，在火药气浪作用下，工房承重部分可以保存，仅泄压部分屋盖被掀去，其泄压部分的质量不大于 60 kg/m^2。轻质易碎屋盖是指由轻质材料制成，在空气冲击波作用下，易形成碎块的屋盖。

对于爆炸事故次数较多的硝化甘油、胶质炸药等生产及配制工房等，考虑到其发生事故时，屋盖不宜产生大的碎块，以减少对外界的破坏作用，故需要做成轻质易碎屋盖，同时考虑到硝化甘油不经燃烧而直接爆炸，为了便于事故后修复，也可采用经防火处理的木质屋盖。

对于火药制造工房，部分事故就是因泄压面积不够导致燃烧转变成爆轰引起的。所以对这类工房应做成轻质泄压屋盖，以防止由燃烧转成爆轰。

(2) 单、双基制造工房的泄压面积与药量的关系

根据试验资料与事故资料统计，一般安全系数 $n=A/(3000m)=3$，可以保证事故发生时只燃烧不爆炸。所以在考虑泄压措施时，要根据存药量多少来决定泄压面积，其计算公式如下：

$$A \geqslant 3000m$$

式中，A 为泄压面积，m^2；m 为火药质量，kg。

对于某些药量小而又经常发生燃烧的工房，其轻质门、窗面积已能满足泄压面积的要求，同时为了避免轻质泄压屋盖在燃烧事故后经常修理的困难，这类工房采用钢筋混凝土屋盖更为恰当。

（3）单、双基制造工房的泄压面积与药量的关系

① 抗爆间室：喷射法硝化甘油生产的硝化、分离、洗涤等有爆炸危险的工房，可以将其设置在抗爆间室中。抗爆间室采用钢筋混凝土结构，主体承重结构在爆炸事故后修复即可继续使用。当危险品在间室内爆炸时，间室外的操作人员可不受空气冲击波和破片伤害，间室以外的危险品也不会引起爆炸，与其相邻的生产工房也不致受到影响或损害。

② 抗爆屏院：当抗爆间室内发生爆炸事故时，为减少其空气冲击波和破片对间室外的破坏作用，须在抗爆间室、轻质窗墙的外面设置矩形的间室。布置屏院墙时，要注意防止由于布置疏忽使空气冲击波经屏院院墙的开口处传播而引起邻室破坏或爆炸。

当抗爆间室内发生爆炸事故时，屏院的院墙在空气冲击波的作用下不应倾倒，在破片作用下不被穿透，抗爆屏院的最小进深（等于屏院纵墙的长度）与院墙的厚度由抗爆间室的设计药量决定。

当抗爆间室面临山体时，如果将抗爆屏院取消，当抗爆间室一旦发生爆炸事故，来自间室的冲击波经山体反射折回，有引起相邻间室爆炸的可能。有的工厂已发生过类似的事故。只有当抗爆间室前面抗爆屏院的进深符合设计要求，且屏院的纵墙与山体相接时，才能将屏院的横墙取消。

6.3.3 工房安全疏散

火、炸药厂的危险工房中，存在着燃烧和爆炸的危险，一旦发生事故，要保证工房内的操作人员有足够的安全出口，这对减少事故损失和人员伤亡非常重要。

对于A、B、C、D级工房，每一工房的安全出口的数目不应少于两个，主要考虑万一发生事故，其中一个出口不能使用时，则有第二个出口可以保证生产工房内人员安全撤出。同时外部出口或楼梯间的距离也不能太远，对于A、B、C级工房，工房内的任一操作点距安全门不应超过15 m，D级工房不应超过20 m。

实际生产过程中情况比较复杂，可根据具体情况酌情处理。但是必须设置两个安全出口的工房，即使工房面积再小，也不能减少安全出口数量，如双基药的压延工房。此外，为了避免普通玻璃对人身的伤害，A、B、C级工房宜采用塑性玻璃。

1. 单层工房安全出口的基本要求

单层工房安全出口的基本要求有：

（1）有的岗位工作位置是固定的，在这种情况下，为了达到更快的安全疏散的目的，可利用其附近的窗口作为安全出口。要求安全窗洞口不应小于1.0×1.5 m^2，窗台高度不应高于室内地面0.5 m，窗扇向外平开，不应有中梃。

若采用双层安全窗，则窗扇一定要做成联动的，以保证双层窗扇能同时向外开启。安

全窗仅仅是提供给靠近窗口工作的操作人员使用的，所以此窗口不能列入安全出口的数目中。

(2) 安全疏散时，不允许工作人员穿越其他危险工房疏散。

(3) 为了保证尽快疏散，不致发生拥挤，安全门应向疏散方向开启。当工房设置门斗时，门斗设置方向应与工房门的方向一致。邻近工房的门窗不应相对设置，以防互相干扰。

2. 二层或二层以上工房安全出口的基本要求

工房若是二层或更高时，安全出口设置比较复杂，原则上同一层一样，但是考虑到楼层高度不同，为了达到尽快疏散的目的，可考虑增设楼梯、滑竿和滑梯，以便在短时间内滑到一层进行疏散。

3. 有防护土堤的工房安全出口要求

工房外设有防护土堤时，工房安全出口最好布置在防护土堤的开口附近，当为环形防护土堤时，则安全出口最好布置在防护土堤的事故隧道附近。

6.4 煤矿防火防爆

6.4.1 矿井瓦斯爆炸及其预防

瓦斯爆炸是煤矿生产中最严重的灾害之一，爆炸事故产生的高温高压气体使爆炸源附近的气体以极高的速度向外冲击，不仅严重摧毁井下设施，而且造成大量人员伤亡；有时还会引起瓦斯连续多次爆炸、煤尘爆炸和井下火灾，使灾害扩大。

1. 瓦斯爆炸的条件

瓦斯爆炸必须具备三个条件：一定浓度的甲烷、一定温度的引火源和足够的氧。

(1) 瓦斯浓度

理论分析和试验研究表明：在正常的大气环境中，瓦斯只在一定的浓度范围内爆炸，这个浓度范围称为瓦斯的爆炸界限，其最低浓度界限叫爆炸下限，其最高浓度界限叫爆炸上限，在新鲜空气中瓦斯爆炸界限一般为 5%～16%，5%为下限，16%为上限。

瓦斯浓度低于爆炸下限时，遇高温火源并不爆炸，只能在火焰外围形成稳定的燃烧层。浓度高于爆炸上限时，在该混合气体内不会爆炸，也不燃烧，如有新鲜空气供给时，可以在混合气体与空气的接触面上进行燃烧。在正常空气中瓦斯浓度为 9.5%时，化学反应最完全，产生的温度与压力也最大。瓦斯浓度 7%～8%时最容易爆炸。

必须强调指出，瓦斯爆炸界限不是固定不变的，它受到许多因素的影响，如其他可燃气体(乙烷、丙烷等)、煤尘、空气压力和惰性气体等。

(2) 引火温度

瓦斯的最低点燃温度和最小点燃能量取决于空气中的瓦斯浓度，初压和火源的能量及其放出强度和作用时间。瓦斯-空气混合气体的最低点燃温度，绝热压缩时 565 ℃，其他情况时 650 ℃，最小点燃能量为 0.28 mJ。甲烷与空气混合气体的爆炸极限与环境温度的关系，如表 6-15 所示。

表 6-15　甲烷-空气混合气体的爆炸极限与环境温度的关系

环境温度（℃）	甲烷-空气混合气体的爆炸极限（%）	
	下限	上限
20	6.00	13.40
100	5.45	13.50
300	4.40	14.25
500	3.65	15.35
700	3.25	18.75

煤矿井下的明火、煤炭自燃、电弧（平均 4000 ℃）、电火花、炽热的金属表面以及撞击和摩擦火花，都能点燃瓦斯。此外，采空区内砂岩悬顶冒落时产生的碰撞火花，也能引起瓦斯的燃烧或爆炸。有研究认为，岩石脆性破裂时，它的裂隙内可以产生高压电场（达 108 V/cm），电场内电荷流动，也能导致瓦斯燃烧。

（3）氧的浓度

正常大气压和常温时，瓦斯爆炸浓度与氧浓度关系，如爆炸三角形所示（图 6-1）。氧浓度降低时，爆炸下限变化不大（BE 线），爆炸上限则明显降低（CE 线）。氧浓度低于 12%时，混合气体就失去爆炸性。

爆炸三角形对火区封闭或启封时以及惰性气体灭火时判断有无瓦斯爆炸危险有重要的参考意义，国内外已利用其原理研制出煤矿气体可爆性测定仪。

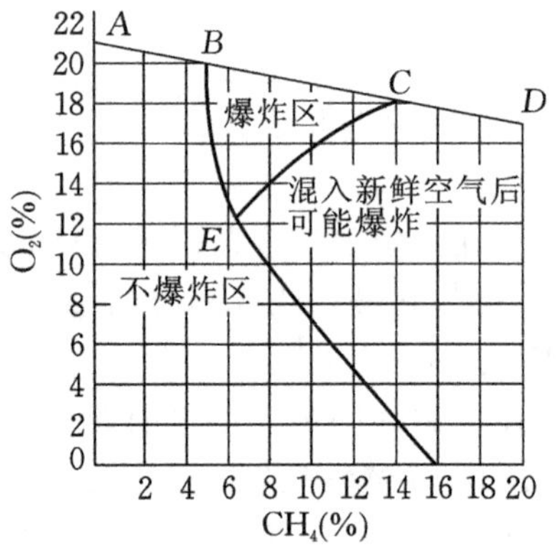

图 6-1　爆炸三角形

2. 预防瓦斯爆炸的技术措施

瓦斯爆炸必须同时具备三个条件：(1)瓦斯浓度在爆炸范围内；(2)高于最小点燃能量的热源存在的时间大于瓦斯的引火感应期；(3)瓦斯-空气混合气体中的氧气浓度大于 12%。最后一个条件在生产井巷中是始终具备的，所以预防瓦斯爆炸的措施，就是防止瓦斯的积聚和杜绝或限制高温热源的出现。

（1）防止瓦斯积聚

所谓瓦斯积聚是指采掘工作面及其主巷道内，体积大于 0.5 m^3的空间内积聚的瓦斯浓度达到 2%的现象。

① 通风是防止瓦斯积聚的基本方法。矿井通风必须做到：用机械通风，风流要连续稳定；分区通风，通风系统比较简单，便于调节风量，还要有足够的风量和风速；避免循环风，减少漏风；局部通风风筒末端要靠近工作面，放炮时间内也不能中断通风等。

② 及时处理局部积存的瓦斯。生产中容易积存瓦斯的地点有：回采工作面上隅角，独头掘进工作面的巷道隅角，顶板冒落的空洞内，低风速巷道的顶板附近，停风的盲巷中，回采工作面采空区边界处，以及采掘机械切割部分周围等。及时处理生产井巷中局部积存的瓦斯，是矿井日常瓦斯管理的重要内容，也是预防瓦斯爆炸事故，保证安全生产的关键工作。

通常采用的主要方法有：向瓦斯积聚地点加大风量和提高风速，将瓦斯冲淡排出；将盲巷和顶板空洞内积存的瓦斯封闭隔绝；必要时应采取抽采瓦斯的措施。

③ 抽采瓦斯，这是瓦斯涌出量大的矿井或采区防止瓦斯积聚的有效措施。

④ 经常检查瓦斯浓度和通风状况，这是及时发现和处理瓦斯积聚的前提，瓦斯燃烧和爆炸事故统计资料表明，大多数这类事故都是由于瓦斯检查员不负责，玩忽职守，没有认真执行有关瓦斯检查制度造成的。

(2) 防止瓦斯引燃

防止瓦斯引燃的原则，是对一切非生产必需的热源，要坚决禁绝。生产中可能发生的热源，必须严加管理和控制，防止它的发生或限定其引燃瓦斯的能力。

① 加强明火管理。《煤矿安全规程》(原国家安全生产监督管理总局令(第87号)，以下简称《规程》)规定，严禁携带烟草和点火工具下井；井下禁止使用电炉，禁止打开矿灯；井口房、抽采瓦斯泵房以及通风机房周围20 m内禁止使用明火；井下需要进行电焊、气焊和喷灯焊接时，应严格遵守有关规定，对井下火区必须加强管理；瓦斯检定灯的各个部件都必须符合规定等。

② 采用防爆的电气设备。目前广泛采用的是隔爆外壳。即将电机、电器或变压器等能发生火花、电弧或炽热表面的部件或整体装在隔爆和耐爆的外壳里，即使壳内发生瓦斯的燃烧或爆炸，不致引起壳外瓦斯事故。对煤矿的弱电设施，根据安全火花的原理，采用低电流、低电压，限制火花的能量，使之不能点燃瓦斯。

③ 供电闭锁装置和超前切断电源的控制设施对于防止瓦斯爆炸有重要的作用。因此，局部通风机和掘进工作面内的电气设备，必须有延时的风电闭锁装置。高瓦斯矿井和煤(岩)与瓦斯突出矿井的煤层掘进工作面，串联通风进入串联工作面的风流中，综采工作面的回风道内，倾角大于12°并装有机电设备的采煤工作面下行风流的回风流中，以及回风流中的机电硐室内，都必须安装瓦斯自动检测报警断电装置。

④ 在有瓦斯或煤尘爆炸危险的煤层中，采掘工作面只准使用煤矿安全炸药和瞬发雷管。如使用毫秒延期电雷管，最后一段的延期时间不得超过130 ms。在岩层中开凿井巷时，如果工作面中发现瓦斯，应停止使用非安全炸药和延期雷管。打眼、放炮和封泥都必须符合有关规程的规定。必须严格禁止放糊炮、明火放炮和一次装药分次放炮。新近进行的炮掘工作面采用喷雾爆破技术防止瓦斯煤尘爆炸的试验已经取得了成功。其实质是在放炮前数分钟和爆破时，通过喷嘴使水雾化，在掘进工作面最前方形成一个水雾带，造成局部缺氧，降低煤尘浓度。隔绝火源，抑制瓦斯连锁反应，从而达到防止瓦斯、煤尘爆炸的目的。

⑤ 严防摩擦火花。防止机械摩擦火花，如截齿与坚硬夹石(如黄铁矿)摩擦，金属支架与顶板岩石(如砂岩)摩擦，金属部件本身的摩擦或冲击等。国内外都在对这类问题进行广泛的研究，公认的措施有：禁止使用磨钝的截齿；截槽内喷雾洒水；禁止使用铝或铝合金制作的部件和仪器设备；在金属表面涂以各种涂料，如苯乙烯的醇酸或丙烯酸甲醛脂等，以防止摩擦火花的发生。

⑥ 防止静电火花。高分子聚合材料制品，如风筒、运输机皮带和抽采瓦斯管道等，由于其导电性能差，容易因摩擦而积聚静电，当其静电放电时就有可能引燃瓦斯、煤尘或发生火灾。因此，煤矿井下应该采用抗静电难燃的聚合材料制品，其内外两层的表面电阻都必须不

大于 $3\times10^8\ \Omega$，并应在使用中能保持此值。

(3) 防止瓦斯爆炸灾害事故扩大的措施

万一发生爆炸，应使灾害波及范围局限在尽可能小的区域内。为减少损失，应该：

① 编制周密的预防和处理瓦斯爆炸事故计划，并贯彻实施该计划。

② 实行分区通风。各水平、各采区都必须布置单独的回风道，采掘工作面都应采用独立通风，这样一条通风系统的破坏将不至于影响其他区域。

③ 通风系统力求简单。应保证当发生瓦斯爆炸时入风流与回风流不会发生短路。

④ 装有主要通风机的出风井口，应安装防爆门或防爆井盖，防止爆炸波冲毁通风机，影响救灾与恢复通风。

⑤ 防止煤尘事故扩大的隔爆措施，同样也适用于防止瓦斯爆炸。

我国已经研制出的自动隔爆装置，其原理是传感器识别爆炸火焰，并向控制器给出测速（火焰速度）信号，控制器通过实时运算，在恰当的时候启动喷洒器快速喷洒消焰剂，将爆炸火焰扑灭，阻止爆炸传播。

6.4.2 矿井火灾防治

矿井火灾是指发生在矿井井下或地面井口附近、威胁矿井安全生产、形成灾害的一切非控制燃烧，是煤矿生产中的主要灾害之一。矿井火灾按引火热源的不同，可分为外因火灾和内因火灾两类。

外因火灾是由于外部热源如明火、瓦斯煤尘爆炸、放炮、机械冲击与摩擦、电流短路、静电、烧焊、吸烟等引燃可燃物造成的火灾。其特点是发生突然，来势迅猛，如果不能及时发现和控制，往往会酿成重大事故。在矿井火灾的总数中，外因火灾所占比重一般只有10%左右，但危害很大。据统计，国内外有记载的重大恶性火灾事故，90%以上属于外因火灾。

内因火灾是指煤炭接触空气后，因煤自身氧化产生热量，热量聚集使煤炭自然发火而产生的火灾。内因火灾没有外部热源，由煤炭自燃引起。内因火灾有一个孕育的过程，火势发展缓慢，多发生在采空区、破裂的煤柱和煤壁以及集中堆积的浮煤等区域。因自燃火灾火源隐蔽，较难发现和扑灭，有的自燃火灾可以持续数月、数年，甚至数十年之久，使火灾范围扩大，烧毁大量煤炭，冻结大量资源。

1. 外因火灾防治

一切能够产生高温、明火、火花的以及由可燃材料制成的器材和设备，如使用不当都可能引起外因火灾。矿井中的绝大多数外因火灾是由于对可燃物与高温热源的管理不善造成的。因此，外因火灾的防治主要应从这两方面着手。首先，井下尽量使用不燃或耐燃的材料与制品，特别是运输机胶带、机电设备用油、巷道支护材料等要采用耐燃或不燃材料。其次是防止高温火源失控，包括：电器过负荷运行、短路产生的电弧电火花，不正确的爆破作业形成的爆炸火焰，机械设备运转不良造成的过热或摩擦火花，违章吸烟、使用电炉取暖、电焊、气焊以及瓦斯煤尘爆炸等出现的明火。

为了预防外因火灾，生产和在建矿井必须制定井上、下防火措施，严格遵守《规程》的有关规定，《规程》中列有“防灭火”专章，对防火提出了具体要求。其要点是：

(1) 矿井必须设地面消防水池和井下消防管路系统。井下消防管路系统应每隔 100 m

设置支管和阀门，但在带式输送机巷道中应每隔 50 m 设置支管和阀门。地面的消防水池必须保持不少于 200 m^3 的水量。如果消防用水同生产、生活用水共用同一水池，应有确保消防用水的措施。

开采下部水平的矿井，除地面消防水池外，可利用上部水平或生产水平的水仓作为消防水池。

(2) 进风井口应装设防火铁门，防火铁门必须严密并易于关闭，打开时不妨碍提升、运输和人员通行，并应定期维修；如果不设防火铁门须有防止烟火进入矿井的安全措施。

(3) 井下使用的汽油、煤油和变压器油必须装入盖严的铁桶内，由专人押运送至使用地点，剩余的汽油、煤油和变压器油必须运回地面，严禁在井下存放。

井下使用的润滑油、棉纱、布头和纸等，必须存放在盖严的铁桶内。用过的棉纱、布头和纸，也必须放在盖严的铁桶内，并由专人定期运到地面处理，不得乱放乱扔。严禁将剩油、废油泼洒在井巷或硐室内。

(4) 井上、下必须设置消防材料库，并遵守下列规定：

① 井上消防材料库应设在井口附近，并有轨道直达井口，但不得设在井口房内。

② 井下消防材料库应设在每一个生产水平的井底车场或主要运输大巷中，并应装备消防列车。

③ 消防材料库储存的材料、工具的品种和数量应符合有关规定，并定期检查和更换；材料、工具不得挪作他用。

(5) 井下爆炸材料库、机电设备硐室、检修硐室、材料库、井底车场、使用带式输送机或液力耦合器的巷道以及采掘工作面附近的巷道中，应备有灭火器材，其数量、规格和存放地点，应在灾害预防和处理计划中确定。

井下工作人员必须熟悉灭火器材的使用方法，并熟悉本职工作区域内灭火器材的存放地点。

(6) 每季度应对井上、下消防管路系统，防火门，消防材料库和消防器材的设置情况进行 1 次检查，发现问题，及时解决。

2. 内因火灾防治

我国存在煤炭自燃的矿井占矿井总数的 56%，具有自然发火危险的煤层占累计可采煤层数的 60%；煤炭自燃而引起的火灾占矿井火灾总数的 85%～90%。近年来我国广泛采用综采放顶煤开采技术，使生产效率大幅提高。但这种采煤方法采空区遗留残煤多、冒落高度大、漏风严重，使得自然火灾发生频繁，常常使得价值几千万元的综采装备被封闭在火区中，此外还使大量的煤炭被火区冻结，造成巨大的经济损失。煤炭自燃已成为制约高产高效矿井安全生产与发展的主要因素之一。

(1) 开拓开采技术措施

矿井开拓系统和采煤方法是影响煤炭自燃的重要因素。因此，在矿井设计，建设初期就应注意选择合理的开拓系统和采煤方法。在矿井生产过程中更应采取有效的开采技术措施，防止发生煤炭自燃灾害以保证矿井生产安全正常地进行。从预防煤炭自燃的角度出发，对易自燃煤层开拓开采方法的总的要求是煤炭回采率高，工作面推进速度快，尽量减少丢煤等。

① 合理地进行巷道布置

a. 对一些服务时间较长的巷道应尽量采用岩石巷道。开采有自燃倾向的煤层，特别是自然发火严重的厚煤层，运输大巷、回风大巷、采区上下山等服务年限长的巷道一般应设在稳定的岩层中。

b. 区段煤巷采用垂直重叠布置。厚煤层分层开采时，分层区段平巷的布置过去有内错和外错两种形式，这两种布置方式都容易造成煤自燃。内错式布置在采空区上下分层巷道形成的台阶煤柱内侧易造成贮热氧化易燃隅角带。外错式布置在下分层回采时煤柱顶煤冒落堆积也易于形成易燃带。如果各分层巷道重叠布置，则可以减小煤柱，甚至不留煤柱，从而消除了采空区浮煤自燃的基本条件。

c. 采用无煤柱护巷方式。采用无煤柱护巷时，取消了煤柱，也就消除了由此带来的煤炭自燃隐患。近年来，无煤柱护巷方式已获得广泛应用，将阶段大巷和采区上(下)山设在煤层底板岩层中，采用跨越式开采，不留大巷煤柱和上(下)山煤柱，已成为常规的做法。区段巷道的无煤柱护巷方式也已推广应用，不少矿区采用沿空掘巷(或沿空留巷)方法安全地采出自燃倾向性高的煤炭，并使煤层自然发火率明显降低。但是，沿空侧的巷道容易向相邻采空区(特别是其停采线)漏风，应采用有效措施封堵漏风通道，以防引起相邻采空区煤炭自燃。

② 坚持正规开采和合理的开采顺序

开采工作要设法加快工作面推进速度，提高采煤机械化程度，采用一切可能的措施提高回采率，避免在采空区中留下任何不必要的煤柱。同时，要按照合理的回采顺序进行开采，煤层间、区段间一般采用下行式，下山采区则采用上行式；区段内采用后退式，尽量避免形成孤岛工作面。

③ 减少煤体破碎

采掘工作要破坏岩层的原始应力状态，产生应力集中，即矿山压力。矿山压力作用于煤层上，会使煤体破碎，使风流能够深入煤壁，从而增加煤体与氧气的接触面积，增加煤炭自燃的危险性。所以，在巷道布置中，应设法避开矿山压力峰值，避免煤壁受压破碎。在采用留煤柱护巷的区段巷道布置方式时，这一问题尤为重要，要切实搞清矿山压力规律，选择合适的区段煤柱尺寸。采区上(下)山如果设在煤层中，也要合理地选择上(下)煤柱尺寸。

(2) 防止漏风

根据煤自燃必须满足的四个条件，如果能够杜绝或者减少向易自燃区域的漏风，使煤低温氧化过程得不到足够的氧量，那么在一定程度上就能够延长煤自然发火期和防止煤自燃的发生。因此，防止漏风是防治煤自燃的重要措施之一。同时，在发火后对火区进行封闭，也必须尽量减少向火区漏风，使火区惰化，尽快使火区的火窒息。

(3) 均压防灭火

均压防灭火就是采用风窗、风机、连通管、调压气室等调压手段，改变通风系统内的压力分布，降低漏风通道两端的压差，减少漏风，从而达到抑制和熄灭火区的目的。均压技术是在 20 世纪 50 年代由波兰 H. Bystron 教授首先提出的。20 世纪 60 年代一些采煤技术发达的国家竞相采用，并多次获得成功。同期，我国也在淮南、辽源、开滦等矿区试用这一防灭火新技术。后来，在徐州、阜新、抚顺、平庄、六枝、芙蓉、大同、鹤岗等矿区逐渐推广。

根据煤矿井下煤炭自然发火区域是否封闭，均压技术可分为开区均压和闭区均压两种类型。

① 开区均压

开区均压通常是指在生产工作面建立的均压系统，其特点是在保证工作面所需通风风量的条件下，通过实施通风调节，尽量减少向采空区漏风，抑制煤的自燃，防止一氧化碳等有毒有害气体涌入工作面，从而保证正常生产的进行。漏风通道和工作面周围的通道可以形成多种风流流动方式(如并联、串联和复杂联等)，开区均压也有几种不同类型。

a. 调节风窗均压，适用于工作面采空区内形成的并联漏风方式。通常在工作面的回风巷内安设调节风窗，使工作面内的风流压力提高，以降低工作面与采空区的压差，从而减少采空区中气体涌出。

b. 局部通风机均压。有时为提高风路的压力，需在风路上安设带风门的风机(即辅助通风机)，利用风机产生的增风作用，改变风路上的压力分布，达到均压的目的。

c. 调节风窗与局部通风机联合均压，常常采用工作面进风巷安设辅助通风机而回风巷安设调节风门的联合均压措施。

② 闭区均压

所谓闭区均压，就是对已经封闭的区域进行均压，它一方面可以防止封闭区中的煤炭自燃，又可加速封闭火区的熄灭速度。常用的闭区均压技术措施有：并联风路与调节风门联合均压，调压风机与调节风门联合均压，连通管均压和改造通风系统均压等。

(4) 预防性灌浆

预防性灌浆就是将水和不燃性固体材料(黏土、粉煤灰等)按一定比例制成泥浆，利用矿井的高度差(静压)或者泥浆泵(动压)通过钻孔或管路送至可能发生自燃的地点，泥浆中的固体物沉淀下来，部分水则流到巷道中排出。泥浆的作用是：①将碎煤包裹起来，隔绝它与空气的接触；②固体物充填于浮煤和冒落的岩石缝隙之间形成再生顶板，从而增加严密性，减少漏风，有利于厚煤层下分层的开采；③对于已经自热的煤炭有冷却散热作用。

灌浆的效果及其经济性，在很大程度上取决于泥浆材料的选择、制备、输送和灌浆方法。预防性灌浆按与回采的关系分采前预灌、随采随灌和采后封闭灌浆三种。采前预灌是在工作面尚未回采前对其上部的采空区进行灌浆。这种灌浆方法适用于开采老窑多的易自燃、特厚煤层。采后注浆是采空区封闭后，利用钻孔向工作面后部采空区内注浆。随采随灌则是在采煤工作面推进的同时向有发火危险的采空区灌浆，这是预防性灌浆采用的主要方法。

(5) 阻化剂防火

阻化剂也称阻氧剂。将其溶液喷洒在采空区的煤壁或者煤块上，具有阻止煤的氧化和防止煤的自燃的作用，因此称为阻化剂。阻化剂包括氯化钙($CaCl_2$)、氯化钠($NaCl$)、氯化镁($MgCl_2$)、水玻璃(Na_2SiO_3)等无机盐类化合物。该项防灭火技术是在 20 世纪 60 年代初发展起来的，在国外和国内的一些矿井都进行了应用，取得了较好的效果。它是进行煤矿防灭火的重要手段之一。阻化剂防火由于技术工艺系统简单，设备少，成本低，防火效果好等优点，在一些矿区得到了广泛应用。

阻化剂防火工艺分两类：一是在采煤工作面向采空区遗煤喷洒阻化剂液防止煤的自燃；二是向可能或已经开始氧化发热的煤壁打钻孔压注阻化液，以抑制煤的自燃。如采用喷洒工艺，要建立半永久性的储液池或专用矿车做成临时性储液池以构成喷洒系统。

实验研究表明，20%浓度的氯化钙($CaCl_2$)、氯化镁($MgCl_2$)溶液的阻化率较高，防火效果好。因此，阻化液浓度在15%～25%浓度范围内，其防火效果好，低于10%或者高于30%，其防火效果大大降低。因此在使用阻化剂防火时，应该注意其使用浓度。

(6) 惰性气体灭火

可以被用作矿井防灭火的惰性气体主要有三种：二氧化碳(CO_2)、燃烧产生的惰性气体和氮气(N_2)。

① 二氧化碳

二氧化碳的密度相对于空气是1.52，利用其密度大的特点可用来对付矿井中发生在位置较低处的火灾，例如仰斜开采工作面的采空区和倾斜巷道的下部；同理，二氧化碳对控制水平和上行巷道或工作面的火灾效果就较差。二氧化碳的抑爆性能优于氮气，但二氧化碳易溶于水且比较容易吸附在煤体上，因此在使用时会损失一些气态的二氧化碳。

② 燃烧产生的惰性气体

将火区封闭后，火区内的氧气将被消耗而生成烟气。烟气的主要成分是二氧化碳、氮气和水蒸气，这样的混合气体可看作是窒息火区的惰性气体，会使火区惰化，使火灾熄灭。但是，这样的混合气体可能含大量的可燃性气体，如果有新鲜空气进入的话，就可能发生爆炸。

直接利用火灾气体灭火，因实际使用困难，很少采用；但可采用燃油燃烧的惰气灭火。目前，国内外矿山救护队一般装备有用燃油燃烧的惰气发生装置，该装置已成为扑灭受限空间火灾的重要技术装备之一。惰气发生装置的特点是产生的惰气量大，如燃烧煤油的喷气式发动机，当燃烧速率为0.7 kg/s时，会产生30 m^3/s的惰性烟气，发动机在产生大量烟气的同时，还会产生大约30 MW的电力，可以作其他用途。为使惰气装置灭火性能更优，须用水对烟气进行冷却处理，经冷却的湿式惰气注入火区，可快速控制火势、窒息火区。

③ 氮气

在常温常压下，氮分子结构与化学性质非常稳定，很难与其他物质发生化学反应，是一种良好的灭火用惰性气体。理论与实践表明，当氧含量降低到5%～10%时，可抑制煤的氧化自燃，而氧含量降低到2%以下时，则可以使煤炭燃烧熄灭并阻止其复燃。氮气防灭火技术因氮气特有的物理性质，丰富的氮气资源，简单的注氮工艺，成为矿井防灭火的一项重要技术。

一般采取沿顺槽埋管方式进行注氮防火。可在工作面进风顺槽外侧巷帮敷设无缝钢管，并埋入采空区内，管路采用法兰盘连接。如采空区埋管兼作灌浆管时，则该埋管分别通过三通与注氮、灌浆管相连，根据需要，通过埋管注氮或灌浆。采空区埋管管路每隔一定距离预设氮气释放口，其位置应高于煤层底板20～30 cm，并采用石块或木垛加以妥善保护，以免孔口堵塞。为控制注氮地点，提高注氮效果，可采用拉管移动式注氮方式，即采用回柱绞车将埋管向外牵引，埋管移动周期与工作面推进速度保持同步，使注氮孔始终在采空区氧化自燃带内注入氮气。据经验，埋管距工作面17 m之内，采用回柱绞车能够牵引移动埋管。为了将惰性气体送到防灭火地点，可以使用送水管路或者输送压缩空气管路来输送惰性气体。在某些情况下，可用在地面上打钻孔的方法从地面将惰性气体注入火区。

对于经常发生煤炭自燃的矿井来说，应该在矿井地面建立永久性的氮气制备站和注氮管网，使注氮管路到达所需的工作面区域。以较慢速率但必须持续地向采空区注氮，只要注氮措施得当，就能够使火灾危险区域形成惰性的气体环境。随着该项技术的不断发展，已经可以通过远程自动控制对工作面进行完全惰化，这使该项技术更具有价值。

(7) 凝胶(灭火剂)

灭火凝胶是由固状粉末和水按照一定比例混合，瞬间形成黏度适中的胶体，所形成的胶体是高分子凝胶与水形成的螯合物。灭火凝胶耐高温，受热失水速度慢。同时凝胶的黏度随着时间推移而增大，能在有限的空间内向上堆积，具有良好的挂壁和覆盖性能，能够在浮煤上形成一层致密、含水量高的保护层，不但能阻止氧气与煤的接触，而且具有很好的冷却降温性能，可以起到显著的防灭火效果。主要适用于煤矿等地区的采空区、高冒区局部煤炭自燃的防治。

① 凝胶分类

凝胶主要有无机凝胶、有机凝胶及复合胶体三大类。

a. 无机凝胶

无机凝胶主要由基料、促凝剂和水按照一定比例配置成水溶液，发生凝胶作用而形成。胶体内充满着水分子和一部分其他物质，凝胶起框架作用，把易流动的水分子固定在凝胶内部。成胶的过程是一个吸热过程。对于由两种原料在水中经过物理或化学作用形成的胶体，通常把主要成胶原料称为基料，把促成基料成胶的材料称为促凝剂或胶凝剂。基料和促凝剂按照一定的比例配置成水溶液。在矿井防灭火常用的硅凝胶，水玻璃是基料，碳酸氢铵或硫酸铵或铝酸钠为促凝剂。无机凝胶存在失水后会干裂、粉化和灭火后的火区易复燃的不足。防火时，基料 8%～10%，促凝剂 3%～5%；灭火时，基料 6%～8%，促凝剂 2%～4%。成胶时间由基料和促凝剂的比例而确定，一般基料与促凝剂在水溶液中的比例越大，成胶时间越短。当基料为 90～100 kg/m^3 时，成胶时间为 7～8 min，促凝剂为 20 kg/m^3；成胶时间为3～4 min 时，促凝剂比例为 30 kg/m^3；成胶时间为 25 s 时，促凝剂为 50 kg/m^3。

b. 有机凝胶(高分子凝胶)

有机凝胶也称高分子凝胶。高分子凝胶是指分子量很高(通常为 10^4～10^6)的高分子化合物的溶液。这种高分子化合物吸水能力很强，与水接触后，短时间内溶胀且凝胶化，最高吸水能力可达自身重量的千倍以上。目前用于矿井的高分子防灭火材料以聚丙烯酰胺、聚丙烯酸钠为主要成分。这种胶体材料与水玻璃凝胶相比，使用时仅采用单种材料，使用量小，通常为 0.3%～0.8%，在井下使用方便，且对井下环境无污染。这种胶体附着力强，可充分包裹煤炭颗粒，隔绝与氧气的接触。高分子凝胶材料的不足在于其成本较高，且吸热与成胶能力均不如由水玻璃与碳酸氢铵构成的铵盐凝胶。

c. 复合胶体

在黄土、粉煤灰或其他原料的泥浆中，按一定比例添加成胶材料，使泥浆稠化，形成浆体凝胶，也称复合胶体。因复合胶体含有固体介质，即使胶体脱水后仍可较好地包裹煤体，可克服一般水凝胶的特点，因而具有更好的防灭火性能。

② 注凝胶工艺

注凝胶的工艺有多种，最常用为双箱双泵工艺系统，如图 6-2 所示：

将基料 A 和促凝剂 B 按一定比例与水在矿车(或水箱)内搅拌均匀，然后同时启动两台污水泵。A 液体和 B 液体在混合器内混合后，由胶管输送到注胶钻孔，待两种溶液输送完

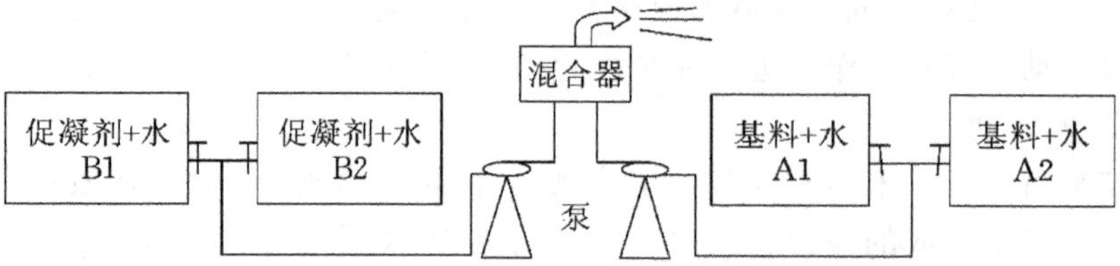

图 6-2　双箱双泵凝胶压注系统

后，用清水稍冲洗泵和管路，重新配制。通过实践证明，此种注胶工艺简单易行，胶体质量稳定。但配料要求掌握严格，而且两台污水泵压力和流量要相同，保证注胶配比均匀，否则将发生胶体凝结堵泵堵管现象。

（8）三相泡沫

防治煤炭自燃的三相泡沫由固态不燃物（粉煤灰、黄泥等）、惰性气体（N_2）和水三相防灭火介质组成。三相泡沫集固、液、气三相材料的防灭火性能于一体，利用粉煤灰或黄泥的覆盖性、氮气的窒息性和水的吸热降温性进行防灭火，大大提高了防灭火效率。三相泡沫发泡体积量大，单位体积的浆体材料成本低，具有较高的经济效益。

① 三相泡沫的发泡方式

在粉煤灰或黄泥浆液中加入发泡剂后，通过发泡器发泡，形成防灭火用三相泡沫。发泡剂的作用是降低浆液的表面张力，同时使固体颗粒具有疏水性，使之黏附在气泡壁上。三相泡沫所采用的发泡方式是物理机械发泡。两相泡沫发生器采用网式发泡器，但网式发泡器不适合产生三相泡沫，因为固体颗粒易造成对发泡网的堵塞。

② 三相泡沫工艺流程

三相泡沫产生流程如图 6-3 所示：

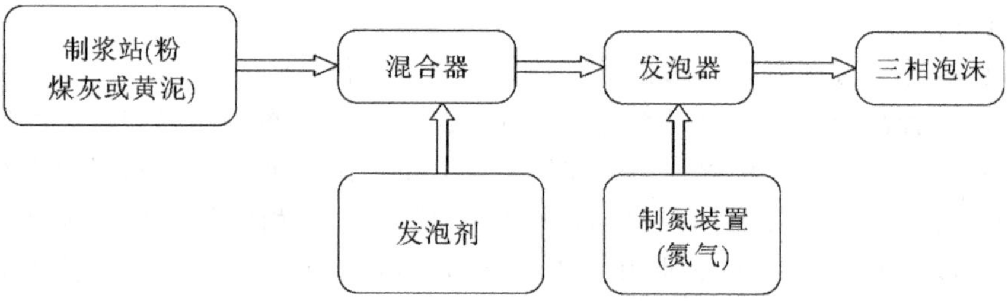

图 6-3　三相泡沫产生流程图

首先在制浆站中，将一定比例的水与粉煤灰或黄泥搅拌混合形成粉煤灰或黄泥浆体，通过自然压力或泵输送到注浆管路中，再通过定量螺杆泵将发泡剂注入注浆管路中，浆液与发泡剂在流动的混合器中混合后进入发泡器，在发泡器中接入氮气管路，氮气与含有发泡剂的粉煤灰或黄泥浆体相互作用产生出三相泡沫。

三相泡沫注入防灭火区域后，大面积的将浮煤覆盖，使有自然发火倾向的煤层迅速与空气中的氧气隔绝并冷却降温；采空区内的一氧化碳浓度将明显降低，防灭火效果非常显著。

6.4.3 煤尘爆炸及其预防

煤尘爆炸必须具备三个条件:煤尘自身具有爆炸性,悬浮在空气中并具有一定的浓度,有引燃煤尘的热源。从其爆炸条件出发,防治煤尘爆炸的主要方法为防止悬浮煤尘达到一定浓度和消除引爆火源。

1. 抑制煤尘产生措施

(1) 煤层注水

煤层注水是用水预先湿润煤体。煤层在开采之前,打若干钻孔,通过钻孔向煤体注入压力水,使其渗入煤体内部,增加煤层水分。煤层注水是回采工作面最重要的防尘措施之一。注水后的煤体,在回采及整个生产流程中,都具有连续的防尘作用,而其他防尘措施则为局部的。

注水方式按注水钻孔的位置、长度和方向,可分为工作面上短孔注水、长孔注水和工作面走向长孔注水三种方式。按照供水的动力方式,煤层注水又分为静压注水和动压注水两种。

(2) 采空区灌水

在用下行垮落法分层开采原煤层时,将水灌入上一分层采空区内,使其在无外加压力状态下,依靠自重及煤体内孔隙的毛细作用缓慢渗入下分层待采煤体,在开采前预先湿润,达到防尘目的。

(3) 水封爆破和水泡泥

这是借炸药爆破时产生的压力将水注入煤层的一种降尘方法。水近似不可压缩,在爆破压力的作用下,不仅可强力渗到煤层中去,有助于提高爆破效果,而且爆破时水的汽化将使降尘效果更加显著。

(4) 其他措施

在井下集中生产煤尘的地点进行喷雾洒水,是捕获浮尘和湿润落尘的有效降尘措施。在喷雾洒水的基础上,定期清洗巷道和巷道刷浆,减少巷道中堆积的落尘,对防止煤尘爆炸也具有重要意义。喷雾洒水及冲洗巷道是综合防尘中的主要措施。还有改进采煤机结构,尽量减少炮眼数目;减少炸药用量,使用湿式电钻减少细微煤尘的产生,使用产生煤尘少的输送机(胶带输送机代替刮板输送机),降低转载处的高度等,均可减少煤尘的产生。

2. 预防煤尘爆炸措施

(1) 消除井下火源措施

引爆火源是煤尘爆炸的必要条件之一,消除井下火源是预防煤尘爆炸的重要措施:

① 严格执行《煤矿安全规程》消除井下明火的规定;

② 防止爆破时产生火焰;

③ 消除电器火源;

④ 防止瓦斯爆炸和燃烧;

⑤ 消除其他火源,如摩擦发火、金属碰撞产生火源。

(2) 防止沉积煤尘参与爆炸

防止沉积煤尘参与爆炸。井下沉落的煤尘，在平时生产中没有任何影响，也不会引起人们的注意。但若受到某种冲力就会重新飞扬起来，给煤尘爆炸提供了必要条件。所以，落尘是煤尘爆炸的最大隐患，必须积极采取措施进行处理。常用的措施有：①清扫巷道。将积聚在巷道中的煤尘定期清扫运出。②冲洗巷道。用水冲洗积聚在巷道中的煤尘，冲洗的主要巷道是总回风道、主要回风道、采区巷道及采区内的一些采掘巷道。③刷浆。用石灰水（或水泥石灰水）喷洒在巷道的周壁，使煤尘固结起来，不能飞扬参与爆炸。④撒布岩粉。《规程》规定：开采有煤尘爆炸危险煤层的矿井，在所有运输巷道和回风巷道中都必须撒布岩粉。⑤黏结法。黏结法的实质是把氯化钙（氯化钠、氯化钾）吸水物质和湿润剂的混合水溶液喷洒在巷道壁上，使已沉积的煤尘湿润成团或黏住（后者要添加增稠剂），由于吸水物质不断吸收巷道空气中的水分，将以后沉积的煤尘也不断湿润和黏住。⑥喷雾洒水。喷雾洒水使煤尘湿润后，不易飞扬起来。同时水分能够吸收大量热及隔离火焰，所以洒水能阻止煤尘引燃。

3. 隔绝煤尘爆炸措施

防止煤尘爆炸危害，除采取防尘措施外，还应采取降低爆炸威力、隔绝爆炸范围的措施。

① 清除落尘

定期清除落尘，防止沉积煤尘参与爆炸可有效地降低爆炸威力，使爆炸由于得不到煤尘补充而逐渐熄灭。

② 撒布岩粉

撒布岩粉是指定期在井下某些巷道中撒布惰性岩粉，增加沉积煤尘的灰分，抑制煤尘爆炸的传播。在开采有煤尘爆炸危险的矿井中，应该撒岩粉的地点有：采掘工作面的运输巷和回风巷；煤层经常积聚的地点；有煤尘爆炸危险煤层和无煤尘爆炸危险煤层同时开采时，连接这两类煤层的巷道。

惰性岩粉一般为石灰岩粉和泥岩粉。对惰性岩粉的要求是：

a. 可燃物含量不超过5%，游离 SiO_2 含量不超过10%；

b. 不含有害有毒物质，吸湿性差；

c. 粒度应全部通过50号筛孔（即粒径全部小于0.3 mm），且其中至少有70%能通过200号筛孔（即粒径小于0.075 mm）。

撒布岩粉时要求把巷道的顶、帮、底及背板后侧暴露处都用岩粉覆盖；岩粉的最低撒布量在做煤尘爆炸鉴定的同时确定，但煤尘和岩粉的混合煤尘，不燃物含量不得低于80%；撒布岩粉的巷道长度不小于300 m，如果巷道长度小于300 m时，全部巷道都应撒布岩粉。对巷道中的煤尘和岩粉的混合粉尘，应至少每三个月化验一次，如果可燃物含量超过规定含量时，应重新撒布。

③ 设置水棚

水棚包括水槽棚和水袋棚两种，设置应符合以下基本要求：

a. 主要隔爆棚组应采用水槽棚，水袋棚只能作为辅助隔爆棚组；

b. 水棚组应设置在巷道的直线段内。其用水量按巷道断面计算，主要隔爆棚组的用水量不少于 400 L/m^2，辅助水棚组不少于 200 L/m^2；

c. 相邻水棚组中心距为 0.5～1.0 m，主要水棚组总长度不小于 30 m，辅助水棚组不小于 20 m；

d. 首列水棚组距工作面的距离，必须保持在 60～200 m 范围内；

e. 水槽或水袋距顶板、两帮距离不小于 0.1 m，其底部距轨面不小于 1.8 m；

f. 水内如混入煤尘量超过 5%时，应立即换水。

④ 设置岩粉棚

岩粉棚分轻型和重型两类，结构如图 6-4 所示，它是由安装在巷道中靠近顶板处的若干块岩粉台板组成，台板的间距稍大于板宽，每块台板上放置一定数量的惰性岩粉，当发生煤尘爆炸事故时，火焰前的冲击波将台板震倒，岩粉即弥漫于巷道中，火焰到达时，岩粉从燃烧的煤尘中吸收热量，使火焰传播速度迅速下降，直至熄灭。

岩粉棚的设置应遵守以下规定：

a. 按巷道断面积计算，主要岩粉棚的岩粉量不得少于 400 kg/m^2，辅助岩粉棚不得少于 200 kg/m^2；

b. 轻型岩粉棚的排间距为 1.0～2.0 m，重型为 1.2～3.0 m；

c. 岩粉棚的平台与侧帮立柱（或侧帮）的空隙不小于 50 mm，岩粉表面与顶梁（顶板）的空隙不小于 100 mm，岩粉板距轨面不小于 1.8 m；

d. 岩粉棚与可能发生煤尘爆炸的地点的距离不得小于 60 m，也不得大于 300 m；

e. 岩粉板与台板及支撑板之间，严禁用钉固定，以利于煤尘爆炸时岩粉板有效地翻落；

f. 岩粉棚上的岩粉每月至少检查和分析一次，当岩粉受潮变硬或可燃物含量超过 20%时，应立即更换，岩粉量减少时应立即补充。

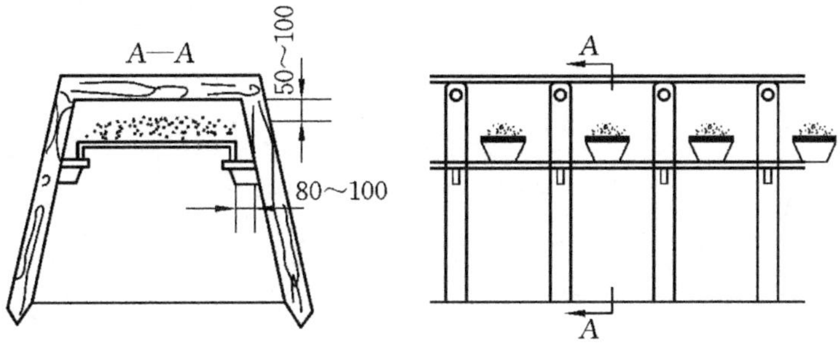

图 6-4　岩粉棚

复习思考题

1. 工业建筑物的耐火等级如何划分？
2. 试述在工业防火防爆中防火分区、防火间距对火灾防治的作用及其意义。
3. 简述防烟分区的设置原则。
4. 简述危险化学品的概念及分类。

5. 危险化学品在生产过程中和其他产品生产相比有什么特点？
6. 危险化学品的储存方式有哪几种？
7. 简述限制火灾、爆炸事故扩散的基本原则。
8. 民用爆破器材生产企业的各类事故发生的原因主要是什么？
9. 瓦斯爆炸的必备条件是什么？如何预防瓦斯爆炸？
10. 煤尘爆炸的必备条件是什么？如何预防煤尘爆炸？
11. 分别简述煤矿内因火灾与外因火灾的防治要点。
12. 简述阻化剂防火工艺的分类。

第7章　火灾爆炸应急救援与事故调查

7.1　应急救援概述

7.1.1　应急救援概念和特点

1. 应急救援的内涵

深入系统地研究应急救援，就必须首先厘清其概念，对应急救援的概念把握，既要关注当代国际相关理论的主流认识，又要从我国实际国情出发，做出科学的界定。我们研究的“应急救援”是有特定范围的，不可能无所不包。所以，必须恰当地规定应急救援在应对各类灾害救援中的地位和作用，必须有重点地、有阶段地、有效率地发挥应急救援的作用。应急救援主要适用于执行应急性质较强的抢险与救灾任务，如抢救受灾害或受威胁的人员，尽快使更多的人员脱险；抢修受灾害破坏或威胁的重要工程设施，尽可能减少灾害的进一步破坏；抢救国家重要财产和人民生命财产，尽可能减少灾害损失；突击抢运救灾物资；协助灾区解决灾民衣、食、住、就医等临时生活急需；帮助恢复灾区社会组织（特别是政府组织）的功能，宣传、教育和组织群众自救互救；进行医疗救护和卫生防疫工作；维护社会治安，保卫重要目标；执行其他重要而艰巨的任务。由于应急救援自身的一些特点，在救援过程中也有其不足之处，应急救援不适合于执行平常的、非紧急的、长期的灾害救助活动。因此应急救援的内容要有侧重点，从应急救援性质、对象和地位三个方面确定应急救援基本定位，只有在这个范围内讨论应急救援才有意义，才不会造成理论泛化的现象。当然，也可据此提出应急救援的概念。

应急救援概念有其特定的含义，在一定意义上讲它属于一个体系。所谓体系，简单说就是有关事物互相联系而构成的整体。应急救援作为一个相互联系的有机整体，从应对突发性灾难事件的意义上说，它包括整个国家用于应对重大安全威胁的一切工作的总和。因此，应急救援它又是社会组织中各行业之间共同应对灾难事件的实践活动。按照系统论的观点，这种由相互作用和相互依赖的若干组成部分结合而成的有机整体就是一个系统。应对国家重大安全威胁可以看作是整个概念的外延。应急救援工作是通过发挥不同行业优势共同应对灾难事件的有效形式。从宏观意义上说，应对国家重大安全威胁和灾难事件是社会各界共同的责任和义务，而且也涵盖国家应急建设在内的许多领域，应急救援有着多领域、多行业共同应对的特点。因此，应急救援就其本身来说，是一项涉及国家安全和人民生命财产安全的长远大计。应急救援作为应对国家重大灾难事件，在整个概念中具有特定的本质属性，这一本质属性是由它所具有的基本内涵来确定的，这一基本内涵就是“救援实践”。应急救援作为一种特殊的应对实践活动，是提高国家应对安全威胁能力的过程。应急救援，实际上是“应对国家重大安全威胁”意义上的应急救援，属于按照应对国家重大安全威胁的模式来进行应急救援的范畴。

综上所述，可以给出这样的定义：应急救援是在和平时期针对潜在的国家重大安全威胁和突然发生的各类灾难事件，在国家统一组织和协调下，共同抵御风险与实施紧急救助的应急救援活动。应急救援是一项涉及党、政、军、民，跨部门、跨领域的应急救援活动。应急救援是形成和检验国家应急能力，推进我国应急救援改革，提高完成多样化任务的能力的一项重要手段。

2. 应急救援的特点

应急救援是一项极为复杂的系统工程，其特定的救援背景和灾难事件不同的性质决定了其需要社会各界的积极参与，救援行动将受到社会普遍关注，因此实施应急救援的规模越大，影响范围就越广泛。可以说，应急救援涉及的问题比较敏感、所处的环境复杂、参与力量多元、实施的对象广泛、救援类型多样，具有鲜明的特点。

(1) 紧急性

应急救援的紧急性，是由灾害救援特点所决定的，它关系人民生命财产安全，涉及政府形象和一个国家的国际声誉。灾害发生，从预兆、萌芽、发生、发展、高潮，到最后结束，周期非常短暂，有时是以迅雷不及掩耳之势爆发的。重大灾害的发生与人们的意识之间常存在严重脱节，无论是政府、公众还是应急救援力量，都需要一个反应的过程，因而，做出正确快速的反应是应急救援的关键。各类灾害的发生往往是突然的，这就给应急救援增加了难度。有些灾害现象，如地震、海啸等，虽然目前还难以避免，但这些自然现象并非不可预测，如果预测较为准确，救援措施得力，很多损失就可以减轻或者避免。从灾害现象的成灾过程来看，无论是突发性灾害还是缓发性灾害，其成灾强度都有一个随着时间延长而增大的过程，只是缓发性灾害比突发性灾害表现得更为明显一些。尽早地在灾害强度比较弱的情况下组织应急救援，就能够减轻灾害对社会的破坏程度。应急救援的关键就是要在第一时间做出快速反应。因此，应急救援具有明显的紧急性。

(2) 多样性

根据我国面临各类安全威胁的严峻形势，实施应急救援包涵应对自然灾害救援、应对事故灾难救援、应对公共卫生事件救援、应对社会安全事件救援，而且每项应对灾难事件中又包含若干内容。如应对自然灾害救援就分为水旱灾害应急救援、气象灾害应急救援、地震灾害应急救援、海洋灾害应急救援、生物灾害应急救援、森林草原火灾应急救援等。从上可见，应急救援具有类型多样的突出特点。为确保完成应急救援任务，上述不同类型的应急救援对救援过程和救援实践诸要素以及达成的救援目的和应急救援的类型进行了综合概括。在应急救援中，不同的救援类型对救援有着不同的要求，应急救援要针对不同类型的事件展开，按需分配不同行业的应对力量，最终形成救援合力。但由于各类灾难事件类型的不同，救援各力量间所担负的任务也将有所区别，这些都大大增加了救援难度。即使是同一种类型的救援行动在不同的地域组织实施，也会因地理环境、社会环境和作业条件的不同使救援异常复杂。因应急救援类型具有多样化的特点，应急救援任务异常繁重。

(3) 复杂性

随着全球化时代的到来，各类安全威胁与此前相比发生了根本的变化。以往的救援只是局部的、区域的，仅对人们生活的某一方面产生影响。而随着科学技术的进步和世界经济全球化进程的进一步加快，人与人之间、地区与地区之间、国与国之间的联系越来越紧密，整个社会，乃至整个世界已成为一个有机的整体，社会、世界的联动性大大增强，这使灾害的影响，特别是带有传染性、扩散性的突发灾难事件的威胁迅速增强。一些灾难事件，如急性传染性疾病、核、生、化的泄漏等，如果不能采取有效救援，灾难将迅速蔓延，甚至引发连锁反应，造成更大的危害。以禽流感病毒为例，自从1997年在中国香港第一次发生人感染禽流感病毒，8例中6例死亡，至2007年，全球共有332例感染者，其中死亡204例，死亡率为61%。从上述情况不难看出，应急救援不但复杂而且涉及范围广泛。在应对事件救援的过程中，由于灾难涉及范围广，使得救援的空间更大，内容更加深刻，外延也在不断拓展。

7.1.2 应急救援基本任务

应急救援工作必须做到预先准备，一旦发生突发灾害就能及时实施救援。重大灾害所具有的发生突然、扩散迅速、危害范围广的特点，也决定了救援行动必须迅速、准确和有效。应急救援又是一项涉及面广、专业性强的工作，仅依靠某一个部门是很难完成的，必须把各方面的救援力量组织起来，形成统一的救援指挥部。在指挥部的统一指挥下，实施应急救援。应急救援的任务主要有下述四个方面：

（1）抢救受害人员

抢救受害人员是应急救援的首要任务，在应急救援行动中，快速、有序、有效地实施现场急救与安全转送伤员是降低伤亡率，减少灾害损失的关键。由于重大灾害发生突然、扩散迅速、涉及范围广、危害大，救援中应及时指导和组织受灾人员采取各种措施进行自身防护，并迅速撤离出危险区或可能受到危害的区域。在撤离过程中，应积极组织受灾人员开展自救和互救工作。

（2）控制灾害升级

控制灾害升级，防止灾害进一步发展，避免灾害和次生灾害的发生，是应急救援工作的重要任务之一。要及时对造成的危害进行检验，测定灾害的危害区域、危害性质及危害程度，防止灾害的继续扩展，确保救援的及时有效。特别对发生在城市或人口稠密地区的灾害，应迅速按照预案成立应急指挥部，统一协调不同行业和专业的抢险救援力量，及时控制灾害事态的继续扩展。

（3）宣传舆论导向

灾害救援备受国内外的广泛关注，所以事件发生后，要利用新闻媒体对外进行有效宣传，争取国内外对救援的理解与支持，为救援行动争取良好的内部和外部环境。事件发生后，力争在第一时间发布准确、权威信息，稳定公众情绪，最大限度地避免或减少公众猜测和新闻媒体的不准确报道，掌握新闻舆论的主动权。这就要求事件发生以后，要及时主动的发布信息，使事件的新闻发布有利于党和国家的工作大局，有利于维护人民群众的切身利益，有利于社会稳定和人心安定，有利于事件的妥善处置。

（4）消除灾害后果

灾情得以控制后，进入消除后果阶段，就应该着手灾害的善后与恢复工作。消除灾害后果是应急救援的一个重要环节，同时也是应急救援工作的收尾工作。因此，在应急救援消除灾害后果阶段必须针对灾害的类型有针对性地展开工作。这时的主要任务是防治次生灾害、稳定局面、清理灾害现场、消除灾害的影响、帮助灾后重建等。

7.1.3 应急救援指导思想

应急救援的指导思想，是应对灾害救援的总体设计，是指导应急救援实践的总纲，决定着应急救援理论和实践发展方向，要保证应急救援理论建设沿着正确的轨道快速、健康、稳步、持续地发展，必须要有一个正确的指导思想。根据我国多年来救援的实践，总结出应急救援的基本指导思想。应急救援指导思想是在充分认识应急救援一般规律和应急救援实践的基础上，立足我国国情而确定的，是指导应对各类灾害救援，建设全局的基本观点和要求。

应急救援指导思想："以人为本、多方联合、科学施救、全力保障"。

在应急救援中，要最大限度地减少灾害对人员造成的伤亡，作为一个国家，在应对重大灾害救援时，坚持以"生命第一"，体现出了一个政府的价值目标。应急救援最重要的应该是人，是群众的生命安全，因为人的生命权益是人最根本的权益，人世间最宝贵最应当珍视的莫过于人的生命。因此，应急救援工作必须坚持以人为本，把救人作为第一要务，不惜一切代价救护处于危难情况下的人民群众。

在应对国家重大灾害过程中，单靠某一方面的力量是无法完成救援任务的。必须采取军地多方联合救援的方式，发挥军地整体优势是应对各类灾害救援的根本要求。军地多方联合是应急救援中最有效、最直接的方法。

科学施救就是要贯彻科学的理念，采取科学的救援方法，以便在救援中提高救援效率。

应急救援保障是取得救援胜利的关键环节，在大灾大难面前，必须集军地各方的合力，全力保障救援工作，最终形成一个军民融合的应急救援保障体系。

1. *确定应急救援指导思想的依据*

应急救援指导思想，必须从我国国情和应急救援建设与发展的实际出发，以应对各类重大灾害事件，完成应急救援任务为依据。我们要不断增强忧患意识、使命意识，全力做好应对国家重大灾害事件的准备工作，做到常备不懈，防患未然。在进行应急救援建设过程中，虽然我们做出了大量工作，但我国在应急救援建设上仍然存在诸多问题，在科学应对重大灾害事件上还与发达国家有着一定的现实差距。只有依据这些现实情况，合理确定应急救援的指导思想，才能真正体现出思想对实践的指导意义。

在应对各类灾害救援中，保护人民生命财产和维护社会稳定是应急救援的第一要务。救援中人民的利益重于泰山，保障人民群众的利益不受侵害、减少损失是党和政府义不容辞的责任。以人为本是指在应急救援中，把挽救和保障人民的生命财产安全，尤其是生命安全，作为开展救援工作的首要任务。这不仅要确保受害者和受灾人员安全，还应该最大限度地保护参与救援人员自身的生命安全。

多方合作，共同应对是人们对救援本质及其规律的认识，只有在这一指导思想的统揽下，才能正确科学地认识应急救援实践遇到的各种现象。应急救援实践有其内在规律性，只有把握了这种内在规律性，才能从本质上认识应急救援实践，才能利用这些规律为应急救援实践服务；否则，就会处于被动和盲目的境地。而正确地把握这种规律，必须遵循多方合作，共同应对这一指导思想，离开了这一指导思想的指引，就不可能科学把握和认识军地联合救援的实践。

2. 贯彻应急救援指导思想的途径

国家安全和人民群众的利益高于一切。应急救援的一切活动都必须紧紧围绕这一思想展开。坚持围绕党中央、国务院、中央军委的决策意图开展应急救援是救援工作的基本前提。应对重大灾害救援是一项庞大而复杂的系统工程,军地救援力量和救援能力各不相同,这些都需要进行科学统筹和系统规划。只有坚持立足国情搞建设,才能协调各方面救援要素,整合多种力量,使应急救援工作适应时代发展的需求。应急救援建设必须进行顶层设计,制定详细的规划,找准建设重点问题,并依托和借助社会各行业的资源优势,缩短应急救援建设周期。立足国情、持续发展是应急救援建设的基本思路。

应急救援必须以科学救援为指导,坚持科学统筹应急救援工作,优化应急救援体系,整合军民救援资源,抓住应急救援工作重点。只有正确把握科学救援的指导思想,才能对我国应急救援工作产生良好的影响,如果指导思想违背了客观规律,不仅会浪费大量建设资源,甚至会危及国家的安全和根本利益。在应急救援建设中,只有沿着科学的、一致的方向前进,才能持续发展,少走弯路。以人为本、科学救援这一指导思想既是应急救援工作的出发点,又是应急救援工作的落脚点。

军地多方联合救援是一项特殊而又复杂的实践活动,同时也是一个极其复杂的大系统,该系统内部子系统和要素之间有着极为复杂的联系。要正确认识多方联合救援这一复杂系统,认识其发展变化规律,就必须在正确的理论指导下进行。否则,单纯依靠传统、狭隘的经验,就只能沿袭前人走过的老路,不仅难以适应新的安全威胁需要,而且还难以处理联合救援过程中遇到的新情况、新问题,难以科学预测军地多方联合救援的发展趋势,联合救援实践也只能在低层次徘徊。因此,只有掌握先进的军地联合救援理论才能直接指导军地联合救援实践;只有掌握先进的联合救援理论,才能使军地多方联合救援实践与未来行动需求相一致。

7.1.4 应急救援基本原则

应急救援基本原则是指导应急救援的一般准则。它是根据国家应对各类灾害威胁的客观要求以及应急救援的特点规律,结合新的历史时期我国面对各类灾害威胁的实际而提出的,是应急救援建设中的具体体现。确立正确的应急救援基本原则,能够为科学地指导应急救援提供宏观指导和客观依据。从理论和实践结合的角度讲,应急救援应遵循以下基本原则:

(1) 预有准备、快速反应

居安思危,积极准备,做好应对各类灾害应急救援的各项准备工作主要是在各类灾害发生之前,提早做好各种救援和防范工作,才能在灾害来临时不至于惊慌失措。当然,灾害多种多样,有些是可以预防的,有些是无法避免的。对无法避免的灾害,如地震、洪灾、台风等可以通过各种预防性措施减轻其危害并做好各种救援准备。预有准备、快速反应的原则,是应急救援工作的前提。一切应急救援工作,都必须把预防和快速反应放在首位,做到防患未然。在做好各项灾害预防工作的同时,必须做好各项应急准备,牢固树立忧患意识。有备未必无患,但无备必有大患。为此应注意做到制定各类灾害应急救援方案,加强应急救援规划,搞好救援物资储备和预置,定期组织应急救援训练等。通过这些措施,可以防患未然,当灾害来临时能快速做出反应。多数灾害的发生,事先没有明显的征兆可寻,即使是有一定预警期的灾害,也很难准确预测其发生的具体时间和地点。灾害一旦发生,关系到广大群众的生命安全,关系到国家和个人的财产安全,每一分每一秒对应急救援都异常宝贵。因此,快速做出反应直接关系到救援行动的成效。

(2) 统一领导、合力救援

应急救援工作应按照统一领导、合力救援的原则展开。统一领导就是在党中央、国务院的统一领导下,按照地方各级党委政府属地负责的方式实施救援。实行统一的领导体制,可整合各种力量,是提高应对灾害救援效率的根本举措。应急救援是一项系统工程,需要统筹全局,照顾周全,既要考虑到人民的安危、社会的稳定、经济的发展,又要考虑到科技的进展和知识的普及,还要考虑到国际的影响等。不同行业的独立救援不仅收效不大,还容易造成资源浪费,顾此失彼,贻误工作。所以,应急救援只有在统一领导下,各相关部门协同配合,才能高屋建瓴,准确全面把握救援工作的各个环节。合理救援在应急救援中具有十分重要的作用,由于各个部门工作性质不同,职责不同,各自的利益取向也有差异,各自介入的方式和程度也不相同,没有合作就可能会出现各行其是的状况,不利于救援工作顺利展开,有效的合作可以把个体的力量转化为整体的力量,从而发挥整体的最大优势。因此,各相关部门必须高度重视在应急救援中的通力合作。

(3) 科学引领、注重实效

应对各类灾害应急救援对救援力量的专业性和技术性要求较高。因此,只有注重科学决策和科技投入,才能提高救援效能。如在抗震救灾救援中,仅靠勇气和双手是不能完成救援任务的,必须依赖先进的救援设备和器材;着眼实战,注重实效,依靠科学的手段,运用现代化科技的方法,以最小的消耗,获取最大的利益。在新形势下,应急救援必须健全一整套科学的救援程序,确保应急救援的科学化、规范化、程序化。在应急救援中必须遵循科学引领原则,这是各级领导在应急救援中的基本准备。科学的指导是救援工作的重要环节,它要求各级领导要具有指导工作的超前意识,未雨绸缪,掌握主动。加强科技投入,注重救援实效,是推动应急救援建设和发展的根本动力。应急救援工作相对零散且技术含量较高,这就决定了应对灾害救援必须采取科技手段综合进行。在应急救援中注重实效是力求以最小的物资和实践消耗,获取尽可能大的救援效益,贯彻注重救援实效的原则,必须坚持加强科技投入,重点地培养一批科技含量高、专业性强的专业救援力量。特别要形成科学配套、资源互补的军地联合应急救援力量。在应急救援的建设中逐步建立科学顺畅的军地联合救援体系,才能确保快速高效的应急救援反应。

7.1.5 应急救援发展的一般规律

应急救援规律是救援诸要素之间及其与应急救援进程和结局之间内在的、本质的联系和发展趋势,是应急救援中各种矛盾运动的必然性,具有客观性、普遍性、稳定性、必然性的本质属性。应急救援规律支配和决定着各种矛盾运动的方向、进程和结局。认识和掌握应急救援规律,是指导应急救援实践的前提和基础。应急救援有一般规律和特殊规律,一般规律是在应急救援中普遍适用的规律;特殊规律,是在特定环境条件下进行具体应急救援活动的规律。一般规律支配和决定着特殊规律。应急救援的规律是客观存在的,是不以人的主观意志为转移的,如果轻视或违背应急救援的规律,就不可能取得良好的救援效益。

1. 以任务需求为牵引

应急救援以任务需求为牵引，即应急救援的组织实施与发展变化离不开任务需求的引导，这一规律揭示了应急救援建设与应急救援行动实践之间内在、本质的联系。未来应急救援行动需要什么样的能力，就需要什么样的应急救援建设，这是不以人的主观意志为转移的客观需求，这一规律主要反映在以下几个方面。

(1) 灾害类型的多样性决定了应急救援任务的多样性

应急救援行动是为了应对未来国家和地区各类灾害威胁而进行的救援行动，既有应对自然灾害任务类的行动，又有应对非自然灾害任务类的行动。这些行动任务在不同灾害种类面前又表现出不同的救援侧重点。应急救援行动任务这种明显的多样化特征必然决定应急救援形式的多样性。如从救援内容上看，应急救援既要有旨在提高应对自然威胁能力的内容，又要有旨在提高应对事故灾害威胁能力的内容；既要有应对公共卫生威胁的救援内容，又要有应对社会安全威胁的内容，这些内容在救援中又各具特色。从救援方法上看，应急救援要有军地联合救援、行业的专业救援等多种方法。从救援手段上看，应急救援既要利用现有的一般手段，又要借助先进的科学手段。从救援环境上看，既要考虑到不同地域的救援环境，又要考虑到特殊地域的恶劣环境。从救援主客体上看，应急救援既有来自部队的救援力量，又有来自地方各级政府和相关专业力量。从上述情况不难看出，应急救援任务的多样性是由灾害类型的多样性决定的。

(2) 应急救援任务始终根据不同种类灾害的发生而调整变化

应急救援任务是针对不同的灾害类型而确定的。随着国家和各地区安全威胁的不断变化，以及救援人员素质、装备水平的不断提高，应急救援的目标也会相应变化。随着国际国内各种矛盾的不断变化和各类灾害威胁的不断涌现，尤其是非传统安全威胁不断上升，对国家和地区安全的影响越来越大。同时，随着高新技术的迅猛发展以及应急救援中先进技术装备和手段的广泛运用，应急救援力量的整体条件也不断变化，执行任务的能力不断提高。与此相适应，应急救援行动的能力也发生了重大变化，在应对自然灾害威胁的同时，也在应对着日益凸显的各类非自然灾害的威胁。如各类矿难、交通事故、危险品泄漏和人为的环境污染等，这些都使得应急救援的任务由平面向立体多维方向转变。这种新的变化在客观上要求应急救援必须改变只注重自然灾害救援的单一方式。因此，在应急救援准备中必须着眼各种灾害的发展趋势和未来应急救援任务的需求，自觉及时地调整、充实和更新救援内容，以适应实际救援工作的需要。

(3) 应急救援能力以完成任务质量为衡量标准

应急救援能力有着不同的具体衡量标准，这些标准是否科学合理，关键要看是否能符合完成任务的需求。与未来应急救援任务能力越接近就说明应急救援的质量标准越科学合理。如果不以完成任务的质量为应急救援的根本衡量标准，过于主观地制定标准，就会因救援能力不足而付出惨重的代价。因此，应急救援的质量是检验应急救援能力的唯一标准。由于灾害的发生具有一定的偶然性，平时人们往往将应急救援的建设放到经济建设的后面考虑，容易忽略应急救援的准备，人为地降低救援工作的建设，从而使应急救援建设不能适应灾害威胁的发展变化，拉大应急救援建设与经济建设之间的差距。这里我们重点强调的是一切经济建设都必须以安全为前提。就应急救援建设来讲，我们必须保持清醒的头脑，严格加强应急救援建设和提升应急救援标准，以完成实际救援质量作为衡量应急救援能力的准绳，确保未来应急救援行动任务能圆满顺利地完成。

2. 以科学理论为先导

马克思主义认为：理论是实践的结晶，没有理论指导的实践，将是盲目的实践。应急救援实践只有在先进的科学理论指导下，才能保持正确的方向，更好地提高应急救援行动的能力。应急救援以科学理论为先导，即救援相关理论以实践活动为先导，对应急救援行动有着指导作用，这一规律揭示了应急救援相关理论与实践之间内在的、本质的联系。这一规律主要表现在以下三个方面：

（1）应急救援相关理论是应急救援实践的直接依据

应急救援是一项特殊而又复杂的实践活动，同时也是一个极其复杂的大系统，该系统内部子系统和要素之间有着极为复杂的联系。要正确认识应急救援这一复杂系统，认清其发展变化规律，就必须依据与应急救援相关的各种先进科学理论；否则，单纯依靠传统、狭隘的经验，就只能沿袭前人走过的老路，不仅难以应对新的各类灾害威胁，而且还难以处理应急救援过程中遇到的新情况、新问题，难以科学预测应急救援的发展趋势，应急救援实践也只能在低层次徘徊。只有掌握先进的应急救援理论才能直接指导救援实践；只有掌握相近的系统理论才能从系统的高度认识应急救援系统的发展变化，把握整体性；只有掌握先进的运筹理论才能优化救援程序、减少救援消耗，提高救援效率；只有掌握先进的医学救援理论才能使救援人员处于良好的身体状态，保证救援实践的正常进行；只有掌握先进的应急救援行动理论，才能使应急救援实践与未来行动需求相一致；只有掌握先进的应急救援行动与相关法规和规定，才能使救援工作在正确的规范下运行。

（2）应急救援相关理论是应急救援实践的科学指南

随着国家安全形势的不断发展变化，对应急救援行动能力提出了更高的要求，这必然导致应急救援方法、手段等的不断变革，以适应这种变化。因此应急救援建设不是盲目进行的，而是要以应急救援的相关理论作为指南。尤其在没有现成经验可用的情况下，要完成应急救援建设的训练、领导与管理等工作以及救援组织形式、救援方法手段、救援保障的建设，没有救援理论的指导是不可想象的，也是不可能实现的。如只有掌握了信息技术、网络技术、评估技术、应用数学技术等应急救援相关的现代技术理论，才能使应急救援向着可控化、精确化、智能化的方向上变革；只有通过应急救援相关理论研究，在宏观上进行系统筹划，在具体问题上进行科学论证，才能对应急救援建设保持一个清醒正确的认识和判断；只有通过对应急救援相关理论的创新，才能更好地克服和解决应急救援建设过程中遇到的不同矛盾，才能在应急救援建设上少走弯路。

（3）应急救援相关理论是认识应急救援实践的理论基础

应急救援相关理论是人们对应急救援本质及其规律的认识，只有依据应急救援相关理论，才能正确科学地认识应急救援实践遇到的各种现象，科学分析其内在机理和规律。应急救援实践有其内在规律性，只有把握这种内在规律性，才能从本质上认识应急救援实践，才能利用这些规律为应急救援实践服务。否则，就会处于被动和盲目的境地。而正确地把握这种规律，必然需要借助应急救援相关理论，离开了这些理论基础，就不可能科学把握和认识应急救援实践。只有在应急救援相关理论不断取得新成果之后，人们对应急救援实践的认识才能更近一步。正是因为应急救援理论所提供的指导，才使我们对应急救援实践的认识不断深化。

3. 以全民参与为基础

应急救援，必须全民动员，全民参与，专群结合。灾害直接的受害者是灾区的广大人民群众，群众既是受害者也是救援的基础力量。应急救援关系到广大民众的切身利益，而应急救援只有在全民参与下，才能取得根本胜利。因此，必须采取有效途径，如教育、组织、培训等，增强民众的防灾、救灾意识，提高自救能力。以全民参与为基础，主要表现在以下三个方面：

(1) 民众既是应急救援的参与者又是应急救援的主力军

在应对灾害过程中，民众是最为直接的参与者，广大民众不但是灾害应急救援的当事者又往往是见证者。当灾害发生后，在专业应急救援队伍没有到达现场之前，民众有组织的自救行为往往能减少灾害带来的损失。另外，民众还可以以各种形式向专业救援队伍反映受灾现场情况和有价值的救援信息，这些都有助于救援力量及时、有针对性地采取行动，更加高效地开展救援工作。

(2) 在民众中积极开展应急救援的相关知识教育

各类灾害事件救援不仅是对政府应对能力的挑战，更是对社会整体应对能力的综合考验。民众是灾害的最大受害者，自我救助是减少损失特别重要的一环。因此，加强民众应对各类灾害事件的教育势在必行。对民众的应急救援知识的普及和有针对性的训练，应当着重于培养灾害防范意识和紧急情况下的自救、互救能力。民众的训练应当由当地的民政部门、政府的社区组织和军队专业机构、武警消防部队等联合组织。广大民众应积极主动地参与不同形式的灾害救援培训，学习必要的急救常识，了解不同的应急自救方法。通过在民众中积极开展应急救援相关知识的教育培训，可以使民众了解一旦灾害事件发生，他们应该做什么，能够做什么，如何去做。

(3) 志愿人员是灾害应急救援的重要力量

应对国家重大灾害事件仅仅靠专职救援人员或政府应急资源是远远不够的，还需要更多志愿人员的参与。目前在我国，由于应急组织文化还未完全形成，志愿人员的数量较少。但根据发达国家应对重大突发事件的经验来看，志愿人员参与已成为未来应对灾害事件新的发展趋势。志愿行动持续化发展的基础和载体就是社会大众的参与，这就必须依赖于文化动因和制度保障。志愿行动持续发展的根基在于日常化。我国大规模正规化的志愿行动都是由政府启动的，志愿者参与救援活动是对社会的一种关爱、体现了我国和谐社会的价值观。只有志愿精神深入人心，志愿人员才能不断地在灾害救援中发挥越来越重要的作用。从应急救援力量的构成来看，志愿人员是灾害应急救援的生力军。

4. 以社会发展为驱动

应急救援作为一个复杂的开放型系统，离不开与外部环境的物质、信息和能量的交换。只有从外部环境中及时得到所需的物质、信息和能量才能维持应急救援系统的正常运转，并向着好的方向演化。而对于应急救援而言，这个外部环境主要是所处的社会环境。应急救援以社会发展为驱动这一规律，体现了社会这一外部环境对救援的影响和制约作用，揭示了社会发展与救援之间的联系。

(1) 社会发展推动了应急救援技术手段的进步

应急救援的效果直接受各种救援装备、救援器材等的影响。如果这些救援器材装备性能先进,技术可靠,就能大大提高应急救援的效率,就能在较短的时间内达到救援目标,完成救援任务。而这些应急救援所借助的装备器材和各种设施,主要来自于社会这个大环境,只有社会科技水平提高了,经济实力增强了,应对灾害救援意识强化了,应急救援所需的各种软硬件设施才能快速更新,才能更好地为应急救援做好保障工作。因此,正是社会发展促进了应急救援技术手段的进步,进而推动了应急救援的能力不断提高。

(2) 社会发展推动了应急救援人员素质的提高

应急救援相关人员的文化素质和思想观念是灾害救援的基础条件,直接影响着应急救援的质量。如果救援人员尤其是领导者的文化素质高、思想观念新、业务能力强,应急救援就会在一个较高的起点下进行,并且在灾害救援具体实施过程中能够以掌握的救援知识科学施救。而应急救援人员来自五湖四海,其文化素质和思想观念总体上由社会的发展情况决定。如果所处社会科技水平高,教育普及程度高,重视人才教育,就会使国民具备较高的素质,进而就会为应急救援输送合格的各类救援人员。

(3) 社会发展推动了应急救援需求的不断变化

应急救援需求从根本上取决于国家安全形势需要,国家面临着什么样的威胁,救援就要具备什么样的能力。这些都将随着社会的不断进步和发展而不断提高。如雨雪冰冻或洪水等灾害可能危及人民生命财产安全,就要重点做好应对该类灾害的各项应急救援准备工作;国家三股恶势力行动猖獗,可能有危及社会稳定的威胁,就要重点就应对社会安全事件做好防范和维稳等的应急救援准备工作。可见,应急救援需求的不断变化,正是社会发展过程中所面临的安全形势所推动的。

7.2 应急救援危险源辨识与风险分析

7.2.1 危险源辨识

为了区别客体对人体不利作用的特点和效果,通常将其分为危险因素(强调突发性和瞬间作用)和危害因素(强调在一定时间范围内的积累作用)。客观存在的危险、危害物质或能量超过临界值的设备、设施和场所,都可能成为危险、危害因素。危险、危害因素辨识及其风险分析是确认危险、危害的存在并确定其特性的过程,即找出可能引发事故、导致不良后果的材料、系统、生产过程或工厂的特征。辨识有两个关键点:识别可能存在的危险因素,辨识可能发生的事故后果。

(一) 危险、危害因素的辨识主要内容

在危险、危害因素的辨识过程中,应对如下主要方面存在的危险、危害因素进行分析和评价。

1. 厂址

从厂址的工程地质、地形、自然灾害、周围环境、气象条件、资源交通、抢险救灾支持条件等方面进行分析。

2. 厂区平面布局

(1) 总图：功能分区（生产、管理、辅助生产、生活区）布置；高温、危害物质、噪声、辐射、易燃、易爆、危险品设施布置；工艺流程布置；建筑物、构筑物布置；风向、安全距离、卫生防护距离等。

(2) 运输线路及码头：厂区道路、厂区铁路、危险品装卸区、厂区码头等。

3. 建（构）筑物

结构、防火、防爆、朝向、采光、运输、（操作、安全、运输、检修）通道、开门，生产卫生设施。

4. 生产工艺过程

物料（毒性、腐蚀性、燃爆性）温度、压力、速度、作业及控制条件、事故及失控状态。

5. 生产设备、装置

(1) 化工设备、装置：高温、低温、腐蚀、高压、振动、关键部位的备用设备、控制、操作、检修和故障、失误时的紧急异常情况。

(2) 机械设备：运动零部件和工件、操作条件、检修作业、误运转和误操作。

(3) 电气设备：断电、触电、火灾、爆炸、误运转和误操作，静电、雷电。

(4) 危险性较大设备、高处作业设备。

(5) 特殊单体设备、装置：锅炉房、乙炔站、氧气站、石油库、危险品库等。

6. 粉尘、毒物、噪声、振动辐射、高温、低温等有害作业部位

7. 工时制度、女职工劳动保护、体力劳动强度

8. 管理设施、事故应急抢救设施和辅助生产、生活卫生设施

（二）危险、危害因素的类别

对危险、危害因素进行分类，是为了便于进行危险、危害因素分析。危险、危害因素的分类方法有许多种。这里介绍按导致事故、危害的直接原因进行分类的方法以及参照事故类别、职业病类别进行分类的方法。

1. 按导致事故和职业危害的直接原因进行分类

根据《生产过程危险和危害因素分类与代码》(GB/T 13861—2009)的规定，将生产过程中的危险、危害因素分为四类。

(1) 人的因素

11 心理生理性危险和有害因素

1101 负荷超限

110101 体力负荷超限

110102 听力负荷超限

110103 视力负荷超限

110199 其他负荷超限

1102 健康状况异常

1103 从事禁忌作业

1104 心理异常

110401 情绪异常
110402 冒险心理
110403 过度紧张
110499 其他心理异常
1105 辨识功能缺陷
110501 感知延迟
110502 辨识错误
110599 其他辨识功能缺陷
1199 其他心理、生理性危险和有害因素
12 行为性危险和有害因素
1201 指挥错误
120101 指挥失误
120102 违章指挥
120199 其他指挥错误
1202 操作错误
120201 误操作
120202 违章作业
120299 其他操作错误
1203 监护失误
1299 其他行为性危险和有害因素
(2) 物的因素
21 物理性危险和有害因素
2101 设备、设施、工具、附件缺陷
210101 强度不够
210102 刚度不够
210103 稳定性差
210104 密封不良
210105 耐腐蚀性差
210106 应力集中
210107 外形缺陷
210108 外露运动件
210109 操纵器缺陷
201010 制动器缺陷
210111 控制器缺陷
210199 其他设备、设施、工具、附件缺陷
2102 防护缺陷
210201 无防护
210202 防护装置、设施缺陷

210203 防护不当
210204 支撑不当
210205 防护距离不够
210299 其他防护缺陷
2103 电伤害
210301 带电部位裸露
210302 漏电
210303 静电和杂散电流
210304 电火花
210399 其他电伤害
2104 噪声
210401 机械性噪声
210402 电磁性噪声
210403 流体动力性噪声
210499 其他噪声
2105 振动危害
210501 机械性振动
210502 电磁性振动
210503 流体动力性振动
210599 其他振动危害
2106 电离辐射
2107 非电离辐射
210701 紫外辐射
210702 激光辐射
210703 微波辐射
210704 超高频辐射
210705 高频电磁场
210706 工频电场
2108 运动物伤害
210801 抛射物
210802 飞溅物
210803 坠落物
210804 反弹物
210805 土、岩滑动
210806 料堆(垛)滑动
210807 气流卷动
210899 其他运动物伤害
2109 明火

2110 高温物质
211001 高温气体
211002 高温液体
211003 高温固体
211099 其他高温物质
2111 低温物质
211101 低温气体
211102 低温液体
211103 低温固体
211199 其他低温物质
2112 信号缺陷
211201 无信号设施
211202 信号选用不当
211203 信号位置不当
211204 信号不清
211205 信号显示不准
211299 其他信号缺陷
2113 标志缺陷
211301 无标志
211302 标志不清晰
211303 标志不规范
211304 标志选用不当
211305 标志位置缺陷
211399 其他标志缺陷
2114 有害光照
2199 其他物理性危险和有害因素
22 化学性危险和有害因素
2201 爆炸品
2202 压缩气体和液化气体
2203 易燃液体
2204 易燃固体、自燃物品和遇湿易燃物品
2205 氧化剂和有机过氧化物
2206 有毒品
2207 放射性物品
2208 腐蚀品
2209 粉尘与气溶胶
2299 其他化学性危险和有害因素
23 生物性危险和有害因素

2301 致病微生物
230101 细菌
230102 病毒
230103 真菌
230199 其他致病微生物
2302 传染病媒介物
2303 致害动物
2304 致害植物
2399 其他生物性危险和有害因素
(3) 环境因素
31 室内作业场所环境不良
3101 室内地面滑
3102 室内作业场所狭窄
3103 室内作业场所杂乱
3104 室内地面不平
3105 室内梯架缺陷
3106 地面、墙和天花板上的开口缺陷
3107 房屋基础下沉
3108 室内安全通道缺陷
3109 房屋安全出口缺陷
3110 采光照明不良
3111 作业场所空气不良
3112 室内温度、湿度、气压不适
3113 室内给、排水不良
3114 室内涌水
3199 其他室内作业场所环境不良
32 室外作业场地环境不良
3201 恶劣气候与环境
3202 作业场地和交通设施湿滑
3203 作业场地狭窄
3204 作业场地杂乱
3205 作业场地不平
3206 航道狭窄、有暗礁或险滩
3207 脚手架、阶梯和活动架缺陷
3208 地面开口缺陷
3209 建筑物和其他结构缺陷
3210 门和围栏缺陷
3211 作业场地基础下沉

3212 作业场地安全通道缺陷
3213 作业场地安全出口缺陷
3214 作业场地光照不良
3215 作业场地空气不良
3216 作业场地温度、湿度、气压不适
3217 作业场地涌水
3299 其他室外作业场地环境不良
33 地下(含水下)作业环境不良
3301 隧道/矿井顶面缺陷
3302 隧道/矿井正面或侧壁缺陷
3303 隧道/矿井地面缺陷
3304 地下作业面空气不良
3305 地下火
3306 冲击地压
3307 地下水
3308 水下作业供氧不当
3399 其他地下作业环境不良
39 其他作业环境不良
3901 强迫体位
3902 综合性作业不良
3999 以上未包括的其他作业环境不良
(4) 管理因素
41 职业安全卫生组织机构不健全
42 职业安全卫生责任制未落实
43 职业安全卫生管理规章制度不完善
4301 建设项目“三同时”制度未落实
4302 操作规程不规范
4303 事故应急预案与响应缺陷
4304 培训制度不完善
4399 其他职业安全卫生管理规章制度不完善
44 职业安全卫生投入不足
45 职业健康管理不完善
49 其他管理因素缺陷

2. 参照《企业职工伤亡事故分类》(GB 6441—1986)进行分类

综合考虑起因物、引起事故的诱导性原因,致害物,伤害方式等:将危险、危害因素分为20类,此种分类方法所列的危险、危害因素与企业职工伤亡事故处理(调查、分析、统计),职业病处理和职工安全教育的口径基本一致,为安监部门、行业主管部门安全管理人员和企业广大职工、安全管理人员所熟悉,易于接受和理解,便于实际应用。

(1) 物体打击，是指物体在重力或其他外力的作用下产生运动，打击人体造成人身伤亡事故：不包括机械设备、车辆、起重机械、坍塌等引发的物体打击；

(2) 车辆伤害：是指企业机动车辆在行驶中引起的人体坠落和物体倒塌、下落、挤压伤亡事故，不包括起重设备提升，牵引车辆和车辆停驶时发生的事故；

(3) 机械伤害：是指机械设备运动(静止)部件、工具、加工件直接与人体接触引起的夹击、碰撞、剪切、卷入、绞、碾、割、刺等伤害，不包括车辆、起重机械引起的机械伤害；

(4) 起重伤害，是指各种起重作业(包括起重机安装、检修、试验)中发生的挤压、坠落、(吊具、吊重)物体打击和触电；

(5) 触电，包括雷击伤亡事故；

(6) 淹溺，包括高处坠落淹溺，不包括矿山、井下透水淹溺；

(7) 灼烫，是指火焰烧伤、高温物体烫伤、化学灼伤(酸、碱、盐、有机物引起的体内外灼伤)、物理灼伤(光、放射性物质引起的体内外灼伤)，不包括电灼伤和火灾引起的烧伤；

(8) 火灾；

(9) 高处坠落，是指在高处作业中发生坠落造成的伤亡事故，不包括触电坠落事故；

(10) 坍塌，是指物体在外力或重力作用下，超过自身的强度极限或因结构稳定性破坏而造成的事故，如挖沟时的土石塌方、脚手架坍塌、堆置物倒塌等，不适用于矿山冒顶片帮和车辆、起重机械、爆破引起的坍塌；

(11) 冒顶片帮；

(12) 透水；

(13) 放炮，是指爆破作业中发生的伤亡事故；

(14) 火药爆炸，是指火药、炸药及其制品在生产、加工、运输、贮存中发生的爆炸事故；

(15) 瓦斯爆炸；

(16) 锅炉爆炸；

(17) 容器爆炸；

(18) 其他爆炸；

(19) 中毒和窒息；

(20) 其他伤害。

3. 参照《职业病范围和职业病患者处理办法的规定》及《职业病分类和目录》分类

根据《职业病范围和职业病患者处理办法的规定》，将有害因素分为生产性粉尘、毒物、噪声与振动、高温、低温、辐射(电离辐射、非电离辐射)、其他有害因素等七类。

2013年12月23日，原国家卫生和计划生育委员会、人力资源和社会保障部、安全生产监督管理总局、全国总工会四部门联合印发《职业病分类和目录》。其中，将职业病分为职业性尘肺病及其他呼吸系统疾病、职业性皮肤病、职业性眼病、职业性耳鼻喉口腔疾病、职业性化学中毒、物理因素所致职业病、职业性放射性疾病、职业性传染病、职业性肿瘤、其他职业病10类132种。2002年4月18日原卫生部和原劳动保障部联合印发的《职业病目录》予以废止。

(三) 危险、危害因素的辨识和分析方法

许多系统安全评价方法，都可用来进行危险、危害因素的辨识。常用的辨识方法大致可

分为两大类：

1. 直观经验法

(1) 对照、经验法。对照有关标准、法规、检查表或依靠分析人员的观察分析能力，借助于经验和判断能力直观地评价对象危险性和危害性的方法。经验法是辨识中常用的方法，其优点是简便、易行，其缺点是受辨识人员知识、经验和占有资料的限制，可能出现遗漏。

对照事先编制的检查表辨识危险、危害因素，可弥补知识、经验不足的缺陷，具有方便、实用、不易遗漏的优点，但须有事先编制的、适用的检查表。美国职业安全卫生局(OHSA)制定、发行了各种用于辨识危险、危害因素的检查表，我国一些行业的安全检查表、事故隐患检查表也可作为借鉴。

(2) 类比方法。利用相同或相似系统或作业条件的经验和安全生产事故的统计资料来类推、分析评价对象的危险、危害因素。多用于危害因素和作业条件危险因素的辨识过程。

2. 系统安全分析方法

应用系统安全工程评价方法的部分方法进行危害辨识。系统安全分析方法常用于复杂系统、没有事故经验的新开发系统。常用的系统安全分析方法有预先危险性分析法(PHA)、事件树(ETA)及事故树(FTA)分析方法等。

7.2.2 事故隐患排除

《安全生产法》第 17 条第 4 款规定："企业主要负责人应督促、检查本单位的安全生产工作，及时消除生产安全事故隐患。"为建立安全生产事故隐患排查治理长效机制，强化安全生产主体责任，加强事故隐患监督管理，防止和减少事故，保障人民群众生命财产安全，进一步贯彻落实"安全第一，预防为主，综合治理"的安全生产方针，促进和强化对各类安全生产事故隐患(以下简称事故隐患)的排查和整治，彻底消除事故隐患，有效防止和减少各类事故发生，全面提升安全管理基础工作的水平，国家从 2007 年开始提出企业要把事故隐患排查与治理列入企业安全管理的一个重要组成部分。事故应急救援是危险源在不受控状态下发生事故所采取的应急，因此，加强对危险源进行隐患排查，把事故隐患消灭在萌芽状态，对科学预防事故发生具有一定的指导意义。

(一) 事故隐患排查基本要求

原劳动部于 1995 年 10 月在《重大事故隐患管理规定》中，对生产经营单位在隐患排查和管理方面提出了要求。近几年，国家对事故隐患排查的相关要求主要有：

国务院办公厅关于在重点行业和领域开展安全生产隐患排查治理专项行动的通知(国办发明电[2007]16 号)要求：通过开展隐患排查治理专项行动，进一步落实企业的安全生产主体责任和地方人民政府的安全监管主体责任，全面排查治理事故隐患和薄弱环节，认真解决存在的突出问题，建立重大危险源监控机制和重大隐患排查治理机制及分级管理制度，有效防范和遏制重特大事故的发生，促进全国安全生产状况进一步稳定好转。

国务院办公厅关于进一步开展安全生产隐患排查治理工作的通知要求：在 2007 年开展隐患排查治理专项行动的基础上，全面排查治理各地区、各行业领域事故隐患，狠抓隐患整改工作，进一步深化重点行业领域安全专项整治，推动安全生产责任制和责任追究制的落实，完善安全生产规章制度，建立健全隐患排查治理及重大危险源监控的长效机制，强化安全生产基础，提高安全管理水平，为实现安全生产状况明显好转的目标奠定坚实基础。

安全生产事故隐患排查治理暂行规定（原安监总局令〔2007〕16 号）要求：生产经营单位主要负责人对本单位事故隐患排查治理工作全面负责，并对生产经营单位主要负责人如何开展事故隐患排查、治理和防控提出了一些基本要求，规范了事故隐患排查。

（二）事故隐患的分类及产生原因

1. 事故隐患分类

根据安全生产事故隐患排查治理暂行规定，事故隐患是指生产经营单位违反安全生产法律、法规、规章、标准、规程和安全生产管理制度的规定，或者因其他因素在生产经营活动中存在可能导致事故发生的物的危险状态、人的不安全行为和管理上的缺陷。

(1) 按隐患危害程度划分

事故隐患分为一般事故隐患和重大事故隐患。一般事故隐患，是指危害和整改难度较小，发现后能够立即整改排除的隐患。重大事故隐患，是指危害和整改难度较大，应当全部或者局部停产停业，并经过一定时间整改治理方能排除的隐患，或者因外部因素影响致使生产经营单位自身难以排除的隐患。

(2) 按隐患特征划分

① 固有隐患。它是系统投入运行就存在的隐患，是系统中的残留危险，是由于技术原因或人为失误导致的工业建筑物、机械设备和仪器仪表的设计、制造、布置、安装等过程中的缺陷或工艺流程及操作程序上的问题。如设计中产生的事故隐患，材料性质及质量与实际效果不符，强度计算的错误及结构上的缺陷；制造上出现的加工方法、工艺和技能上的缺陷；安全卫生未与主体工程相匹配和安全装置、防护装置的缺陷等。如：法国夏尔·戴高乐机场坍塌事故就是质量不过关引起事故。

② 渐生隐患。系统在运行期间内，实现系统功能过程中出现的隐患。由于使用或维护保养不当或年久失修，使系统元件原有性能下降，出现磨损、裂纹、老化损坏等，降低了系统的可靠性。如机轴裂纹和起重设备钢丝绳变形、断丝、安全装置缺损等。如中国体育博物馆地基出现不均匀下沉，85％以上的地板与墙体已经出现贯通性开裂，承重钢梁断裂，存在重大事故隐患。

③ 随机隐患。同样出现于系统运行期间，具有突发性，难以预测，它是由于外界环境的不断变动或人为误动作等引起的缺陷，随机隐患控制的要点在于提高操作者的安全素质，执行安全规章的自觉性和自我保护能力。如：一名男子在办公室内用汽油引燃了自制炸药包，当时在办公室里的 6 人全部受伤，飞溅出去的碎玻璃还将 10 余名工人和路人扎伤。

(3) 综合事故起因、行业分类和事故性质划分

一般分为 21 类：火灾、爆炸、中毒和窒息、水害、坍塌、滑坡、泄漏、腐蚀、触电、坠落、机械伤害、煤与瓦斯突出、公路设施伤害、公路车辆伤害、铁路设施伤害、铁路车辆伤害、水上运输伤害、港口码头伤害、空中运输伤害、航空港伤害及其他类隐患。

2. 事故隐患产生原因

在生产中，人们通过工艺和工艺装备使能量、物质（包括危害物质）按人们的意愿在系统

中流动、转换，进行生产；同时又必须约束和控制这些能量及危害物质，消除、减弱产生不良后果的条件，使之不发生危险、危害后果。事故隐患产生主要体现在设备故障（或缺陷）、人员失误和管理缺陷三个方面，并且三者之间是相互影响的；它们大部分是一些随机出现的现象或状态。

（1）故障（包括生产、控制、安全装置和辅助设施等故障）

故障（含缺陷）是指系统、设备、元件等在运行过程中由于性能（含安全性能）低下而不能实现预定功能（包括安全功能）的现象。故障的发生具有随机性、渐进性或突发性，故障的发生是一种随机事件。造成故障发生的原因很复杂（认识程度、设计、制造、磨损、疲劳、老化、检查和维修保养、人员失误、环境、其他系统的影响等）但故障发生的规律是可知的，通过定期检查、维修保养和分析总结可使多数故障在预定期间内得到控制（避免或减少）。

系统发生故障并导致事故发生的原因主要表现在发生故障、误操作时的防护、保险、信号等装置的缺乏、缺陷及设备在强度、刚度、稳定性、人机关系上的缺陷两方面。

（2）人员失误

人员失误泛指不安全行为中产生不良后果的行为（即职工在劳动过程中、违反劳动纪律、操作程序和方法等具有危险性的做法）。人员失误在一定经济、技术条件下，是引发危险、危害因素的重要导火索。

不安全行为大多是由于态度不端正、技能或知识不足、健康或生理状态不佳和劳动条件（设施条件、工作环境、劳动强度和工作时间）的影响造成的。各国根据以往的事故分析、统计资料将某些类型的行为各自归纳为不安全行为。我国 GB 6441—86 附录中将不安全行为分为 13 类：操作失误、忽视安全、忽视警告；造成安全装置失效；使用不安全设备；手代替工具操作；物体存放不当；冒险进入危险场所；攀、坐不安全位置；在起吊物下作业、停留；机器运转时加油（修理、检查、调整、清扣等）；有分散注意力行为；忽视使用必须使用的个人防护用品或用具；不安全装束；对易燃易爆等危险品处理错误。

（3）管理缺陷

管理缺陷是引起隐患发生的重要因素。

① 管理缺陷可以造成事故隐患、可以激发危险因素而发生事故和导致事故的扩大。从宏观角度分析，对危险因素的辨识或处理不当、在系统中形成事故隐患，都是管理缺陷造成的。

② 管理缺陷由人的错误指令（规划、设计、劳动、组织、规章制度、命令指挥）、错误操作组成，涵盖了组织者、指挥者、操作者三方的失误。通常情况下，在劳动生产过程中发生的事故都是因错误操作和错误行为激发了危险因素而造成的。

③ 管理缺陷是构成事故的动态因素，存在管理缺陷时，危险因素被激发从而形成事故，属于随机事件。不能因在一定时间内违章指挥、盲目蛮干并未发生事故而掉以轻心。

④ 管理缺陷对危险因素的作用时间和频数与发生事故的频数成正比。

3. 当前安全生产领域主要的事故隐患

（1）设备老化、工艺技术落后。具体表现在设备和危险物质（能量）未得到有效控制，如无控制、防护措施失效、安全装置的缺陷、设备设施质量安全性能欠缺等，以及物体本身的缺陷、个人保护用品用具的缺陷、防护措施的缺陷、作业方法的缺陷、工作场所的缺陷、作业环境的缺陷等。

(2) 三高企业隐患突出。危险物品生产经营企业安全距离不足;煤矿企业"三超"现象;建筑施工企业低价中标现象突出,现场安全设施投入不足,施工设备老化,施工工艺落后。

(3) 企业安全投入不足。

(4) 企业管理过程中存在的"三违"现象。具体表现在违章操作、冒险蛮干、违章指挥、非法进入、疏忽大意、渎职脱岗。生产经营单位员工不了解整个工艺过程中存在的主要危险、危害因素及其存在部位。一些员工安全意识淡薄,存在侥幸心理,明知故犯。

(5) 企业的安全管理不到位。具体表现在劳动组织不合理、安全生产责任制不落实、规章制度及操作规程欠缺或不健全、教育培训不到位、管理监控缺乏或失效、人员素质存在问题、要害岗位未考虑人的适用性、工作安排不合理等。如:对企业员工的再教育少或根本没有而导致部分员工不熟悉所从事的岗位工作,导致误操作引发事故;一些特殊的工艺所需要的保障企业安全的特殊检测仪表不健全,导致事故发生前察觉不到。

(三) 隐患排查范围、内容

1. 排查治理范围

各地区、各行业(领域)的全部生产经营单位。主要包括:

(1) 煤矿、金属和非金属矿山、冶金、有色、石油、化工、烟花爆竹、建筑施工、民爆器材、电力等工矿企业及其生产、储运等各类设备设施;

(2) 道路交通、水运、铁路、民航等行业(领域)的企业、单位、站点、场所及设施,以及城市基础设施等;

(3) 渔业、农机、水利等行业(领域)的企业、单位、场所及设施;

(4) 商(市)场,公共娱乐场所(含水上游览场所)、旅游景点、学校、医院、宾馆、饭店、网吧、公园、劳动密集型企业等人员密集场所;

(5) 锅炉、压力容器、压力管道、电梯、起重机械、客运索道、大型游乐设施、厂(场)内机动车辆等特种设备;

(6) 易受台风、暴雨、洪水、暴雪、雷电、泥石流、山体滑坡等自然灾害影响的企业、单位和场所;

(7) 近年来发生较大以上事故的单位。

2. 排查治理内容

(1) 安全生产法律法规、规章制度、规程标准的贯彻执行情况;

(2) 安全生产责任制建立及落实情况;

(3) 高危行业安全生产费用提取使用、安全生产风险抵押金交纳等经济政策的执行情况;

(4) 企业安全生产重要设施、装备和关键设备、装置的完好状况及日常管理维护、保养情况、劳动防护用品的配备和使用情况;

(5) 危险性较大的特种设备和危险物品的存储容器、运输工具的完好状况及检测检验情况;

(6) 对存在较大危险因素的生产经营场所以及重点环节、部位重大危险源普查建档、风险辨识、监控预警制度的建设及措施落实情况；

(7) 事故报告、处理及对有关责任人的责任追究情况；

(8) 安全基础工作及教育培训情况，特别是企业主要负责人、安全管理人员和特种作业人员的持证上岗情况和生产一线职工(包括农民工)的教育培训情况，以及劳动组织、用工等情况；

(9) 应急预案制定、演练和应急救援物资、设备配备及维护情况；

(10) 新建、改建、扩建工程项目的安全"三同时"(安全设施与主体工程同时设计、同时施工、同时投产和使用)执行情况；

(11) 道路设计、建设、维护及交通安全设施设置等情况；

(12) 对企业周边或作业过程中存在的易由自然灾害引发事故灾难的危险点排查、防范和治理情况等。

(四) 治理事故隐患的对策措施及监督管理

1. 事故应对及治理对策

(1) 坚持与加强企业安全管理和技术结合起来、强化安全标准化建设和脱场管理、加大安全投入，推进安全技术改造，夯实安全管理基础；

(2) 深入开展重点行业(企业)安全生产专项整治，狠抓薄弱环节、发现隐患及时整改；

(3) 坚持与日常安全监管监察执法结合起来，严格安全生产许可，加大打"三非"(非法建设、生产、经营)、反"三违"(违章指挥、违章作业、违反劳动纪律)、治"三超"(生产企业超能力、超强度、超定员，运输企业超载、超限、超负荷)工作力度、消除隐患滋生土壤；

(4) 鼓励企业结合实际推行 HSE、OHSAS 等现代安全生产管理方法，提升企业的基础管理水平；

(5) 建立企业重大事故隐患排查整改网络信息监管系统；

(6) 加强与应急管理的结合，建立健全应急管理制度，完善事故应急救援预案体系，落实隐患治理责任与监控措施，严防整治期间发生事故。

2. 事故隐患排查监督管理

生产经营单位及其主要负责人未履行事故隐患排查治理职责，导致发生生产安全事故的，依法给予行政处罚。生产经营单位违反隐患排查相关规定，有下列行为之一的，由安全监管监察部门给予警告，并处三万元以下的罚款：

(1) 未建立安全生产事故隐患排查治理等各项制度的；

(2) 未按规定上报事故隐患排查治理统计分析表的；

(3) 未制定事故隐患治理方案的；

(4) 重大事故隐患不报或者未及时报告的；

(5) 未对事故隐患进行排查治理擅自生产经营的；

(6) 整改不合格或者未经安全监管监察部门审查同意擅自恢复生产经营的。

7.2.3 常用风险分析方法

生产经营单位编制应急预案时通常需要采用一些风险分析方法对确定存在或可能发生

的事故风险种类、发生的可能性以及严重程度及影响范围等进行分析。本节讲述常用的定性风险分析方法。

（一）安全检查表

1. 安全检查表定义

安全检查表是利用检查条款按照相关的法律、法规和标准等对已知的危险类别、设计缺陷以及与一般工艺设备、操作、管理有关的潜在危险性和有害性进行判别检查。通常安全检查表被称为是一种法律、法规、标准的合格性审查。

通过安全检查表分析能及时了解和掌握系统的安全工作情况，查找物的不安全状态和人的不安全行为，采取措施加以改进，总结经验，指导工作，是安全工作人员或企业安全管理部门防止事故、保护职工安全与健康的好方法。

2. 安全检查表的特点

安全检查表法是安全系统工程最初的也是最基础的手段，计划性强，效果明显，主要优、缺点如下：

（1）安全检查表的优点

① 能够事先编制，有充分的时间组织有经验的人员来编写，做到系统化、完整化，不至于遗漏能导致危险的关键因素。

② 可以根据现有的规章制度、法律、法规和标准规范等检查执行情况、评价结果客观、准确。

③ 采用提问的方式，有问有答，给人的印象深刻，能使人知道如何做才是正确的，因而可起到安全教育的作用。

④ 编制安全检查表的过程本身就是一个系统安全分析的过程，使检查人员对系统的认识更深刻、更便于发现危险因素。

⑤ 简明易懂、易于掌握。

（2）安全检查表的缺点

① 安全检查表只能进行定性评价，不能进行定量评价。

② 安全检查表的质量受编制人员的知识水平和经验影响。

3. 安全检查表应用范围

安全检查表是进行安全检查，发现潜在危险的一种实用而简单可行的安全评价分析方法，可适用于项目建设、运行过程的各个阶段。安全检查表可以评价物料、设备和工艺，可用于专门设计的评价，也可用在新工艺（装置）的早期开发阶段对危险的判定和估测，还可以对已经运行多年的在役装置的危险进行检查。在安全评价中，安全检查表常用于安全验收评价、安全现状评价、专项安全评价，而很少用于安全预评价（预评价中，在企业选址、平面布局评价分析中可以使用安全检查表）。

4. 安全检查表的编制步骤

安全检查表为了系统地找出系统中的不安全因素，可将系统加以分割，查出各子系统的不安全因素、确定检查项目、以提问的方式把检查项目按系统的组成顺序编制成表、以便进行检查或评价。安全检查表编制步骤如下：

(1) 熟悉系统:包括系统的结构、功能、工艺流程、主要设备、操作条件、布置和已有的安全设施等。

(2) 搜集资料:搜集有关的安全法律法规、标准、制度及本系统过去发生过事故的资料、作为编制安全检查表的依据。

(3) 划分单元:按功能和结构将系统划分成子系统或单元,逐个分析潜在的危险因素。

(4) 编制检查表:针对危险因素,依据有关法律法规、标准规定,参考过去事故的教训和经验确定安全检查表的检查要点、内容以及为达到安全指标应采取的措施。

(二) 预先危险性分析

1. 预先危险性分析法定义

预先危险性分析(Preliminary Hazard Analysis,PHA)又称初步危险分析,是在进行某项工程活动(包括设计、施工、生产、维修等)之前,对项目存在的各种危险有害因素(类别、分布)出现条件和事故可能造成的后果进行宏观、概略分析的系统安全分析方法。通过 PHA 分析,力求达到以下四个目的:

(1) 大体识别与系统有关的主要危险;

(2) 鉴别产生危险的原因;

(3) 估计事故出现对人体及系统产生的影响;

(4) 判定已识别的危险性等级,并提出消除或控制危险的措施。

预先危险性分析主要用于对危险物质和装置的主要工艺区域等进行分析。它常常用于项目装置等在开发的初期阶段分析物料、装置、工艺过程以及能量失控时可能出现的危险性类别、条件及可能造成的后果。作为宏观的概略分析,其目的是辨识案例中存在的潜在危险、确定其危险等级,防止这些危险发展成事故。

2. 预先危险性分析法的特点

预先危险性分析是进一步进行危险分析的先导、宏观的概略分析,是一种定性方法。在项目发展的初期使用 PHA 有如下优点:

(1) 它能识别可能的危险,用较少的费用或时间就能进行改正;

(2) 它能帮助项目开发组分析和(或)设计操作指南;

(3) 该方法不受行业的限制、任何行业都可以使用;

(4) 方法简单易行、经济、有效。

预先危险性分析的缺点是:它是一种定性分析方法,评估危险等级的分析结果受人的主观性影响比较大。

3. 预先危险性分析法的适用范围

预先危险性分析适用于各类系统设计、施工、生产、维修前的概略分析和评价,也适用于既有系统中采取新的方法,接触新的物料、设备和设施的危险性评价。该法一般在项目的发展初期使用。

4. 预先危险性分析表编制步骤

(1) 通过经验判断、技术诊断或其他方法调查确定危险源、对所需分析系统的生产目的、物料、装置及设备、工艺过程、操作条件以及周围环境等进行充分详细的调查了解;

(2) 根据过去的经验教训及同类行业生产中发生的事故(或灾害)情况,类比判断所要分析的系统中可能出现的不利情况、损坏程度及影响,查找能够造成系统故障、物质损失和人员伤害的危险因素,分析事故(或灾害)的可能类型;

(3) 对确定的危险源进行分类、制成预先危险性分析表;

(4) 转化条件,即研究危险因素转变为危险状态的触发条件和危险状态转变为事故或灾害的必要条件,并进一步制定对策措施,检验对策措施的有效性;

(5) 进行危险性分级。在分析系统危险性时、为了衡量危险性的大小及其对系统破坏性的影响程度,可以将各类危险性划分为 4 个等级,危险性等级越大,危险程度越高。

(三) 作业条件危险性评价法(LEC 法)

1. 作业条件危险性评价分析法定义

作业条件危险性评价法(LEC 法)是一种简便易行的衡量人们在某种具有潜在危险的环境中作业的危险性的评价方法,具有一定的科学性和适用性。它是由美国安全专家格雷厄姆和金尼提出的。

该方法以与系统风险有关的三种因素(发生事故的可能性大小;人体暴露在危险环境中的频繁程度;一旦发生事故可能会造成的损失后果)的指标值之积来评价系统人员伤亡风险的大小,并将所得作业条件危险性数值与规定的作业条件危险性等级相比较,从而确定作业条件的危险程度。

2. 作业条件危险性评价分析法特点

(1) 作业条件危险性评价分析法优点。作业条件危险性评价法评价人们在某种具有潜在危险的作业环境中进行作业的危险程度,该方法简单易行,危险程度级别划分比较清楚、醒目。

(2) 作业条件危险性评价分析法缺点。此方法只能定性不能定量,方法中影响危险性因素的分数值主要是根据经验来确定的,因此具有一定的主观性和局限性。

3. 作业条件危险性评价分析法应用范围

该方法一般用于企业作业现场的局部性评价(如员工抱怨作业环境差),不能普遍适用于整体、系统的完整的评价。

4. 作业条件危险性评价分析法步骤

(1) 以类比作业条件比较为基础,由熟悉类比作业条件的人员组成专家组。

(2) 对于一个具有潜在危险性的作业条件,确定事故的类型,找出影响危险性的主要因素:发生事故的可能性大小(L);人体暴露在这种危险环境中的频繁程度(E);一旦发生事故可能会造成的损失后果(C)。

(3) 由专家组成员按规定标准对 L、E、C 分别评分,取分值集的平均值作为 L、E、C 的计算分值,用计算的危险性分值(D)来评价作业条件的危险性等级。用公式来表示,则为:

$$D=LEC$$

式中　L——发生事故的可能性大小;

E——人员暴露于危险环境中的频繁程度;

C——发生事故产生的后果;

D——风险值。

7.3 应急救援评估

应急救援评估，是在应急救援过程中对各项救援活动进行的定性或定量分析，从而对应急救援各个环节做出科学评价与鉴定，并根据评估结果对具体救援活动过程进行调整，以优化应急救援方案的全过程。应急救援评估作为应急救援过程的一部分，是救援工作不可缺少的重要环节，是反馈应急救援情况、优化联合救援过程、提高救援质量的重要保证。

7.3.1 应急救援评估意义与作用

应急救援评估的目的是更好地发挥各种应急救援力量的特长，进而提高应急救援效率。应急救援评估有助于了解各应急救援力量的建设情况，掌握应急救援力量的实际救援能力以及辨识应急救援的不足之处，不断提高应急救援组织的专业化水平。只有正确认识应急救援评估的意义和作用，才能有效提高应急救援的质量。

1. 应急救援评估的意义

应急救援评估对于提高各类灾害救援效率有着重要的意义，具体体现在以下几个方面。

(1) 应急救援评估为应急救援行动提供决策

应急救援评估是制定和实施科学的应急救援行动的重要基础。应急救援评估包括当地防灾减灾的自救互救能力评估，事件本身的风险评估，以及对外界参与应急救援行动的人员进行专业演练和实战水平评估。应急救援行动的过程是调配大量的人员和物资的过程，要达到人员和物资的科学配置需要把握住各个环节的关键要素，进行应急救援的评估能够获取较为可靠的数据资料，为指挥决策提供智力支持。

(2) 应急救援评估为应急救援行动提供智力保障

通过应急救援评估，可以得到所发生事件的风险评估报告，从而确定行动时的重点目标、关键环节和危险情景。通过应急救援评估可以在事前得到高风险点和可能发生的高风险事件，提高防护目标的抗灾能力；在事中能够迅速判断出安全避难场所，实施科学的救援处置行动；在事后可以选择优先行动的地域和行动方案，制定合理的恢复建设方案。只有对事件演化过程中的各阶段进行全方位的评估，优化辅助的管理措施，才能科学有效地进行救援，实现人、财、物的合理配置。

(3) 应急救援评估为应急救援训练提供检验标准

当前，对于应急救援行动的预案编制、日常训练和演练还处于探索阶段。由于所侧重的任务属性的差别，不仅缺乏对各类救援队伍的应急救援行动的训练方案的综合风险评估，还缺乏对多种救援队伍联合行动的协同作战指南的综合风险评估。对应急救援的评估可以精确查找救援过程中需改进的环节、受训对象、训练内容和训练方法，便于有针对性地进行调整和改进；另一方面，可以精确查找既有的优势，使训练过程中已存在的好方法、好思路及时得到宣传，促进训练质量的提高。

2. 应急救援评估的作用

应急救援评估对于应急救援实践工作而言，主要具有以下作用：

（1）检验作用

应急救援评估的过程，就是不断估量军地应急救援水平、能力和保障等救援工作质量的过程，这种评估的过程本身就是一个判断和检验的过程。通过应急救援评估可以从多个方面检验和衡量应急救援的效果，考察应急救援力量的主体具有的能力、特长和潜力，并对应急救援各个环节做出检验。

（2）指导作用

应急救援评估可以有效指导后续救援工作的展开，即通过确定评估指标、评估标准、指标权重及分析评估结果，得出正确的结论和建议，从而引导应急救援工作向正确的方向发展，以评估救援的经验教训来指导救援实践。

（3）反馈作用

通过应急救援评估，可以及时将救援相关的经验及教训反馈给参与救援的不同力量，提高救援效率。反馈作用主要体现在能够为各类应急救援力量提供必要的参考信息，以利于调整和改进救援方法，提高救援质量。

（4）纠偏作用

通过分析应急救援的阶段性成效，可以及时发现应急救援系统运转过程中存在的问题，并针对存在的问题，明确调控对象、修改救援方案、调整救援方法和手段，纠正救援中存在的问题，把握正确的救援方向。

7.3.2　应急救援评估对象与内容

明确应急救援评估的对象和内容是进行应急救援评估的前提条件，必须认真加以界定。

1. 应急救援评估的对象

应急救援评估的对象是由应急救援评估的目的和任务决定的。应急救援评估的目的和任务就是通过对影响应急救援能力的各要素进行科学评估，在对评估结果进行总结与分析的基础上，找出存在的问题，为提高实际救援能力、确保救援效果提供重要参考。这就决定了应急救援评估的对象是与应急救援能力相关的所有因素。这些因素有应急救援对象、应急救援力量、应急救援技术与方法、应急救援环境四个要素。这四个要素相互作用共同构成了影响应急救援能力的要素集合。因此，从理论和逻辑上讲，应急救援评估的主要对象应是上述四种构成要素。

2. 应急救援评估的内容

应急救援是一个动态、复杂的过程，在救援过程中影响救援效果的因素很多。对这样一个动态、复杂的过程进行评估，每一次评估的具体内容都不尽相同。但是从应急救援总体来看，无论是什么样式的应急救援行动，其评估的内容都应包括灾难风险评估、救援方案评估、救援效果评估和救援演练质量评估等内容，即救援前的准备评估、救援中的处置评估和救援后的效果评估。

7.3.3　应急救援评估基本程序与方法

应急救援评估是一项严谨细致的系统工程，必须严格按照规定的程序和方法进行，才能最大限度地提高评估工作的质量，才能更好地为应急救援行动提供决策依据。

1. 应急救援评估的基本程序

应急救援评估与应急救援行动是密切结合的一个连续过程。虽然不同的救援评估人员对不同的评估对象具体评估的过程可能有些差别，但总体上是按照评估准备、评估实施和评估总结的程序进行的。

(1) 评估准备

评估准备主要包括：明确评估主体、统一评估思想、区分评估任务、选定评估对象及内容、制定评估标准、确定评估程序和方法。

(2) 评估实施

评估实施，主要包括搜集相关信息、筛选处理信息、做出评估结论等工作。

(3) 评估总结

评估结果出来后，评估主体工作基本完成，但并不是结束，为了达到评估的最佳效果，还应进行必要的评估总结。通过总结对评估中突出的人和事进行表彰；对消极落后的人和事进行处罚；针对暴露出的问题要拿出切实可行的措施，并限期整改。组织评估总结时，要切实加大奖惩的力度，将应急救援责任与各级机构的政绩挂钩，不能搞迁就照顾；要及时向上级反馈评估结果，为上级应急救援组织机构的救援决策提供依据；要坚持面对面总结，使所有评估对象清楚自身存在的问题，切实促进救援水平的提高。

2. 应急救援评估的基本方法

评估方法是体现评估职能的具体手段。评估工作能否落实到位，很大程度上取决于评估方法是否科学合理。应急救援具有行动多样、组织复杂等特点。选择正确的方法对应急救援效果进行评估，对保证评估结果的科学性和准确性具有十分重要的意义。从以往的相关救援实践看，单一的评估方法难以得出客观的评估结果，必须结合多种方法，相互对比印证，以保证所得结论真实可靠。

(1) 汇总与考察法

汇总与考察法是指灾情发生后，将事发地上报的信息、数据与专家实地考察的数据相结合，做出评估的方法。这种方法不是单纯依靠上报数据而做出最终评价，而是要结合经验丰富的专家实地考察，综合灾情信息，得出正确的结论，才能保证评估的可靠、真实和准确。

(2) 案例对比法

案例对比法是利用历史上发生过的事件和处置方法，对各种数据进行对比而做出的评估方法。这种方法重点是对比处置方法，数据对比只做参考，因为对于不同时期和事件，数据差异较大。云南鲁甸地震、牛栏江红石岩堰塞湖排险就利用了汶川地震、唐家山堰塞湖排险的对比方法，进行了成功的评估和处置。

(3) 人机结合法

人机结合法是利用计算机技术模拟真实灾害的发生，通过输入灾害和灾区的各种数据参数，对灾害形成的损失进行评估，但对一些无法用数据评估的还要结合人工共同进行评估。计算机系统毕竟还不能代替人的思维，对应急救援中的一些不能量化的因素无法进行评估，比如救援指挥能力、救援行动作风等，对这些内容还需要人工进行评判。只有采取计算机评估与人工评估相结合的手段，才能全面反映应急救援的实际，提高应急救援评估的质量。

7.4　应急救援预案编制

7.4.1　应急预案策划与编制

1. 应急预案编制基本要求

事故应急处理是一项科学性很强的工作，编制应急预案必须以科学的态度，在全面调查的基础上，实行领导与专家相结合的方式，开展科学分析和论证，使应急预案真正具有科学性。同时，应急预案应符合使用对象的客观情况，具有实用性和可操作性，以利于准确、迅速控制事故。事故应急救援工作是一项紧急状态下的应急性工作，所编制的应急预案应明确救援工作的管理体系，救援行动的组织指挥权限和各级救援组织的职责、任务等一系列的内容，保证救援工作的权威性。应急预案的编制基本要求有七点：应急预案要有针对性、应急预案要有科学性、应急预案要有可操作性、应急预案要有完整性、应急预案要合法合规、应急预案要有可读性、应急预案要相互衔接。

2. 应急预案的编制过程

生产经营单位应急预案应根据有关法律法规和制度要求，明确做什么、谁来做、怎么做、何时做、用什么资源做等具体应对措施，提高针对性和可操作性；要合理设计响应分级；文字简洁规范、通俗易懂。鼓励生产经营单位应用先进科学技术，丰富应急预案管理手段与内容，建立健全各类应急预案数据库，提高应急预案信息化管理水平。《生产经营单位安全生产事故应急预案编制导则》(AQ/T 9002—2006)及《生产经营单位生产安全事故应急预案编制导则》(GB/T 29639—2013)规定了生产经营单位编制安全生产事故应急预案的程序、内容和要素等基本要求。下面以生产经营单位安全生产事故应急预案编制为例，阐述应急预案的编制过程。应急预案的编制应包括下面 6 个过程，参见图 7-1。

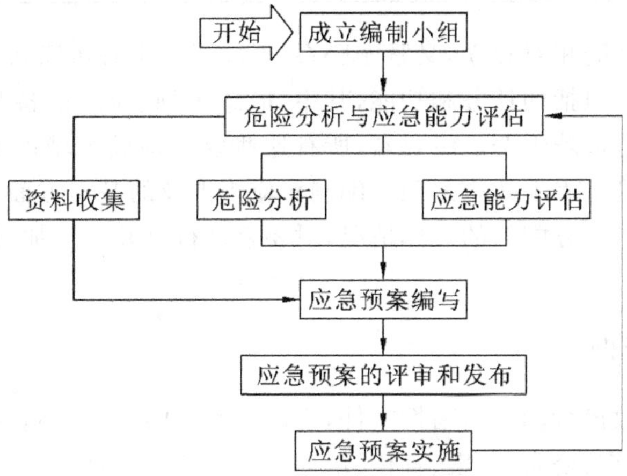

图 7-1　应急预案编制流程

7.4.2 应急预案核心要素

应急预案是整个应急管理体系的反映，它的内容不仅仅限于事故发生过程中的应急响应和救援措施，还应包括事故发生前的各种应急准备和事故发生后的紧急恢复以及预案的管理与更新等。因此，一个完善的应急预案按相应的过程可分为六个一级关键要素，包括：方针与原则；应急策划；应急准备；应急响应；现场恢复；预案管理与评审改进(见表7-1)。

表7-1 应急救援预案体系框架核心要素表

级号	要素内容	级号	要素内容
1	方针与原则	4.2	预警与通知
2	应急策划	4.3	警报系统与紧急通告
2.1	危险分析	4.4	通信
2.2	资源分析	4.5	事态监测
2.3	法律法规要求	4.6	人员疏散与安置
3	应急准备	4.7	警戒与治安
3.1	机构与职责	4.8	医疗与卫生服务
3.2	应急设备、设施与物资	4.9	应急人员安全
3.3	应急人员培训	4.10	公共关系
3.4	预案演练	4.11	消防与抢救
3.5	公众教育	4.12	泄漏物控制
3.6	互助协议	5	现场恢复
4	应急响应	6	预案管理与评审改进
4.1	现场指挥与控制		

六个一级要素之间既相对独立，又紧密联系，形成了一个有机联系并持续改进的体系结构。根据一级要素中所包括的任务和功能，其中，应急策划、应急准备和应急响应三个一级关键要素可进一步划分成若干个二级要素，所有这些要素构成了城市重大事故应急预案的核心要素。这些要素是重大事故应急预案编制所应当涉及的基本方面，在实际编制时，可根据职能部门的设置和职责分配等的具体情况，对要素进行合并或增加，以便于预案的内容组织和编写。

7.4.3 应急预案管理

应急预案是应急救援行动的指南性文件，为确保预案的有效实施，必须对预案进行有效的管理，包括预案的评审、公布、备案、宣传、培训、演练、评估及修订等内容。

1. 应急预案评审与公布

应急预案编制完成后，应进行评审。应急预案评审的目的是确保预案能反映其适用区域当前经济、土地使用、技术发展、应急能力、危险源、危险物品使用、法律及地方法规、道路建设、人口、应急电话以及企业地址等方面的最新变化，确保应急预案与当前应急响应技术和应急能力相适应。评审后，按规定报有关部门备案，并经生产经营单位主要负责人签署发布。

（1）应急预案评审类型

应急预案草案应经过所有要求执行该预案的机构或为预案执行提供支持的机构评审。同时，应急预案作为重大事故应急管理工作的规范文件，一经发布，应具有权威性。因此，应急管理部门或编制单位应通过预案评审过程不断地更新、完善和改进应急预案文件体系。评审过程应相对独立，根据评审性质、评审人员和评审目标的不同，将评审过程分为内部评审和外部评审两类。

（2）评审时机

应急预案评审时机是指应急管理机构、组织应在何种情况下、何时或间隔多长时间对预案实施评审、修订。对此，国内外相关法规、预案一般都有较为明确的规定或说明。地方各级安全生产监督管理部门应当组织有关专家对本部门编制的应急预案进行审定；必要时，可以召开听证会，听取社会有关方面的意见。涉及相关部门职能或者需要有关部门配合的，应当征得有关部门同意。生产经营单位应当组织人员对本单位编制的应急预案进行评审，评审由生产经营单位负责人组织有关部门和人员进行。具体评审标准由国家相关部门统一组织制定。矿山、冶金、建筑施工单位，易燃易爆物品、危险化学品、放射性物品等危险物品的生产、经营、储存、使用单位和中型规模以上的其他生产经营单位的应急预案评审应当邀请属地安全生产应急管理部门派员参加。应急预案的评审应重点从应急预案的实用性、基本要素的完整性、预防措施的针对性、组织体系的科学性、响应程序的操作性、应急保障措施的可行性、应急预案的衔接性等方面进行评审，评审工作坚持客观、公正与合理的原则。生产经营单位的应急预案经评审通过后，由生产经营单位主要负责人签署公布。

综上所述，应急预案的评审、修订时机和频次可以遵循如下规则：

① 定期评审、修订；

② 随时针对培训和演习中发现的问题对应急预案实施评审、修订；

③ 评审重大事故灾害的应急过程，吸取相应的经验和教训，修订应急预案；

④ 国家有关应急的方针、政策、法律、法规、规章和标准发生变化时，评审、修订应急预案；

⑤ 危险源有较大变化时，评审、修订应急预案；

⑥ 根据应急预案的规定，评审、修订应急预案。

（3）评审方法

应急预案评审采取形式评审和要素评审两种方法。形式评审主要用于应急预案备案时的评审，要素评审用于生产经营单位组织的应急预案评审工作。应急预案评审采用符合、基本符合、不符合三种意见进行判定。对于基本符合和不符合的项目，应给出具体修改意见或建议。

① 形式评审。依据《生产经营单位生产安全事故应急预案编制导则》和有关行业规范，对应急预案的层次结构、内容格式、语言文字、附件项目以及编制程序等内容进行审查，重点

审查应急预案的规范性和编制程序。

② 要素评审。依据国家有关法律法规、《生产经营单位生产安全事故应急预案编制导则》和有关行业规范，从合法性、完整性、针对性、实用性、科学性、操作性和衔接性等方面对应急预案进行评审。为细化评审，采用列表方式分别对应急预案的要素进行评审。评审时，将应急预案的要素内容与评审表中所列要素的内容进行对照，判断是否符合有关要求，指出存在的问题及不足。应急预案要素分为关键要素和一般要素。关键要素是指应急预案构成要素中必须规范的内容。这些要素涉及生产经营单位日常应急管理及应急救援的关键环节，具体包括危险源辨识与风险分析、组织机构及职责、信息报告与处置和应急响应程序与处置技术等要素。关键要素必须符合生产经营单位实际和有关规定要求。一般要素是指应急预案构成要素中可简写或省略的内容。这些要素不涉及生产经营单位日常应急管理及应急救援的关键环节，具体包括应急预案中的编制目的、编制依据、适用范围、工作原则、单位概况等要素。

(4) 评审程序

应急预案编制完成后，生产经营单位应在广泛征求意见的基础上，对应急预案进行评审。

① 评审准备。成立应急预案评审工作组，落实参加评审的单位或人员，将应急预案及有关资料在评审前送达参加评审的单位或人员。

② 组织评审。评审工作应由生产经营单位主要负责人或主管安全生产工作的负责人主持，参加应急预案评审人员应符合《生产安全事故应急预案管理办法》的要求。生产经营规模小、人员少的单位，可以采取演练的方式对应急预案进行论证，必要时应邀请相关主管部门或安全管理人员参加。应急预案评审工作组讨论并提出会议评审意见。

③ 修订完善。生产经营单位应认真分析研究评审意见，按照评审意见对应急预案进行修订和完善。评审意见要求重新组织评审的，生产经营单位应组织有关部门对应急预案重新进行评审。

④ 批准印发。生产经营单位的应急预案经评审或论证，符合要求的，由生产经营单位主要负责人签发。

(5) 评审要点

应急预案评审应坚持实事求是的工作原则，结合生产经营单位工作实际，按照《导则》和有关行业规范，从以下七个方面进行评审。

① 合法性。符合有关法律、法规、规章和标准，以及有关部门和上级单位规范性文件要求。

② 完整性。具备《导则》所规定的各项要素。

③ 针对性。紧密结合本单位危险源辨识与风险分析结果。

④ 实用性。切合本单位工作实际，与生产安全事故应急处置能力相适应。

⑤ 科学性。组织体系、信息报送和处置方案等内容科学合理。

⑥ 操作性。应急响应程序和保障措施等内容切实可行。

⑦ 衔接性。综合、专项应急预案和现场处置方案形成体系，并与相关部门或单位应急预案相互衔接。

2. 应急预案备案

国务院安全生产监督管理部门和其他有关部门、县级以上地方各级人民政府及其有关部门编制的安全生产应急预案，经评审通过后，由政府最高行政官员签署发布，并按规定报送上级政府有关部门或应急机构备案。《生产安全事故应急预案管理办法》对应急预案的备案作出了如下规定：

地方各级安全生产监督管理部门应急预案、生产经营单位应急预案应当自发布之日起30日内按照本办法规定进行备案。地方各级安全生产监督管理部门的应急预案，应当报同级人民政府和上一级安全生产监督管理部门备案。其他负有安全生产监督管理职责的部门，应当将本部门的应急预案抄送同级安全生产监督管理部门。

中央管理的总公司（总厂、集团公司、上市公司）的综合应急预案和专项应急预案，应报国务院国有资产监督管理部门、国务院安全生产监督管理部门和国务院有关主管部门备案；其所属的省、市、县级分（子）公司负有现场安全生产管理直接责任的，其应急预案和专项预案按照隶属或业务关系报所在地人民政府安全生产监督管理部门和有关主管部门备案。其他生产经营企业中涉及矿山、冶金、建筑施工单位和易燃易爆物品、危险化学品、放射性物品等危险物品的生产、经营、储存、使用单位和中型规模以上的其他生产经营企业，其综合应急预案和专项应急预案，按照隶属或业务关系报所在地县级以上地方人民政府安全生产监督管理部门和有关主管部门备案。其他企业应急预案的备案由省、自治区、直辖市人民政府安全生产监督管理部门确定。

生产经营单位申请应急预案备案，应当提交以下材料：①应急预案备案申请表；②评审专家的姓名、职称；③应急预案评审意见和结论；④应急预案文本及电子文档。

受理备案登记的安全生产监督管理部门应当在受理申请之日起60日内对应急预案进行形式审查，经审查符合要求的，予以备案并出具应急预案备案登记表；不符合要求的，不予备案并说明理由。对于实行安全生产许可、重大危险源备案、安全生产标准化达标验收的生产经营单位，在申请安全生产许可证、重大危险源备案和安全生产标准化达标验收时，必须通过应急预案备案登记、取得备案登记表，并将备案登记表作为申请必备材料之一。各级安全生产监督管理部门应当指导、督促检查生产经营单位做好应急预案的备案登记工作，建立应急预案备案登记建档制度。

3. 应急预案的宣教、培训与演练

各级安全生产监督管理部门、生产经营单位应当采取多种形式开展应急预案的宣传教育，普及生产安全事故预防、避险、自救和互救知识，提高从业人员安全意识和应急处置技能。各级安全生产监督管理部门和其他负有安全生产监督管理职责的部门，应当将应急预案的培训纳入安全生产培训工作计划，并组织实施本行政区域、本行业（领域）内重点生产经营单位的应急预案培训工作。生产经营单位应当组织开展本单位的应急预案培训活动，使有关人员了解应急预案内容，熟悉应急职责、应急程序和岗位应急处置方案。应急预案的要点和程序应当张贴在应急地点和应急指挥场所，并设有明显的标志。

各级安全生产监督管理部门和其他负有安全监管职责的部门，应当定期组织本部门应急预案演练，督促指导本地区有关企业开展预案演练活动，提高本部门、本地区生产安全事故应急处置能力。应急预案编制部门或单位应当建立应急演练制度，根据实际情况采取实战演练、桌面推演等方式，组织开展人员广泛参与、部门协同联动、形式多样、节约高效的应急演练。安全生产监督管理部门和负有安全生产监督管理职责的政府有关部门指导、监督和检查生产经营单位应急预案演练工作。矿山、建筑施工单位和危险物品的生产、经营、储存单位集中区域的安全生产监督管理部门应当每年至少组织一次综合或专项应急演练。生产经营单位应当制定本单位的应急预案演练计划，根据本单位的事故预防重点，专项应急预案至少每年进行一次实战演练、现场处置方案至少每季度进行一次实战演练，并可结合实际经常性开展全面演练。应急演练组织单位应当及时开展演练评估工作，总结分析应急预案存在的问题，提出改进措施和建议，形成应急演练评估报告。矿山、冶金、建筑施工单位和易爆物品、危险化学品、放射性物品等危险物品的生产、经营、储存、使用单位的演练评估报告按照共属或业务关系报所在地县级以上地方人民政府安全生产监督管理部门和有关主管部门备案。

4. 应急预案的评估与修订

应急预案编制单位应当每年至少进行一次应急预案适用情况的评估，分析评价其针对性、操作性和实用性，实现应急预案动态优化和科学规范管理，并编制评估报告。各级安全生产监督管理部门和其他负有安全监管职责的部门，应当每年对应急预案的管理情况进行总结，并纳入年度安全生产应急管理工作总结，报上一级主管部门。其他负有安全监管职责部门的应急预案管理工作总结，应当抄送同级安全生产监督管理部门。地方各级安全生产监督管理部门应当按照应急预案的要求储备与地区生产经营单位应急救援需求相适应的应急物资装备。

地方各级安全生产监督管理部门制定的应急预案，应当根据预案演练、机构变化等情况适时修订。生产经营单位制定的应急预案应当至少每三年修订一次，预案修订情况应有记录并归档。有下列情形之一的，应急预案应当及时修订：

（1）生产经营单位因兼并、重组、转制等导致隶属关系、经营方式、法定代表人发生变化的；

（2）生产经营单位生产工艺和技术发生变化的；

（3）应急资源发生重大变化的；

（4）预案中的其他重要信息发生变化的；

（5）面临的风险或其他重要环境因素发生变化，形成新的重大危险源的；

（6）应急组织指挥体系或者职责已经调整的；

（7）依据的法律、法规、规章、标准和预案发生变化的；

（8）在生产安全事故实际应对和应急中发现需要作出调整的；

（9）应急预案编制部门或单位认为应当修订的其他情况。

生产经营单位应当及时向有关部门或者单位报告应急预案的修订情况，按照应急预案报备程序及时重新备案。生产经营单位应当按照应急预案的要求配备相应的应急物资及装备，建立使用状况档案，定期检测和维护，使其处于良好状态。

各级安全监管监察部门应当把生产经营单位生产安全事故应急预案的管理作为执法检查的主要内容，重点监督检查编制、评审、备案、演练和修订情况。安全生产监督管理部门违反本办法，不履行职责的，由其上级行政机关或者监察机关责令改正；安全生产监督管理部门工作人员在工作中滥用职权、玩忽职守、徇私舞弊的，依照有关规定给予处理。生产经营单位有下列情形之一的，给予警告，责令限期改正，逾期未改正的，对于一般生产经营单位处5000元以上3万元以下的罚款，对于高危行业生产经营单位处2万元以上3万元以下罚款：

(1) 未按照规定制定生产安全事故应急预案的；

(2) 未按照规定进行应急预案修订的；

(3) 未按照规定进行应急预案备案的；

(4) 未按照规定进行应急预案培训的；

(5) 未按照规定进行应急预案演练的。

7.4.4　火灾爆炸应急救援预案案例

案例1　某煤电房地产开发有限公司防火防爆应急救援预案

1. 工程概况

本工程3号楼地下二层，地上三十三层，地下二层为人防，地下一层为设备层。标准层层高2.9米。

本项目总建筑面积：8197.44 m^2（含地下室面积，保温层面积，1/2阳台面积），地下室建筑面积2605.72 m^2，地上建筑面积35591.72 m^2；本工程为一类高层建筑，建筑耐久年限为三类（合理使用年限50年）。建筑抗震设防烈度为八度，地下耐火等级为一级，地上耐火等级为一级，地下室防水等级为一级，屋面防水等级为二级，人防工程为核6常6甲类二等人员掩蔽所。

2. 火灾与爆炸应急事故准备

(1) 确定应急救援小组名单

(2) 确定应急救援联络电话

急救中心：120

火警中心：119

报警中心：110

交通事故：122

(3) 应急救援小组分工

分为灭火行动组、引导疏散组、救护组、通信联络组、物资转移组、维护秩序组，各应急救援小组分工职责如下：

组长、副组长：组织编制施工项目应急救援预案，监督、指导施工项目应急救援预案的实施。当发生突发事件时，指挥应急救援小组对突发事件做出正确反应，实施有效的救援行动，并按规定及时上报有关部门。

灭火行动组：当发生火灾事故时，进行灭火抢险。

引导疏散组：当事故发生时，引导疏散组要向施工现场各层施工员发出事故通报，迅速地指挥员工由上往下疏散。对受到威胁的易燃易爆物品、氧气、乙炔、液化石油气等要迅速转移到安全地带，并派人员专管。

救护组：对发现的伤员，要进行护理，对重伤者要及时送医院救护。

通信联络组：根据事故发生后的报告程序，拨打有关电话，接应公司或其他救援机构支援的人员。

物资转移组：按先贵重后一般的原则进行转移，对转移的物资要列出清单，派人员保护管理。

维护秩序组：保护事故现场不被破坏，维持疏散秩序。

(4) 应急救援小组救援职责

① 当事故发生时，从业人员要立即向现场管理人员报告事故情况，管理人员立即报告救援小组组长，救援小组组长立即按规定上报有关部门。

② 救援小组组长应根据事故的严重程度，决定是否要求公司及上级应急救援机构帮助，组织应急救援小组成员与项目部员工进行事故应急救援、抢险工作，并积极配合、协助事故的处理调查工作。

③ 应急救援小组组长指挥落实对受伤人员的抢救，安排无关人员撤离到安全地带，指定专人维持秩序，指定专人指挥交通及保护事故现场。

④ 现场的救护组人员根据事故基本情况，立即带备用急救药箱和担架（药箱内配足急救药品）前往现场抢救受伤人员。

⑤ 应急救援小组组长确定事故现场的危险范围并实施保护及管制。

⑥ 应急救援小组组长指挥对危险设施的应急处理，防止事故扩大。

⑦ 应急救援小组组长负责将事故情况向公司及有关部门书面报告。

⑧公司安全事故应急救援领导小组根据出事现场实际情况，组织有关部门进入应急救援工作程序，实施应急救援抢险措施和其他安全保障事项。

(5) 对应急救援知识培训宣讲

工程项目配备有经过急救知识培训的管理人员负责在工程开工前，根据国家法律法规的要求、公司的规定和项目部领导的指示，组织本工程管理人员进行预案宣传。并对进场施工的作业工人进行预案内容交底。

(6) 现场应急救援器材、应备药品清单及存放地点。

一、现场应急救援器材

现场应急救援器材清单：干粉灭火器、消防水枪、防毒面具、担架、木夹板条（用于骨折）、安全帽、安全带。

存放地点：工地现场专用仓库。

现场应急救援器材为应急救援使用工具，设置专用仓库保管，只能作为紧急救援使用。

二、备用药品

备用药品清单如表 7-2 所示。

表 7-2 备用药品清单

品名	适应症	品名	适应症
创可贴	小创伤出血	紫药水	消毒防腐
万花油	烧烫伤	京万红软膏	烧烫伤
碘酊(2%)	局部消毒	酒精(75%)	局部消毒
红药水	清毒止血	清凉油	驱暑醒脑
棉垫、绷带	外伤出血	止血胶带	外伤出血

存放地点为工地材料组或施工室。

使用与保管要求：

a. 所有的药品必须有出品合格证，并在有效期限内使用，过期的药品必须更换。

b. 药品必须放置于阴凉处、防潮且满足药品有关贮藏规定。

c. 所有的药品必须由现场的医护人员专人保管。

(7) 火灾与爆炸事故预防措施

① 施工现场防火工作必须认真贯彻“预防为主，防消结合”的方针，立足于自防自救，实行“谁主管，谁负责”的原则。

② 施工现场的防火机构。

施工现场实行层级管理，落实各级消防安全责任人(管理人)，各负其责。项目经理是施工现场消防安全责任人，全面负责现场的防火工作。各组负责人、生产班长是本组、班(组)消防安全责任人。

施工现场成立防火领导小组，由消防安全责任人任组长，成员由各组和各生产班组的消防安全责任人组成。施工现场按参加施工总人数的百分之十五的比例组建义务消防队。义务消防队队长由现场消防安全责任人任命，义务消防队下设灭火行动组、引导疏散组、救护组、通信联络组、物资转移组、维护秩序组并各司其职。

③ 施工项目应当对职工进行经常性的防火宣传教育，普及消防知识，增强消防观念，使职工自觉遵守各项防火规章制度。

④ 抓好检查制度的落实。

⑤ 施工过程中需要动火的，必须办理动火审批手续，落实动火作业“八不、四要、一清”的防火措施，才可动火。动火后，要进行检查验收。

⑥ 严格吸烟管理，施工现场应设立吸烟区，配置相应设施，严禁在非吸烟区吸烟。

⑦ 现场存放易燃、易爆化学危险物品，必须按规定经上级有关主管部门审批同意后，才可存放，严格控制存放数量，并落实防火措施。

⑧按规定配备消防器材，高层建筑，重点工程必须按《建筑施工安全检查标准》(JGJ 59—1999)要求设立临时消防供水系统，做到与施工同步进行，临时消防供水系统高压水泵设专线供电，供水管直径不小于 50 mm，每层应设置消防接口，从第四层起每隔一层，配备一条长度为 20 m 的消防水带并配置水枪。

⑨电线架设、电气设备的安装要符合技术规程的要求，并由持有电工证的电工架设，严

禁在外脚手架上架设电线及乱拉乱接电线。

⑩易燃杂物要及时清运，不宜长时间堆放在施工现场和宿舍附近，消防通道要保持畅通无阻。

(8) 火灾与爆炸事故应急救援措施

当发生火情与爆炸重大安全事故时，通信联络组或发现事故人必须立即拨打“119”电话与消防指挥中心联系，报警时应沉着冷静，必须准确讲清起火单位、所在地区、道路、门牌号码、起火部位、着火物资、火势大小、报警人姓名，以及所使用报警的电话号码等，并派员到路口迎候和引导消防车进入火场，在使用无线移动电话报警时，还必须注意报警后不要关机，以便听取消防队的回唤问话，保持联系。

扑救初起火灾的程序如下：

一旦建筑物起火，要在起火后 5～7 min 内，控制与扑灭初期火灾，灭火行动组和起火部位员工必须先利用内部固定消防设施(消防水管)、器材(灭火器材)进行自救。在组织灭火自救工作中，依次按分工做好下列工作：

① 分别向综合办公室和消防支队指挥中心调度室“119”报警。

② 引导疏散组要向施工现场各层施工员发出火灾通报，迅速地指挥员工由上往下疏散，对各类电器、机械设备停止其运行或部分停止使用。

③ 灭火行动组首先进入火场，启动高层加压水泵，合理采用消防栓和各种灭火器材有效地进行灭火。

④ 引导疏散组对受到火势威胁的易燃易爆物品、氧气、乙炔、液化石油气等要迅速转移到安全地带，并派员专管。

⑤ 救护组对发现的伤员，要进行护理，对重伤者要及时送医院救护。火灾现场要设置护卫人员，火灾扑灭后要根据划定的范围进行现场保护，不准无关人员进入警戒区内，以免影响调查工作。

⑥ 物资转移组，必须按先贵重后一般的原则对物资进行转移，对转移的物资要列出清单，派员保护管理。

在建工程火灾的扑救方法：

① 若生活区某一房间内起火，而门已被火封住，使房内人员不能走出时，房内人员可通过阳台或室外走廊转移到相邻未起火的房间，再绕道疏散。

② 若着火层的走廊、楼层被烟火封锁，有人逃到房间、窗口、阳台时，首先要通过广播稳定他们的情绪，同时消防人员应采用各种登高方法进行抢救、疏散，也可采用各种救生器具，如使用安全绳、缓降器、救生袋等降至地面。

③ 若办公器材、设备、易燃易爆物品着火，切忌使用水源扑救，应选用干粉、二氧化碳气体灭火。一旦其他部位发生火灾，必须第一时间将其转移到安全地区存放。

火灾扑救的基本方法：

发生火灾事故，要根据燃烧物质特点，火场的具体情况，正确使用消防器材，及时扑救初起火灾。

① 火场上出现浓烟、高热、缺氧等致人伤亡的时间，早的 5～6 min，晚的 10～20 min，所以人员疏散时间必须控制在 3 min 内。

② 施工现场发生的火灾，多数是由于烧焊作业或遗留火种而引起的，可用冷却灭火方法，将水或灭火剂直接喷射在燃烧的物体上，使其温度降低到燃点以下，达到灭火效果。

③ 电气设备火灾可用窒息灭火法，用不导电的灭火剂扑灭火灾，并立刻关闭电源。可使用二氧化碳灭火器、干粉灭火器等直接喷射在燃烧的电气设备上，阻止空气接触，达到灭火效果。

④ 油类火灾同样可用窒息灭火法，用泡沫灭火器、二氧化碳灭火器、干粉灭火器等(严禁用水扑救)直接喷射在燃烧载油的器具上，阻止和氧气接触，达到灭火效果。

⑤ 火灾事故扑灭后，要保护好事故现场，由主管部门或消防部门对事故现场进行调查、鉴定，确定起火原因。依照事故处理的“四不放过”原则，依法、依规对事故责任人进行处理。吸取火灾事故教训，落实整改措施，改进消防工作。通过火灾事例，教育全体员工，提高员工防火意识。

当发生爆炸事故时，应首先了解是何种物体爆炸，根据不同的爆炸物采取不同的救援步骤。采取有效措施防止事故扩大，尽快抢救伤者和财产，尽量减少损失。保护现场，设置危险区域，并阻止无关人员进入。

(9) 现场处理与事后现场恢复

工程项目安全负责人接到突发事故情况后，应认真保护事故现场：

① 凡与事故有关的物体、痕迹、状态不得破坏，并划出保护区禁止无关人员进入。

② 因抢救受伤(害)人员，以及疏导交通等原因，需要移动现场某些物体时，必须做好现场标记、拍照、录像或绘制现场简图，并作书面记录，妥善保存现场重要痕迹、物证等。

③ 利用一切可行的通信工具在规定时间内将事故情况进行层级上报。

④ 应积极妥善做好各项善后工作及事后的生产恢复工作。

⑤ 协助事故调查组开展调查工作，事故现场清理应在调查组确认的情况下充分记录后才能进行；不得以恢复生产为名清理现场掩盖真相。

⑥ 项目安全负责人负责就事故发生全过程向公司及有关部门作书面汇报。

⑦ 当出现重大事故时，由公司安全事故应急救援指挥部组织全公司下属各单位召开现场会议。

(10) 消防演练

根据本工程的规模、工期长短、工程地处环境、施工作业的危险程度，项目部确定本工程在开工当月各线人员就位后进行1次演练；演练前编制计划，演练内容为火灾事故发生后的人员紧急疏散、救援与抢险。

3. 应急响应

(1) 一般应急救援工作程序

当事故和紧急情况发生后，立即报告应急现场主管，并启动应急救援程序，现场应急小组在组长的指挥下，按分工各司其职。

(2) 重大事故应急救援程序

当事故和紧急情况发生时，发现者应立即报告应急现场主管或公司负责人、公司主管部门。

案例2 某住宅小区消防防火防爆事故应急救援预案

1. 工程概况

该工程2#楼为地下三层地上三十三层，建筑面积26901.06 m^2，建筑总高度为98.6 m。3#楼地下二层地上三十三层，建筑面积30973.08 m^2，建筑总面积为60748.14 m^2，建筑总高度为96 m。2#楼、3#楼结构形式为基础灌注桩加承台梁，主楼为剪力墙结构，裙房及地下汽车库为框架结构，合理使用年限50年。抗震等级剪力墙一级，框架二级，抗震设防烈度按8度，建筑使用年限为50年，耐火等级为一级，防水等级为地下一级。

2. 编制依据

《中华人民共和国安全生产法》；

《中华人民共和国建筑法》；

《建设工程安全生产管理条例》。

3. 应急准备

(1) 项目部成立消防领导小组，配备义务消防队成员；义务消防队员应掌握各类火灾的扑救方法和消防器材的用途及正确使用方法。

(2) 消防领导小组负责落实在相关场所布置各类消防器材，任何人不得随意挪用，同时安全员定期进行检查、维修、更换，确保消防器材的完好性。

(3) 安全员应加强对施工现场、仓库、生活区、办公区的防火、防爆日常检查工作，发现隐患，及时整改，建立健全消防档案，切实做好消防安全管理工作。

(4) 易燃易爆物品应放置在专门场所，分类分库存放，并有专人负责管理。

(5) 仓库应有隔热降温及通风措施，仓库的一切电气设施应符合安全规程及防爆要求，每天下班前应切断电源，方可离开；仓库设置“严禁烟火”标志；管理人员应熟知易燃易爆物品火灾危险性和管理储存方法，以及发生事故的处理方法。

(6) 易燃易爆物品的运输、装卸要严格按照国家《易燃易爆化学物品消防监督管理办法》中的规定要求执行。

(7) 危险品仓库内如要动火检修，必须执行动火审批制度，不得在易燃易爆的仓库内进行明火及产生火花的作业。

(8) 分公司及项目工地要设置内部报警电话并在有关场所张贴悬挂，公之于众，地方消防队报警电话为“119”。

4. 应急预案

(1) 发现火灾、爆炸事故时，发现人员要及时向消防领导小组报告，并讲明发生火灾或爆炸的地点、燃烧(爆炸)物质的种类和数量，火势情况。

(2) 消防领导小组接到电话报警后，接报人员要立即通知义务消防队员赶赴火场，火势较大则应立即拨打“119”报警电话报警并指派专人到路口迎接消防队。同时通知有关人员立即切断火场电源，并派兼职卫生员一起赶赴火场并做好准备抢救受伤人员。消防队员接报后应立即戴好安全帽及其他防护用具，携带消防器材等赶赴火场。

(3) 火灾较大时要立即成立灭火指挥部，下设灭火作战组、抢救疏散组、安全保卫组、后勤保障组、医疗救护组。一般火灾时可不成立，但均要设灭火总指挥。

a. 灭火作战组负责扑救火灾。

b. 抢救疏散组负责抢救被困人员及贵重物资，在人员集中的场所，要有计划、有组织的疏散人员，抢险救灾按照“先人员，后物资；先重点，后一般”的原则进行，抢险人员要戴齐防护用具，注意自身安全，防止发生意外事故。

c. 安全保卫组负责火灾现场及周围的安全保卫、危险区警戒、交通管制等任务，对现场抢救出的人、财、物进行疏散和管理，预防破坏、哄抢、盗窃等案件的发生，扑救过程中及扑救工作结束后对火灾现场加以保护。

d. 后勤保障组负责火场上器材装备、供水排水、供电照明、运输工具、食品衣物等灭火工作所需的各种物资供应保障工作。

e. 医疗救护组主要负责火场上各种受伤人员的抢救、医治、转移工作，并协助做好防中毒、防中暑等防护工作。

(4) 灭火总指挥应佩带明显的标志，各级指挥员宜佩带不同的标志以利分辨。扑救火灾在灭火总指挥的领导下统一进行，各灭火队伍由灭火总指挥统一调度，“119”消防队到达后由灭火总指挥向其汇报火灾情况，火场交由“119”消防队统一指挥。

(5) 在灭火总指挥的统一调度下，首先要迅速查明火场情况，燃烧物质及周围的情况，特别是有无剧毒、爆炸等危险品，火势大小，烟雾大小，有无毒性气体，火场电源是否切断等内容。查明后义务消防队按照日常演练及分工，按照“先控制，后消灭；救人第一、分清主次、快速准确”的扑救原则，针对不同的燃烧物质，采用不同灭火法组织扑救火灾，灭火时要加强个人防护，防止意外事故的发生。各类火灾的具体灭火方法见表 7-3。

(6) 火场有有毒气体时，要迅速查明火场上毒气的性质、扩散范围、来源和数量，以此为依据来决定能否在佩戴防毒面具和防护用具的情况下，安全地出入火场进行各种扑救工作。

a. 对泄毒口要做“关堵”处理(关闭阀门、堵塞洞)以切断毒气来源。对已弥散在火场周围的毒气进行通风驱散或用雾状水流令可溶于水的毒气溶解，降低空气中的毒气含量。

b. 针对毒气对人身的特殊毒害作用，调集医疗等有关队伍协同作战，做好预防和救护工作。

c. 根据有毒物质的化学性质和物理性质，选择合适的灭火剂和灭火方法，避免实施无效扑救或造成“火上浇油”的后果。

d. 火灾扑灭之后，应清洗参战工具，并对参战人员进行体检，消除余毒，减少后患。

(7) 当爆炸物品着火或火场上有爆炸物品时，要及时疏散并冷却爆炸物品，疏散时要防止摔、掷、抛、拖、拉。对于爆炸物品的燃烧，可用水扑救，但应注意避免强大水流的冲击。对于可燃气体、粉尘可用喷雾水流和通风稀释的方法，要避免用直流水枪冲击和人力扑打，防止粉尘飞扬，发生爆炸。

(8) 火灾扑灭后由消防领导小组和安全员共同组织对火灾原因的调查并提出处理意见。

(9) 各类火灾的灭火方案如表 7-3 所示。

表 7-3　各类火灾的灭火方案

火灾类别	易燃物类别	适用的灭火器材/灭火步骤	注意事项
A 类：固体物质火灾	棉、麻、纸张、木材	水、泡沫、干粉、二氧化碳	与火源点保持足够的距离
B 类：液体和可熔化的固体物质火灾	汽油、煤油、柴油、原油、油漆、甲醇、乙醇、沥青、电石、石蜡	一般用泡沫、干粉等灭火剂	禁止使用高压直流水枪直接灭火，可以使用喷雾水枪扑救。扑救时要保持足够距离
		二氧化碳适宜小范围油类火灾	
		泡沫扑救容器内的易燃可燃液体火灾	
		酒精等醇类火灾要使用抗溶性泡沫	
		砂土适宜扑救沥青和地面上流散的易燃可燃液体火灾	
C 类：气体火灾	煤气、天然气、甲烷、乙炔、氢气火灾	先将气体输送阀门或管道关死，截断气源，断绝气体来源，进行冷却灭火，可使用直流水枪或喷雾水枪、二氧化碳、干粉等灭火剂	戴好防护用具，防止烫伤、中毒等
		对一时无法堵漏、封闭气源的燃烧，不宜立即将火扑灭，可以一边用水冷却保护建筑物和设备，一边让气体自行燃尽	
D 类：金属火灾	钾、钠、镁、钛、锆、锂、铝镁合金等火灾	一般用干砂掩埋	忌用水、泡沫及含水性物质，也不能用卤代烷、二氧化碳及常用干粉灭火剂

5. 预案演习

为加强施工安全，提高消防灭火应急处理能力，将事件危害降到最低，保障职工生命安全，公司安排每年进行一次演习，对应急预案进行验证、评价，从演习中发现预案中存在的问题并加以完善。

6. 应急响应

施工过程中施工现场或驻地发生火灾、爆炸需要紧急抢救处理时，应迅速逐级上报，次序为现场、办公室、抢险领导小组、上级主管部门。由项目部安质部门收集、记录、整理紧急情况信息并向小组及时传递，由小组组长或副组长主持紧急情况处理会议，统一协调、派遣和指挥所有车辆、设备、人员、物资等实施紧急抢救和向上级汇报。

(1) 值班电话：项目部实行昼夜值班制度，一旦遇到危险情况，及时拨打应急救援电话；

(2) 紧急情况发生后，现场要做好警戒和疏散工作，保护现场，及时抢救伤员和财产，并由在现场的项目部最高级别负责人指挥，在 3 min 内电话通报到值班人员，主要说明紧急情况性质、地点、发生时间、有无伤亡、是否需要派救护车、消防车或警力支援到现场实施抢救，如果需要可直接拨打 120、110 等求救电话；

(3) 值班人员在接到紧急情况报告后必须在 2 min 内将情况报告到紧急情况领导小组

组长和副组长。小组组长组织讨论后在最短的时间内发出现场处置的指令。分派人员、车辆等到现场进行抢救、警戒、疏散和现场保护等。由项目部安质部门在30 min内以小组名义打电话向上一级有关部门报告；

(4) 遇到紧急情况，全体职工应特事特办、急事急办，主动积极地投身到紧急情况的处理中去。各种设备、车辆、器材、物资等应统一调遣，各类人员必须坚决无条件服从组长或副组长的命令和安排，不得拖延、推诿、阻碍紧急情况的处理。

7. 现场恢复

充分辨识恢复过程中存在的危险，当安全隐患彻底清除，方可恢复正常工作状态。

8. 预案管理与评审改进

公司和项目部对应急预案每年至少进行一次评审，针对施工的变化及预案中暴露的缺陷，不断更新完善和改进应急预案。

7.5　事故调查概述

7.5.1　事故基本概念

事故是发生在人们的生产、生活活动中的意外事件。在事故的种种定义中，伯克霍夫(Berckhoff)的定义较著名。

伯克霍夫认为，事故是人(个人或集体)在为实现某种意图而进行的活动过程中，突然发生的、违反人的意志的、迫使活动暂时或永久停止的事件。事故包含三层含义。

① 事故是一种发生在人类生产、生活活动中的特殊事件，人类的任何生产、生活活动过程中都可能发生事故。

② 事故是一种突然发生的、出乎人们意料的意外事件。由于导致事故发生的原因非常复杂，往往包括许多偶然因素，因而事故的发生具有随机性质。在一起事故发生之前，人们无法准确地预测什么时候、什么地方会发生什么样的事故。

③ 事故是一种迫使进行着的生产、生活活动暂时或永久停止的事件。事故中断、终止人们正常活动的进行，必然给人们的生产、生活带来某种形式的影响。因此，事故是一种违背人们意志的事件，是人们不希望发生的事件。

事故除了影响人们的生产、生活活动顺利进行之外，往往还可能造成人员伤害、财物损坏或环境污染等其他形式的严重后果。从这个意义上说，事故是在人们生产、生活活动过程中突然发生的、违反人意志的、迫使活动暂时或永久停止，可能造成人员伤害、财产损失或环境污染的意外事件。

事故和事故后果(Consequence)是互为因果的两件事情：由于事故的发生产生了某种事故后果。但是在日常生产、生活中，人们往往把事故和事故后果看作同一件事，这是不正确的。之所以产生这种认识，是因为事故的后果，特别是引起严重伤害或损失的事故后果，给人的印象非常深刻；相反地，当事故带来的后果非常轻微，没有引起人们注意的时候，人们也就忽略了事故。

事故是一系列的事件和行为所导致的不希望出现的后果(伤亡、财产损失、工作延误、干扰)的最终产物,而后果包括了事故本身和其产生的后果。事件是其中的过程或者行动,一个事件不一定有一个明确的开头和结尾(例如,载油车翻倒在公路上,油流出来,溅满道路,并流入下水道。这时,不好区分事件的开头和结束)。

伤亡,是系统失效的后果,但不是唯一可能的后果。人们做过统计,在工业部门中,每发生数百起事件,才有一起事件造成伤亡或损失,但每一事件都有伤亡及损失的可能性。这就是为什么要把所有的事件作为分析事故原因的信息源的原因。单纯地依赖于伤亡报告,仅能观察到那些导致严重伤亡后果的少数事件。

安全生产事故是指在生产经营领域中发生的意外的突发事件,通常会造成人员伤亡或财产损失,使正常的生产、生活活动中断,又叫安全事故。

因此,人们应从防止事故发生和控制事故的严重后果两方面来预防事故。

事故的特性包括因果性、随机性和潜伏性,这些特性对事故预测和调查具有重要意义。

1. 因果性

事故的因果性是说一切事故的发生都是有其原因的,这些原因就是潜伏的危险因素。这些危险因素有人的不安全行为和管理缺陷,也有物和环境的不安全状态。这些危险因素在一定的时间和空间内相互作用就会导致系统的隐患、偏差、故障、失效,以致发生事故。

因果关系表现为继承性,即第一阶段的结果可能是第二阶段的原因,第二阶段的原因又可能引起第二阶段的结果,见图 7-2。

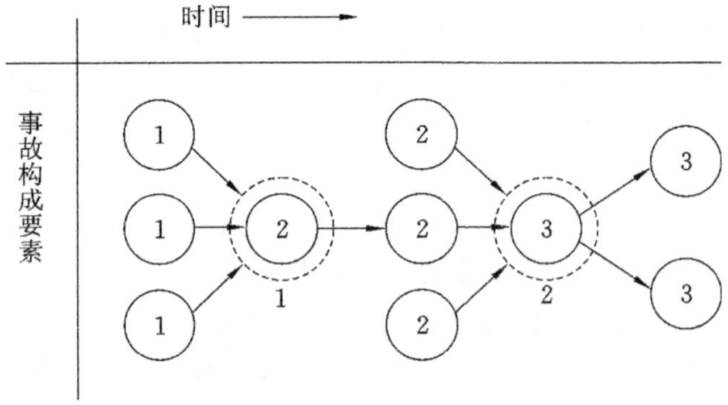

图 7-2　事故的因果关系

因果性说明事故的原因是多层次的。有的原因与事故有直接联系,有的则有间接联系,绝不是某一个原因就可能造成事故,而是诸多不利因素相互作用促成事故的发生。因此,不能把事故原因归结为一时或一事,而应在识别危险时对所有的潜在因素(包括直接的、间接的和更深层次的因素)都进行分析。只有充分认识了所有这些潜在因素的发展规律,分清主次地对其加以控制和消除,才能有效地预防事故。

事故的因果性还表现在事故从其酝酿到发生发展具有一个演化的过程。事故发生之前总会出现一些可以被人类认识的征兆,人类正是通过识别这些事故征兆来辨识事故的发展进程,控制事故,化险为夷的。事故的征兆是事故爆发的量的积累,表现为系统的隐患、偏差、故障、失效等,这些量的积累是系统突发事故和事故后果的原因。认识事故发展过程的因果性既有利于预防事故，也有利于控制事故后果。

2. 随机性

事故的随机性是说事故的发生是偶然的。同样的前因事件随时间的进程导致的后果不一定完全相同。但是在偶然的事故中孕育着必然性，必然性通过偶然事件表现出来。

事故的随机性说明事故的发生服从于统计规律，可用数理统计的方法对事故进行分析，从中找出事故发生、发展的规律，认识事故，为预防事故提供依据。

事故的随机性还说明事故具有必然性。从理论上说，若生产中存在着危险因素，只要时间足够长，样本足够多，作为随机事件的事故迟早必然会发生，事故总是难以避免的。但是安全工作者可以通过客观、科学的分析，从随机发生的事故中发现其规律，通过不懈的和能动性的努力，使系统的安全状态不断改善，使事故发生的概率不断降低，使事故后果的严重程度不断减弱。

3. 潜伏性

事故的潜伏性是说事故在尚未发生或还没有造成后果之时，各种事故征兆是被掩盖的。系统似乎处于“正常”和“平静”状态。

事故的潜伏性使得人们认识事故、弄清事故发生的可能性及预防事故成为一项非常困难的事情。这就要求人们倍加珍惜已发生事故的经验教训，不断地探索和总结，消除盲目性和麻痹思想，常备不懈，居安思危，在任何情况下都要把安全放在第一位。

7.5.2 事故致因理论

1. 事故致因理论发展

在科学技术落后的古代，由于人们对自然界认识不透彻，认为事故和灾害的发生是人类无法违抗的“天意”或“命中注定”，因而祈求神灵保佑。那时人们还认为，事故的原因是不可知的，是无法调查的。这其实就是所谓的超自然归因理论，认为事故原因是不可知的。随着科学技术的进步，尤其是工业革命后，工业事故频繁发生，人们开始意识到，如果天意真不可违抗，那就只有人类灭亡了。至此人类开始不断地与各类事故做斗争，不断从中吸取经验教训，总结经验，探索事故发生的规律，相继提出了阐明事故为什么会发生，事故是怎样发生的，以及如何防止事故发生的相关理论，也就是后期逐渐发展起来的事故致因理论。

从20世纪初叶开始，各国学者不断提出伤亡事故致因理论，从简单的单因素理论到不断增多的复杂因素的系统理论。各种理论几乎都提出了一种模式，可以称之为伤亡事故(致因)模型。所谓伤亡事故模型，即阐明事故的成因、始末过程和后果，以便对事故现象的发生、发展进行明确的逻辑分析，用以探讨、预防灾害事故的发生。

模型是工程逻辑的一种抽象，是一种过程或行为的定性或定量的代表，它能探讨形式和内容、原因和结果、归纳和演绎、综合和分析，是在抽象基础上产生的系统工程的工具之一。伤亡事故模型是探讨事故过程，分析事故原因和后果，以定性为主的研究事故致因的理论抽象。

事故的致因理论研究是逐步发展起来的。早在1919年，格林伍德(Greenwood)就曾认为，事故在产业人群中并非随机地分布，某些工人比其他工人更易于发生事故，提出“有事故倾向的工人”的概念。纽伯尔德(Newboid)在1926年、法默(Farmer)在1936年都曾支持这种夸大工人性格特点在事故中的作用的观点，认为一个有事故倾向的工人具有较高的事故发生概率，而与他的工作任务、生活环境无关。这种“具有事故倾向的素质论”因受到广泛的批判，早已被排出事故致因理论的行列。

1936 年，海因里希提出了应用多米诺骨牌原理研究工人受伤害事故的五个顺序过程，即伤亡事故顺序五因素。

1953 年，巴内尔(Barer)又将上述理论发展为“事件链”，提出导致事故发生的诸因素是一系列事件的链锁，一环连一环。它是事故因果理论的基础。

20 世纪 60 年代初期，由于火箭技术发展的需要，西方各国着手开发系统安全工程。美国在 1962 年 4 月公开发表了“空军弹道导弹系统安全工程”的说明书。同年 9 月拟定了“武器系统安全标准”。

1965 年，科罗敦(Koldner)在安全定量化的论文中介绍了故障树分析(Fault Tree Analysis，FTA)方法。这一系统安全分析方法实质上也是基本源于事件链理论。

1970 年，帝内逊(Driesen)明确地将事件链理论发展为分支事件过程逻辑理论。FTA 等树枝图形实际上是分支事件过程的解析。

早在 1961 年，由吉布森(Gibson)提出的，并在 1966 年由哈顿(Haddon)引申的“能量转移理论”，阐述了伤亡事故与能量及其转移于人体的模型。

1972 年，贝纳(Benner)提出了起因于“扰动”而促成事故的理论，即 P 理论(perturbation occurs)，进而提出“多重线性事件过程图解法”。

1972 年，威格尔斯沃思(Wigglesworth)提出了以人的失误为主因的事故模型。

1974 年，劳伦斯(Lawrence)根据上述原理，发展了适用于复杂自然条件、连续作业情况下的矿山的以人失误为主因的事故模型，并在南非金矿做了试点。

1975 年，约翰逊(Johnson)研究了管理失误和危险树(Management Oversight and Risk Tree，MORT)，这是一种系统安全逻辑树图的新方法，也是一种全面理解事故现象的图表模型。

1980 年，泰勒斯(Talanch)在《安全测定》一书中介绍了变化论模型；1981 年佐藤吉信根据 MORT 理论又引申出从变化的观点说明“事故是一个连续过程”的理论。

近十几年来，许多学者都一致认为，事故的直接原因不外乎是人的不安全行为或人为失误和物的不安全状态或故障两大因素作用的结果。人与物两系列轨迹交叉理论被用来说明造成事故的直接原因、间接原因，即社会原因、管理原因等是导致事故发生的本质原因。

事故致因理论可以用于查明事故原因，做出危险评价和预防事故决策，增长安全理论知识，积累安全信息，防止灾害事故的发生。

2. 轨迹交叉论

轨迹交叉论的基本思想是：伤害事故是许多相互联系的事件顺序发展的结果。这些事件概括起来包括人和物(包括环境)两大发展系列。当人的不安全行为和物的不安全状态在各自发展过程中(轨迹)，在一定时间、空间发生了接触(交叉)，能量转移于人体时，伤害事故就会发生。而人的不安全行为和物的不安全状态之所以产生和发展，又是受多种因素作用的结果。

该模型着眼于事故的直接原因(人的不安全行为和物的不安全状态)以及基本原因(管

理失误)。

该模型进一步把物的问题划分为起因物和致害物。起因物:导致事故发生的物(机械、物体、物质);致害物:事故发生时直接作用于人体,使人体遭受伤害的物(机械、物体、物质)。同时将人区分为行为人和受害者。行为人:引起事故发生的人(肇事者);受害者:事故发生时受到伤害的人。

轨迹交叉理论的示意图如图7-3所示。图中,起因物与致害物可能是不同的物体,也可能是同一个物体;同样,肇事者和受害者可能是不同的人,也可能是同一个人。

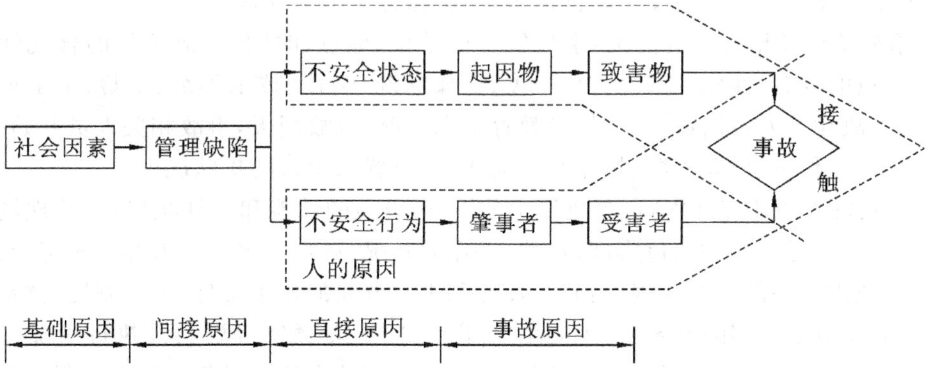

图7-3 轨迹交叉论示意图

在多数情况下,由于企业管理不善,使工人缺乏教育和训练或者机械设备缺乏维护、检修以及安全装置不完备,导致了人的不安全行为或物的不安全状态。值得注意的是,人与物两因素又互为因果,如有时是设备的不安全状态导致人的不安全行为,而人的不安全行为又会促进设备出现不安全状态。

7.5.3 事故调查的定义、目的和基本内容

事故调查(Accident investigation)是试图找出导致或可能导致人员伤害、死亡或财产损失的所发生的一系列事件链的系统过程,以便确定事故的系统原因,并且采取整改措施。事故发生后认真检查、确定起因、明确责任,并采取措施避免事故再次发生的过程即为"事故调查"。

事故调查是在掌握一定安全科学知识的基础上,依据国家的有关法律法规、方针政策,综合运用安全科学、统计学、物理、化学、工程技术及其他自然科学的理论和技术,通过逻辑推理、分析判断、模拟实验等手段科学地调查和分析事故;其目的是澄清事故的真相,查明人身伤亡和经济损失情况,调查事故的直接原因和间接原因,明确事故的责任,确定预防事故再次发生时的整改方案,同时找出管理系统的缺陷,落实相应的安全措施。

事故调查的目的包括:

(1) 重建事故链。事故调查的目的是重建事件链,从而找出事故引发的原因和管理系统中存在的缺陷,这种系统的缺陷是导致事故再次发生的根本原因。事故调查的目的是要明确安全管理体系和安全规程中存在的问题,而不是针对某个人找错或追究责任。

(2) 提出整改措施。在事故调查的基础上,通过对引发事故的直接原因及间接原因进行分析,有针对性地提出相应的整改方案,以便预防类似事故再次发生;同时,在管理上对所

有的安全规程和管理程序进行修订。

(3) 预防事故发生。事故调查与分析对于已经受伤的人员、已经破坏的产品、已损坏的机器或已污染的环境不能有任何改变,但是其价值在于预防再次发生事故。虽然调查过程是被动的,但是能帮助企业单位积极主动地改进其安全管理。

事故调查的基本内容有:

(1) 现场物证:破损部件、碎片、残留物、致害物及位置等。在现场搜集到的所有物件应贴上标签,注明地点、时间、管理者;所有物件应保持原样,不准冲洗擦拭;对健康有危害的物件,应采取不损坏原始证据的安全防护措施,明确保管人和保管地点。

(2) 事故单位及相关人员情况:事故发生的单位、地点、时间;事故单位的合规性资料;事故现场人员的姓名、性别、年龄、文化程度、健康状况、岗位、技术等级、工龄、本工种工龄、用工方式;事故相关人员岗位资质、接受教育培训情况;事故当天,事故相关人员开始工作时间、工作内容、工作量、作业程序、操作时的动作(或位置)、个人防护状况。

(3) 事故发生的证实性资料:事故发生前设备、设施的性能和合规状况;事故现场气候、照明、湿度、温度、通风、声响、色彩度、道路、工作面状况、有毒有害物质取样分析记录及其他可能与事故致因有关的细节或因素;有关设计和工艺方面的技术文件;规章制度、体系文件、操作规程、施工方案、工作指令、作业许可、工艺卡片、应急预案等资料及执行情况;施工记录、运行记录、交接班记录、巡检记录、监督监理记录、相关会议记录等证实性材料;有关合同及其他与事故相关的文件。

(4) 图像证据材料:显示物证和伤亡人员位置、可能被清除或践踏的痕迹、反映事故现场全貌的所有照片或影像资料;事故现场示意图、流程图、现场人员位置图等。地方政府调查组在现场取走的物证,事故企业应留有相应的影像资料和纸质复印件等证据材料。

7.6 事故调查实施过程

7.6.1 事故调查程序和阶段

1. 事故调查程序

安全生产工作以“预防为主”,但安全事故发生也是客观存在的现象。安全事故调查涉及事故原因分析、性质认定、责任认定和追究,涉及民事、行政、刑事等方方面面的问题。可以说,安全生产事故调查工作既是对依法行政工作的检验,也是政府落实“以人为本”执政理念的具体体现。

事故调查的一般程序如下:①发生伤亡事故后,首先要保护好事故现场,同时要抓紧时间向上级和有关部门报告;②在保护好事故现场的同时要积极抢救受伤者;③发生事故的单位和有关上级主管单位要及时派出事故调查组赴事故现场调查,调查组成员原则上应包括单位行政领导,工会负责人,人事劳动部门、医务部门和安全部门的同志;④在现场收集有关事故各方面的情况与人证、物证,召开有关人员座谈会、分析会;⑤在掌握全部情况的基础上,明确原因,分清责任,提出事故处理意见,最后填写“企业职工伤亡事故调查报告书”;⑥将一起事故的全部资料汇总、归档、结案、上报;如图 7-4 所示。

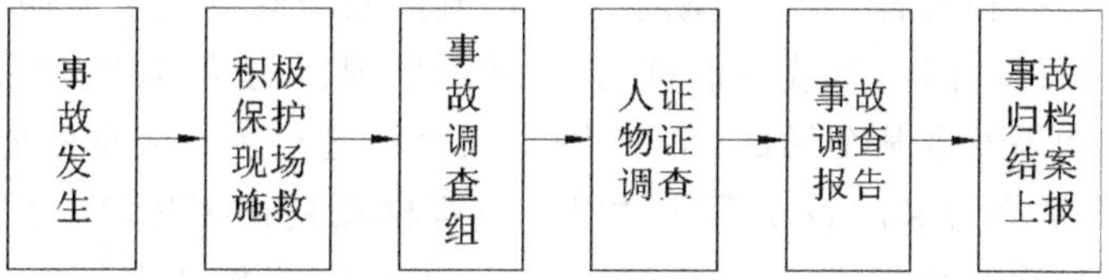

图 7-4　事故调查程序

2. 事故调查阶段

事故调查通常分三个阶段开展：调查阶段、勘察阶段和建议整改阶段。

(1) 调查阶段

调查阶段是指从发生事故到进行事故勘察这段时间。证据收集应该持续到确定了事故中时间事件发生顺序为止。调查阶段的主要任务是现场保护，查阅图纸和有关资料，初访知情人，组织事故现场勘察组，准备现场勘察仪器仪表、设备器材和工具。

(2) 勘察阶段

勘察阶段将验证事故调查过程所发现证据的一致性和真实性。勘察阶段是指勘察的具体实施阶段。现场勘察应由浅入深、循序渐进。具体工作内容有环境勘察、初步勘察、详细勘察或专项勘察。在勘察中，应当随时做好勘察记录，提取物证，测量有关数据，并根据情况决定是否将痕迹物证提交有关部门做技术鉴定。勘察阶段根据勘察取证的关注重点不同，分为环境勘察、初步勘察、细项勘察、专项勘察四个步骤。

① 环境勘察

环境勘察是调查人员在现场外围或周围对现场进行巡视和视察，以便对整个现场获得一个总的概念。通过对现场环境进行勘察，可以发现、采取和判断痕迹及其他物证，核对与现场环境有关的陈述，在观察的基础上确定事故范围和勘察顺序，划定勘察范围。环境勘察又称外围勘察，具体步骤为：找到合适地点，全面观察现场和周围环境。

环境勘察的主要内容并不是只对事故现场周围环境的观察，它还包括从现场外部向内部的观察。另外还要特别注意：环境勘察必须由现场勘察负责人率领所有参加实地勘察的人员，在现场周围进行巡视。观察的程序是先向外后向内，先看上后看下，先地面后地下，发现可疑痕迹与物证，及时拍照并可以将实物取下。

② 初步勘察

初步勘察又称静态勘察，是指在不触动现场物体和不变动物体原来位置的情况下进行的一种勘察，是在整体巡视的基础上进行的。初步勘察要求弄清各种物体之间的相互关系及事故波及范围、物体和设备设施破坏的轻重程度，缩小事故源所在的范围等。此阶段的勘察是在保证整个事故现场不变动（抢险救灾变动后的现状）的情况下进行的，事故源部位不确定的情况下，一般不得挖掘或挪动现场。

初步勘察，首先要按照勘察计划进行局部的划分，然后按照划分的范围集中注意力，认真观察每一物体和痕迹的位置、状态以及相互关系，查明哪些物体、痕迹是原有的，哪些是新出现的，以及这些物体、痕迹的变动、变化与事故的关系，以便判明正在勘察的现场与整个事故现场的关系，判别现场状态与事故现场人员的陈述是否一致。同时要弄清勘察现场状态是否与事故的发展规律相符合，是否与勘察人员的判断及与有关人员所做的解释相互矛盾。只有经过反复思考，反复寻找，事故的痕迹、物证才能发现得比较多、比较全、比较符合实际。

在初步勘察中如果发现某个局部、某个物体、某个痕迹对于查明事故原因可能有重要意义，或者发现了具有证据意义的破损部件、碎片、残留物及其致害物等，要进行细目照相、录像，并把它们的位置、状态和相关关系，用笔录、绘图等方法详细记录下来。

③ 细项勘察

细项勘察，又称动态勘察，是指对初步勘察过程中发现的痕迹与物证，在不破坏的原则下，可以逐个仔细翻转移动进行勘验和收集，是勘察工作的关键环节。细项勘察要对各组成部分及一些痕迹和物证进行更深入全面的研究，容许重新布置，容许变动某些物体的位置和勘察过程中所必需的其他操作。其主要任务是查清初步勘察后发现的疑点，找出事故发生的直接原因。

在进行细项勘察时，要把注意力集中在发现不易看见的物证和痕迹上，并把各种痕迹、物证联系起来进行比较分析，详细推究它们各自的形成原因，找出相互之间的因果关系。细项勘察是在初步勘察确定事故源大致部位的基础上进一步确定事故源部位的勘察，并为下一步专项勘察确定事故的间接原因做准备。

④ 专项勘察

专项勘察是指围绕某一独立系统、生产设备或工艺流程进行的专门勘察，主要是勘察某独立系统、设备或工艺引发事故的物证，也即设计或条件缺陷。专项勘察工作技术性很强，必须是具有一定专业知识的人员才能担当。必要时，可请有关工程技术专家或设备检验专家协助。

(3) 建议整改阶段

建议整改阶段主要就分析出来的事故原因，给出针对性的预防措施，做出勘察结论、写出现场勘察报告，目的是防止类似事故的再次发生或相关事故的发生。

7.6.2 事故证据收集与整理

7.6.2.1 事故原因

在事故调查分析原因时，依据国家标准《企业职工伤亡事故调查分析规则》(GB 6442—1986)，对一起事故的原因分析，通常有两个层次，即直接原因和间接原因。直接原因通常是一种或多种不安全行为、不安全状态或两者共同作用的结果。间接原因可追踪管理措施及决策的缺陷，或者环境的因素。分析事故时，应从直接原因入手，逐步深入间接原因，从而掌握事故的全部原因，再分清主次，进行责任分析。在事故原因分析时通常要明确以下内容：在事故发生之前存在什么样的征兆，不正常的状态是在哪儿发生的，在什么时候首先注意到不正常的状态，不正常状态是如何发生的，事故为什么会发生，事件发生的可能顺序以及可能的原因(直接原因、间接原因)，分析可选择的事件发生顺序。

一、直接原因分析

直接原因主要从两个方面来考虑：能量源和危险物质。机械、物质或环境的不安全状态，以及人的不安全行为，均属于事故直接原因，应全面分析。分析时应理论与实际相结合，用具体数据表述。

在事故技术鉴定、事故调查报告中，事故的直接原因应采用分项书写的格式，每项开头先按《企业职工伤亡事故分类》(GB 6441—1986)的规范表述书写，再描述事故具体的不安全状态和不安全行为。

二、间接原因分析

在《企业职工伤亡事故调查分析规则》(GB 6442—1986)中规定，属下列情况者为间接原因：

(1) 技术和设计上有缺陷——工业构件、建筑物、机械设备、仪器仪表、工艺过程、操作方法、维修检验等的设计、施工和材料使用存在问题；

(2) 教育培训不够、未经培训、缺乏或不懂安全操作技术知识；

(3) 劳动组织不合理；

(4) 对现场工作缺乏检查或指导错误；

(5) 没有安全操作规程或不健全；

(6) 没有或不认真实施事故防范措施，对事故隐患整改不力；

(7) 其他。

三、工业爆炸事故常见致因

为了控制工业爆炸事故的发生，我们详细分析了近年来我国发生的特大、重大工业爆炸事故40多例，占近年特大、重大工业爆炸事故案例总数2/3以上。事故发生的后果是随机的，即受偶然性因素的影响。但事故致因不是随机的，而是系统性的，即非偶然性因素综合影响的结果。因此，这40多例事故对于我国近年来全部工业爆炸事故的致因来说，具有合理的代表性。

(一) 瓦斯爆炸事故

1. 直接原因

(1) 瓦斯浓度超限；

(2) 火源的形成。

2. 使后果严重的原因

(1) 抢进度，安排多个掘进点同时作业，增加入井人员；

(2) 没有贯通后的防爆安全措施；

(3) 没配备自救器，或对自救器的使用、监管不严；

(4) 无直通地面可供人行的安全出口(尤其当无备用电源的情况下)；

(5) 紧急状态的信息传达迟缓；

(6) 爆炸使巷道冒顶、坍塌；

(7) 事故后主要通风机空转。

3. 管理原因

(1) 设备、设施管理；

(2) 人员管理；

(3) 对程序、制度、工艺的管理；

(4) 企业领导者的严重违法问题；

(5) 政府及其主管部门的责任。

(二) 液化石油气(打火机厂)爆炸事故

1. 直接原因

打火机充气、放气、选拣或返修作业在不通风的屋内进行,泄漏的液化石油气与空气混合达到爆炸极限,遇明火而爆炸。

2. 管理原因

生产条件不具备,生产场所危险性大。

3. 根本原因

违法从事易燃易爆品生产,在被明令禁止生产或停产监改的情况下,仍私自生产。

4. 有关部门的责任

(1) 有关部门包括主管部门督查不力,使禁产、停产的指令不能落实。

(2) 有关部门在审查项目时,未全面调查论证,未提出在安全方面的要求。

(三) 与化学有关的爆炸事故

1. 直接原因

(1) 球罐排污阀门、法兰密封局部失效。液化石油气大量泄漏,蔓延后遇火花爆炸。

(2) 在试制煤炭助燃剂配料的过程中,由于对主要原料的化学性质不了解,采用非防爆均匀搅拌的方式操作,引发爆炸。

(3) 违章指挥无证焊工在不具备安全动火的条件下焊接,引起炸药爆炸。

(4) 产品的主要成分和某些原料均属甲类易燃易爆物质、生产中遇明火爆炸。

(5) 化学危险品仓库强氧化剂和强还原剂混存、接触、发生激烈氧化还原反应,形成热积累,导致燃烧,进而导致爆炸品爆炸。

(6) 硝酸泄漏造成硝化系统中硝酸含量增高和硝化物最低凝固点前移,导致剧烈反应;因设备问题造成反应不均匀、局部过热,使硝化物分解燃烧;因处置方法不对,火、热蔓延引起爆炸。

2. 管理原因

(1) 泄漏问题:未增设有效紧急止漏的装置(不复杂);未在易漏地点增设液化石油气浓度报警装置。

(2) 试制试剂问题:提供技术和组织试制者不了解工艺流程、原料化学性质、计量、掺入工序;工厂生产部门未提建议、疏于管理;领导未对组织试制者认真考查,未向上级和主管部门申报方案、组织论证;总厂负责部门未予督查,总厂领导对所属企业生产情况不明。

(3) 违章电焊问题:在不具备保证安全的条件下,厂领导签发动火证,拒绝派送未取得合格证的焊工参加技术培训。

(4) 易燃易爆物质遇明火爆炸问题:工艺设计不完善,生产设备选型不妥,厂房的设计、施工弊端多,降低防爆标准,人员随便出入生产场所,职工随便吸烟。

(5) 化学危险品仓库爆炸问题:严重混存各类化学品,违反审批的关于危险品存放种类的规定。

(6) 硝化物分解燃烧引起爆炸问题:设备老化,工艺落后,异常情况发生时不易控制和处理,硝化机分离器没有自动放料装置。

(7) 某些共性问题:对职工操作技能、安全生产的教育和培训不够,安全管理制度不健全,巡查制度不落实。

3. 领导的严重违法问题(化学危险品仓库爆炸事故)

为获得经营化学危险品的许可,弄虚作假,把不符合安全规定的干杂货平仓说成是符合安全规定的危险物品仓库,骗得许可证。

4. 有关部门的责任

(1) 甲类易燃易爆物品遇明火爆炸事故:建设中不重视安全生产,在立项审批中把关不严。

(2) 化学危险品仓库爆炸事故:

① 地方执法部门(公安局)为下属公司(占有股份)化学危险品经营开方便之门,解决营业执照、登记注册、经营许可证,凡进入该地区的化学危险品,一律存放在下属公司。

② 地方政府对不符合条件的公司未经严格审查就予以批准。

7.6.2.2 事故证据

证据是证明事实的依据,是可以用来揭示事故真相的任何东西。通常将证据分为4种类型:物证、人证、文件和照片。每个类型都有它的优点和缺陷。这些证据可以相互补充,以便寻找事故的真相。所有调查中可以找到的证据非常多,事故调查人员不应浪费时间分析那些与事故无关或关系不大的证据。

(1) 物证

物证是与事故有关的硬件和固体材料,是以外部特征、物质属性、所处位置以及状态证明事故情况的实物或痕迹。物证可以体积非常大,如一艘轮船、一台大型设备、一幢建筑物、一架飞机等;或者非常小,如零件、碎片和工具。当收集物证时,应注意设备的位置、设备发生故障的区域和碎片的地点、裂片和其他有助于确定事故原因的固体材料。

(2) 人证

通常是某人的陈述申明,或从与目击者或涉及事故的其他人的面谈中获得。陈述和申明是目击者对所看到的事故的书面描述。在填写目击证人陈述或申明时,要求目击证人详细描述他们所见的发生的一切是非常重要的。面谈是在问与答的形式中完成的,调查人员向证人提问,以获得关于事故的信息。

(3) 文件

文件证据是所有与事故有关的书面文件。如安全要求、程序、运行记录、维护记录、事故记录、作业安全分析、分析结果、培训纲要和其他数据表等。可以利用任何与事故有关的文件进行分析,从中找出安全程序中的系统问题。

(4) 照片或图片

照片或图片可能不像其他类型的证据能提供那么多的信息,但它是对其他证据的验证和补充,让事故调查人员了解事故现场发生时的情形,或对某个对象的认识。

7.6.2.3 事故责任

（1）经济责任

罚款，罚款是行政处罚的一种。受处罚对象一是发生事故的生产经营单位的主要负责人，即指有限责任公司、股份有限公司的董事长或者总经理或者投资人，其他生产经营单位的厂长、经理、局长、矿长（含实际控制人、投资人）等人员。二是发生生产安全事故的经营单位。

（2）行政责任

① 行政处分。事故发生单位的主要负责人、直接负责的主管人员和其他直接责任人员，属于国家工作人员的，除对其进行罚款的行政处罚外，还应当依照有关法律、行政法规规定的处罚种类及程序对其进行处分。如警告、记过、记大过降级、撤职、开除等。

② 受行政处分，有处分期限的规定：a. 警告，6 个月；b. 记过，12 个月；c. 记大过，18 个月；d. 降级、撤职，24 个月。

③ 吊扣、暂扣事故单位有关证照；勒令停产整顿，甚至可以提请人民政府予以关闭。

④ 吊销事故相关人员有关执业资格和岗位证书，5 年内不得担任所有生产经营单位的负责人等。

⑤ 对违反规定的有关人员给予的行政处分，包括对事故调查组成员，存在对事故调查有重大疏漏，或借机打击报复等；对各级人民政府或工作部门履行国家机关工作人员职责中，有失职、工作疏漏、重大失误的依据有关规定给予行政处分，包括生产经营单位、国家机关工作人员和事故调查组的有关人员。

（3）治安处罚

《法案管理处罚法》第六十条规定了伪造、隐匿、毁灭证据或者提供虚假证言、谎报案情，影响行政执法机关依法办案的行为可以构成违反治安管理的行为。本条规定的六种违法行为中，伪造或者破坏事故现场可能构成提供伪造或者毁灭证据的行为，作伪证或者指使他人作伪证可能构成提供虚假证言的行为，销毁证据、材料属于毁灭证据的行为。根据《治安管理处罚法》第六十条的规定，构成该违反治安管理行为的处五日以上十日以下拘留。

（4）刑事责任

刑事责任是国家刑事法律的规定犯罪行为所应承担的法律后果。我国《刑法》第一百三十五条规定了重大劳动安全事故罪。《安全生产法》也对在生产安全中的违法犯罪行为进行了相应的规定。其中主要涉及危害公共安全罪中的重大事故罪、渎职罪。在《刑法》第一百三十一条至第一百三十九条和第一百四十三条，以及《刑法修正案》（六）做了明确规定。对因投资人安全投入不足，管理人员不履行安全生产职责，违章作业、违章指挥等行为都予以明确。

《生产安全事故报告和调查处理条例》规定，公安机关根据事故情况，当时发现有涉嫌犯罪的，可以立即立案进行侦查。或者事故调查组在事故调查完结后，发现有涉嫌犯罪的行为，也可以要求公安机关立案调查。按照 2008 年 7 月下发的《生产安全事故调查处理的规定》，如果事故调查组作出了对有关人员涉嫌犯罪要求立案进行侦查的，公安机关必须立案进行侦查，不能立案的，必须向原调查机关说明原因，其中包括其调查的结果，也包括检察机关、法院判决的结果和作出不予判决的决定，都要向原事故调查机关进行通报和说明。《生产安全事故报告和调查处理条例》还规定，犯罪嫌疑人如果逃逸的，由公安机关负责抓捕归案。

(5) 事故处理中加重处罚的几种行为

① 不立即组织抢险的；

② 迟报漏报，谎报及漏报事故的；

③ 在事故调查中擅离职守的；

④ 伪造或故意破坏现场的；

⑤ 转移、隐藏资产、财产或者销毁有关证据资料的；

⑥ 拒绝接受调查，或者提供有关情况资料的；

⑦ 在事故调查中作伪证，或者指使他人作伪证的；

⑧发生事故后逃逸的。

有上述情况之一的要加重处罚。

7.7 事故调查报告

7.7.1 事故报告提交时限

根据《生产安全事故报告和调查处理条例》第二十九条规定：事故调查组应当自事故发生之日起 60 日内提交事故调查报告；特殊情况下，经负责事故调查的人民政府批准，提交事故调查报告的期限可以适当延长，但延长的期限最长不超过 60 日。

7.7.2 事故报告主要内容

(1) 事故发生单位的概况

事故发生单位的概况应当包括单位的全称、所处地理位置、所有制形式和隶属关系、生产经营范围和规模、持有各类证照的情况、单位负责人的基本情况以及近期的生产经营状况等。当然，这些只是一般性要求，对于不同行业的企业，报告的内容应该根据实际情况来确定，但应当以全面、简洁为原则。

(2) 事故发生的时间、地点以及事故现场情况

报告事故发生的时间应当具体，并尽量精确到分钟。报告事故发生的地点要准确，除事故发生的中心地点外，还应当报告事故所波及的区域。报告事故现场的情况应当全面，不仅应当报告现场的总体情况，还应当报告现场人员的伤亡情况、设备设施的毁损情况；不仅应当报告事故发生后的现场情况，还应当尽量报告事故发生前的现场情况，以便于前后比较，分析事故原因。

(3) 事故的简要经过

事故的简要经过是对事故全过程的简要叙述。核心要求在于“全”和“简”，安全生产事故调查与案例分析“全”是要全过程描述，“简”是要简单明了。需要强调的是，对事故经过的

描述应当特别注意事故发生前作业场所有关人员和设备设施的一些细节，因为这些细节可能就是引发事故的重要原因。

(4) 事故已经造成或者可能造成的伤亡人数(包括下落不明的人数)和初步估计的直接经济损失

对于人员伤亡情况的报告，应当遵守实事求是的原则，不进行无根据的猜测，更不能隐瞒实际伤亡人数；对可能造成的伤亡人数，要根据事故单位当班记录，尽可能准确报告。对直接经济损失的初步估算，主要指事故所导致的建筑物的毁损、生产设备设施和仪器仪表的损坏等。

(5) 已经采取的措施

已经采取的措施主要是指事故现场有关人员、事故单位责任人、已经接到事故报告的安全生产管理部门为减少损失、防止事故扩大和便于事故调查所采取的应急救援和现场保护等具体措施。

(6) 其他应当报告的情况

报告事故应当包括内容的兜底条款。对于其他应当报告的情况，根据实际情况具体确定。需要特别指出的是，条例制订时考虑到事故原因往往需要进一步调查之后才能确定，为谨慎起见，没有将其列入应当报告的事项。但是，对于能够初步判定事故原因的，还是应当进行报告。

(7) 事故发生后的补报

《生产安全事故报告和调查处理条例》第十三条规定：事故报告后出现新情况的，应当及时补报。自事故发生之日起 30 日内，事故造成的伤亡人数发生变化的，应当及时补报。道路交通事故、火灾事故自发生之日起 7 日内，事故造成的伤亡人数发生变化的，应当及时补报。

7.7.3 事故性质认定程序

对涉及重大责任事故、一般性责任事故、自然事故等其他类似事故性质的认定，参照《生产安全事故报告和调查处理条例》有关规定，按照下列程序认定：

① 造成 3 人以下死亡，或者 10 人以下重伤，或者 1000 万元以下直接经济损失的事故，由县级人民政府初步认定，报设区的市人民政府确认。

② 造成 3 人以上 10 人以下死亡，或者 10 人以上 50 人以下重伤，或者 1000 万元以上 5000 万元以下直接经济损失的事故，由设区的市级人民政府初步认定，报省级人民政府确认。

③ 造成 10 人以上 30 人以下死亡，或者 50 人以上 100 人以下重伤，或者 5000 万元以上 1 亿元以下直接经济损失的事故，由省级人民政府初步认定，报国家安全监管部门确认。

④ 造成 30 人以上死亡，或者 100 人以上重伤，或者 1 亿元以上直接经济损失的事故，由国家安全监管部门初步认定，报国务院确认。

⑤ 已由公安机关立案侦查的事故，按生产安全事故进行报告。侦查结案后认定属于刑事案件或者治安管理案件的，凭公安机关出具的结案证明，按公共安全事件处理。

7.8　火灾爆炸事故案例分析

7.8.1　某火灾事故案例分析

某有色金属公司火灾事故

2000年7月9日4时40分，某公司二矿区井下发生一起运矿卡车失火事故，死亡17人，重伤2人，直接经济损失188万元。

1. 事故经过

7月9日零点班接班后，9号车司机赵某下井与维修工修理9号车，凌晨1时多，经试车仍不能正常运行。赵某无活可干便步行到1150计量室，遇见12号车司机王某在拉完9车矿石之后因感冒头晕在计量室休息。王某得知赵某的车未修好，便将12号车借给赵某，这时约是凌晨2时。当赵某拉完第7车矿石后，看到车上温度表已达到170 ℃，便驾车到1138-1118水平的斜坡道岔口处熄火降温不到10 min，大约凌晨4时40分再次启动后，发现发动机右后脚下面着火，就取下车上的灭火器灭火，没有灭掉，就跑到5号车范某处，两人各拿了一个灭火器灭火(有一个灭火器是空的)，但火还是灭不掉。赵某又跑到一工区找灭火器，一工区值班员许某说“灭火器是空的”。5时20分，许某在帮助灭火过程中，向矿调度室调度员夏某作了电话汇报。赵随后找了两个水桶，与13号车司机刘某、5号车司机范某提水去灭火，因火势很大，用水灭火也不起作用。赵某又跑到1118维修硐室内找灭火器未找到，赵某就让硐室内的岳某向计量室打电话(但未打通)，然后赵某又返回现场，试图让铲运机铲断水管用水灭火，但因铲运机司机不在而未成。这时赵某看到巷道内烟很浓，并感到头痛无力，便摸着巷道走到了1150中段休息片刻后，乘罐车出井，约7时到地面，再没有向有关部门报告情况。

卡车着火时，1118中段作业点共有施工人员59名。7月9日5时30分，临夏二建六队值班长孔某在1118中段5号溜井焊钢模时，发现有烟从溜井上面下来，就跑到6号道，紧接着6号道也进来烟后，即组织人员往2号道有通风井的地方跑。当时有人提出硬冲1118-1138斜坡道，他就制止他们，让他们不要去，但仍有好多人不听制止跑往1118-1138斜坡道，造成17人死亡，2人重伤。其余40人相继撤离到FV1通风井处而脱险。

2. 事故原因

经调查确认，这是一起火灾事故：由于12号运矿卡车油管接口存在渗漏现象，发动机工作时间长，排气管温度过高，经长时间高温烘烤，渗漏的油在启动机周围形成可燃气体，再启动时，因磁力开关触点或启动机搭线产生火花点燃可燃气体，燃烧中油箱油管内压力增大，形成断裂，油料泄漏，遇明火燃烧后产生大量的有毒有害气体(包括CO、SO_2、NO、CO_2、橡胶微细颗粒等)，致使17人中毒窒息死亡、2人重伤。事故主要原因如下。

① 井下运输安全管理不严，车辆检查维修质量达不到安全要求，埋下火灾隐患。9号车司机赵某与12号车司机王某违反规定私自换车，使12号车辆长时间连续工作，造成发动

机周围温度过高，而且该车检查、维修质量差，油管接口渗油，因而埋下了火灾隐患。

② 司机操作不当引发火灾，不立即报警延误灭火时机。司机赵某，发现卡车显示达到170 ℃的警戒温度后，未按停车不熄火、用叶轮扇风冷却的规定操作，而是停车熄火，在温度没有降到安全界限的情况下再次启动，因电火花点燃可燃气体，形成火灾。起火后，赵某没有立即报告，在数次试图灭火不成的情况下又离开现场出井，也没有向任何部门报告，延误了灭火的时机。

③ 施工现场安全管理不到位，火灾发生时人员撤离无人指挥。一工区主管设备副主任王某，违反拖车时设备主任必须到现场指挥的规定，在家中电话同意上一班值班班长安排当班值班班长干拖车的工作，事故发生时值班员不在现场，人员撤离工作无人指挥，致使一部分作业人员盲目进入灾区。

④ 未按规定制订和实施矿井灾害预防和应急计划，防火安全措施不落实。现已查明，1998年以后矿井没有依法制订和实施过灾害预防和应急计划，防灭火安全措施达不到要求，井下巷道安全标志设置不符合规定。火灾发生时，矿调度室没有立即向公司调度报告，对事故的扑救和人员的撤离缺乏有效的指挥和调度，井下通信联络不畅通，多处灭火器材不能使用，事故地点附近无消防栓和其他消防设施，地面消防车因外部尺寸过大进不了井筒，待拆卸了梯子后才入井灭火。

⑤ 外包工程施工队未依法对从业人员进行安全培训。在该矿承包工程的四个施工队安全管理松懈，没有严格按照矿山安全法规规定的时间和内容对从业人员进行安全培训，从业人员安全素质低，缺乏应急和安全撤离等应有的知识，部分作业人员因选择了错误的避灾路线而伤亡。

⑥ 公司领导对贯彻执行党和国家的安全生产方针和矿山安全法规重视不够，对事故隐患的整改和查处力度不强，安全生产管理不严，也是造成这起事故的一个原因。

3. 今后防范措施建议

① 加强法制观念，认真贯彻执行国家的安全生产方针和安全生产法律法规，依法抓好企业的安全生产工作。

② 进一步落实各级安全生产责任制，特别是各级领导的安全生产责任制，真正把安全生产法规、制度、措施、规程等落实到每个基层和每个作业人员，形成有效预防事故的管理机制。

③ 采取有效措施，进一步改善企业的安全生产条件，完善包括通风系统、通信系统和防灭火系统的合理性和安全性，配备必要的救护、急救装备和器材，按规定设置矿山安全标志，以增强抗御灾害和事故的能力。

④ 要依法编制和实施以防止火灾事故为重点的矿山灾害预防和应急计划，及时检查和治理事故隐患，防止火灾事故的再次发生，切实做好各类事故的防范工作。

⑤ 加强对外包施工队的安全生产管理工作。企业要对外包施工队的安全资质进行审查和从业人员上岗资格的清理整顿，安全资质达不到要求的不准承包工程；承包施工队要严格执行各项安全生产管理制度，依法培训作业人员，对安全管理松懈、存在重大事故隐患的要限期停产整顿，逾期达不到要求的要依法取消其承包资格，对达不到培训规定的作业人员不准上岗作业。

7.8.2　某爆炸事故案例分析

某煤矿瓦斯(爆炸)事故

1. 事故单位概况

① 矿井概况

某煤矿始建于 1958 年，1959 年简易投产，设计能力 15 万吨，为开采深部煤炭资源，2001 年对煤矿实施技术改造，2006 年矿井核定能力 90 万吨/年。矿井采煤方法为走向长壁后退式放顶煤，工作面局部煤层较硬，在放顶煤开采过程中，顶煤不能随工作面推进及时垮落，造成局部悬顶，因此采用深孔预裂爆破方式对工作面顶煤进行超前爆破预裂。工作面采用爆破落煤，支护形式为单体、直梁组成支架，采用刮板运输机运输，顶板管理为全部垮落法。

矿井为斜井片盘开拓方式，采用中央边界抽出式通风，2006 年矿井瓦斯等级鉴定为低瓦斯矿井，煤层自燃倾向性为容易自燃，自然发火期为 1～3 个月，煤尘爆炸指数为 44.32%，煤尘有强爆炸性。集团公司为加强安全管理，保证安全生产，决定该矿按高瓦斯矿井管理。

在瓦斯管理方面，该煤矿于 2002 年 3 月建立地面永久瓦斯抽采泵站，2005 年对矿井抽采系统进行改造，抽采泵站现有 SK-120 水环真空泵 2 台，SK-85 水环真空泵 1 台。现使用 1 台 SK-120 水环真空泵，其他备用。矿井采用预裂巷预抽、尾巷埋管抽放及工作面中部埋管与上顺槽高位全程骨架钻孔联合的方式进行瓦斯抽采。现抽采系统满足矿井安全生产需要。且该煤矿证照齐全有效。

② 事故地点概况

事故地点为东一采区 16 号采煤工作面。工作面长 85 m，走向长 120 m，平均采高 2.5 m，顶煤平均厚度为 7.5 m，采场内地质构造较复杂，对采场有影响的断层共 4 条，同时在这些断层周围还伴生一些 2 m 以下的小断层。工作面采用基本支架支护：2.4 m 直梁与 2.5 m 单体液压支柱，两梁五柱式，对棚架设。棚距 0.65 m，初采 123 架棚。工作面采用爆破落煤，长壁垮落放顶煤。该工作面于 2007 年 5 月 12 日贯通，5 月 28 日预裂巷施工到位后，在预裂巷中由里往外每 2.5 m 布置一排预裂孔装药预裂爆破，6 月 17 日预裂巷内预裂施工完毕，6 月 18 日开始初采，截止事故发生时，该工作面共推进 6 m。

2. 事故经过及抢救过程

① 事故经过

2007 年 6 月 30 日，372 采煤队丙班班长按照队领导要求安排本班作业人员在东一采区 16 号采煤工作面开帮 40 架棚，在工作面打 3 个冲顶眼进行冲顶爆破，当班安排 3 组在工作面上、下两处进行开帮作业，朱某负责打冲顶眼。另有其他人员从事维护及扫货等工作。16 时左右，作业人员陆续到达作业地点并按照各自的分工开始工作，李某协助朱某在工作面第 15 号至第 27 号棚子间打了 3 个冲顶眼，约 22 时，当班副队长检查发现工作面开帮炮已放完，尚有 15 号、21 号和 27 号三个冲顶炮未放，且回风顺槽侧开帮处需补一个底眼。于是副队长安排放炮并亲自去回风顺槽担任警戒，之后他先后听到从工作面传来补放底眼的放炮声音和异常的放冲顶炮声音，紧接着被工作面方向冲出的一股烟流推倒后不省人事。

② 事故报告及抢救过程

事故发生时在运输顺槽的刮板运输机司机看到从工作面方向逆风冲出的烟流，他马上意识到工作面可能出现事故，于是立即向矿调度电话汇报。矿调度接到事故报告后，立即通知矿值班领导并组织人员抢救。矿救护队员入井行至－260 m 井底车场时，发现 17 名负伤人员和其他人员陆续升井。升井后，17 名伤者分别被送往附近医院治疗。

3. 事故性质及原因

事故调查组经过现场勘察、查阅有关资料和调查相关人员，对该起事故的性质及原因认定如下。

① 事故性质

责任事故。

② 事故的直接原因

工作面放顶煤后，顶板形成悬顶，在悬顶空间内存在瓦斯积聚，在工作面内启爆冲顶炮时产生火源，引起采空区高顶瓦斯爆炸。

③ 事故的间接原因

a. 矿井技术管理工作不到位。东一采区 16 号采煤工作面作业规程编制、审批把关不严不细，作业规程中有关强制冲顶内容严重违背《煤矿安全规程》第六十八条要求，该工作面存在严重违章指挥和违章作业。

b. 工作面内采用爆破强制冲顶工艺存在安全隐患。工作面采用放顶煤开采，放煤产生的空间容易积聚瓦斯，当在工作面内采用爆破强制冲顶时，顶部煤层破坏产生的裂隙使钻孔爆破的火焰难以控制，大大增加发生瓦斯爆炸的危险性。

c. 工作面开采前顶煤弱化处理效果差，致使工作面在采用放顶煤开采过程中采空区形成“大院”，“院内”易产生瓦斯积聚。

d. 矿井现场安全管理工作存在漏洞。作业规程中明确规定强制放顶时放炮和警戒距离均不少于 100 m，而现场勘察情况是：“人风侧警戒距离仅有 60 m，回风侧警戒距离仅有 48 m，进行冲顶放炮时放炮距离最少仅 11 m”。放炮和警戒距离均不符合作业规程要求。

4. 应吸取的教训

① 工作面内采用爆破强制冲顶工艺违背煤矿安全规程，且存在隐患。

② 放炮距离违背作业规程规定。

③ 高顶的瓦斯抽采效果不好。

复习思考题

1. 简述应急救援的概念及其特点。
2. 简述应急救援的基本原则及其发展规律。
3. 事故隐患的分为哪几类？事故隐患产生的原因是什么？
4. 简述安全检查表的定义及其优点。
5. 预先危险分析法和作业条件危险性评价法有何共同点？简述二者的分析步骤。

6. 简述应急救援的意义和作用。
7. 简述应急救援的编制流程。
8. 初期火灾如何补救？火灾扑救的基本方法是什么？
9. 简述事故的定义及其特点。
10. 简述事故调查的基本步骤。
11. 事故调查报告应该包括哪些内容？
12. 针对危险化学品火灾爆炸事故发生后进行现场勘查，需要做哪些必要的准备工作？
13. 简述事故致因理论的基本思想及其发展阶段。

参考文献

[1] 解立峰,余永刚,韦爱男,等.防火与防爆工程[M].北京:冶金工业出版社,2010.
[2] 杨泗霖.防火防爆技术[M].北京:中国劳动和社会保障出版社,2008.
[3] 张应力,张莉.工业企业防火防爆[M].北京:中国电力出版社,2003.
[4] 余明高.防火防爆[M].徐州:中国矿业大学出版社,2007.
[5] 范维澄,王清安,姜冯辉,等.火灾学简明教程[M].合肥:中国科学技术大学出版社,1995.
[6] 王省身,张国枢.矿井火灾防治[M].徐州:中国矿业大学出版社,1990.
[7] 周心权,吴兵.矿井火灾救灾理论与实践[M].北京:煤炭工业出版社,1996.
[8] 张永吉,李占德,秦伟瀚,等.煤层注水技术[M].北京:煤炭工业出版社,2001.
[9] 周心权,方裕璋.矿井火灾防治[M].徐州:中国矿业大学出版社,2002.
[10] 张国枢.通风安全学[M].徐州:中国矿业大学出版社,2000.
[11] 国家安全生产监督管理总局.煤矿安全规程[M].北京:中国法制出版社,2016.
[12] 霍红.危险化学品储运与安全管理[M].北京:化学工业出版社,2004.
[13] 赵亚光.化工仓储管理问答[M].北京:化学工业出版社,2003.
[14] 闫兴清.高静态动作压力下粉尘爆炸泄放特性研究[D].大连:大连理工大学,2014.
[15] 陈成.铝粉及TNT粉尘的最小点火能和爆炸下限研究[D].太原:中北大学,2013.
[16] 王丽琼.防火防爆技术基础[M].北京:北京理工大学出版社,2009.
[17] 胡广霞,段晓瑞.防火防爆技术[M].北京:中国石化出版社,2012.
[18] 范维澄,孙金华,陆守香,等.火灾风险评估方法学[M].北京:科学出版社,2004.
[19] 蔡芸,李孝斌.防火与防爆工程[M].北京:中国质检出版社,2014.
[20] 伍爱友,彭新.防火与防爆工程[M].北京:国防工业出版社,2014.
[21] 和丽秋.消防燃烧学[M].北京:机械工业出版社,2014.
[22] 潘旭海.燃烧爆炸理论及应用[M].北京:化学工业出版社,2015.
[23] 徐通模,惠世恩,等.燃烧学[M].北京:机械工业出版社,2011.
[24] 岑可法,姚强,骆仲泱,等.高等燃烧学[M].杭州:浙江大学出版社,2002.
[25] 张英华,黄志安,高玉坤.燃烧与爆炸学[M].北京:冶金工业出版社,2015.
[26] 昆棣瑞.火灾学基础[M].杜建科,王平,高亚萍,译.北京:化学工业出版社,2010.
[27] 中国安全生产协会注册安全工程师工作委员会.安全生产技术[M].北京:中国大百科全书出版社,2011.
[28] 李钰,王春青.建筑消防工程学[M].徐州:中国矿业大学出版社,2011.
[29] 程远平,李增华.消防工程学[M].徐州:中国矿业大学出版社,2005.
[30] 毕明树,李刚,陈先锋,等.气体和粉尘爆炸防治工程学[M].北京:化学工业出版社,2012.
[31] 胡双启.燃烧与爆炸[M].北京:北京理工大学出版社,2015.
[32] 霍然.工程燃烧概论[M].合肥:中国科学技术大学出版社,2001.
[33] 陈长坤.燃烧学[M].北京:机械工业出版社,2013.
[34] 潘剑锋,王谦,潘振华,等.燃烧学[M].镇江:江苏大学出版社,2013.
[35] 岑可法,姚强,骆仲泱,等.燃烧理论与污染控制[M].北京:机械工业出版社,2004.
[36] 霍然,胡源,李元洲.建筑火灾安全工程导论[M].合肥:中国科学技术大学出版社,1999.
[37] 蒋军成.化工安全[M].北京:中国劳动和社会保障出版社,2008.

[38] 张国顺.燃烧爆炸危险与安全技术[M].北京:中国电力出版社,2003.
[39] 张奇,白春华,梁慧敏.燃烧与爆炸基础[M].北京:北京理工大学出版社,2007.
[40] 赵雪娥,孟亦飞,刘秀玉.燃烧与爆炸理论[M].北京:北京化工大学出版社,2010.
[41] 赵衡阳.气体和粉尘爆炸原理[M].北京:北京理工大学出版社,1996.
[42] 崔克清.安全工程燃烧爆炸理论与技术[M].北京:中国计量出版社,2005.
[43] 陶文铨.数值传热学[M].西安:西安交通大学出版社,2001.
[44] 林柏泉.矿井瓦斯防治理论与技术[M].徐州:中国矿业大学出版社,2010.
[45] 林柏泉.安全学原理[M].北京:煤炭工业出版社,2002.
[46] 林柏泉.煤矿瓦斯爆炸机理及防治技术[M].徐州:中国矿业大学出版社,2012.
[47] 张景林,林柏泉.安全学原理[M].北京:中国劳动社会保障出版社,2009.
[48] 赵文化,祁越.应急救援学[M].北京:国防大学出版社,2015.
[49] 王起全.事故应急与救援导论[M].上海:上海交通大学出版社,2015.
[50] 申世飞,王金玉,张超.公共安全应急标准体系[M].北京:中国标准出版社,2015.
[51] 张玲,付国庆,荣爽.灾害预防与应急救援[M].武汉:武汉大学出版社,2019.
[52] 吕淑然,王建国.安全生产事故调查与案例分析[M].北京:化学工业出版社,2013.
[53] 姚建,曾宪荣.事故调查与案例分析[M].北京:煤炭工业出版社,2011.
[54] 刘双跃.事故调查与分析技术[M].北京:冶金工业出版社,2014.
[55] 蒋军成.事故调查与分析技术[M].北京:化学工业出版社,2009.
[56] 钟茂华.火灾过程动力学特性分析[M].北京:科学出版社,2007.
[57] 孙金华,褚冠全,刘小勇.火灾风险与保险[M].北京:科学出版社,2008.
[58] 顾璠,黄亚继,刘道银.燃烧学基础[M].南京:东南大学出版社,2019.
[59] 邬长城.燃烧爆炸理论基础与应用[M].北京:化学工业出版社,2016.
[60] 平野敏右.ガス爆発予防技術[M].海文堂,1983.
[61] WOOKYUNG K. Flame acceleration and blast wave generation in accidental gas explosions[D]. Tokyo:University of Tokyo,2013.
[62] 今村友美.閉囲空間を伝ぱする球状火炎における自発的な乱れの発生に関する研究[D].東京大学大学院修士論文,2014.
[63] 肖华华.管道中氢-空气预混火焰传播动力学实验与数值模拟研究[D].合肥:中国科学技术大学,2013.
[64] 毕明树,李刚,陈先锋,等.气体和粉尘爆炸防治工程学[M].北京:化学工业出版社,2017.
[65] GAO W. Effects of particle characteristics on flame propagation mechanism in dust explosion[D]. Tokyo:University of Tokyo,2013.
[66] SUN J H,DOBASHI R,HIRANO T . Structure of flames propagating through metal particle clouds and behavior of particles[J]. Symposium on Combustion,1998,27(2):2405-2411.
[67] SUN J H,DOBASHI R,HIRANO T . Structure of flames propagating through aluminum particles cloud and combustion process of particles[J]. Journal of Loss Prevention in the Process Industries, 2006,19(6):769-773.